Tom Whidden / Michael Levitt · Das Segel

Tom Whidden
Michael Levitt

DAS SEGEL

Material
Konstruktion
Aerodynamik
Praxis

Delius Klasing Verlag

Titel der amerikanischen Originalausgabe **THE ART AND SCIENCE OF SAILS** A GUIDE TO MODERN MATERIALS, CONSTRUCTION, AERODYNAMICS, UPKEEP, AND USE

Erschienen bei St. Martin's Press, New York, 1990.

Die Autoren danken North Sails Inc. für die Abdruckgenehmigung einiger Darstellungen aus dem „North U."-Handbuch.

Die Deutsche Bibliothek – CIP-Einheitsaufnahme

Whidden, Tom:
Das Segel : Material, Konstruktion, Aerodynamik, Praxis /
Tom Whidden ; Michael Levitt. [Dt. Übers.: Hans-G. Strepp.
Zeichn.: Jay Goebel]. – Bielefeld : Delius Klasing, 1992
Einheitssacht.: The art and science of sails ‹dt.›
ISBN 3-7688-0766-5
NE: Levitt, Michael:

Deutsche Übersetzung: Hans-G. Strepp
Zeichnungen: Jay Goebel
Schutzumschlaggestaltung: Ekkehard Schonart
Titelfoto: Christian Février
Gesamtherstellung: Hans Kock Buch- und Offsetdruck GmbH, Bielefeld
Printed in Germany 1992

INHALT

KAPITEL 1

Die Reise

Mein Beruf ist die Segelmacherei, und meine Passion ist Segeln. Ich habe eine Lebzeit mit dem Schnellermachen von Segelbooten verbracht; zuerst als Vorstand von Sobstad Sails International, dann als Vorstand von North Sails, der größten Firma dieser Art in der Welt. Es war eine lebenslange Liebesaffaire, eine ständige Verzauberung, die mich weiter und auf manche Weise schneller umhergetrieben hat, als ich mir träumen ließ. Es hat mich ins Segeltrimmer-Cockpit von Dennis Conners *Freedom* gesetzt, auf den Taktikerposten der *Liberty* und in die gleiche Position auf *Stars & Stripes '87* und '88. Dank Segelei, Segelmacherei und dem America's Cup Race war ich zweimal Präsident Reagans Gast im Weißen Haus, erlebte eine Konfettiparade durch Manhattans Straßen und lernte eine Reihe bekannter Sportgrößen kennen.

Mit den Adlern segeln

Zwei der unübersehbaren Meistersegler sind Dennis Conner und Jim Kilroy. Will ein Segelmacher mit solchen Adlern segeln, dann muß er lernen, Segel für sie zu machen, mit ihnen zu segeln und zu trainieren. Nach meiner Meinung sind sie der härteste Test in diesem Sport. Es ist nicht immer einfach mit ihnen, denn diese Burschen segeln ihre Yachten hart wie Baseball. Wenn du oder deine Segel die Erwartungen nicht erfüllen, bist du schnell abgemeldet. Dennis Conner hat die Rekordbücher neu geschrieben. Viermal hat er den America's Cup gewonnen. Kraft seines Talents und seiner unglaublich zielstrebigen Persönlichkeit hat er den Charakter dieses Rennens von einer eigenbröt-

Stars & Stripes '87 *gewann 1987 unter Dennis Conner in West-Australien den America's Cup. Ich segelte als Taktiker und Segelmacher mit: 1980 auf der* Freedom, *1983 auf der* Liberty *und 1987 und '88 auf der* Stars & Stripes.
(Foto: North Sails, Inc.)

lerischen Vereinsveranstaltung im Kirchturmsbereich zu einem Sportereignis mit internationaler Fernsehbeteiligung umgekrempelt. Conner gilt mehr als ein Mann der Tat denn der Worte. Mit seinen Taten hat er die Schönheit, Großartigkeit und die geistige und physische Herausforderung dieses komplexen Sports geschildert.

Jim Kilroy ist Amerikas Maxi-Skipper. Außer seinem reich-berühmtem Lebensstil und seiner Leitende-Person-Erscheinung entdeckt man in ihm einen Toptechniker. Er hat über Jahre eine Reihe 80 ft langer Ozean-Rennyachten geführt, die alle *Kiaola* hießen. Von sechs Maxi-Rennen um die Welt hat er vier gewonnen und aus einem Nebenschauplatz, auf dem Geld und Größe die wichtigsten Attribute waren, eine Weltbühne für höchste Technik gemacht.

Kundenfreundliche Segel

Segelmacherei und Segeln haben unermeßlich von denen profitiert, die mit solch großen Einsätzen spielen. Conner und Kilroy und noch einige wie sie haben einen Beitrag zur Forschung und Entwicklung geleistet, der die Segelkonstruktion und die Segeltechnik vorangejagt hat. Was sich für Dennis Conner oder Jim Kilroy auf ihren Schiffen bewährt hat, findet auf die eine oder andere Weise seinen Weg in die Eintonner oder Kleinkreuzer. Weil zum Beispiel die Mitte eines Maxi-Segels so weit von seinen Ecken entfernt ist, können die Segler seine Gesamtform nur wenig beeinflussen. Das hat zum dem geführt, was wir kundenfreundliche Segel nennen. Die Groß- und Vorsegel sind im Rücken (Achterliek) etwas gerader, sie können etwas härter angeschotet werden, ohne daß die Lieken einrollen, und auch die Spinnaker lassen sich einfacher „fliegen". Sowas ist ebenso auf acht und zwölf Meter Wasserlinie willkommen. Also haben die Segel jetzt umgänglichere Manieren.

Segelmachen und Wissenschaft

Aber das Erzeugnis ist nur ein Teil davon. Egal, was man vom Americas Cup oder einem Maxi-Rennen hält, die hohen Einsätze bei diesen Spielen und der Ehrgeiz der Spieler, zu gewinnen und die Dinge auf die Spitze zu treiben, haben die Art und Weise grundlegend geändert. Und die Dinge sind nicht besser, schneller oder leichter, weil ich es so sage oder wünsche — sie sind besser, schneller und leichter, weil man das den Leuten beweisen kann. Es so skeptisch veranlagten, überkritischen Männern wie Conner und Kilroy zu beweisen, hat die Segelmacherei wie auch die Segelei in die wissenschaftliche Hochtechnik geführt. So habe ich Anteil an einer Revolution genommen, die für immer die Segelmacherei verändert hat.

Einige mögen diese Veränderung bedauern. Aber man muß diese Menschen wohl als sentimental bezeichnen, denn nie waren Segel besser, schneller, handiger und dauerhafter als heute — und billiger, wenn man die Inflation berichtigt. Und das ist wahr, nicht weil ich es sage, sondern weil es zu beweisen ist.

Nach der Wiedereroberung des America's Cup 1987 in Perth bekommt die Crew eine Konfettiparade in New York. Conner und ich winken. Ed Koch, damals Oberbürgermeister, und Donald Trump, die Gastgeber der Parade, sind in der ersten Reihe. (Foto: North Sails, Inc.)

Neues Tuch, neue Maschinen, bessere Segel

Viel der Veränderung hat mit neuen Werkstoffen zu tun. Mit den beschichteten Polyestertüchern der späten 70er Jahre waren die meist gewünschten Eigenschaften eines Segels — geringes Gewicht, wenig Dehnung, große Festigkeit und langes Leben — nicht unter einen Hut zu bringen. Hatte das Segel wenig Reck, war es schwer; war es leicht, war es empfindlich. Mit der Mylar-Folie, einem beschichteten Polyestertuch, von den Seglern Mylar genannt, kam ein befreiendes Rezept. Daraus entwickelte sich ein erstaunliches Tuch, leicht, wenig dehnbar, fest, glatt und dauerhaft. Es war für den Wochenendsegler ebenso interessant wie für den Regattasegler. Weiter ließ sich auch Kevlar mit Mylar-Folie beschichten, allgemein Kevlar genannt, und Spectra mit Mylar, kurz Spectra. Diese Tücher haben die Regatten gewaltig verändert.

Ebenso haben die neuen Werkzeuge für Entwurf und Herstellung — besonders die Computer — die Segelmacherei und Segelei verbessert. Des Computers Beitrag ist beträchtlich, hauptsächlich weil mit ihm gute Konstruktionen wiederholbar sind. Vor der Computerzeit gab es keine Gewähr, daß ein guter Entwurf sich reproduzieren ließ, weil der Entwurf oder die Grundmaße in irgendeines Menschen Kopf saßen und die unzähligen Stücke von Leuten zugeschnitten und zusammengesetzt wurden, die mal besser, mal schlechter waren. Mit der exakten Wiederholbarkeit geht der Fortschritt einen geraderen, logischeren Weg; ohne sie ist es Treffer oder Niete; zu oft Niete.

Mit dem Computer sind auch viel kompliziertere geometrische Lösungen des Segelmachens möglich. Um zweidimensionalem Tuch eine dritte, strömungswirksame Form zu geben, verwenden Segelmacher eine mit „Breitnaht" bezeichnete Technik: Eine Tuchbahnkante ist gerade geschnitten und wird an die andere, rund geschnittene genäht (Bild 1.1). Dies zwingt eine Form in das Segel; so sehr, daß das Segel nicht flach auf dem Boden liegen kann. Menschen haben, was die Zahl effektiv herstellbarer Nähte betrifft, Grenzen. Computer dagegen nicht, sie können jede beliebige Menge Nähte in allen Richtungen zeichnen. Wo ein Mensch vier Nähten eine Form geben kann, vielleicht sogar acht, kann der Computer alle 90 formen, die zum Großsegel einer Maxi-Yacht gehören mögen. Offensichtlich wird ein mit dem Computer geformtes Segel straker, ohne Knicke. Man braucht kein Aerodynamiker zu sein, um zu verstehen, daß sanfte Kurven ein besseres Profil erzeugen als mit Knicken aneinandergestückelte, ebene Flächenstücke.

Für den Segel-Designer sind computergestützter Entwurf (CAD = Computer Aided Design) und computergesteuerte Fertigung (CIM = Computer Integrated Manufacturing) eine enorme Erleichterung. Früher machte sich der Konstrukteur Gedanken, wie eine Segel zu „bauen" sei, bevor er es zeichnete. Nun konstruiert er es auf dem Computer und befiehlt ihm, es so auch zu bauen. Der Computer beseitigt viele Unbekannten und erledigt klaglos und schnell viel nötiges, aber stumpfsinniges Rechnen. Damit hat er die Entwurfsarbeit kreativer gemacht.

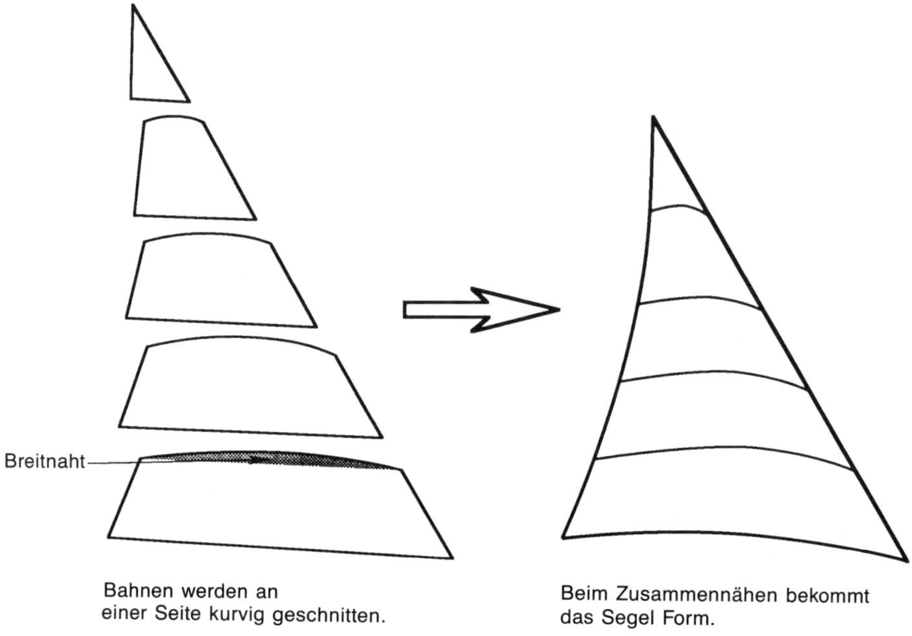

1.1 *Breitnaht Formgebung*

Aber der beste Federhalter bedeutet noch nicht, daß man auch gut schreibt. Weder garantiert die beste CAD-CIM-Anlage, daß man ein großartiges Segel macht. Viele ausgezeichnete Segel sind ohne Computer gemacht worden — so die Segel für das America's Cup Race 1987. Bei aller verwirrenden oder berauschenden Technologie, Segelmachen bleibt sowohl eine Kunst als auch eine Wissenschaft. Beides fasziniert mich.

Eine neue Segeltheorie

Die Kunst und Wissenschaft des Segelns ist der Titel und das Thema dieses Buches. Wenn Sie es gelesen haben, werden Sie die physikalischen Reaktionen verstehen, wenn Wind über ein in Form eines Flügels geformtes Tuch streicht. Diese Wirkungen haben die Menschen seit Äonen fasziniert und fast ebensolang genarrt. Die meisten Segler wissen, daß die Luft schneller über die bauchige Leeseite des Segels strömt als über die Luvseite, daß dieses einen Druckunterschied erzeugt, eine oft „Auftrieb" genannte Kraft. Die Beziehung

zwischen Strömungsgeschwindigkeit und Druck wurde zuerst 1738 von David Bernoulli entdeckt. Mehr als 200 Jahre später wissen nur sehr wenige Segler, wie diese Geschwindigkeitsdifferenz entsteht.
Sie entsteht nicht, wie Sie wohl schon mal gehört haben, weil ein Segel wie ein Flugzeugflügel sei, und die Luft über seine gewölbte, obere Seite schneller fließen müsse, um mit der an der flachen Unterseite vorbeifließenden gleichzeitig an der Flügelhinterkante anzukommen. Diese einfache und weitverbreitete Erklärung faßt einfach nicht, wie bei der Diskussion von Flügeln und Segeln in Kapitel 5 noch erkennbar werden wird.
Ohne grundsätzliches Wissen, wieso ein Boot höher am Wind als mit halbem segelt, ist beim Segeln nichts verständlich. Ohne solide, theoretische Basis Segel zu trimmen, bringt nur Scheinlösungen. Denken Sie daran, wenn Sie sich das nächste Mal genötigt fühlen, jemanden aus der Crew anzupfeifen, der in der Düse steht. Vielleicht haben Sie das schon mal gehört oder selbst gesagt: „Du stehst in der Düse und bremst die Strömung!“ Die Wahrheit ist, daß diese These (die Luft werde im Durchlaß zwischen Fock und Groß beschleunigt, und das verbessere den Effekt des Großsegels) grundfalsch ist. Tatsächlich wird die Luft in der Düse verzögert, und wer dort steht, stört nicht mehr als einer sonstwo. Wichtig ist die Tatsache, daß absichtliches Verzögern der Luft in der Düse die Wirkung des Großsegels, wie leicht auch immer, verbessert. Dazu ist eine völlig andere, aber in der Technik längst nicht mehr neue Erklärung nötig. Auch die steht in Kapitel 5 und wirkt durch das ganze Buch fort.
Die Behandlung von Groß- und Vorsegel als Einheit ist ein weiteres Thema dieses Buches. Der Wind „sieht“ einen Segelriß als eine lange Fläche, nicht als zwei oder noch mehr. Kundige Segler trimmen den vorderen Teil des Vorsegels, dann den hinteren Bereich des Großsegels. Die besten trimmen sodann, wie wir noch sehen werden, den hinteren Bereich des Vorsegels und anschließend den vorderen Teil des Großsegels. So wird die Düse geformt.

Zwischenbemerkung

Dieses Buch sagt, was richtig ist und warum. Weitere Brennpunkte sind, wie das Inhaltsverzeichnis zeigt, nützliche Informationen für Fahrten- und Rennsegler bezüglich Segelpflege, Ausrüstung, Vermeidung von Querschlägern und Minimierung von deren Folgen, Winterlager, Segelreparaturen und Erwägung von Vor- und Nachteilen verschiedener Produkte.

Lebenslauf und Technologie

Die Geschichte der Segel ist auch eine Lebensgeschichte von Künstlern, etwa Ted Hood, oder Technologen wie Lowell North, denen große Würfe gelangen. Wir werden ihnen und noch einigen anderen in diesem Buch begegnen. Die großen, philosophischen und persönlichen Unterschiede zwischen Hood und North, die jeder einmal Segelfirmen leiteten, die noch ihren Namen tragen, die sich und andere in hartem und hitzigem Konkurrenzkampf maßen, haben ein weites, technisches Terrain bereitet, auf dem Fortschritte der Segelei und der Textilindustrie erfochten worden sind. Keine andere Industrie verarbeitet Polyesterfaser, Polyester/Mylar und Aramid/Mylar mit größerer Gewandheit als die Segelmacher. Das ist schon erstaunlich, wenn man bedenkt, daß Segeln ein Sport, ein Zeitvertreib, und Segelmacherei kein Riesengeschäft ist. Segelmacherei ist bemerkenswert freies Unternehmertum in Kleinformat.
Durch Segeln und Segelmachen habe ich ein paar Dinge im Leben gelernt: Gewinnen und Verlieren und Unterliegen bei den bedeutendsten Rennen des Sports, Segeln mit und gegen die Großen des Sports und die Freiheit und Heiterkeit einer sommerlichen Kreuzfahrt mit der Familie. So ist dies hier ein eklektisches Buch geworden. Es informiert und erfreut sich an der Begeisterung für die Sache.

Fahrten- und Rennsegler: Ähnlichkeiten und Unterschiede

Obzwar ich meinen Ruf auf dem Rennkurs erworben habe, ist das hier kein Buch nur für die eiligen Vereinsfreunde. Die Fahrtensegler haben ebenso großen, vielleicht sogar größeren Bedarf an Wissen über die wirkenden Kräfte. Des Renners Prinzip ist Tempo um jeden Preis, der Mußesegler sucht Wirkungsgrad. Das sind zwei Seiten derselben Münze. Rennyacht- und Fahrtensegler haben mehr gemeinsam, als sie denken mögen.
Die effektive Nutzung der Zeit — auch der Freizeit — ist wichtig. Der nun eingeschlagene Weg war nicht vorauszusehen. 1959 schrieb das Magazin *Life* (und europäische Bilderblätter schrieben es ab), es werde eine Welt mit weit mehr Zeit zur Muße anbrechen. Es sah ein Amerika, das ,,freier und kühner als die Welt der Griechen, gerechter und stärker als die der Römer, vernünftiger als

die der Franzosen, verantwortungsbewußter als die der viktorianischen Briten und glücklicher als die aller zusammen sein würde." Fragen wir uns 30 Jahre später, was draus wurde: Wir arbeiten härter und länger — und sind auch noch stolz darauf. Um so wichtiger ist den meisten von uns eine gute Nutzung unserer Freizeit.

Die Fahrtensegler wollen so effizient wie möglich von hier nach dort kommen. Ihre Boote sollen über alle arbeitssparenden Vorteile, die es auf dem Markt gibt, verfügen, damit sie mit kleinster Crew auskommen. Ihre Segel sollen wenig wiegen, weil sie mehr Einrichtung und weniger Stabilität als die Rennziegen haben. Die Segel sollen fest und dauerhaft sein, weil Fahrtenskipper weder Crew noch Neigung haben, sich mit Pannen zu beschäftigen. Fahrtenskipper wollen die Möglichkeit haben, ihr Ziel schnell zu erreichen, wollen Segel fahren, die die Form halten, mit denen sie sich vom Legerwall freisegeln und es mit jedem Wetter aufnehmen können. Die Segel sollen die längste Zeit ihres Dienstes gut aussehen. Ein Boot mit schlechten Segeln ist wie ein Achtzylinder, der auf sieben Töpfen läuft. Und das könnte gefährlich werden.

Obwohl die zugrundeliegende Aerodynamik für beide Segler dieselbe ist, ist die Praxis oft anders. So beschäftigen wir uns mit dem Entwurf und Gebrauch durchgelatteteter Großsegel für Kreuzeryachten, mit dem Zuschnitt und Gebrauch von Segeln für Rollmasten der Fahrtensegler und mit den in Form, Konstruktion und Gebrauch unterschiedlichen IOR-Segeln mit kurzen Latten. Auch wird erörtert, warum beim Fahrtensegeln manchmal größere Dehnbarkeit und Handigkeit anstelle großer Formtreue bevorzugt wird. Bei Rennsegeln ist es umgekehrt. Wir zeigen, wie dem Segler bei der Konstruktion mit Variationen von Gewicht und Material reffbare Genuas zur Verfügung gestellt werden können, die bei 5 Knoten Wind voll stehen und gerefft noch bei 30 Knoten halten. Die entsprechende Technik, Step-up-Konstruktion genannt, gab es bis vor ganz kurzer Zeit noch nicht.

Auch erörtern wir, warum eine Vorliekbehandlung, Schaum- oder Aeroliek, wichtig für die Form des gerefften Vorsegels ist, und warum ein bauchiges Vorsegel menschliche und mechanische Rudergänger weniger strapaziert, und warum ein ausgestelltes Achterliek unter bestimmten Bedingungen für Rennsegler von großem Vorteil sein kann. Wir erörtern verschiedene Reffmethoden für Groß- und Vorsegel und zeigen, warum einige besser für den Fahrtensegler sind, der nur gelegentlich Rennen segelt, und was die Vorzüge kurzer Vorlieken und hoher Schothörner bei Seekreuzern sind und welchen Einfluß das Seitenverhältnis (Streckung) vom Rigg, und übrigens auch vom Kiel, bei Kursen am Wind hat. (Anders gesagt: Wer nicht oft am Wind segelt, braucht keine große Streckung; sie ist sogar nachteilig bei halben und raumen Winden.) Die Konstruktion von Fahrtenspinnakern, und wie man sie setzt, trimmt, schiftet und niederholt, wird erklärt, ebenso wozu des Racers Reacher, Starcut und Allerwelts-Spi dient und warum viele Fahrtenskipper den letzten wählen, obwohl er etwas mehr Arbeit macht. Wir sprechen über Trimmwinkel von Fahrtenvorsegeln und vergleichen sie mit denen auf Rennyachten. Wir sagen, warum das Vorsegel auf Racer und Seekreuzern früher gerefft wird als das Groß und warum das bei Fahrtenyachten so beliebte Kutterrigg das Aufkreuzen in hartem Wind leichter macht. Ein Inhalts- und Stichwortverzeichnis werden dem Leser durch die Themenvielfalt helfen.

Vielseitigkeit ist eine Tugend

Wie ich schon sagte, die Segelei hat mich weiter und schneller getragen, als ich mir je träumen ließ. Darin steckt eine Ironie — eine tatsächlich dem ganzen Segelsport eigene Ironie —, daß Segeln mich mit solch einer Geschwindigkeit zu solch fernen Plätzen gebracht hat, für die sich viele Weitsegler Stunden um Stunden abmühen. Ich habe viel Zeit meines Lebens mit dem Versuch zugebracht, eine 12-m-R-Yacht einen halben Knoten schneller zu machen. Aber es ist nicht die Größe dieses Problems. Diesen halben Knoten herauszukitzeln, war für mich geistiges und faszinierendes Suchen.
Segeln bedeutet verschiedenen Menschen Verschiedenes, und auch das reizt mich. Die Leute segeln, weil das Gleiten ohne Rattern und Gestank eines Motors über das Wasser so magisch, so herrlich ist. Sie segeln, weil das mit etwas zu tun hat, was schon vor 6000 Jahren Menschen in seinen Bann schlug, weil sie mit einer Sache zu tun haben, die gleichzeitig uralte und hochmoderne Technik ist, wie Sie in diesem Buch noch erfahren werden. Sie segeln wegen des Gefühls von Kraft, Stolz und Heiterkeit an Bord. Sie segeln der erlebten Geschwindigkeit wegen, sei das nun eine die Wellenfront hinab jagende *Kialoa* oder ein mit 40 Knoten übers Wasser bretternder Windsurfer. Sie segeln, weil sie immer wieder Neues dabei lernen und mit einer unsichtbaren Naturkraft leben, die man fühlen, nützen, aber nicht sehen kann. Segeln beschäftigt einen ganz.
Mein Ko-Autor, Michael Levitt, und ich schrieben dieses Buch, um solche Freuden mit Ihnen zu teilen. Willkommen an Bord. Ich hoffe, Sie werden es so anregend finden wie wir.

KAPITEL 2

Ein Künstler und ein Wissenschaftler

Geschichte moderner Segelmacherei

Zwei Männer, die viele Jahre scharfe Konkurrenten im Geschäft wie auf dem Rennkurs waren, haben ganz besonders zur modernen, hoch-technischen Segelkonstruktion beigetragen. Sie heißen Ted Hood und Lowell North — zwei sehr unterschiedliche Persönlichkeiten.

Ted Hood, der 1952 Segel zu machen begann, ist von massiger Erscheinung und schlichter Lebensart. Hood, dessen Segel die Verteidigerinnen des America's Cup von 1958 bis 1977 antrieben, der selbst Skipper der Verteidigerin von 1974 war, hat die gemessene Ausdrucksweise eines Yankees. Seine sparsame Gesprächigkeit wird kompensiert durch das vermutlich beste Augenmaß für Segelzuschnitt, vielleicht das beste aller Zeiten.

North, der 1959 das Segelmachen anfing, ist ein Mann der Zukunft. Er ist groß, schlank und schöpferisch babbelnd; mal genau auf den Punkt, mal bauernschlau am Thema vorbei. Als studierter Ingenieur glaubt er inbrünstig an den Fortschritt. Sein unermüdlicher Glaube an bessere Ideen wird gestärkt durch die typische Freude der Kalifornier an allem, was neu, zeitgemäß und zukünftig ist. North, der olympische Gold- und Bronzemedaillen und viermal die Weltmeisterschaft im Starboot gewonnen hat, mißtraut zutiefst künstlerischem oder intuitivem Segeldesign. In der Segelmacherei hat ihn nie interessiert, was besser aussieht, nur was sich als schneller erwies. So wandte er sich den Formeln zu — quantifizierte die durch wissenschaftliche Methodik gestützte Segelmacherei. Er erkannte früh in diesem Beruf, daß ein nicht exakt nachmachbares Segel nicht verbessert werden kann, keinem anderen in der

Firma zu schöpferisch synergetischer Weiterentwicklung dienen kann. Bei solcher Begeisterung für Zahlen und Formeln schaffte er einen Computer an — damals ein noch obskures und teures Ding für einen Segelmacher.
Wir leben im Computer-Zeitalter, in dem die Frage nach dem Wert der Wissenschaft und ihrer trickreichen Maschinerie, wie dem Roboter, nur nach solchen Katastrophen wie dem *Challenger*-Unglück oder Tschernobyl gestellt wird. Aus unserer jetzigen Sicht scheint der Konkurrenzkampf des Wissenschaftlers gegen den Künstler unfair zu sein, aber es ist Tatsache, daß North und seine Jünger — die wissenschaftlichen Segelmacher in anderen Verbänden, die den gleichen Weg einschlugen — zwanzig und ein paar Jahre brauchten, um Ted Hood aus dem Feld zu schlagen. So großartig war dieser Widersacher.
Sie fochten eine Königsfehde der Segelmacherei. Die Konkurrenz dieser beiden, so unterschiedlichen Männer, jeder vom anderen Ende des Landes und conträrer Technologie, führte die Segelmacherei so schnell in eine neue Welt, wie es ohne sie nicht denkbar gewesen wäre. Die Segelmacherei war als Innovator nie groß genug, sie mußte auf Vorhandenes zugreifen. Aber die Anwendung von Dacron, Mylar und Kevlar durch die Segelmacher und deren bissige Konkurrenz sorgten dafür, daß diese Werkstoffe so hochentwickelt wurden, wie sie heute sind.
Als Junge las ich von den Kämpfen zwischen Hood und North. Als junger Mann hatte ich kurz Kontakt zu beiden, was auf viele Weise erklärt, warum ich Segelmacher geworden bin. Als einer, dessen Lebensinhalt es ist, bessere Segel zu machen, habe ich lange über diesen Kampf zwischen Kunst und Wissenschaft, soweit er moderne Segelmacherei betrifft, nachgedacht. Vielleicht habe ich darüber mehr als andere sinniert, weil meine Karriere, die in 16 Jahren nur zweimal unterbrochen wurde, mich von Pol zu Pol geführt hat: von Sobstad, wo eine mehr intuitive, artistische Segelmacherei betrieben wurde, zu North, einem der Führer in der Hochtechnik-Bewegung. Ich war nicht allein in dieser geistigen und ja auch wirtschaftlichen Auseinandersetzung. Von 1956 bis 1980 kam mit dem Computer die Wende und entscheidend war, ob man bei Sobstad, Ulmer, Ratsey, Hood, North oder sonst einem großen Segelmacher arbeitete.
Wie ich die Bekanntschaft von Hood und North machte, offenbart etwas über die Distanz zwischen den beiden. Mein Seglerleben begann mit 10 Jahren, als ich von einem Freund eingeladen wurde, dessen Eltern ein Sommerhaus am Long Island Sound nahe Westport, Connecticut, hatten. Nach diesem ersten Nachmittag segelte ich regelmäßig mit Lenny Raymond, auch bei einigen

Regatten des Cedar Point Yacht Club. Wir waren ganz gut, soweit ich mich erinnere, aber mein größtes Vergnügen war die Freiheit und Unabhängigkeit, die ich draußen auf dem Wasser empfand, wo ich als Junge etwas Selbständiges und Erwachsenes tat.

Als ich 13 wurde, schenkte mir mein Vater, ein Werbeleiter und geübter Segler, eine alte, ziemlich müde Blue-Jay-Jolle, die ich aus ersichtlichen Gründen *Rebound* (Aufschwung) taufte. Obwohl sie schon etwas heruntergekommen war und nicht so schnell wie die schmuckeren Blue Jays meiner Freunde, lehrte sie mich, smart zu sein oder Glück zu haben oder beides, wenn man nicht schnell sein kann. Die Leute um mich herum waren alle vom Segeln fasziniert, und wir begannen, gründlicher zu studieren, wie man Boote schneller machen kann. Um 1961, da war ich 14, wußte ich dreierlei: Ich wollte Segelmacher werden. Ich wollte bei der Olympiade segeln, und ich wollte beim America's Cup segeln.

1961 kaufte ich ein Stell North-Segel für meine Blue Jay. Zu jener Zeit war North eine Westküstenfirma und ihr Chef, Lowell North, war in der ganzen Seglerwelt bekannt. Soviel ich weiß, war ich der erste am Long Island Sound, der ein Stell North-Segel kaufte. Ich rief in San Diego an und verlangte, Lowell North zu sprechen. Für einen total segelnärrischen Vierzehnjährigen war dieses transkontinentale Ferngespräch ein wenig so, wie ein Anruf bei dem Präsidenten. Die Sekretärin stellte mich durch. Mit kaum beherrschter Stimme fragte ich Lowell North, ob er jemals Segel für Blue Jays gemacht habe. „Nicht viele", sagte er. Ich hätte Gutes über seine Segel gehört, besonders bei leichtem Wetter, von dem wir am Sund reichlich hätten. Er dankte für die freundliche Meinung und sagte, er wolle gerne einige Segel für mich machen. Als sie ankamen, waren sie nicht in jeder Beziehung perfekt, aber verdammt gut, und ich machte mit ihnen sehr ansehnliche Punkte bei den Blue Jays.

Als ich 17 war, lehrte ich im Wianno Yacht Club in Osterville am Cape Cod segeln. Die Leute dort waren noch segelversessener als meine Jugendfreunde. Ich lernte Jack Fallon, einen Immobilienmakler, recht gut kennen. Er segelte eine Wianno Senior, eine gaffelgetakelte 25-Fuß-Yacht, wie sie auch die Kennedy Brüder Jack, Bobby und Ted segelten. Ich erzählte Fallon von meinem Traum, im America's Cup mitzusegeln. Fallon kannte Hood, der zu der Zeit die von ihm entworfene Zwölfer *Nefertiti* für den America's Cup vorbereitete. Fallon brachte mich an Bord dieser Yacht, die bei den ersten Ausscheidungen 1962 keinen Erfolg hatte. Ich wurde an eine „Kaffeemühle" gestellt und erinnere mich, beidarmig an irrsinnig rotierenden Kurbeln gegenüber einem überfütterten Kerl gehangen zu haben, der wie ein Footballspieler gebaut war. Er schuftete mit einer Kraft, als müsse er Berge holen, abgesehen von der Genuaschot. Einem von Ehrfurcht ergriffenem Jungmann am größten Tag seines Lebens schienen die Zwölfer mit einer Million Meilen pro Stunde zu laufen. Wann immer es ging, schaute ich nach achtern zum Cockpit auf Hood. Mich erstaunte, wie ruhig er war. Er sagte kaum fünf Worte den ganzen Tag lang. Er beobachtete die ganze Zeit die Segel. Er machte eine Menge Notizen und schrieb den Segeln sogar Noten.

Obzwar ich mir damals nicht ganz sicher war, was er da hinten machte, weiß ich es heute. Er hatte einen besonderen Blick dafür, wie ein Segel aussehen sollte, und seine Vorstellung von der Herstellung eines Segels war, es auf dem Schnürboden — so gut er konnte — zuzuschneiden und dann hinaus zum Boot zu gehen und zu sehen, ob es richtig oder falsch war. Dann würde er es neu schneiden. Seine Bleistiftskizzen zeigten ihm, wo er überspannte Flächen lockern und zu weite Nähte raffen mußte. Es waren sehr handwerkliche, auf Erfahrung beruhende Segelformen.

Diese Segeltour mit Hood hinterließ einen unauslöschbaren Eindruck in mir. Ich war jung und völlig fremd auf diesem Gebiet der Wettsegelei. Ich war beeindruckt und erkannte damals: Hood war der größte der Großen. Dieser Tag war so bestimmend für meine Zukunft wie kein anderer je wieder.

Einige Jahre später hatte ich Gelegenheit, mit Lowell North auf dem Zwölfer *Enterprise* zu segeln, während ich gleichzeitig mit Dennis Conner für den America's Cup 1980 trainierte. Das war eine ganz andere Erfahrung. North sah wie Hood nach den Segeln und hatte offensichtlich Ideen, was er ändern müßte, unternahm aber nichts, bevor er das computergezeichnete Bahnenlayout geprüft hatte. Wenn er das, was er bei einem bestimmten Segel sah, nicht mit den Daten aus dem Computer, der es gemacht hatte, in Beziehung setzen konnte, half ihm die ganze Prozedur nichts. Er hätte dieses eine Segel verbessern können, aber es hätte für die anderen Segel nichts gebracht, die er für dieses Boot und eventuell weitere schneidern würde. So hätte es auch seine Datenbank und seine Firma nicht weitergebracht.

In derselben Woche segelte auch Ted Hood an Bord der *Enterprise* mit. Er segelte das Boot märchenhaft am Wind, so gut wie keiner, den ich gesehen hatte. Er war ganz bei der Sache. Er segelte das Boot immer etwas höher, als ich für möglich hielt. Er gab ganze vier Kommentare an diesem ganzen Tag — über die Segel. Ich hatte den ganzen Sommer über Segel beobachtet, und Hood sah Dinge, die mir nie aufgefallen waren. Mir wurde klar, daß er über

mehr verfügte als nur viel Erfahrung. Er hatte auch eine Menge Einfälle — wer weiß, woher. Vielleicht Osmose? Das kennzeichnet wohl Genies.
North andererseits sprühte von Ideen. Er war ein Raketengelehrter auf einem Segelboot. Manche seiner Einfälle waren brillant, viele so abseitig, daß es mich verblüffte. Aber mir war bewußt, daß beide auf ihre Weise recht hatten — für sich selbst und der Zeit gemäß. Der Segelsport hat von ihren Unterschieden und divergierenden Zugbahnen ungemeinen Nutzen gezogen. Wahrscheinlich ist diese Distanz zwischen beiden der Auslöser der weitreichenden Technologie, die das Geschäft und den Segelsport kennzeichnet.
Hood und North drückten ihren Stempel nicht nur den Firmen auf, die ihren Namen tragen, sondern auch dem gesamten Industriezweig. Wie es diesen beiden Männern gelang, in der Segelmacherei zu dominieren, ist aufschlußreich für die neuere Geschichte des Segelsports. Ihre persönliche Geschichte macht uns auch einen weniger halsbrecherischen Start zur Reise in die High-Tech-Welt der Segel leicht. Die Geschichte der Segel ist sowohl die persönliche zweier Männer wie eine technische.

Ted Hood (*Foto: Peter Barlow*)

Der Künstler

Ted Hood hat sich aus der Segelmacherei zurückgezogen, ist aber jetzt im Marinegeschäft in Portsmouth auf Rhode Island zusammen mit seinen drei Söhnen noch sehr engagiert. Ehe er nach Rhode Island zog, lebten und arbeiteten elf Generationen der Hoods an der Nordküste von Massachusetts. In jeder Beziehung waren sie eine innovative Sippe. Drei Generationen der Hoods bewohnten ein Haus in Denvers, Massachusetts, wo Ted und sein jüngerer Bruder, Bruce, ihre Schuljahre verbrachten. Ihr Vater, Ralph Stedman Hood, wurde „Professor" gehänselt, hauptsächlich weil er so zerstreut war. Er lehrte zwar eine Zeitlang in einem mittelwestlichen Kolleg (vergleichbar: Realgymnasium), arbeitete für Monsanto Chemical Corporation im nahen Everett und besaß zahlreiche Patente in Elektronik.
Hoods Großvater, Ralph O. Hood, erfand den elektrischen Anlasser, den er für 75.000 Dollar, ein um die Jahrhundertwende stattliches Vermögen, an General Electric verkaufte. Er verwendete es, um den Bau des Hoodmobile zu begin-

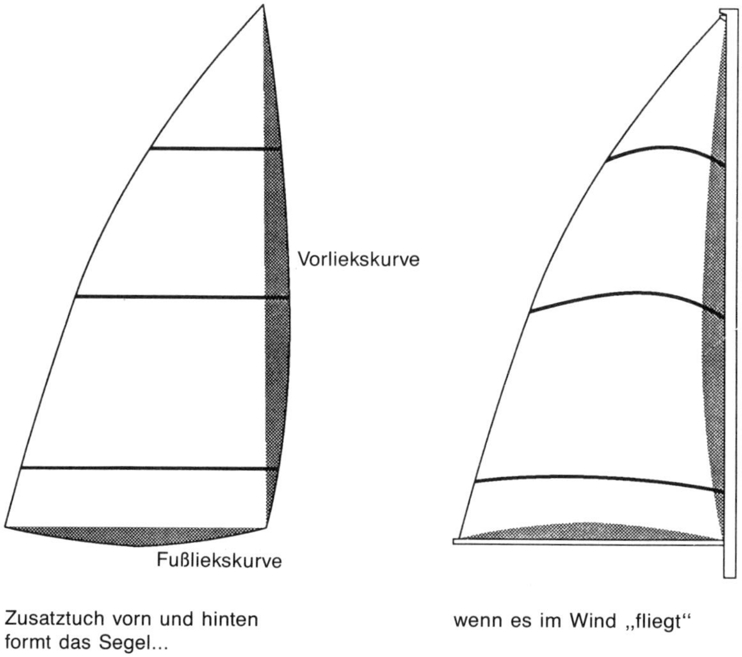

2.1 *Segel mit Vorliekskurve und Fußkurve geformt*

nen, einer viersitzigen Limousine. Er baute sechs davon und machte dann, wie so viele, die den Traum verfolgten, Amerika zu motorisieren, pleite. Ted erinnert sich, nach der Schule zu seines Großvaters Werkstatt in den Keller gegangen und mit ihm gearbeitet zu haben. „Mein Großvater war immer daheim. Wir gingen zu ihm in den Keller und halfen ihm bei der Arbeit, die er gerade machte, und er lehrte uns. Ich glaube, das fehlt vielen heute, weil die Familien nicht mehr zusammen wohnen."

Es war nie Geld im Überfluß da, als Hood aufwuchs, aber die Familie hatte immer Boote. Hood erinnert sich, daß sein Vater ein altes R-Klasseboot in Regatten vor Marblehead segelte. Der Großvater trimmte den Spinnaker, und der siebenjährige Ted machte sich so unauffällig wie möglich, wenn die beiden sich über Segeltrimm stritten. „Sie segelten nicht sonderlich gut", erinnert Ted sich, „weil sie schlechte Segel hatten."

Hood war neun, als er die Segel für sein erstes Boot machte. Er hatte ein kleines Buch aus der Bücherei über Segelmachen gelesen, aus dem er erfuhr, daß es grundsätzlich zwei Methoden gibt, aus einer flachen, zweidimensionalen Tuchfläche eine gewölbte dreidimensionale zu machen. Er lernte auch, wie aus dieser Form Kräfte entstehen. Am einfachsten, einem Segel Form zu geben, ist es, eine oder alle Seiten eines dreieckigen Tuchs als Kurven zu schneiden (Bild 2.1). Wenn die gekurvte Vorderkante an einem geraden Mast befestigt wird, drückt das Übermaß an Tuch Form in das Segel. Das wird die Vorliekskurve genannt.

Die andere Methode dem Segel Profil zu geben ist, wie schon gesagt, gekurvte und gerade Segelbahnränder zusammenzunähen (Bild 1.1), Breitnaht genannt. Hood über seine anfänglichen Formgebungsversuche: „Ich machte keine

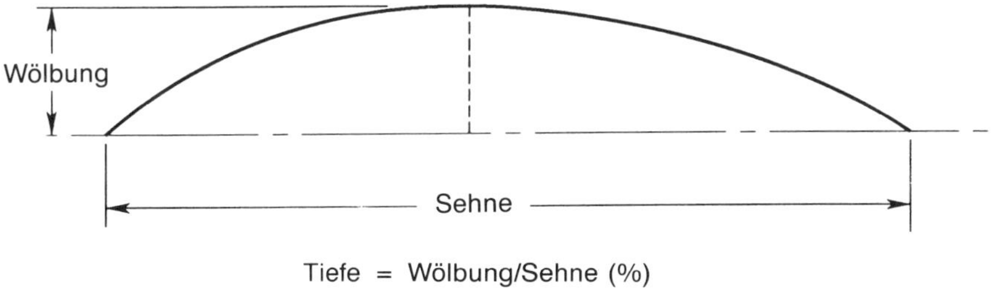

2.2 *Bezeichnungen am Segelprofil*

gekurvten Nähte, sondern gab dem Vor- und Fußliek Kurve. Auch legte ich das Liektau um die Ecken herum in Fältchen, in der Absicht, etwas Form hinein zu bauen."

Die Wölbung, Form oder das Profil eines Segels wird von der Profiltiefe f und der Sehnenlänge l bestimmt. Bis zu einer Grenze bedeutet mehr Tiefe mehr Vortriebskraft; weniger Tiefe weniger Kraft. Diese Tiefe wird bestimmt, indem man ein gedachtes Lineal horizontal an Vor- und Achterliek legt. Bis vor ganz kurzem hatten die Segel horizontale (statt vertikale) Bahnen, so daß man sich das leicht an den Nähten vorstellen konnte (Bild 2.2). 100 x (Tiefe/Sehne) ist die Wölbung(sgröße) in Prozent. (Vertikale Segel haben horizontale „Fahrstreifen" als visuelle Hilfe zur Bestimmung der Wölbung.) So sind 30 cm Tiefe bei einer 300 cm langen Sehne eine Wölbung von 10 %. Das wäre ziemlich flach und, wie wir noch sehen werden, ein gutes Segel, wenn es hart bläst. Ein 18-Prozent-Segel (f/l = 54 cm/300 cm) ist voll und gut für Zugkraft in leichtem Wind. Es waren solch einfache, aus einem abgegriffenen Büchereibuch gezogenen Lehren, mit denen der Knabe Ted Hood begann.

Als Hood ein Jüngling war, begann Segeln sein Leben zu bestimmen. Nichts konnte er so gut wie das, nichts tat er lieber. Aber nach einer mißmutigen Dienstzeit in der US-Navy gegen Ende des Zweiten Weltkriegs wandte er sich von der See ab, um einen Beruf zu lernen. Im Wentworth Institute, einer Ingenieurschule in Boston, studierte er Architektur. Währenddessen machte er Segelreparaturen, um seine Familie zu unterstützen, eine Möglichkeit, die er gut nützte. Statt die Segel nur zu reparieren, verbesserte er sie auch, wenn er darum gebeten wurde. Mal verlängerte er ein Liektau, um ein Großsegel völliger zu machen; mal das Gegenteil. Er trennte, wenn nötig, auch Nähte auf und nähte sie anders zusammen, um die Form zu verbessern. Er lernte nach der Methode Versuch und Irrtum — sie half ihm fast 30 Jahre lang gut.

Nach Beendigung seines Studiums ging er ins Baugewerbe. Er begann seinen ersten Hausbau, eine Cape-Cod-Hütte mit drei Schlafzimmern am Strand von Marblehead. Hood erzählt: „Ich hatte die Fundamente gelegt, und als die Rahmen aufgestellt wurden, beschwerte sich der Nachbar beim Bauherrn, der Bau verderbe ihm die Aussicht und bot ihm alles, was schon hineingesteckt war plus 5.000 Dollar. Das war 1950 'ne Menge Geld und das Ende meines Baugewerbes. Hatte mir aber Spaß gemacht. Ich denke oft, daß ich damit ganz schön zurande gekommen wär. Fing aber die Segelmacherei an."

Hood begann sein Segelgeschäft zu einer günstigen Zeit, denn die Segelmacherei erlebte Anfang der 50er Jahre eine große Änderung wegen der in den

Kriegsjahren entwickelten neuen Tuche. Baumwolltuch, hundert Jahre lang die Norm, wurde von Nylon, Orlon und um 1953 von Dacron verdrängt.
Bevor Hood erschien, war der wichtigste Segelmacher im Nordwesten der USA — wenn nicht der Nation — Ernest A. Ratsey, Nachkomme des bekannten George Ratsey, der 1790 auf der Insel Wight in England die Segelmacherei begonnen hatte. Ein Vormarssegel von George Ratsey wurde 1805 von Lord Nelson in seiner siegreichen Seeschlacht von Trafalgar gefahren.
Ernest A. Ratsey kam 1902 mit seinem Vater, George Ernest, in die Staaten. Die fünfte und sechste Generation dieser geachteten Segelmacherfamilie gründete Ratsey & Lapthorn auf City Island im Distrikt Bronx von New York City. Die Firma war als Segelmacher für America's Cup bestens bekannt. Die meisten, in den Dreißigern daran teilnehmenden amerikanischen J-Yachten trugen Ratsey-Segel. Besseres Segeltuch half den amerikanischen Ratseys zur Blüte während der ersten Hälfte dieses Jahrhunderts — gerade so, wie besseres Tuch Ted Hood in der zweiten Hälfte zur Blüte brachte. Die Ratseys hatten die langfaserige, ägyptische Baumwolle mitgebracht, die sich weniger dehnte als die kürzere amerikanische, auch weniger als Flachs und Spinnhanf. Obwohl Segel aus ägyptischer Baumwolle (Mako) eine große Verbesserung waren, mußten sie eingesegelt werden und waren feuchtigkeitsempfindlich, wurden leicht stockig und rott. Das war die Achillessehne dieses Tuchs. (Die Dacron-Revolution hatte nichts mit Festigkeit und Glätte zu tun, sondern weil es nicht faulte. Die anderen Eigenschaften wurden erst später erkannt.)
Ernest Ratsey war wegen seiner handschriftlichen „Gore-Bücher" berühmt, die nahezu alle in der Firma gemachten Segel im Detail beschrieben. Heute würde man solche Gore-Bücher als Datenbank bezeichnen. Es gab Fortschritte, gewiß, aber die Kunst des Segelmachens kam nur langsam voran — wie Ratsey in „Yacht Sails, Their Care & Handling", dem Buch, das er zusammen mit W. H. de Fontaine verfaßte, schrieb: „Segelmachen bleibt eine Kunst, die von Generation zu Generation weitergereicht wird."
Nach dem Krieg war Mako nicht mehr zu bekommen, aber die synthetischen Spinnfasern, wie Nylon, Orlon und Dacron erschienen. Nylon, ein Wortzusammenschluß aus New York und London, wo die Entwicklungen stattgefunden hatten, kam zuerst, machte aber in der Segelmacherei Probleme bezüglich des Einreißens, der Dehnbarkeit und der Wasseraufnahme. Heutiges Nylon hat diese Probleme nicht und wird für Vormwindsegel, wie Spinnaker und ähnliche, genommen. Orlon war das nächste. Aber da man es nur zu leichtem (163 bis 215 g/m^2) Tuch weben kann, beschränkt sich seine Anwendung auf Jollen-

segel. Dacron wurde 1941 in England von H. R. Whinfield und T. Dickson als Nebenprodukt bei der Ölraffinerie erfunden. 1945 kaufte Du Pond von ICI eine Lizenz zur Herstellung der Terylene genannten Polyester-Faser — und nannte sie Dacron. Aber es dauerte noch acht Jahre, bis daraus Segeltuch gewoben wurde.

Von Anfang an waren Hood und sein Vater sich einig, daß Segeltuch der Schlüssel zur Herstellung besserer Segel wäre. „Wir folgerten", sagte Hood, „daß die große Variable beim Segelmachen das Tuch ist. Würde es sich anders dehnen, würde sich alles ändern. Ich schätzte, daß gutes Tuch der Schlüssel zur Herstellung stets guter Segel ist, denn wenn das Tuch so ist, wie man es will, hat man die Herstellung unter Kontrolle."

Statt aber bei Segeltuchwebereien wie Howe & Bainbridge oder Lamport zu kaufen, beschlossen Hood und sein Vater, ihr Tuch selber zu weben. 1952 kauften sie zwei 724 mm (28 1/2 inch) breit webende, sogenannte Kopfkissen-Webstühle von Pequot Mills in Salem und stellten sie auf dem Schnürboden in Marblehead auf. Der „Professor" war durch seine Arbeit mit Fasern bei Monsanto mit dem Weben und der Verarbeitung von Tuchen gut vertraut. Er hatte mit Orlon und 1953 mit Dacron experimentiert. Hood war nicht nur der Erste, der Segel aus Dacron herstellte. Fairerweise muß man sagen, daß es in den folgenden 25 Jahren keiner besser machte. Ein anderer Dacron-Pionier war Sol Lamport in den USA, der 1955 ein „Plysail" genanntes Produkt vorstellte, das aus zwei zusammengeklebten leichten Dacron-Tüchern bestand; ein Vorläufer der heutigen Laminattücher. Zwar hielt die Kleberei nicht, und nach dem Plysail-Flop führte Lamport Drysail ein, das erfolgreich auf dem Hochseerennboot *Hootman* und der *Columbia* war, die 1958 den America's Cup verteidigte. Deren amerikanische Konkurrentin war *Vim*, die Hoods Dacron-Segel fuhr.

Hood und sein Vater webten Dacron dichter als alle anderen Segeltuchweber. Sie webten nur 20 inch (508 mm) breit (übliche amerikanisch-englische Handelsware 36 und 28 1/2 inch). Hoods Vater kalandrierte dann das Gewebe unter Druck und Hitze in einem beheizten Kalander, wobei durch die Wärme die Breite auf 18 inch (457 mm) schrumpfte und der Druck die Bindung festigte. Endlich, nach dem Waschen, wurde das Tuch in einem Silikatsandbad, das die Reibung zwischen Schuß und Kette verstärkte, ausgerüstet. Ted Hood sprach von einem Antirutscheffekt.

Segel aus Hood-Tuch sahen anders aus. Da sie aus 18-inch-Bahnen gemacht waren, hatten sie doppelt soviel Nähte wie solche aus der üblicheren 36-inch-

Ware. Und weil die Segelform zu einem großen Teil von der Art bestimmt ist, wie die Bahnen im Segel aneinanderliegen — Breitnähte —, hatte Hood mehr Stellen und strukturelle Möglichkeiten, ein Segel zu formen. Das führte zu sanfteren Profilen.
Hoods Segel hatten auch eine andere Farbe, ein helles Gelbbraun vom Heißkalandrieren. Außerdem nähte er als Markenzeichen mit braunem Garn. Hoods Segel fühlten sich auch weicher, mehr wie Baumwollsegel an. Am wichtigsten aber war, daß die von Hoods Dacron-Ware und nach seinem sicheren Augenmaß gemachten Segel Regatten gewannen — erst für ihn selbst, dann für immer mehr im Weichbild von Marblehead, dann schließlich im Nordosten der USA, dann sonstwo in den Staaten und schließlich in der Welt.
Die Legende Hood müßte wirklich beim America's Cup in Stein gemeißelt werden. Nach den Kriegsjahren wurde 1958 das Matchrennen wiederaufgenommen. Zu diesem Rennen lud der bekannte Segler Emil „Bus" Mosbacher den 34jährigen Ted Hood ein, in der Crew der 12 Jahre alten *Vim* mitzumachen und auch gleich Segel dafür mitzubringen. Drei neue amerikanische 12-m-

Ted Hood und Bus Mosbacher, mit Sonnenbrille, während des America's Cup 1958
(Archiv Ted Hood)

R-Yachten (kurz: Zwölfer) und die alte *Vim* konkurrierten in den Vorentscheidungen zur Verteidigung des Cups, aber die alte *Vim* und die nagelneue *Columbia* waren die Stars des Sommers. Beide hatte Olin Stephens entworfen, und sie waren so ebenbürtig, daß das Komitee des New York Yacht Club (NYYC) unschlüssig schien. Schließlich wurde noch ein Rennen gesegelt, und die Siegerin sollte es sein. *Columbia* machte dabei guten Gebrauch von einem von Hood konstruierten und patentierten Cross-Cut (Kreuzschnitt) Spinnaker, den sie sich von *Vim* geliehen hatte. Die *Columbia* gewann dann alle vier Rennen gegen die britische *Sceptre* mit einem gemittelten Vorsprung von acht Minuten. Es war eine gute Show für Hood. *Vim's* Beinaherfolg konnte nicht der alten Yachtkonstruktion zugeschrieben werden. Vielmehr hat es am Organisationstalent Mosbachers und Hoods Brillanz mit Segeln gelegen. Nach diesem Sommer wurde Hood „Segelmacher für Zwölfer" genannt — sogar vom Magazin *Life*. Den Titel gab er trotz einiger, beachtlicher Anfechtungen 20 Jahre lang nicht ab.

Hoods Segel trugen *Weatherly*, die America's Cup 1962 verteidigte, *Constellation*, die 1964 verteidigte, und *Intrepid* 1967 und 1970, als die Australierin *Gretel II* mit Segeln aus Hood-Tuch eins der fünf Matchrennen gewann. Danach wurden die Wettfahrtregeln geändert. Ausländische Yachten durften beim America's Cup kein amerikanisches Tuch mehr fahren. (Das wurde 1983 wieder geändert, als den Regelmachern im NYYC bewußt wurde, daß Segelmacherei ein internationales Geschäft ist.) Hood-Segel fuhr auch *Courageous*, die den Cup 1974 und noch einmal 1977 verteidigte.

Der Wissenschaftler

Lowell North wurde 1929 in Springfield, Missouri, zwei Jahre später als Ted Hood geboren. Sein Vater war Geophysiker bei der Ölsuche und fand oft auch welches — beinahe in jeder staubigen Kleinstadt Kaliforniens von Bakersfield bis Stockton. Als Lowell zehn war, zog die Familie nach Los Angeles, und sein Vater kaufte ein 9,75 langes Motorboot, mit dem er und sein Sohn fischen fuhren. Das Boot hatte ein 2,44 m langes Beiboot, das Lowell sich zum Eigengebrauch zuwies. Wie Hood bastelte der junge North es sich zurecht und machte ein Segel dafür. „Ich baute einen Mast für das Boot und gab ihm einen Kiel, der etwa hundert Pfund (454 kg) wog... So'n Ding aus Eisen", erzählt Lowell,

Lowell North
(Foto: North Sails, Inc)

„und ein Segel; sicher das schlechteste der Welt. Das Boot ging kaum an den Wind. Es war ein richtiger Kampf."

Zum Teil lag das Problem an der Konstruktion; zum anderen an mangelnder Segeltechnik des Jungen. In Newport Beach, 48 km südlich von Los Angeles, schliff North seine Technik in Leihbooten. Eines Tages gab ihm sein Vater eine 12 ft (3,66 m) Penn-Yan Jolle. Damit konnte North aber keine Regatten segeln, weil es keine „Vögel gleicher Feder" in New Beach gab. Ein Freund der Familie schlug eine Falcon vor, ein 17 ft (5,18 m) One-Design, das in Newport Beach beliebt war, wohin die Familie 1944 gezogen war, als Lowell 15 war. Er segelte das Boot mit wechselndem Erfolg, bis sein Vater, der auf Elektronik umgesattelt hatte, einen Job in San Diego annahm.

Die Familie war davon wenig begeistert, denn ihr gefiel es in Newport Beach. Um seinen heranwachsenden Sohn zu besänftigen, kaufte Senior einen Star, ein in San Diego beliebtes Boot — wie er gehört hatte. Er fuhr als Vorschoter seines Sohnes in diesem 23 ft Kielboot, das seit seiner Einführung 1911 die Besten und Talentiertesten des Sports angezogen hatte. In solch eitler Gesellschaft begannen sie, kaum auffallend, wie North sich erinnert. „Wir waren den ganzen Sommer lang Letzte. Ich glaube, wir überholten ein paar Mitsegler gegen Ende des ersten Jahres... Ich erkannte, daß der Star zuviel Boot für mein Können war, aber ich war ein guter Lehrer. In diesen Tagen hatten wir Baumwollsegel, und man mußte lernen, wie sie eingesegelt werden mußten. Das Boot, das wir gekauft hatten, hatte erbärmlich alte Segel. So machte ich mich daran zu lernen, wie man Segel schnell macht."

North besuchte das College in San Diego und dann das Berkeley Campus der Universität von Kalifornien, Hauptfach Ingenieur und Nebenfach Konstruktion. 1951 stellte ihn Ryan Aircraft ein, wo er Festigkeitsanalysen machte. 1953 wechselte er zu Narmco, eine kleine Gesellschaft, die Fiberglasteile für die Luftfahrtindustrie herstellte. Dort arbeitete er in Forschung und Entwicklung als Chefingenieur. Dieser Titel war weit größer als die Aufgabe, wie North erzählt. Er konstruierte unter anderem das Mittelteil für eine Rakete der US Air Force.

Er hatte aber nicht nur Militärisches im Sinn. Mit Hilfe eines Freundes konstruierte North metallene Ski. Skilauf war eine seiner Passionen; besonders als er Kay, eine Skiläuferin, geheiratet hatte. Es war etwa die Zeit, als Head Ski Metallski zu verkaufen begann. „Aber", erinnert sich North, „sie hatten Trouble mit ‚abtrünnigen' Metallkanten." Bei Norths Ski waren Lauffläche und Kanten eins, denn seine Ski waren mehr für Rennläufer als für Haserl gedacht. „Sie schienen ganz brauchbar zu sein. Ich befand, wir sollten sie fabrizieren, aber ich konnte Narmco nicht überzeugen. Dann, sagte ich, würde ich's auf meine Kappe machen, auch wenn alles, was mir als Narmcos Chefingenieur in den Sinn kam, ihnen gehörte. Sie wollten mir da keine Erlaubnis geben, obwohl sie an der Sache nicht interessiert waren. Das machte mich leicht unglücklich, und zur selben Zeit verkündete Kay mir, sie sei zum ersten Mal schwanger."

North entschied, es sei Zeit, selbständige Wege zu gehen. „Jetzt oder nie!" Just als Ted Hood über seine Zukunft als eines nie fertig werdenden Hauses sinnierte, quittierte North seinen Job als Raketenbauer und beschloß, einem inneren Triebe folgend, Segelmacher zu werden.

Anders als Hood, dessen Timing makellos war, hatte North keine Tuchsensation zur Ankündigung seines Erscheinens. So konzentrierte er sich auf Konstruktion — das Aeroprofil — statt auf Tuch. Er begann sein Geschäft mit der Herstellung eines absonderlichen Großsegels für sein Star-Boot, das er 1959 in der Mittwinter-Meisterschaft von Los Angeles fuhr. Als Vor- und Fußliek

Lowell North bei der Vorbereitung seines Drachen zur Weltmeisterschaft 1960 in Rio de Janeiro. (Foto: North Sails, Inc)

hatte er dehnbaren Schweißgerätschlauch genommen. Der Gedanke war, daß dieses elastische Material — Gummi — sich dehnen und dem Segel mehr Fülle vor dem Wind geben würde. Die Regatta bestand aus viel Raumwind und platt davor, und North gewann die Serien. Der frischgebackene Segelmacher hielt es für einen Durchbruch, aber 30 Jahre später sah er das anders. „Ich hielt es für 'ne höllisch gute Idee, weil ich sie ausgedacht hatte. Sie war anders, und Leute kaufen so was gerne, aber in Wirklichkeit war das Zauberkram. Warum das so schnell schien, war einfach: Die Segel waren damals lausig. Es war die Frühzeit des Dacrons, und das Tuch war grauenhaft."

Durch diesen Sieg fingen die Leute an, auf Lowell North, den Segelmacher, aufmerksam zu werden, aber es reichte nicht, seiner wachsenden Familie Nahrung und Obdach zu geben. So machte North ein Büro als beratender Ingenieur auf, und seine Frau übernahm einen Job bei einem Anwalt. Er stellte einen erfahrenen Segelmacher für tagsüber ein. Und in den wenigen Abendstunden, die er selbst aufbringen konnte, suchte er zu erfahren, was ein Segel schnell, ein anderes langsam macht. „Tatsächlich hatte ich bald gelernt, mit dem Star zu siegen, indem ich die Segel auseinandernahm und wieder zusammennähte, bis sie etwas schneller geworden waren. Und das war wirklich unsere Methode zu gewinnen. Die Segel jener Zeit waren so erbärmlich konstruiert und gemacht, daß das, was immer man an ihnen machte, sie verbesserte. Ich dachte wirklich, ich wüßte, wie ein schnelles Segel aussehen müßte. Ich hatte voreingenommene Vorstellungen, welche Form schnell ist, aber solche Gedanken waren wirklich eher fortschrittswidrig. Ich brauchte etwa fünf Jahre, um zu erkennen, daß ich nicht die nebligste Ahnung hatte, wie ein Segel aussehen sollte. Was ich für gut hielt, war oft alles andere, und umgekehrt."

North machte einen radikalen Schritt, schloß die Augen, wandte sich ab von dem, was Segelmacher jahrhundertelang gemacht hatten — und Ted Hood besser als sie: Segel nach Augenschein zu schneidern — zu dem, was ein richtiges, perfektes Strömungsprofil zu sein schien. „Die Erkenntnis kam nach einigen Segelprüfungen, die wir machten", sagt North. „Die Formen, die ich für schnell hielt, waren's nicht. Die Erkenntnis, daß ich keinen Schimmer von Segelformen hatte, war wirklich eine große Hilfe. Danach war ich willens, eine große Auswahl unterschiedlicher Segel zu testen, von denen einige besser abschnitten. Diese Objektivität half uns erheblich, in den folgenden paar Jahren Fortschritte bei der Segelform zu machen."

Noch etwas anderes stärkte Norths Zweifel an Intuition beim Segelmachen. Eine frühe Zwölfer-Kampagne gewährte ihm eine kleine Forschungssumme zu

Versuchen an Segeln im Windkanal des MIT (Massachusetts Institute of Technology). „Eins der interessantesten Ergebnisse erhielten wir, als wir ein Großsegel rückwärts anbliesen, es mit dem Achterliek an den Mast schlugen und am Hals schoteten. Diese Verlagerung der Wölbung nach achtern ergab den besten Vortrieb. Wir versuchten das in voller Größe, und es funktionierte, lieferte mehr Leistung, mehr Auftrieb und weniger Widerstand. Das führte uns zu einer Menge Formen, an die wir ohne dieses Versuchsergebnis nie gedacht hatten."

Als North beschloß, Hood direkt herauszufordern, sah er sich dessen Tuch lange und gründlich an. Er schloß daraus, daß Hoods Vorteil bei der Tuchweberei zu übertrumpfen sei. Mit einiger Mühe könnte er lernen, gleiches Tuch nachzumachen. Statt aber Hoods fünf Jahre Webervorteil einzuholen, ging er lieber einen anderen Weg; den mit bester Erfolgsaussicht: die Appretur. Er beschloß, daß der Schwerpunkt seiner Maßnahmen auf geringere Dehnbarkeit liegen sollte. Und das hieß: Harzausrüstung — allgemein bekannt als Harzfinish.

Statt also wie Hood Dacron dichter zu weben, ließ North durch die Weber die Tuche in einem Flüssigbad mit Harz ausrüsten — ähnlich dem Hoodschen Silikatbad. In diesem Bad wurde das Tuch durch Polykondensation von Melamin mit Formaldehyd fest, die Poren zwischen den Fasern und Garnen füllten sich, und das Tuch widerstand der Dehnung. Wenn das Segel neu war, schien das Plastik dem Segel eine steifere dreidimensionale Form zu geben. Das Tuch bezog er von Howe & Bainbridge, einer bekannten Weberei in Boston.

Die Beeinflussung der Dehnbarkeit beim Weben oder durch Appretur war ein anderer grundsätzlicher Unterschied zwischen Hood und North und den meisten anderen Segelmachern jener Tage. Obwohl Segeltuch nicht Norths erstes Anliegen war, wußte er, daß er das Dehnverhalten des Dacron-Tuchs in den Griff bekommen mußte. Dacron mochte weniger dehnbar als Baumwolle sein, aber es war dehnbar. Überdies hatte praktisch jede Rolle Dacron eine andere Dehnbarkeit. Bis zu einer gewissen Grenze kann das durch eine mehr oder weniger flache Segelkonstruktion korrigiert werden. Nach dem Einsegeln nimmt das Segel dann seine richtige Form an.

Statt sich aber auf „gelehrte" Schätzungen zu stützen, mußte North den Dehnkoeffizienten eines Tuchs genau wissen, um ihn ausgleichen zu können. Einer seiner ersten Schritte war die Konstruktion einer einfachen Prüfvorrichtung, die das Tuch in drei Richtungen zog, in Ketten- und Schußrichtung und diagonal dazu, um die drei Dehnungen zu messen (Bild 3.2, Seite 45). Die Textilin-

dustrie hat Tuchtester, aber North konnte sich keinen solchen leisten. Sein ziemlich einfaches Testgerät zog mit 100 lbf (4,45 N) an den Klemmzangen. Erst war er Brainbridge mit seiner Forderung nach geprüften Tüchern auf die Nerven gegangen. Segeltuch widersteht Dehnungskräften nur in den Fadenrichtungen, nicht in schrägen Richtungen dazu, zum Beispiel diagonal, wenn nur die Verschränkung und Reibung zwischen Ketten und Schußfaden einer Verzerrung Widerstand bieten. Da wird auch von „Dehnung" geredet. Es ist aber Beweglichkeit, und die ist größer als die Dehnbarkeit.
Formfestigkeit des Tuchs war nicht Norths einziges Interesse, sondern auch die Haltbarkeit. So fuhr er in der Frühzeit der North-Segel zwischen seinem ersten Schnürboden in San Diego und dem neuen in Seal Beach, die zwei Autostunden auseinander lagen, oft hin und her und hatte dabei immer Segeltuchstreifen an der Autoantenne flattern. Nach der Fahrt maß er die gewalkten Streifen und verglich sie im Tester mit neuen von derselben Partie (Rolle). Der Unterschied in der Dehnung ließ eine Schätzung zu, wie das Segel am Ende einer Saison sein würde. So spontan der Test auch war, er wurde Industrienorm. Um Energie zu sparen und weniger Auto zu fahren, konstruierte North dann eine Ventilatorvorrichtung, die das Streifenflattern besorgte.
Ein paar Jahre später testete North Soling-Segel. Einer der für Versuche auf dem Wasser geheuerten Männer war Professor Heiner Meldner aus Deutschland, der einen Lehrauftrag an der University of California in San Diego hatte. Meldners Spezialfächer waren Fluiddynamik und Laserschweißen. Er war Segelneuling, aber Segelflieger, und er sprudelte Ideen, wie man Segelboote schneller machen könnte. North, vom selben Schlage, schätzte solche Diskussionen. Am Ende des Tages meinte Meldner zu North, die Segeltesterei ließe sich mit Hilfe eines Computers besser und schneller machen. North: „Wenn das so ist, könnten Sie uns beide hübsch reich machen."
Ein Jahr lang ließ Meldner sich bei North nicht sehen, dann erschien er wieder: „Nun kann ich Segel analytisch testen, glaube ich. Wollen wir's versuchen?" Meldners Angebot kam zur rechten Zeit, denn North hatte gerade zehn Tage Segeltests für die 470er Olympiaklasse gesegelt. Fünf Focksegel waren es vor einem Großsegel. Nach Stunden über Stunden auf dem Wasser war North sich sicher, die fünf Segel der Geschwindigkeit nach einordnen zu können. „Ehrlich gesagt, ich hätte es auf keine Weise vorhersagen können, welches schneller oder langsamer ist, auch nicht durch Betrachtung seiner Form. So war das eine gute Gelegenheit zu sehen, was Meldners Computerprogramm analytisch konnte. Wir gaben Meldner die Aufmaße und sagten, ‚dann mach

mal und ordne sie gemäß ihrer Geschwindigkeit'. Zu meiner Überraschung ordnete er die fünf Segel genauso wie wir. Entweder war er äußerst smart oder ein Glückskind. Um das zu entscheiden, gaben wir ihm noch ein paar Testsegeldaten mehr, und wieder lieferte er richtige Ergebnisse."
Die folgenden fünf Jahre machte Meldner praktisch alle Tests für North mit dem Computer, von Segeln für Blue Jays bis zu 12-m-R-Yachten. Sie fanden in der Praxis auf dem Wasser alle Bestätigung. Manchmal, sagt North, habe er Formen ausgerechnet, die nicht gemacht werden konnten. „Aber wir machten in den fünf Jahren größere Fortschritte bei den Segelformen als je vorher und seitdem."
Kurz nachdem Meldner angefangen hatte, hörte North von Tom Schnackenberg aus Neuseeland, der im kanadischen Zweig der Firma arbeitete. Bevor er Segelmacher wurde, stand er kurz vor der Dissertation zum Dr. rer. nat. in Kernphysik an der Universität von British Columbia. North traf sich mit ihm. „Ich erfuhr, daß er auf gleicher Ebene mit Meldner stand, vielleicht sogar besser war, weil er außer der Physik auch eine Menge praktisch und theoretisch vom Segeln verstand." Er lockte ihn nach San Diego, wo er mit Heiner Meldner arbeitete.
Schnackenbergs erstes Programm für Segelkonstruktion arbeitet so: Er entwickelte etwa 200 Kurvensätze, Streifenschablonen genannt. Die verschiedenen Kurven, 6,1 m bis 15,25 m lang, wurden in Mylar zugeschnitten. Einige waren einfache Kreisbögen unterschiedlicher Radien, andere mit starker Wölbung vorn und geradem Endprofil, weitere mit Zwischenformen. Danach entwickelte er ein Programm, das auswählte, welche dieser Kurven für eine bestimmte Naht genommen und wie verwendet werden sollte. „Das lief erstaunlich gut", sagt North. Schnackenberg machte in dieser Art weiter, und innerhalb zehn Jahren oder so war die Firma soweit, die Segel im Computer zu entwerfen, sie im computersimulierten Windkanal zu testen, die nötige Festigkeit zu berechnen und die Bahnen computergesteuert mit XY-Plotter/Schneidautomaten zuzuschneiden.
Es wäre falsch anzunehmen, daß Computer North auf einem schnurgeraden Pfad in den Fortschritt lenkten. Es gab häufig Episoden, in denen die Firma einen Schritt voraus und drei zurück zu machen schien. North blieb jedoch unbeirrt. Er sah Computerunterstützung bei Konstruktion und Fertigung als die Zukunft an. Ein Nachahmer war er nicht, und wenn die Verfolgung eigener Wege mehr Zeit kostet, wenn dabei viele Fehlschritte vorkamen — so war's eben. Er hatte sich der Synergie verschrieben, die durch CAD möglich war.

Das waren gute Zeiten für North und für Hood, nur war Hoods Dominanz bei den America's Cup Races, den prominentesten Segelveranstaltungen, der sprichwörtliche Stachel im Fleische des Lowell North. America's Cup 1974 wurde die interessanteste Konkurrenz zwischen den „Philosophien" hinter den Hood-Segeln und den North-Segeln. Norths John Marshall, der in Stratford, Connecticut, eine Segelmacherei eröffnet hatte, um Hood herauszufordern, segelte in *Intrepid*, der zweimaligen Verteidigerin des America's Cup. Ende des Sommers segelte Hood als Skipper die *Courageous*.

Hood hatte nicht die Absicht, in jenem Jahr den Cup zu segeln. Bob McCullough, der Leiter des Courageous-Syndikats, hatte ihn gebeten, das neue Boot zu segeln, aber er hatte abgelehnt. Das Boot gefiel ihm nicht genug, um sich ein Jahr lang damit zu beschäftigen. Er delegierte die Anfertigung der Segel für *Courageous* an seinen tüchtigen Stellvertreter Robbie Doyle (späterer Inhaber von Doyle Sails), und lud seine Eintonner *Robin* auf einen Frachter nach England, wo er ein paar Regatten segeln wollte. Aber der Frachter mußte mit Schäden in den Hafen zurückkehren. Mit sonst nichts für den Sommer segelte Hood den Kreuzertörn des NYYC mit, der nach Newport führte. In diesem Sommer beherrschte die siebenjährige, hölzerne *Intrepid* die beiden neuen und ersten Aluminium-Zwölfer *Courageous* und *Mariner.*

Als Hood im August 1974 in Newport eintraf, sprach McCullough ihn gleich an, ob er bei *Courageous* mitmachen und ihr aus den Problemen helfen würde. Hood willigte ein und stieß zur Achterwache des Bob Bavier, dem Herausgeber von *Yachting*, der das Boot führte und ihn fragte, ob er schon *Intrepid* mit ihren North-Segeln gesehen habe, die Bedrohung seines Wirtschaftsimperiums. Hood antwortete: „Ein paar vielleicht, aber das nehme ich so ernst nicht. Mich interssiert, daß unsere Segel gut stehen, aber noch interessanter und aufregend ist es, das Boot zu segeln."

Courageous hatte wie alle America's-Cupper seit 1962 mit Hood-Segeln begonnen. Aber *Intrepid* mit North-Segeln und Marshall am Ruder hatte die Juni- und Juli-Ausscheidungen gewonnen. Im August wankte das Courageous-Syndikat. Es kaufte North-Segel, mit denen es etwas besser zu segeln schien, und Hood trimmte sie, so gut er konnte; gewinnen schien ihm wichtiger als die Plastikappretur und das Logo in der Halsecke. Dann gab Bavier auf, und das Ruder ging an Hood. Kurz darauf kam Dennis Conner, der mit Ted Turner die glücklose *Mariner* gesegelt hatte, als Startsteuermann an Bord.

Die Partie stand vier zu vier, als *Intrepid* sich mit *Courageous* zum offensichtlich letzten Rennen zwischen den Verteidigerinnen anlegte. So knapp war es

Vorentscheidung zu America's Cup 1974. Courageous, *lee von* Intrepid, *segelt Hoods schmale Bahnen, sein Markenzeichen.* Intrepid *hat North-Segel.*
(Foto: Michael Levitt)

zuvor nur 1958 gewesen, als *Vim* mit Hood an Bord die *Columbia* bis zum bitteren Ende bekämpfte. An diesem Septembertag 1974 wehte der Wind mit 30-Knoten-Böen — unbekanntes Wetter für Zwölfer im America's Cup in der Zeit vor Perth, Australien. Doch die Zeit war abgelaufen. Es mußte die Yacht benannt werden, die den Cup gegen die australische *Southern Cross* von Alan Bond verteidigen sollte.
So aufregend dieses letzte Rennen im ausgehenden Sommer war, ebenso spannend war für die Insider das kommerzielle Gefecht zwischen Hood und North. Die Rangordnung der Segelmacherei mochte sich sehr wohl an diesem windigen Septembertag ebenfalls ändern.
An der Startlinie nahm Hood das Rad der *Courageous* dem Conner ab, der hauptsächlich seines Startgeschicks wegen an Bord war, und machte so klar, wer das Kommando hatte. Hood entschied auch, daß bei ihm keine Segel von

North gefahren wurden. Überdies war das siebzehn Jahre alte Großsegel, das er für *Intrepid* gemacht hatte, ein Leichtwettersegel. Als dieses gelbliche Segel mit dem braunen Nähgarn im 30-Knoten-Wind am Mast hochging, griff der füllige, barsche McCullough auf dem Begleitboot zum Mikrophon und befahl Hood, sofort das schwere North-Groß zu setzen. Hood antwortete in seiner ruhigen, aber bestimmten Art: „Solange *ich* der Skipper bin, bestimme *ich*, welche Segel wir fahren." Das war recht mutig, und — wäre es falsch gewesen — sie hätten ihn degradiert. Hood und *Courageous* schlugen *Intrepid* an jenem Tage.

Hood, der Schweigsame, wurde gefragt, ob das der Tag seines Lebens gewesen sei. „Möglich", sagte er, „aber nicht so sehr." Hood und Conner verteidigten den Cup 4:0 gegen *Southern Cross* hauptsächlich mit Hood-Segeln. North mußte noch sechs Jahre warten, bis er offziell zum Tanz um den America's Cup aufgefordert wurde, als Conner Groß- und Vorsegel von North und Spinnaker von Sobstad auf *Freedom* fuhr.

Hoods Interesse an der Segelmacherei schwand in diesem Jahrzehnt. Nach einem Vierteljahrhundert an der Spitze meinte er, die Segelmacherei sei ein Job für junge Leute. Seine marine Firma war weit über die Segelmacherei hinausgewachsen. Sein schwindendes Interesse an Segelmacherei war vielleicht auch durch eine Tuchrevolution bedingt: Mylar. Das ist der allzu bekannte Müllsackwerkstoff, der bei Segeltuch auf Dacron laminiert (geklebt) wird. Das ist ein leichtes, nur wenig reckbares Material. Das hatte aber nichts damit zu tun, daß North der erste Segler und Segelmacher war, der es mit Erfolg auf *Enterprise* einsetzte, deren Skipper er eine Zeitlang während der Vorentscheidungen zum America's Cup 1977 war.

Hood hatte wenig Geduld mit Computern, als die in den meisten Schnürböden einzuziehen begannen. Einmal gab er 100.000 Dollar für einen in seinem Betrieb aus, aber er verlor schnell die Geduld mit dem fehlbaren Ding. „Ich schmiß es vor die Tür." Das stellte sich als voreilige Entscheidung heraus.

Hood hatte ein anderes Problem: Ted Hood selbst. Keiner in der Firma, das muß gesagt werden, hatte ein besseres Auge für Segel als Hood. Ein wortgewandterer Mann oder ein mit der Computersprache vertrauterer hätte seine Gedanken mit anderen in der Firma teilen können, aber mit der „Datenbank" im Kopfe nur eines Mannes war die Firma verwundbar. In diese Lücke brach North schließlich ein. Hood verkaufte seine Segelmacherei, zog nach Rhode Island und konzentrierte sich auf Yachtdesign, seine ständige Passion, auf Bootsbau und -import, auf Taklerei nebst seinem bekannten Stoway-Mast und

Hood am Ruder seiner selbstkonstruierten Robin II *im SORC 1975, ein Jahr nach seinem Sieg im America's Cup.* *(Foto: Michael Levitt)*

Aufbau und Betrieb seines großen Werft- und Marinekomplexes in der Narragansett-Bay. Er hat aber seine Leidenschaft fürs Hochseesegeln behalten.
In dieser letzten Dekade dieses Jahrhunderts beherrscht der Computer den Entwurf und die Fertigung von Segeln. Ebenso erfüllt er andere Hightech-Aufgaben. Heute werden die Segel nicht nur vom Computer gezeichnet, sondern auch im Simulationsflug getestet. Die Computer steuern die Laser und die Messer, die das Tuch in annähernd 90 Bahnen schneiden. Sie nähen sie zusammen und verwandeln ein zwei-dimensionales Tuchstück in eine ausgeklügelte Tragfläche. Diese hat mit einer vom Computer gezeichneten und getesteten Tragfläche eines Kampfflugzeuges mehr gemeinsam als ein von einem Künstler entworfenes Profil, selbst von einem Michelangelo.

KAPITEL 3

Die Eigenschaften von Segeltuch

Gegen Ende der 1820er Jahre machte Mahlon Dickerson, der Marinesekretär der USA, sich Sorgen um die Versorgung der Kriegsschiffe mit Segeltuch, das zu jener Zeit hauptsächlich aus europäischem Flachs war, dessen Import im Kriegsfall sicherlich abgeschnitten würde. Eine kleine heimische Segeltuch-Industrie hatte sich in den 30 vorangegangenen Jahren entwickelt, webte aber Baumwolle statt Flachs. Baumwolle war noch ziemlich neu und unerprobt in der Segelmacherei. Sekretär Dickerson befragte die Kapitäne der Kriegsschiffe nach ihrer Meinung über Baumwolltuch. Die waren unterschiedlich. Einige sagten, Kattun nehme mehr Wasser auf und sei schwerer zu handhaben. Andere meinten Flachs (Leinen) sei fester und handiger. Wieder andere fanden Kattun, wie Cotton in Deutschland hieß, weniger dehnbar und den Wind besser haltend (dichter). Die neue oder die hergebrachte Technik übernehmen? Bei soviel Variablen und widersprüchlichen Meinungen keine leichte Entscheidung. Eine Fehleinschätzung — oder die Staatsmacht konnte sich ändern — konnte vielen Menschen das Leben kosten. Daß die Navy sich schließlich für Baumwollsegel entschied, hatte weniger mit Strategie zu tun als mit dem Ergebnis einer Yachtregatta.

1851 segelte die Yacht *America* gegen die Asse des englischen Yachtsports in ihren Kuttern und Schonern um die Insel Wight und schlug sie alle mit Leichtigkeit, wofür sie den Hundert-Guineen-Pokal bekam, der dann ihr zu Ehren America's Cup genannt wurde. Britannien, das sich als „die Wellen regierend" verstand, war von dem Sieg dieses Neulings-Schoners aus der Neuen Welt erschüttert. Das englische Volk sah dies als eine Beunruhigung, ja drohende Veränderung der Weltordnung an.

Gebildete sahen das indessen nicht so folgenreich. Sie waren von der radikal neuartigen Konstruktion der *America* beeindruckt und noch mehr vom Schnitt ihrer Segel aus amerikanischer Baumwolle. Der Sonderkorrespondent der *Times* schrieb: „*America's* Leinen war so flach wie ein Blatt Papier. Während die Kutter durch das Wasser mit Gischt über den Bug hinweg droschen und die Schoner naß bis zum Fuß des Fockmastes waren, blieb die *America* knochentrocken."

Die *America* war nicht nur ihrer flacheren Segel wegen trocken, sondern ging mit denen auch höher an den Wind. Die Yachten jener Tage konnten nur 55 bis 60 Grad hoch segeln. Von *America* hieß es, sie könne etwa sechs Grad höher ran. Diese Leistung am Wind machte einen nachhaltigen Eindruck auf die nautische Gemeinschaft. Im 19. Jahrhundert wurde die Fähigkeit, am Wind zu segeln, als taktischer Vorteil bei Regatten wie auch im Krieg angesehen. Der Gebrauch von Leinensegeln ging bei Yachten, Kriegs- und Handelsschiffen stetig zurück und wurde durch Baumwollsegel ersetzt.

Was machte Kattun so begehrt gegenüber Flachs? Bei gleichen Gewichten ist Flachs fester, aber Kattun dehnt sich weniger. Segeln am Wind erfordert ein relativ flach gewölbtes, gut geschnittenes Segel als effektives Profil. Obwohl Festigkeit immer noch ein Argument ist, wenn sie aber dehnbar ist, kann sie kaum die Form halten. Geringere, aber ausreichende Festigkeit bei geringerer Dehnbarkeit ist hier der Vorteil der Baumwolle. Deswegen wurde amerikanischer und später der noch weniger dehnbare, ägyptische Kattun das bevorzugte Material für dreieckige Segel.

Bis nach dem Zweiten Weltkrieg wurde fast ausschließlich Baumwolle für Segeltuch genommen. Dann kamen nach und nach die synthetischen Fasern mit ihrer großen Auswahl wünschenswerter Eigenschaften einschließlich geringer Dehnbarkeit und leichtem Gewicht. Diese Synthesefaser, besonders Dacron, ersetzten schnell die Baumwolle, so wie der Kattun das Leintuch ersetzt hatte.

Die Segelmacherei heute mit ihrer Auswahl an polymeren Fasern und Folien ist eine sehr viel kompliziertere Technologie als die im 19. Jahrhundert. Wir haben eine große Auswahl von Waren, die sich alle Segeltuch nennen. Dazu gehören Webtuch, harzappretiertes Webtuch, ungewobenes Tuch, Laminate mit Fasern und Filme. Von diesen sind die wichtigsten 1. Polyestergewebe, gemeinhin Dacron genannt; 2. Nylongewebe; 3. Laminate aus Polyester und Mylar-Film, kurz Mylar; 4. Laminate aus Kevlar-Faser und Mylar, kurz Kevlar genannt und 5. Laminat aus Spectra-Faser und Mylar-Film, kurz Spectra genannt.

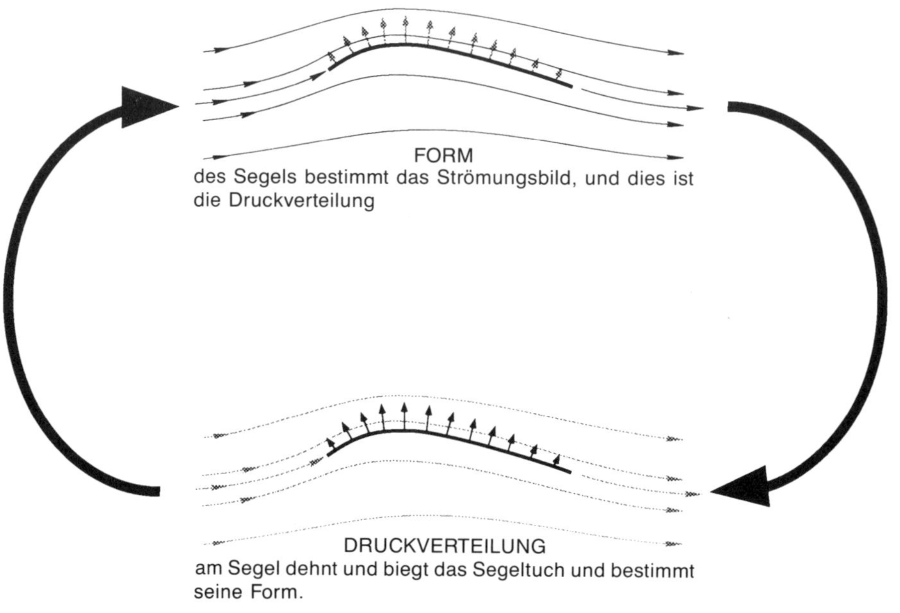

3.1 *Beziehung von Segelform und Druckverteilung*

Um in diesem Buch keine Verwirrung zu stiften, werden die Laminate generell mit ihrer korrekteren Bezeichnung genannt; Mylar als Polyester-Mylar, Kevlar als Kevlar-Mylar und Spectra als Spectra-Mylar. Die Verwirrung ist dadurch entstanden, daß bei ihrer Verwendung in Segeltuch alle drei Fasern, Polyester, Kevlar und Spectra auf Mylar geklebt sind. So können wir auch zwischen den Fasern von Polyester, Kevlar und Spectra und den Laminaten ihres Namens unterscheiden.

Segelmacher haben ein interessantes Problem. Sie können nicht auf feste Rahmen und starres Material zur Formbildung zugreifen, sondern müssen ihre Flächenformen durch Ausbalanzieren der Windkräfte mit den Materialspannungen im Segel finden. Das ist ein schwieriges und ständig wechselndes Problem. Die Kraft oder Druckverteilung des Windes wechselt dauernd und wird von der Form des Segels beeinflußt, wogegen die Segelform durch Dehnung und Biegung von der Druckverteilung im Wind (Bild 3.1) beeinflußt wird. Es ist leicht einzusehen, daß die Tucheigenschaften — Dehnungswiderstand, Festigkeit, Biegefestikeit und Gewicht — eine wesentliche Rolle in diesem Spiel der Kräfte und für die Segelform spielen.

Nachstehend eine Liste von Eigenschaften, die beim Entwurf und der Fertigung von Segeltuch beachtet oder geprüft werden müssen:

Tuchgeometrie: Kette, Schuß, Diagonale	Reißfestigkeit
Dehnwiderstand	Winddurchlässigkeit
Festigkeit	Tuchgewicht
Wasserabsorption	Biegsamkeit
	Ultraviolett-Beständigkeit

Die alte Frage nach der relativen Bedeutung von Dehnwiderstand und Festigkeit ist heute dieselbe wie im 19. Jahrhundert; ebenso die Antwort: Generell ist bei Vor- und Schratsegeln der Dehnwiderstand wichtiger als die Festigkeit. Gerade so wie die Baumwollsegel mit der kleineren Dehnzahl der *America* erlaubten, höher am Wind zu segeln als die englische Konkurrenz, so hat modernes Segelmaterial, vor allem Kevlar-verstärktes Laminat diese Eigenschaft in höherem Maße. Anderseits ist fürs Segeln mit raumem Wind, mit Spinnaker, Blooper und ähnlichem Festigkeit wichtiger. Aus diesem Grund wird allgemein leichtes Nylon mit seiner stoßdämpfenden großen Festigkeit für die Stells der Raumwind- und Vorwindsegel genommen.

Die Gewebestruktur

Auch für Segeltuch gelten die allgemeinen Weberausdrücke (Bild 3.2) Die Kett(fäden) sind die längsten; sie laufen beim Weben von der Rolle durch den

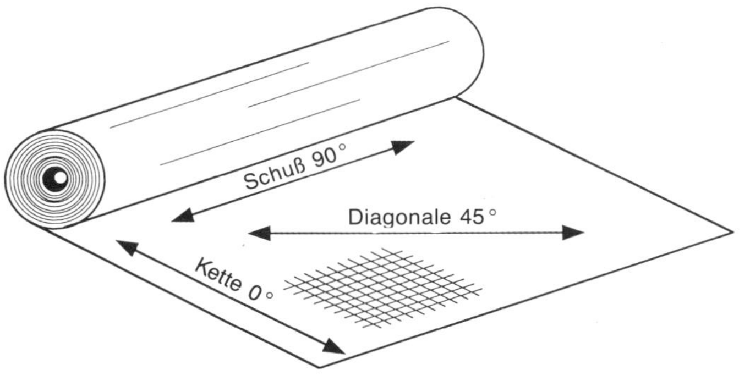

3.2 *Tuchrichtungen*

Webstuhl, und der Webschütze schießt den Schuß(faden) 90 ° quer hin und her durch die aufgefächerten Ketten. In der Diagonale (45 ° zu dieser Bindung) reckt sich das Tuch am meisten und leichtesten, weil in dieser Richtung keine Fäden laufen.

In der Segelmacherei (der USA) mit Kompositmaterial werden statt der Weberausdrücke langsam Winkelbezeichnungen üblich: 0-Grad-Richtung für Kette, 90-Grad-Richtung für Schuß und 45-Grad-Richtung für die Diagonale.

Dehnwiderstand

Dehnwiderstand und Festigkeit sind nicht leicht erklärbar. Man kann sie auf verschiedene Weise messen und definieren.

(Einen typischen Graph für Dehnung in Abhängikeit von Belastung bei Segeltuch zeigt Bild 3.3.) Als erstes sehen wir, daß der Widerstand je nach Belastungsrichtung des Tuchs unterschiedlich ist. Ein Gewebe kann beispielsweise weit mehr Reck (Dehnbarkeit) in einer Fadenrichtung als in der anderen haben und den meisten diagonal zu den Fäden, wie Bild 3.3 zeigt. Es ist leicht einzu-

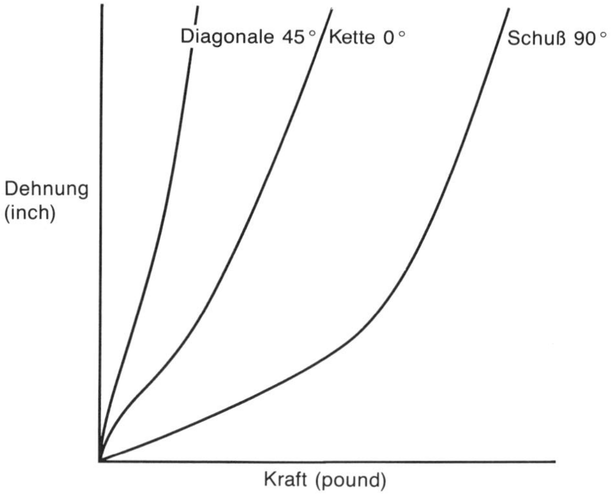

3.3 *Dehnverlauf eines schußorientierten Tuchs in den drei Richtungen*

sehen, daß ein Segelmacher die Dehnzahlen in den drei Tuchrichtungen kennen muß, wenn er die Webrichtung im Bahnenlayout plant. Das muß mit seiner Kenntnis, in welche Richtungen und wo die Windkräfte das Segel angreifen, übereinstimmen. Komplizierter noch: die Druckverteilung bei Vorsegeln, Großsegeln und Raumsegeln ist nicht dieselbe.
Der Dehnwiderstand kann zeitabhängig sein. Unter Anfangsbelastung ist die Dehnung gering, aber unter Dauerbelastung dehnen sich die Materialien nicht unerheblich. Wird die Last weggenommen, geht bei manchen die Dehnung, oft allmählich, wieder zurück; teils ganz, teils nicht ganz (elastische Dehnung). Bei Segeln heißt diese Fähigkeit „Erholung." Aber es gibt auch Material, das sich nicht erholt, gar von mal zu mal länger wird, bis es endlich zum Bruch kommt (plastische Dehnung). Ingenieure nennen das „Fließen".
Reck, der Seglerausdruck, ist nicht allein Dehnung. An ihm ist auch die Webart (Bindung) beteiligt. Gleichmäßige Spannung in Kette und Schuß in Leinenbindung — alle Fäden kreuzen sich einmal — führen zur Schlängelform (Kräuselung) beider Fäden (Bild 3.4), die sich unter Last strecken. Allgemein gilt: Sind Kett- und Schußfaden gleich gespannt, ist die Schußdehnung geringer als die Kettdehnung, da der Schußfaden kürzer als der Kettfaden ist und die Dehnung ein Prozentwert der Fadenlänge ist. Die Kräuselung der Fäden ist ein notwendiges Übel, ist aber beeinflußbar. Entweder kräuselt der Schuß oder der Kettfaden aufgrund der Fadenspannung stärker — und so bleibt eine Richtung reckfrei. (Bild 3.5). Darüber später mehr.

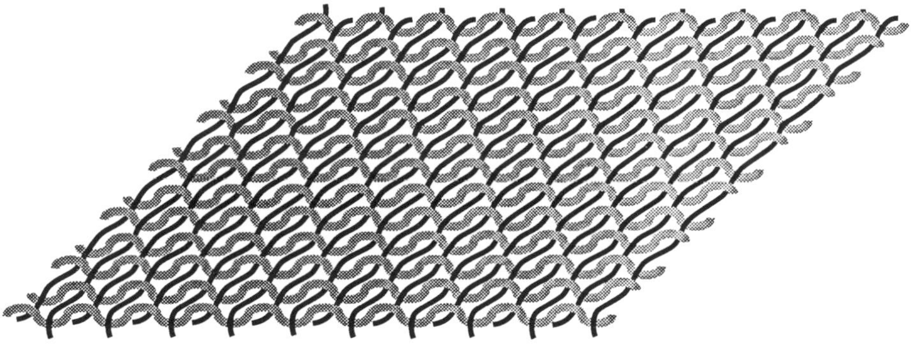

3.4 *Ausgeglichene Taftbindung, beide Richtungen gleich gekräuselt*

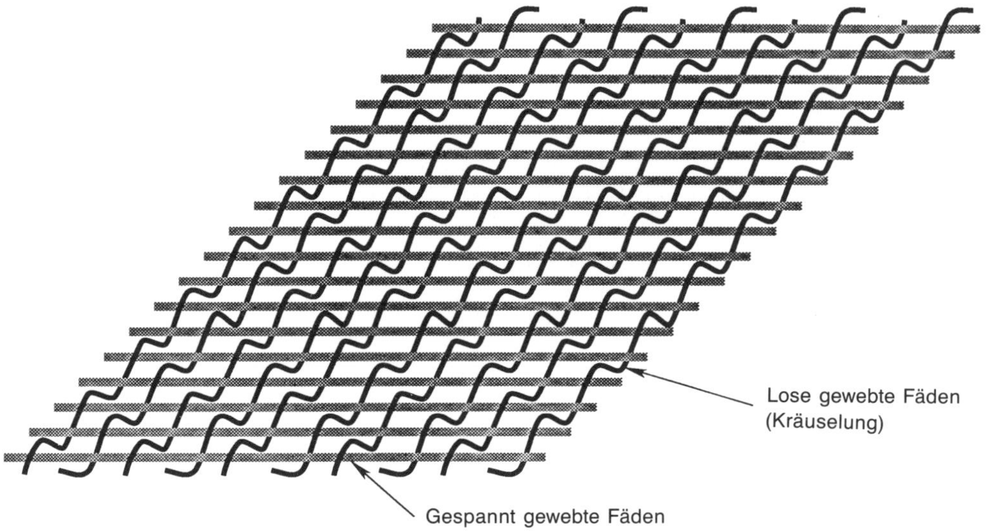

3.5 *Stark kräuselorientierte Taftbindung*

Eine andere Art „geometrischer" Reck ist der diagonale, eine winklige Verschiebung der Garne zueinander (Bild 3.6). Auch dieser Diagonalreck ist ein notwendiges Übel von Geweben, aber, wie wir sehen werden, auch beeinflußbar. Einer der vornehmlichen Vorzüge von laminiertem Segeltuch ist die Minderung oder Beseitigung der zwei geometrischen Reckprobleme Kräuselung und Diagonalverzerrung.
Die Dehnung der Garne selbst wird in erster Linie durch die Wahl des Materials entschieden. Dehnung findet im molekularen Bereich statt. Polyester (PET), das weniger dehnbar als Nylon ist, wird bei Schratsegeln verwendet. Nylon, das Stoßbelastungen durch große Dehnbarkeit mit Verzögerung auffängt, wird bei Spinnakern gebraucht. Mylar, das weniger dehnbar als andere Folien ist, wird zu Laminaten verwendet. Kevlar, die am wenigsten dehnbare Kunstfaser, hat Wichtigkeit für moderne Rennsegel.
Die Reckeigenschaften sind sehr wichtig bei der Entscheidung, welches Tuch für welchen Zweck am besten geeignet ist. Sie bestimmen, wie die konstruierte Segelform sich mit der Wind-, Schot- und Fallkraft ändert und ob die Änderung im Gebrauch bleibend ist. Bis in die 60er Jahre war die allgemeine Prüf-

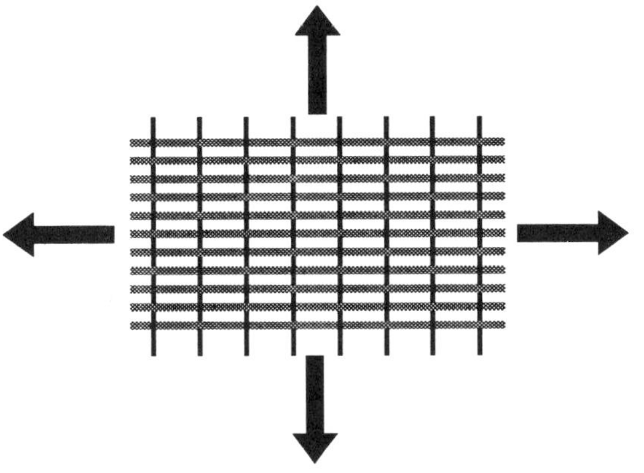

Spannung in Fadenrichtung trägt das Tuch besser

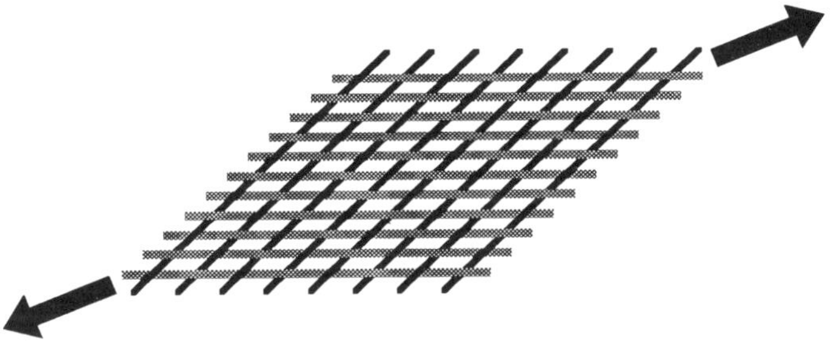

Diagonallasten verzerren die Bindung zu Rhomben oder Parallelogrammen, verklemmen die Bindungspunkte. Gewebe ist diagonal nicht sehr tragfähig.

3.6 *Fadenbelastung in Diagonalrichtung*

methode einfaches Anfühlen des Stoffs. Der „Griff" sagte dem erfahrenen Segelmacher, was es mit dem Reck auf sich hatte. Lappig, Büdel (Beutel) waren Begriffe weicher Formfreiheit; steif und hart das Gegenteil. Bei der kleinen Auswahl unter den Werkstoffen war das ausreichend. Aber Griff ist nicht sehr präzise und erlaubt keinen numerischen Vergleich in der Datenbank oder zwischen zwei Segelmachern.

Als die Wichtigkeit der Quantifizierung der Dehnung erkannt war, begannen Weber und Segelmacher, mit industriegenormten Methoden und Geräten zu testen. In der Prüfmaschine werden Stoffstreifen zwischen Backen eingespannt, die dann auseinander gezogen werden. Dabei werden laufend Kraft und Dehnung registriert.

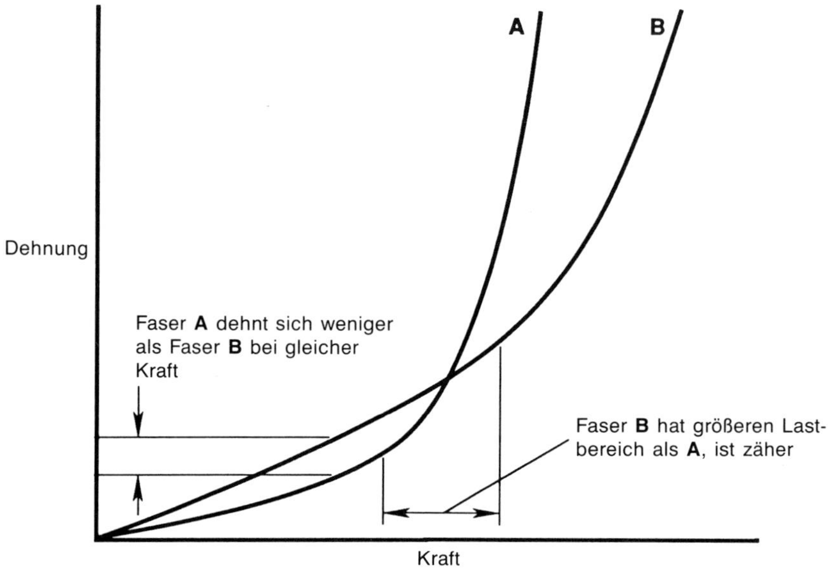

3.7 *Dehnungsdiagramme von Dacron (A) und Nylon (B)*

Festigkeit

Was Laien Stärke oder gar Stabilität nennen, ist für Ingenieure Festigkeit. Es gibt zwei Arten Festigkeit, mit denen wir hier zu tun haben. Die erste ist die Bruchfestigkeit; sie ist bei Raumschotsegeln von erstem Belang. Deshalb wird heute für Raumwindsegel Nylon statt Dacron genommen (Bild 3.7).

Die zweite Art ist die Dehnfestigkeit. Sie wird offensichtlich bei der kritischen Last bzw. Spannung, bei der die rückbildbare, elastische Dehnung (Längung) in die nicht rückbildbare, bleibende Dehnung übergeht. Dieser Punkt heißt Fließgrenze. Sie bestimmt, wie stark ein Segel äußerstenfalls belastet werden darf. Man bleibt jedoch um einen Sicherheitsfaktor 0.90 bis 0,94 unter der Fließgrenze, dieser Lastzahl des Segels. Ihr analog ist die maximale Windstärke, die das Segel verträgt. (Bild 3.8).

Das ist offenbar eine wichtige Zahl, die man kennen muß, und Segelmacher sollten sie den Kunden sagen. Bleibt ein Segel in stärkerem Wind stehen, verliert es seine Form, und das von Mal zu Mal und auch leichterem Wind mehr — bis zum Bruch.

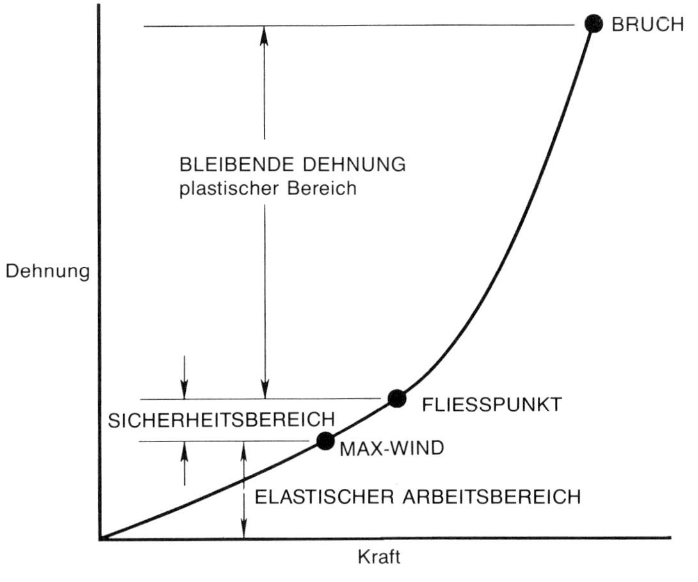

3.8 *Typisches Kraft/Dehnungsdiagramm eines Segeltuchs*

Tuchgewicht

Es wäre einfach, ein Segeltuch größter Festigkeit und geringster Dehnbarkeit zu machen, wenn das Gewicht keine Rolle spielen würde. Gewicht ist aber ein großer Faktor. Einmal der Handigkeit wegen; leichtere Segel sind einfacher zu setzen, zu bergen und zu stauen. Dann ist die Masse im Topp zu bedenken. Die Nachteile von Topplastigkeit lernt schnell kennen, wer den Mast eines kleinen Bootes hinaufklettert. Reduzierung von Masse in der Höhe verringert das Krängungsmoment und das Stampfen des Bootes. Vom Gesichtspunkt der Sicherheit wie des Komforts ist geringe Toppmasse sowohl für Renn- als auch für Fahrtenyachten wichtig.

Die bei weitem wichtigste Überlegung ist der Einfluß des Tuchgewichts auf die Segelform. Bei leichtem Wind kann die Form leiden, weil das Segel unter seinem eigenen Gewicht zusammensackt. Aus dem Verhältnis zwischen Gewicht und Dehnfestigkeit kann der Windstärkebereich des Segels berechnet werden: der geringste, der das Segel noch voll hält, und der stärkste, der es mit Sicherheit nicht bleibend verformt.

Die folgenden Eigenschaften eines Segeltuches haben geringere Bedeutung, weil sie größtenteils bei der Behandlung von Reck, Dehnung, Festigkeit und Gewicht miterledigt wurden.

Biegsamkeit

Die Tuchbiegsamkeit wird von der Kombination einiger Eigenschaften einschließlich Faserdehnung und der Dicke und des Gewichts des Materials bestimmt. Diese Eigenschaft ist bei Rennsegeln anders als bei Fahrtensegeln. Bei Rennsegeln schränkt man sie oft zum Vorteil geringer Dehnung ein. Bei Fahrtensegeln nimmt man zugunsten der Handigkeit etwas mehr Dehnbarkeit in Kauf. Ein Mittel zur Verbesserung der Biegsamkeit ist die Plazierung der tragenden Teile des Tuchs in die Mitte des Materials, und sie so leicht wie möglich zu machen. Das ist das Gegenteil von der Methode beim Rumpflaminat, wo es auf Biegesteifigkeit ankommt. Hier werden die tragenden Außenlagen der Bootshaut durch Schaum- oder Balsakern auseinandergehalten: je weiter, je steifer gegen Biegung.
Einige Hochleistungstücher, wie Kevlar-Mylar, Polyester-Mylar und Spectra-Mylar, sind dafür bekannt, daß sie im Gebrauch schrumpfen. Das liegt an ihrer geringen Biegsamkeit. Sie schrumpfen nicht wirklich, sondern nur scheinbar, weil Tausende winziger Falten im Mylar-Film es zusammenziehen. Die Falten entstehen, wenn das Material scharf gebogen und gefaltet wird. Wir sprechen vom Banknotensyndrom; eine lang gebrauchte Banknote wird niemals mehr originalgroß. Deswegen werden Hochleistungssegel eher gerollt, statt gefaltet. (Siehe Kapitel 14)

Reißfestigkeit

Reißfestigkeit ist natürlich wichtig, um ein Segel vor vorzeitigem Tod zu bewahren, oder wenigstens vor Mißbildung durch die Hände von Vordecksleuten und sonstigen Segelbändigern. Reißfestigkeit setzt manchmal dem Wunsch nach leichtestem Dacron oder Nylon ein Limit, besonders bei Leichtspinnakern. Der Reißfestigkeit abträglich sind Harzappreturen mit Melamin oder Urethan. Je mehr solches Finish die Beweglichkeit der Fasern oder Garne hemmt, desto geringer ist die Reißfestigkeit. Die Fäden stark geharzter Tücher

tendieren, nacheinander zu brechen, und entsprechend sinkt die Reißfestigkeit. Andererseits verheddern sich ungeharzte oder wenig geharzte, bewegliche Garne meist am Anfang eines Einrisses und hemmen oder blockieren so den Weiterriß, manchmal.
Einrisse hängen oft mit der Nahtfestigkeit zusammen. Dabei sind viele Faktoren beteiligt, wie Garnstärke und -spannung, Stichweite und -art und das Finish.
In der Praxis ist Dacron (oder andere Polyester) das reißfesteste Material. Und weil Fahrtensegler es meist verwenden, bringt es für sie kaum ein Problem. Polyester-Mylar hat auch gute Festigkeit, bis Ultraviolett-Alterung durch zuviel Sonnenlicht einsetzt. Kevlar-Mylar-Segel sind die rißgefährdetsten. Nach Hörensagen haben sie eine Lebenserwartung von zwei Saisons. Die schweizer Whitbread-Yacht *Merit* fuhr während des Trainings zum Round the World 1989 ein Kevlar-Mylar hin und zurück über den Atlantik um die Nutzungsdauer zu quantifizieren. Nach 2000 Stunden (83d 8h) befand die Crew, es sei verbraucht. Tatsächlich wurde der Versuch nicht zu Ende gefahren — das Segel blieb unbeschädigt. Die Crew vertraute ihm einfach nicht mehr.

Porosität

An Porosität wird bei Segeltuch selten gedacht. Dichtes Weben, Harzausrüstung und Laminierung (zur Festigung und Reckreduzierung) führen fast immer zu Nullporosität als Nebenprodukt. Das Tuch ist dicht; Luft kann nicht mal durchsickern. Ausgenommen sind leichte Spinnakertücher aus Nylon.
Während America's Cup 1980 waren Dennis Conner und ich sehr mit Spinnakerporosität beschäftigt. Wir meinten, Nullporosität müsse schneller sein, und prüften es Stunde um Stunde — konnten's aber nicht beweisen. Zeitweise war ein poröser Spinnaker sogar schneller, und bei ruppigem Wasser, aber leichtem Wind standen porösere Spinnaker offenbar einfacher voll. Ob das aber wirklich mit Porosität zu tun hatte, war nicht zu entscheiden. Im Zweifel setzten wir auf nullporös, was uns wenigstens psychologisch... Sie wissen schon.

Wasserabsorption

Wasser aufsaugen (Absorption) ist das größere Problem; es in Tropfen oder Schichten eine Zeitlang auf der Oberfläche festhalten (Adhäsion) auch eins, noch wenig bedacht. Bei Segelsurfbrettern sind diese Probleme am deutlichsten beim Wasserstart und ohnehin. Weniger offensichtlich ist der Einfluß von Wasser auf Festigkeit und Dehnung von Nylon. Wenige wissen, daß nasses Nylon circa 15 % Festigkeit einbüßt und dreimal dehnbarer wird. Das erklärt, warum nasse Spinnaker und Blooper leichter die Form verlieren. Interessant, daß sie ihre Festigkeit wiederhaben, wenn sie trocken sind. Manchmal werden Harze und Füller angewendet, um damit die Zwischenräume (Adhäsionsnischen) statt mit Wasser zu füllen. Manche verwenden wasserabstoßende Füller, zum Beispiel Scotchgard. Es sollte Sie interessieren, wie Ihr Segelmacher dazu steht.

Ultraviolettempfindlichkeit

Ultraviolette (UV) Strahlung von der Sonne kann die Kettenmoleküle der Kunstfasern im Tuch schwächen. Das ist dennoch nur manchmal ein zu beachtendes Problem. Segel für Freizeitboote in nördlichen oder weit südlichen Breiten werden dem Sonnenlicht nur mit Unterbrechungen und in relativ kurzen Zeitspannen ausgesetzt, vergleicht man das mit anderen Textilprodukten, wie Zelte, Sonnensegel, Markisen usw. Zudem hat das viel verwendete Polyester eine Selbstschutz-Eigenschaft: Die Sonne bewirkt eine Anfangsveränderung auf der Oberfläche des Polyesters. Dieser geschwächte Teil haftet aber auf der Oberfläche wie eine Haut und schützt die darunterliegenden Moleküle vor weiterer Zerstörung.

Fahrtensegel, die nahe dem Äquator oder ähnlich gebraucht werden, sollten vor anhaltender Sonnenbestrahlung geschützt werden. So gibt es sehr wirkungsvolle Schutzhüllen, um die Segel vor UV-Strahlen zu schützen. Eine effektive Möglichkeit für Rollsegel ist ein dunkelfarbiger Streifen am Achter- und Unterliek eines Segels. Dieser Streifen schützt das gesamte Segel, wenn es aufgerollt ist. Zweifelsohne sollten Sie — gleichgültig, wo Sie segeln — die Segel bedecken, wenn sie nicht gebraucht werden. Acryl-Gewebe, die eine hohe UV-Beständigkeit haben, eignen sich besonders für die Großbaum-Persenning.

KAPITEL 4

Weben und Fertigung modernen Segeltuchs

Nun, wo wir die wünschenswerten und die nicht so erwünschten Eigenschaften von Segeltuch kennen, wollen wir uns das am meisten gebräuchliche Material ansehen.

Dacron

Polyester (PET), so ist der Oberbegriff, ist die meistgebrauchte Faser für Segeltuche, aus der die meisten Fahrtensegel sind. Die wiederum sind aus Du Ponts Dacron gewebt, und so ist Dacron der geläufige Name für Polyestersegel. Wir halten uns hier an beide Namen. Mylar und Kevlar sind andere DuPont-Produkte. Mylar ist ein Polyesterfilm mit Richtungsstruktur, der auch von anderen rings um die Welt produziert wird. Kevlar ist Du Ponts Markenname für eine Aramidfaser, die auch in Holland und Japan unter anderen Namen fabriziert wird.

Erste synthetische Segeltücher wurden aus Orlon und Nylon gewebt. Mit dem ersten verfügbaren Polyester wurde es gleich bevorzugte Wahl. Seine Beliebtheit kann seinem geringen Reck, seiner Festigkeit und geringer Feuchtigkeitsaufnahme zugeschrieben werden. Polyester widersteht auch UV-Strahlung besser als Nylon. Hinzu kamen Schimmelfreiheit und längere Haltbarkeit.

Mit der Zeit und dem Gebrauch von Polyester kamen die Erkenntnisse zu dessen Verbesserung. Zum Beispiel kann es zu verschieden Harzen und Appreturen strukturiert werden. Damit wurden anfangs steife und sehr steife Ausrüstungen entwickelt. Daraus sehr gering dehnbare Tücher; besser noch, in fast

allen Richtungen gering dehnbare. Da man in jener Zeit noch sehr wenig über die Spannungen, deren Größe und Richtung in den Segeln wußte, war diese Dehnfestigkeit in allen Richtungen sehr wichtig.
Später, als die Spannungen und ihre Richtungen durch komplexe Computeranalysen mit Vektorenplänen (stress mapping) verständlicher wurden, konnte man, wo angebracht, spannungsorientierte Gewebe entwerfen und weben und auf viel Harzausrüstung für Dehnfestigkeit in allen Richtungen verzichten.
Dieses Konzept beherrscht die moderne Segelmacherei.
Wir bemühen uns also, in der modernen Segelmacherei die Kraftrichtung(en) in einem Segel durch Vektorpläne zu erfahren und die festeren Garne in deren Richtung zu legen. Das kann bedeuten, daß man stärkeres Kettgarn webt (kettorientiert), wie es oft in senkrecht geschnittenen Bahnen der Großsegel und Focks mit großer Streckung für Starkwind verwendet wird. Ausgeglichenes Tuch, fest in beiden Richtungen, verwendet man in leichterem Wetter und bei weniger gestreckten Segeln, wie der Genua 1.
Ein kurzer Einschub zur Erläuterung des Begriffs „Streckung" eines Segels: Segel mit langem Vorliek und kurzem Fußliek haben eine große Streckung, z.B. 3,6 : 1 (kurz 3,6). Amerikanische Segelmacher teilen Vorliek durch Fußliek; vielleicht andere auch, und es stimmt ungefähr. Die Fock 3 eines modernen Regattabootes hat eine Streckung von 3,5 bis 3,75. Die Großsegel von Familienkreuzern 2,7 bis 3,5.
Die Vektorpläne für Segel zeigen, daß in stärker gestreckten Großsegeln die Spannungen in Kopf-Hals-Richtung orientiert sind, wogegen sie bei einer wenig gestreckten Genua 1 mehr radial vom Hals ausgehend in Kurven zum Kopf und Schothorn schwenken. (Bild 4.1 zeigt vereinfacht die Tendenz.) Bei Spinnakern orientieren sich die Spannungen nach den bekannten radialen Richtungen von den drei Ecken aus mit überraschend großen Spannungen in den Lieken. Leider ist es nicht ganz so einfach wie in der Zeichnung, weil sich die Richtungen nach dem Wind und mit dem Alter des Segels ändern. Die Kenntnisse über Ort, Ausmaß und Richtung der Spannungen haben zu speziell konstruierten Geweben geführt, in denen die Tuchfestigkeit der Beanspruchung entspricht.
Das wird durch sorgfältige Auswahl verschiedener Garngewichte für die Kettfäden und durch den Einsatz berechneter Garnabstände von Kette und Schuß erreicht, wobei auch die Verteilung der Kräuselung eines oder beider Fäden den Reck des Tuchs beeinflußt. Die Gewebe werden langsam raffinierter, und

es werden unterschiedliche für wenig gestreckte Genuas bzw. hochgestreckte Groß- und Vorsegel genommen. Merke: Dehnung oder Reck und Streckung sind zweierlei, Mechanik und Geometrie.

Sehen wir uns für einen Moment an, wie ein Gewebe für bestimmte Dehneigenschaft konstruiert werden kann. Zwei Dinge sind bei der Konstruktion eines Tuchs wichtig, 1. die Verteilung der Kräuselung zwischen Kette und Schuß für die Richtung des Recks und 2. die Bindungsart für die Diagonalfestigkeit.

Garngewicht und Kräuselungsverteilung bestimmen den Dehnwiderstand in jeder Richtung. Garngewicht zuerst: Gestreckte Segel, wie das Groß, haben eine große Garnkonzentration in der Vorliekzone, der Hauptlastrichtung (Bild 4.1) und eine geringe quer zum Segel. Dagegen haben gering gestreckte Segel,

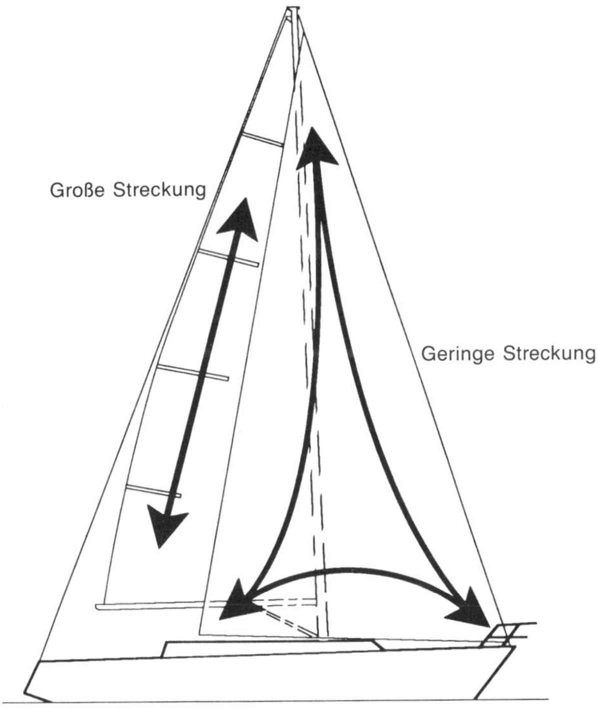

4.1 *Vergleich der Spannungsverteilung in stark gestrecktem Großsegel und wenig gestreckter Genua 1*

wie eine Genua 1, gleichgewichtige Fäden in beiden Richtungen, was gute Diagonalfestigkeit gibt und den gleichmäßiger verteilten Belastungen in solchen Segeln angemessen ist.
Die Kräuselung und damit die Reckverteilung kann man durch verschiedene Garngewichte (Dicken) in Kette und Schuß, durch unterschiedliche Fadenzahl und/oder Abstände und durch Fadenvorspannung beeinflussen. Das Foto auf der Gegenseite zeigt z.B. ein Gewebe mit sehr wenig gekräuseltem Schuß und extrem krauser Kette. Das ist durch 3 1/2mal dünnere Kett- als Schußfäden erreicht worden. Bei dem Anschlag des Schußfadens an den zuletzt abgebundenen Schuß durch das Webeblatt (Webkamm) kräuseln sich die Ketten und legen sich in Wellenform um den dickeren und steiferen Schuß.
Die gute Schrägdehnfestigkeit des Dacron ist Folge der gegenseitigen Verkeilung von stark gekräuselter Kette mit dem Schuß. Wie man in Bild 3.4 auf Seite 47 sehen kann, ist ausgeglichenes Tuch in Kette und Schuß gleichmäßg gekreuzt und leisten bei Schrägzug gemeinsam Widerstand gegen eine bevorzugte Streckrichtung. Eher bleiben die Fäden rechtwinklig zueinander. Vergleichen Sie das mit Bild 3.5, Seite 48, wo dickes, strakes Garn sich mit krausem (welligem) kreuzt. Das ist unbalanziertes Tuch, das in Richtung der dicken Fäden sehr dehnfest ist, in der Querrichtung um so weniger. Die Diagonalfestigkeit stark richtungsorientierter Tücher ist geringer.
Mit einer Genua 1 als Beispiel kommen wir zum logischen Schluß, daß Tücher für diese Segel generell mit gleichem Garn für Kette und Schuß und gleicher Kräuselung zu weben sind. Die Garne binden gleichmäßig, und der diagonale Reck hat ein Minimum. In Segeln kleiner Streckung ist Diagonalfestigkeit wichtiger, weil die Spannungen diffuser sind.
Wenn das auch mehr die Sorge des Segelmachers ist, sollten Kunden ihre Segelmacher doch fragen, wie sich das empfohlene Tuch mit der Streckung des Segels verträgt. Sollte der Segelmacher zu einem Segel von Streckung 3 ein ausgeglichenes Tuch empfehlen, suchen Sie einen anderen Segelmacher.
Bei all dem spielt die Weberei offenbar eine wichtige Rolle. Segeltuch ist das am festesten gewebte Textil von allen. Polyesterweberei ist Spezialistensache mit besonders stämmigen und lauten Webstühlen, weil der Schuß so hart an die bereits gewebte Bahn geschlagen werden muß. Ein normaler Webstuhl hält das keine Stunde aus, aber die technischen Daten sind geheim. Es gibt viele Segeltuchweber in der Welt, aber nur wenige, die hoch-festes Tuch mit gesteuerter Kräuselung weben.

378 g (8.8 oz) Polyester-Großsegeltuch (Dacron), Vergr. 30x. Beachte die starken Schußfäden von links unten nach rechts oben und die stark gekräuselten Kettfäden quer dazu. Beachte auch die dichte Webart, sichtbar an den Schnittkanten. (Foto: Milliken & Company)

Dacron wird nur in Leinwandbindung gewoben, wie Bettwäsche; Kett- und Schußfaden kreuzen sich 1/1 (Bild 3.4). Ist die Leinenbindung ausgeglichen, hat man die größte Zahl Bindungspunkte pro Quadratzentimeter und die beste Diagonalfestigkeit, wie erörtert.

Wenn Polyester-Segeltuch vom Warebalken des Webstuhls genommen wird, ist es als Segeltuch nicht zu erkennen. Es wird bei uns „greige cloth" (von fr. grège, Rohseide) genannt. Freilich sprechen wir das „gray" (grau) aus. In einem komplizierten Mehrstufenverahren wird es zu dem uns bekannten Segeltuch „gefinisht." Das Tuch wird gereinigt, damit die Fasern Harz annehmen können. Dann wird es mit Harz, meist Melamin-Formaldehyd (MF), imprägniert, das die Fasern aneinander klebt und dem Reck widerstehen soll. Dann wird mit Wärme und Druck weiter der Formschluß an den Bindungspunkten verfestigt.

Das bedarf weiterer Erklärung. Zum Auswaschen und Reinigen wird das Tuch durch ein warmes Wasserbad mit Detergent (Spülmittel) gezogen. Damit werden Leime und Öle entfernt, die zugegeben wurden, um die Garne beim

Weben geschmeidig zu halten. Die Ware wird dann in ein wässeriges Melaminbad geführt, das die Fasern in der Bindung fixiert. Melaminharz (MF) ist ein vielverwendetes Kunstharz (Resopal), das im Haushalt für Arbeitstischplatten verwendet wird. Es wird wegen seiner Zähigkeit, Klarheit und Dauerhaftigkeit auch für Segeltuch gewählt.
Harze zur Ausrüstung von Polyester- und Dacron-Tuch wurden im Laufe der Jahre entwickelt. Erinnern Sie sich an Kapitel 2 „Geschichte moderner Segelmacherei", daß das erste zum Ausrüsten von Polyester verwendete Chemikal Hoods Silikat (ähnlich Sand) war, das er, in einer Schlempe fein verteilt, appretierte. Der Feinsand sollte sich im Tuch fein verteilen, die Fasern aufrauhen und ihre Reibung gegeneinander verstärken und reibschlüssig, wie der Ingenieur sagt, der Schrägzerrung entgegenwirken. Das war wenig erfolgreich, weil die scharfkantigen Kristalle die Fasern schnell verschlissen und somit das Tuch früher oder später geschwächt wurde.
Dieses heute allgemein gebräuchliche Melamin-Appretur-Verfahren ist am weitesten entwickelt. Einige Tücher aus Polyester bekommen zusätzlich oder stattdessen einen sehr festen Aufstrich aus Polyurethan (PUR), der auf dem Tuch abbindet und es sehr wenig dehnbar macht. Solches Tuch wird hier und da als garngetempert, Duroperm oder HTP bezeichnet und hauptsächlich für Segel von Rennjollen genommen. Andere Weber, besonders die Hersteller von Qualitätstuch geben noch andere Additive zum Melaminharz, wie Silikon oder Wachs, um es wasserabstoßend und griffiger zu machen. Wenn Dacron das Grundtuch ist, bevorzugt der Jollenrenner, dem es auf Griffigkeit nicht so ankommt, PUR-Finish; der Pläsiersegler die nicht so störrische Melaminimprägnierung (Bakelit, Keramin, Ultraplas).
Es hat auch eine Entwicklung mit nicht reaktiven Silikaten gegeben, die einfach die innere Reibung des Plastiks im Gewebe oder seinen Zwischenräumen vergrößen sollen — deutsch-kurz: Polyester mit Füllstoff, das auf dem Tuch vernetzt (abbindet) und die Dehnbarkeit noch mehr einschränkt. Der nächste Schritt war, wie wir gleich sehen werden, laminiertes Segeltuch oder Polyester/Mylar, das die Segelmacherei in eine Revolution stürzte, die sowohl dem Fahrten- wie dem Rennskipper galt.
Ob aufgetragen oder imprägniert, das Polyestertuch wird getrocknet und dann in einem Durchlaufofen auf 204° C erhitzt. Bei dieser Temperatur schrumpft das Polyestergarn um 20 bis 25 Prozent und macht das so schon dichte Gewebe noch dichter und den Diagonalreck noch geringer. Sodann wird das Tuch warm kalandriert; das heißt, unter sehr hohem Liniendruck von bis zu 614 N/mm zwischen

einer beheizten Stahlwalze und einer Hartpapierwalze durchgerollt, was die Bindungspunkte von Kette und Schuß nahezu formschlüssig zusammenpreßt.

Polyester-Mylar

Mylar ist ein erweichtes, als Film gegossenes Polyester-Harz. Während des Produktionsvorganges (extrudieren) ordnen sich die langen Moleküle willkürlich in der Filmebene, auch senkrecht zu ihr (Bild 4.2). Das Material wird dann in zwei zueinander senkrechten Richtungen mechanisch gestreckt (gezogen), um die Folie dünner zu machen. Dabei strecken sich auch die Kettenmoleküle und orientieren sich vornehmlich in die beiden Zugrichtungen. In diesen Richtungen sind die Moleküle dann fest verkettet und sehr widerstandsfähig gegen weitere Dehnung und Verschiebung gegeneinander. Das Resultat ist eine kaum dehnbare Polymerfolie.
Mit dem einfachen Auftragen von Harz auf Segeltuch — wie bei der Appretierung von Dacron — kann man eine vergleichbare geringe Dehnbarkeit nicht erreichen, weil die Moleküle im Harz ungeordnet liegen. Tatsächlich kann man gerichtete Polymere nicht auf Gewebe aufbringen, weil die Orientierung ein separates Verfahren erfordert. Der Entwicklungsschritt war also, ein Gewebe, Substrat genannt, herzustellen und in einem zweiten Prozeß die kaum dehnbare Polyester-Folie Mylar und beides zu einem Laminat zu verkleben. So begann in den '70ern und '80ern die Revolution des laminierten Segeltuchs, des Polyester-Mylars.
Als laminiertes Tuch auf dem Markt erschien, gab es Kontroversen über seine Wirkung, Nutzen, Kosten, sogar Sicherheit. Unklar war man sich auch über die Eigenschaften des neuen Tuchs. Jedoch schon die ersten Segel aus Polyester-Mylar waren fast immer schneller als Dacron-Segel, die sie ersetzten. Warum? Das war ein großes Diskussionsthema. Einige meinten, einfach weil das Tuch glatter sei, weniger Luftreibung mache. Andere, weil es leichter und weniger dehnbar sei und die Form besser halte, selbst in Böen. Letztere behielten recht, wie wir jetzt wissen, weil Reckwiderstand und geringes Gewicht das wichtigste bei Dreieckssegeln sind.
Der Wirrwarr um Polyester-Mylar führte zu Feindschaft, sogar Brandstiftung. Viele Klassenvereinigungen verboten es unter dem Vorwand, es sei zu teuer, empfindlich und sei nicht haltbar. Bei den ersten Laminattüchern waren die Vorwürfe sicher richtig, aber die Entwicklung ging trotz Sturm weiter. Halt-

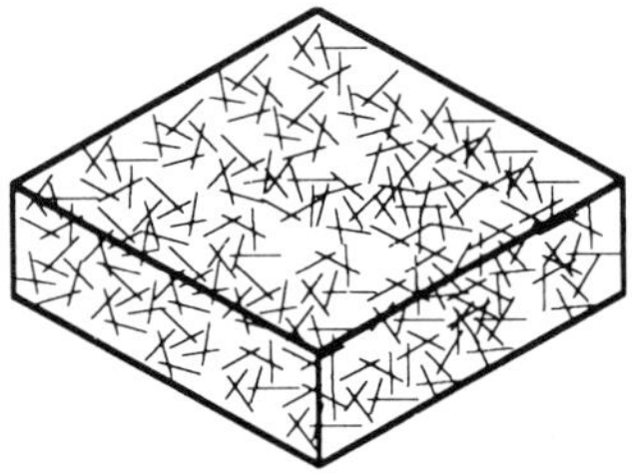

Ungeordnet nach Polyester-Extrusion

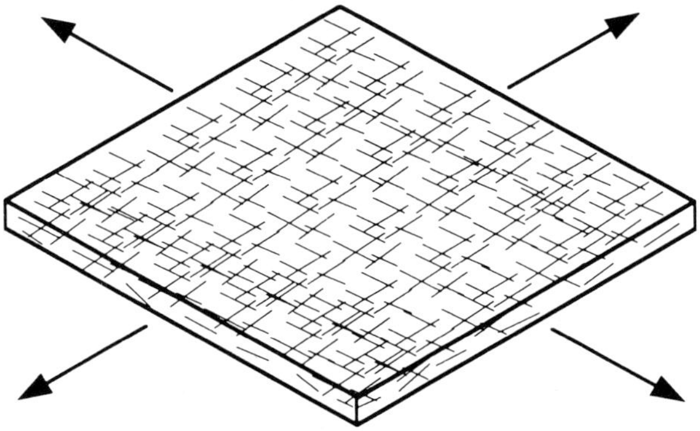

Recken in beiden Richtungen orientiert die Moleküle in Zugrichtungen und verdünnt die Folie.

4.2 *Molekülorientierung in Mylar-Folie*

barkeit und Brauchbarkeit wurden besser, und am Ende wurde Laminattuch akzeptiert, hauptsächlich weil es fast immer schneller als Polyester-Segel war. Heutige aus Laminattuch gemachte Segel, einschließlich denen für Kreuzer, halten ebenso lang, wenn nicht länger, und insbesondere besser die Form gegenüber solchen aus geharztem oder harzimpägniertem Dacron-Tuch. Mit den neuen Fortschritten in der Lichtbeständigkeit ist die Qual der Wahl zwischen Polyester-Mylar und Dacron für Fahrtensegler eine Sache des Preises. Der früheste Versuch mit Mylar-Folie (pur) wurde 1964 mit Spinnakern für *Constellation* und *American Eagle* zum America's Cup gemacht — aber ohne Erfolg, weil das Material zu „delikat" war. Der nächste ernsthafte Versuch wurde bei den Vorentscheidungen 1977 zum Cup auf der hauptsächlich von

Lowell North geführten *Enterprise* mit Mylar-Folie gemacht. Noah Lamport, der Bruder Sol Lamports, kaschierte für die Vorsegel leichtes Dacron-Tuch beidseitig mit Mylar-Film (Folie), um es reißfest zu machen. Das war als Müllsackmaterial, dunkelgrün, in den USA bekannt. Der zum Kaschieren verwendete Kleber war aber ein Flop, und die Delaminationen dieser Segel keine Freude.

Um 1980 waren verschiedene Polyester-Mylar-Segeltücher auf dem Markt, einseitig Mylar-beschichtetes, leichtes Substrat. Hierbei war die Mylar-Folie der tragende Werkstoff, und das meist aus Polyester gewebte, leichte Substrat sollte die Folie nur vor dem Zerreißen schützen und mehr Saum- und Nahtbasis fürs Nähen bilden. Laminiertes Segeltuch verbreitete sich schnell in der ersten Hälfte der 80er Jahre, und jetzt verfügen wir über eine große Auswahl. Die modernsten Produkte sollte man besser „faserverstärktes Mylar" nennen, denn das Gewebe des Substrats trägt zur Festigkeit kaum bei, und das Mylar verhindert Reck in den anderen Richtungen als der der Fäden. Die Laminiertechnik und die Kleber sind heute so perfekt, daß Ablösungen nicht mehr vorkommen. Wenn doch, handelt es sich um Fabrikationsfehler oder Überlastung in zu starkem Wind.

Die die Last tragenden Polyester-Fasern werden erweicht und dann gereckt, aber nur in Längsrichtung (Bild 4.3), und sind deshalb nach dem Weben weniger dehnbar als das in zwei Richtungen gereckte Mylar. Es kann wegen der Kräuselung diagonal gedehnt werden. Deshalb ist Laminattuch in fast alle

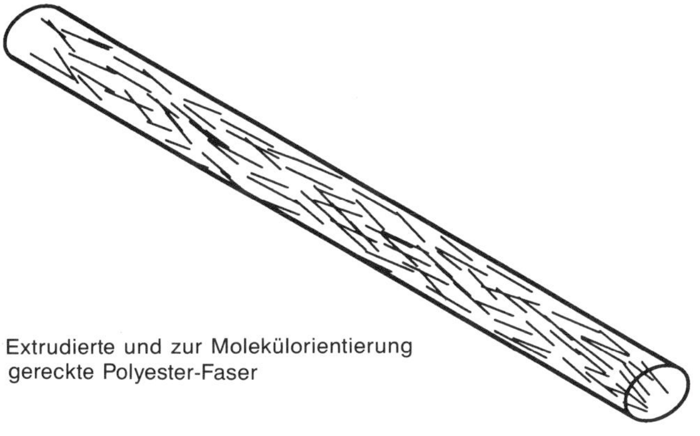

4.3 *Molekülorientierung in Polyesterfasern*

Richtungen dehnbarer als nicht armierte Mylar-Folie. Das beste Ergebnis erreicht man durch Hochzeit von unidirektional gereckter Polyester-Faser mit bidirektionalem Mylar. Die Polyester-Faser übernimmt den Reckwiderstand in Richtung der Hauptlast. Das gleichmäßig tragfähige Mylar übernimmt dann die ungerichteten Spannungen, die in allen belasteten Flächengebilden auftreten. Dem werden die besten Mylar-Laminate gerecht. Durch Weben, Stricken oder Parallelverstärken mit Polyester-Fasern steht in den höchstbeanspruchten Zonen das richtige Material zur Verfügung.

Die Laminiermethode ist recht einfach — mit Variationen — und mit einiger Technik verbunden. Wie in Bild 4.4 gezeigt, wird zuerst eine genau bemessene Schicht aus gelöstem Kleber auf das Mylar aufgetragen. Das wird durch einen Ofen gefahren, in dem das Lösungsmittel verdampft. Die Mylar-Folie hat eine unvernetzte Kleberschicht, wenn sie den Ofen verläßt. Sie wird dann mit dem Polyester zusammen durch erwärmte Walzen geführt, wobei durch den Druck der Kleber die Fasern des Substrats umschließt und durch die Wärme abbindet. Mylar mit Polyester-Substrat auf beiden Seiten muß den Prozeß mehrmals durchlaufen, um alle Lagen zu verkleben. Die Varianten der Lamination betreffen die Kleberart, die Geschwindigkeit, Drücke und Temperaturen.

Laminattuch gibt es in vielen Arten. Die wichtigsten sind: Fadengelege
Taftgewebe
Wirkgelege
Gewebe

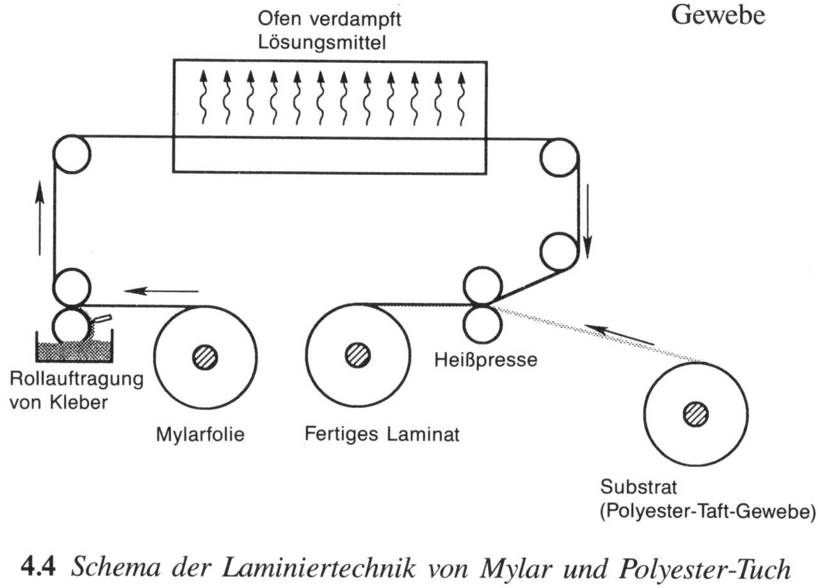

4.4 *Schema der Laminiertechnik von Mylar und Polyester-Tuch*

Fadengelege (layd-up yarns) sind das leichteste Polyester-Mylar (21.5 g/m^2), das mit einem patentierten Verfahren von der kalifornischen Firma Orcon hergestellt wird. In dem Prozeß werden 6,4 μm und 12,7 μm „dicke" Mylar-Folien mit Einzelfasern verstärkt, die wie einzeln und parallel auf die Folie geklebt werden. (Eine andere Firma macht das von Hand.) Offenbar muß das einigemal gemacht werden, um Segeltuch zu werden. Dieses leichte Material eignet sich nur für leichte Spinnaker und Stagsegel.
Vorteilig bei dieser Konstruktion sind die geraden, ungekräuselten Garne in den beiden Richtungen. Nachteilig ist die geringere Reißfestigkeit.
Ein neues Beispiel für Gelege ist die multidirektionale Folie, mit einem dritten Garngelege im Substrat, das gute Schrägfestigkeit hat, wie man sich denken kann, weil sich die Fäden nicht mehr im rechten Winkel kreuzen. In diesem Fall tragen die Fäden mehr als die Folie gegen Schrägzug. Die Ware ist noch sehr im Versuchsstadium.
Taftgewebe (scrim), leinenbindig mit eng gestellten Kettfäden und weniger dichtem Schuß und meßbaren Fadenabständen, beidseitig mit Mylar ausgerüstet, ist auch für leichte Segel von höchstens 129g/m^2 gedacht. Die offene Bindung gestattet, leichte Ware — immer gewünscht — mit schwerem Garn weben zu können. Schwere Garne bringen gute Reißfestigkeit und guten Nähgarnhalt. Ein weiter Vorteil des Tafts ist, daß zwei Mylar-Folien die Fäden einschließen und in die Lücken der Bindung greifen und sie sehr sicher machen. Im Vergleich zu Fadengelegen ist Taftgewebe reißfester, wegen der Welligkeit der Garne aber etwas weniger dehnfest.
Wirkgelege (knits). „Taft" ist nicht die einzige Wahl für leichtes Laminattuch, man bekommt auch *knits* mit beidseitig Mylar. Sie werden in den USA (wörtlich übersetzt) „Kett- oder Schußeinlage-Gestrick" genannt; hergestellt aber so: zwei Parallelfadenlagen werden rechtwinklig übereinander gelegt, nicht gewebt! Gewöhnlich sind diese Fädchen gleich dick. Es geht aber auch so: Dicke Fäden in sogenannter „Kettrichtung" und dünne in „Schußrichtung". Beide Gelege werden durch einen eingestrickten, sehr dünnen Faden (Bild 13.7, Seite 311) in ihrer Lage fixiert, bis Mylar auf beide Seiten laminiert ist. Wie beim „Taft" hat das Wirkgelege den Vorteil leichter Konstruktion mit schwereren Fäden, die, wie beschrieben, gute Reiß- und Nahtfestigkeit ergeben. Die Ware ist auch sehr dauerhaft, weil sich in den Lücken die beiden Mylar-Folien verbinden.
„Taft" wie „Gestrick" haben zwar den Nachteil geringer Biegsamkeit. Weil es nötig ist, Mylar auf beide Seiten zu laminieren, um die grobe Oberfläche des

Textils zu schützen, wird das alles ziemlich dick und unbiegsam. Allerdings sind Taft wie Gestrick billig herzustellen.

Gewebe. Dieses gebräuchliche Laminatsegeltuch ist einseitig oder beidseitig, sandwichartig, auf Folie laminiertes richtiges Tuch (siehe die beiden folgenden Fotos). Anders als bei den früheren Dacron-Tüchern mit aufgeklebter Folie, handelt sich hier umgekehrt um spezielle Tücher zum Laminieren auf Mylar. Sie haben generell in einer Richtung keine Fadenkräuselung. Üblich ist leichte Taftbindung, aber es gibt auch einige mit Köperbindung, um die Fadenwellung in einer Richtung zu mindern. Meist sind die Gewebe kettorientiert, so daß in dieser Richtung die geringste Dehnbarkeit liegt. Diese Laminate sind flexibel, sehr wenig dehnbar und leistungsfähig.

Weil sie flexibel sind, nimmt man diese Laminate für schwere Segel von $129 g/m^2$ und mehr Flächengewicht. Sie sind dauerhaft, reiß- und abriebfest und halten gut in den Nähten; das gilt besonders für die beidseitigen Laminate. Weil beim Laminieren weniger Kleber verwendet wird, wiegen sie gewöhnlich auch weniger als Taft und Wirkgelege, in denen zuweilen überschüssiger Kleber zwischen den Folien festgehalten wird.

138 g (3.2 oz) Norlam (Polyester-Mylar), Vergr. 30x. Folie unten mit Polyester-Taftauflage. Beachte wenig gekräuselte Kette von links oben nach rechts unten, kettorientiertes Tuch. (Foto: Milliken & Company)

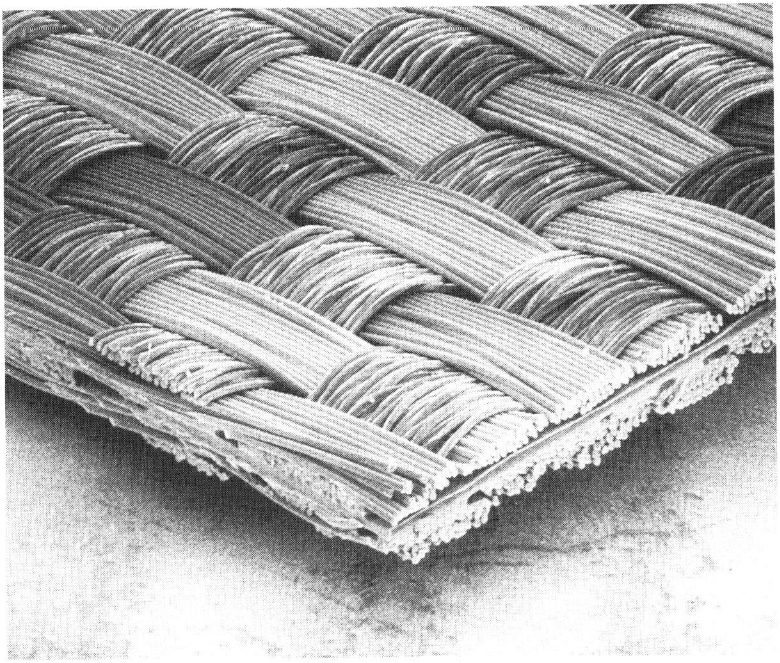

Doppelseitig Polyester-laminierte Mylarfolie, Taftbindung, ebenfalls kettorientiert. *(Foto: Milliken & Company)*

Verhältnis Faser/Folie. Dieses Verhältnis von Polyester zu Mylar ist für den Segelmacher wichtig, wenn er die nötige Dehnzahl des Materials festlegt. Bei sehr gestreckten Segeln, wie Fock 3 und Groß, deren Vektorpläne aus dem Computer vorliegen, ist es möglich, weniger Folie(nmasse) zu nehmen und die Fasern in Lastrichtung zu legen. Gering gestreckte Segel dagegen, deren Belastung diffuser ist, oder Großsegel, deren Form durch Mastbiegung, Cunningham, Ausholer usw. deutlich zu beeinflussen ist, benötigen mehr Folie zur Verteilung der Festigkeit in alle Richtungen.

Laminiertes Segeltuch gibt dem Segelmacher mehr Freiheit bei der Arbeit mit Faserarten und -orientierungen und Verstärkungstechnologien. Man braucht sich nicht mehr so wie in Dacron-Tagen um Tuchdichte und Diagonalreck zu kümmern. Die neue Technologie hat die Tür geöffnet für so exotische Fasern wie Aramid (Abk. für aromatisches Polyamid, noch kürzer: PA) — mit „Kevlar“ bezeichnet, wenn es von Du Pont, und „Spectra“ genannt, wenn es von Allied Signal Corporation kommt.

Kevlar-Mylar

Aramid ist nur ein Achtel so dehnbar wie Polyester-Faser (Bild 4.5), aber solche Wunder kosten etwas; sie ist erheblich teurer — und das nicht von ungefähr. Das Monofil entsteht in einem sehr komplizierten Verfahren, in dem das Polymer in Schwefelsäure gelöst (es kann nicht erweicht werden) und zu Fäden extrudiert (durch Düsen gepreßt) wird. Die Säure wird dann abgezogen, gereinigt und wiederverwendet. Die ganze Maschinerie ist extrem korrosiven, schwefelsauren Lösungen geringer pH-Werte ausgesetzt. Kevlar ist als Faser für Segeltuch schwierig, aber seine geringe Bruchdehnung bei hoher Festigkeit lohnt die Mühe.
Frisches Kevlar ist goldfarben. Es kann auf übliche Weise nicht gefärbt werden. Im Licht wird es schnell braun bis goldbraun — so schnell, daß eine während der Mittagspause auf einer neuen Rolle Kevlar-Mylar vergessene Schere als heller Schatten abgebildet bleibt.
Ted Hood versuchte als erster Kevlar, als es früh in den 70ern als „Faser B“ in den Handel kam. Es wurde versuchsweise als Kette und Schuß gewebt, was sich als schlimmer Fehler erwies, weil die Kräuselung die extrem hohe Dehnspannung paralysierte und die gekreuzten Fäden sich aneinander buchstäblich aufrieben, das Tuch brüchig machten. Diese frühen Versager und ihr extrem hoher Preis ließen die Hersteller zweifeln, daß Kevlar jemals etwas für Segel würde. Wie beim Polyester-Mylar gab es auch Versuche, Kevlar zu verbieten.

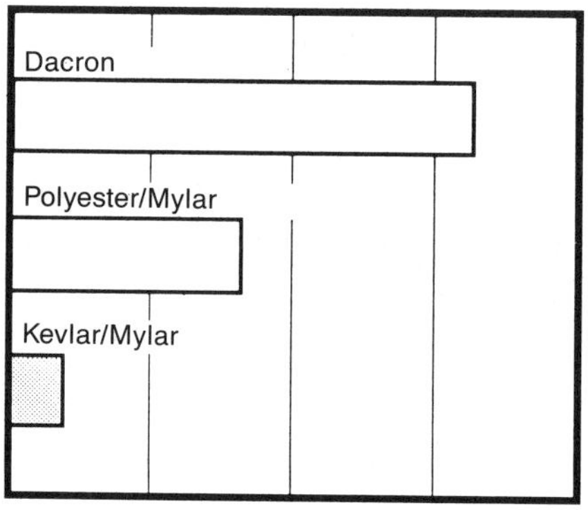

4.5 *Das Verhältnis vom Reck zu Tuchgewicht von Segeltuch*

Früh in den 80ern zeigte die Yacht *Merrythought* ein dramatisch anzusehendes Großsegel aus experimentellem Kevlar-Tuch. Es war schwarz. Man hielt in jenen Tagen UV-Strahlen für Kevlars Hauptproblem und berußte es zum Schutz vor Sonnenlicht. Es zeigte sich aber, daß schwache UV-Beständigkeit ein wesentlich geringeres Problem war als mangelnde Biegewechselfestigkeit. Die Rußerei gab man auf.
Kevlar in einer Richtung, Kette oder Schuß, und Polyester-Garn quer dazu und dieses Gewebe mit Mylar verbunden, öffnete die Tür der Segelmacher für Kevlar-Mylar (siehe Foto). Es war, wie weiland Baumwolle, ägyptisches Mako, Dacron und Polyester-Mylar das neue Wundertuch.
Abgesehen von der geringen Dehnung ist Kevlar-Mylar fast fünfmal fester als Dacron (Bild 4.6) und hat keine Fließgrenze. Die Dehnung bis zum Bruch bil-

Webstuhl für Kevlar. Aus Kostengründen und zur Vermeidung von Reibungsschäden wird Kevlar nur als Kettgarn gewebt und Polyester als Schuß.
(Foto: North Sails, Inc.)

det sich bei Entlastung ganz zurück. Die Bruchdehnung liegt bei 3 %. Aus diesem Grund ist Kevlar-Mylar empfindlich für Stoßlasten.

Das Hauptproblem bei Kevlar-Mylar ist die Schwächung der Faser durch schnell wechselndes Biegen und scharfes Falten. So beim Killen der Segel, wenn die Boote (zu früh) an der Startlinie liegen. Das sind schnelle Wechselbiegungen. Zusammenfalten ist nicht so schädlich. Dabei entstehen Knicke an meist denselben Stellen und in derselben Art. Das kann tausendmal bis zum Bruch gehen. Gefährlich ist der häufige und plötzliche Wechsel.

Bei modernem Kevlar-Mylar ist Segelbruch äußerst selten — einfach weil die Segelmacher ein Tuch mit ausreichendem Gewicht und Garn zur Erhaltung der Form des Segels wählen, das damit fester als eigentlich nötig wird.

Es gibt zwei Arten Kevlar, Kevlar 29 und Kevlar 49. Kevlar 49 ist halb so dehnbar wie Kevlar 29, das in Segeltuch verwendet wird, weil Kevlar 49 zu biegeempfindlich ist.

Kevlar wird nur in laminiertem Segeltuch verwendet. In Wärme schrumpft es nicht, und es ist zu empfindlich für den bei Polyester-Segeln üblichen harten Webanschlag. Deshalb ist Diagonalfestigkeit ohne zusätzliches Folienlaminat nicht zu erreichen. Kevlar-Fasern werden vielfach auf die gleiche Weise verteilt wie Polyester-Fasern. Taftgewebe, Lagengewirke und Tuchgewebe werden aus Kevlar gemacht und mit Mylar ein- oder beidseitig laminiert. Kevlar wird, wie gesagt, gewöhnlich nur in einer Richtung genommen (siehe die beiden

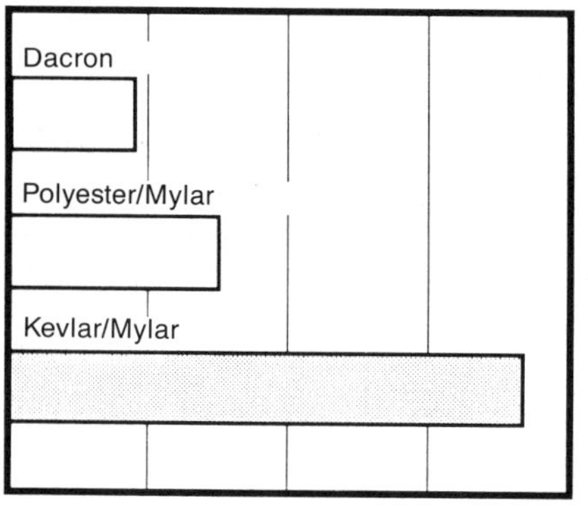

4.6 *Das Verhältnis von Festigkeit zu Tuchgewicht*

folgenden Fotos); teils aus technischen, teils aus finanziellen Gründen. Anderswo als in der Hauptlast zu verstärken, ist witzlos, und Kevlar ist sehr teuer. Und, wie bemerkt, Kevlar über Kreuz reibt sich gegenseitig auf. Gekräuseltes Kevlar hat Reck. So orientiert der Segelmacher glattes Kevlar in die Richtung der größten Kräfte.

Bei den frühen Kevlar-Mylar-Laminaten lagen die Kevlar-Fäden im Schuß (schußorientiert). Zu der Zeit waren die besten Polyester-Tücher und Laminate alle schußorientiert, und die Segelmacher nähten horizontale Bahnen zusammen. Die starken Schußfäden lagen parallel zum Achterliek, der Lastrichtung. Das war jedoch problematisch, weil die größte Spannung mehrere Bahnnähte kreuzte. Das Kevlar-Mylar-Laminat war so wenig dehnbar, daß das bißchen Beweglichkeit in den Nähten problematischer als die Dehnung in der Summe der Bahnen war. Heute hat das meiste Kevlar-Segeltuch Kevlar in der Kettrichtung. Mit dieser Orientierung bekommen die Segel Vertikalbahnen, bei denen die Hauptkräfte nicht so viele Nähte kreuzen und das Tuch wieder die Dehnung und die Form des Segels bestimmt.

Kevlar (30x vergrößert) in Kettrichtung kaum gewellt von links unten nach rechts oben, kettorientiertes Kevlar-Mylar. Schuß Polyester. Detail siehe nächste Seite. (Foto: North Sails, Inc.)

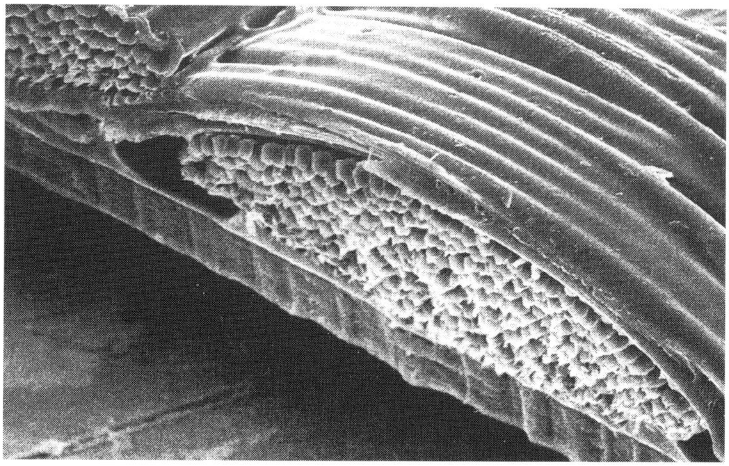

150fache Vergrößerung des Gewebes auf der vorigen Seite. Beachte die vielen dünnen Kevlarfasern im Kettfaden im Vergleich zu den Polyester-Schußfäden und die Unterlage von 25.8 µm dicker Mylar-Folie. (Foto: Milliken & Company)

Kevlar-Mylar ist ein so großer Fortschritt in der Beeinflussung von Segelform und -reck, daß heute tatsächlich kein größeres Seerennen ohne das beste Kevlar-Mylar-Laminat zu gewinnen ist. 1980 hatte *Australia I*, die Herausforderin im America's Cup, einen radikal biegsamen Mast, dem der britischen *Lionheart* nachempfunden. Er sollte die unvermessene Segelfläche maximieren und dem Groß einen ellipsenähnlichen Umriß geben, um den induzierten Widerstand zu minimieren (in Kapitel 6 erörtert). Zu diesem Rigg benötigten die Australier das beste Kevlar-Mylar. Das Kevlar-Tuch wurde in Deutschland gewoben und in den USA mit Mylar laminiert. Dagegen wurde Protest erhoben, und der New York Yacht Club verbot den Gebrauch dieser Ware. Es bestand in jenen Tagen eine Regel, daß das von Fremden benutzte Tuch nicht in den USA bearbeitet sein durfte. Die Australier mußten geringeres PA-Melaminlaminat einsetzen.

Ironie war, daß die amerikanische *Freedom* bei dieser Veranstaltung ein Kevlar-Mylar-Groß fuhr, das nicht gut laminiert war. Die Folie „schwamm", weil der Kleber zu weich war. Wir hatten eine Menge Sorgen im Sommer 1980, daß das Segel zerfallen, mächtig ausleiern oder sogar zerreißen könnte. So unwahrscheinlich es klingt, es stellte sich als unser bevorzugtes Renngroß heraus. Das

Nötiger Kevlar-Gehalt (tex/cm) in Rennsegeln (tex = Gewicht eines Fadens von 1 km Länge; 1 tex besagt, daß dieser Faden 1 Gramm wiegt.)

Bootgröße Lüa	6,70 m	8,70 m	10,45 m	12,20 m
Großsegel hoch	220	310	440	880
Großsegel 3/4	220	310	310	440
Genua 1, leicht	—	—	—	—
Genua 1, mittel	110	220	265	310
Genua 1, schwer	175	310	350	485
Genua 2	—	—	—	—
Genua 3	550	790	925	1210
Bootgröße Lüa	**14,00 m**	**17,40 m**	**24,40 m**	**28,00 m**
Großsegel hoch	880	1320	2200	2420
Großsegel 3/4	660	1100	1760	2200
Genua 1, leicht	220	310	395	440
Genua 1, mittel	395	485	615	705
Genua 1, schwer	550	705	880	1015
Genua 2	770	970	1230	1410
Genua 3	1410	1760	2420	2730

zeigt, daß trotz allem CAD und CAM etwas in der Segelmacherei noch immer mit Kunst zu tun haben muß.

1983, als gerade das kettorientierte Kevlar in den USA entwickelt worden war, hob der NYYC sein Verbot amerikanischen Tuchs für ausländische Herausforderer beim America's Cup dieses Jahres auf. *Australia II* machte guten Gebrauch von dem kettorientierten, amerikanischen Kevlar-Mylar. Das von John Bertrand geführte Boot gewann die bessere Hälfte von sieben Rennen und eroberte den Pokal, der seit 1851, als ihn die *America* im Rennen um die Insel Wight gewonnen hatte, in den USA gestanden hatte. *Australia II* war ohne Zweifel mit ihrer Kielflosse eine revolutionäre Konstruktion, aber ihre vertikal geschnittenen Segel aus kettorientiertem Kevlar-Mylar hatten, logisch, einen Anteil am Erfolg.

Kevlar-Mylar-Tuch gibt es in einer großen Vielzahl von Konstruktionen. Das Tuchgewicht ist wichtig, aber die Konstruktionen der Hersteller sind verschieden, deshalb richtet man sich gemeinhin besser nach dem Kevlar-Gehalt im

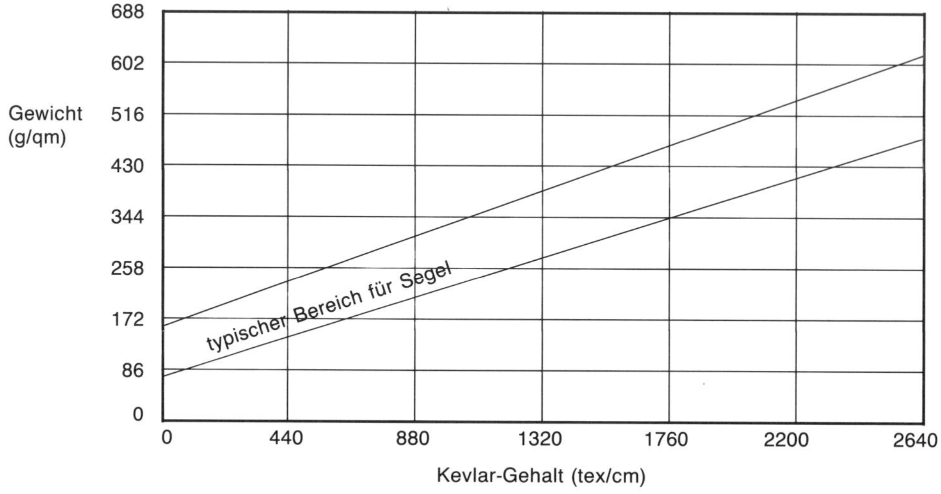

4.7 *Das Verhältnis zwischen Kevlar-Gehalt und Tuchgewicht*

Garngewicht in tex/cm als nach dem Tuchgewicht. Die Tabelle auf Seite 73 zeigt ziemlich typische Kevlar-Gehalte der Segel von mehreren Bootsgrößen. Für die vielen Segler, denen das Tuchgewicht geläufiger ist, gibt der Graph von Bild 4.7 einen Anhalt für das Verhältnis Kevlargehalt zu Tuchgewicht.

Spectra-Mylar

Es gibt noch andere Fasern extrem geringer Dehnbarkeit auf dem Markt, wie Carbon, Keramik und Glas, doch die eignen sich nicht für Segel, weil sie spröde und wenig biegefest sind. Eine neue Faser, seit ein paar Jahren zu haben, scheint für Segel tauglich: Spectra.
Spectra wurde in staatlichen Labors der Niederlande vor vielen Jahren entwickelt. Allied Signal Corporation kaufte den Prozeß und entwickelte ihn verfahrenstechnisch zur industriellen Garnherstellung. Sicherlich ein sehr ungewöhnliches, längsorientiert gerecktes, hochpolymeres Polyethylen-Garn mit ähnlich geringer Dehnzahl wie Kevlar, aber viel leichter, etwa 12 %. Die Dichte von Kevlar beträgt das 1,41fache, die von Spectra das 0,98fache von Frischwasser. Das Verhältnis von Dehnung zu Masse ist bei Spectra also viel besser

als bei Kevlar. Spectra-Mylar hat zudem den Vorteil, anders als Kevlar unempfindlich für scharfe Biegung zu sein, und vor allem ist es wesentlich UV-beständiger.
Die Achillesferse von Spectra ist aber seine Fließgrenze bei 30 % der Bruchdehnung; wird sie überschritten, bleibt die Dehnung bestehen und wird bei jeder weiteren Belastung größer, weil sich der Faden dünner bis zum Bruch zieht. Zwar sind 30 % der Bruchlast viel, aber nicht gleich erkennbar, sondern erst durch Ausbeuteln der Segel, und dann ist es schon zu spät. Es gibt schon einiges Spectra-verstärktes Mylar auf dem Markt, aber bei der Konstruktion dieser Segel und ihrem Gebrauch muß die Fließgrenze beachtet werden.

Polyamid (Nylon)

Mehr als 50 Jahre alt, und noch immer ist es mit seinen jüngeren Geschwistern das *non plus ultra* für Segel vor dem Winde. 1938 entwickelte Du Pont den Kunststoff, den sie Nylon nannten, der extrudiert, druckgegossen oder zu Fäden gesponnen werden kann. Nylonfaser ist sehr stark, aber dehnbarer als Polyesterfaser. Es ist geeignet für Spinnaker, Blister und Blooper.
Bei diesen sehr voll geschnittenen Segeln sind Festigkeit und leichtes Gewicht wichtiger als geringe Dehnzahl. Beim Segeln vor dem Winde ist der Druck im Segel relativ gering, und so könnte in leichtem Wind das Segel durch sein eigenes Gewicht schlapp herunterhängen, ohne aerodynamische Wohlgestalt.
Bei der Fabrikation so extrem leichter Tücher wie Nylon setzen Festigkeit und Porosität Grenzen. Nylon hat ein großes Verhältnis von Festigkeit/Gewicht und ist quasi-elastisch. Überdehnung bildet sich zum Teil zeitlich verzögert zurück. Damit ist Nylon (& Co) gut sicher gegen stoßartige Belastungen. Der Porosität begegnet man mit Garnen aus großer Zahl feiner Fasern, die sich bei der Ausrüstung ausbreiten (siehe Foto). Da Harz aber billiger als Nylon ist, wird oft ein Tuch mit weniger Nylon genommen. Aber geharztes ist nicht so kräftig wie gleich schweres nur aus Nylon.
Nylon läßt sich leicht in bunten Farben färben, leichter als Polyester. Das nützen die Segeltuchweber gerne in allen Farben des Regenbogens aus.
Nylontuch wird nicht besonders fest gewebt und auch nicht sehr warm zur Verfestigung ausgerüstet. Deswegen hat das Tuch in der Diagonale meist erheblich Reck, den der Segelmacher einkalkulieren muß. Modernes Spinnakertuch ist kettorientiert, und große Spinnaker werden aus einer größeren Anzahl schma-

ler Tortenstückbahnen in Radialrichtung von den drei Ecken oder Hörnern aus zusammengenäht. Das ist dann der bekannte Tri-Radial-Spi (Bild 11.1 Seite 245) Bei dieser Konstruktion gibt es so gut wie keinen Diagonalreck.
Nylontuch wird ähnlich wie Polyester-Tuch ausgerüstet. Es wird zuerst gespült, um Gleitmittel zu entfernen, dann gefärbt und danach mit Melaminharz imprägniert. Einige Nylontücher bekommen stattdessen oder zusätzlich einen Urethan-oder Siliconeinstrich. In einigen Fällen wird diese Appretur zur Schließung der Poren verwendet, die bei sehr leichtem Gewebe mit dem Garn allein nicht erreichbar ist.
Nach dieser Prozedur werden die Einstriche oder Harze bei hoher Temperatur vernetzt, wobei aber das Nylon nicht so schrumpfen darf wie Polyester. Dann wird noch kalandriert, um die Faser breitzudrücken und die Bindungspunkte formschlüssig und fester gegen Diagonalreck zu machen.
Es ist erstaunlich, wie wenig sich ein gut konstruierter und genähter Spinnaker bei der tatsächlichen Dehnbarkeit verzieht. Das liegt an der triradialen, kettorientierten Konstruktion und Ausrüsttechnik. Ausrüstung ist der deutsche Ausdruck für das Finishing des Tuchs nach dem Weben, ebenso das Sichten des Tuchs nach Webfehlern auf einem Lichttisch.

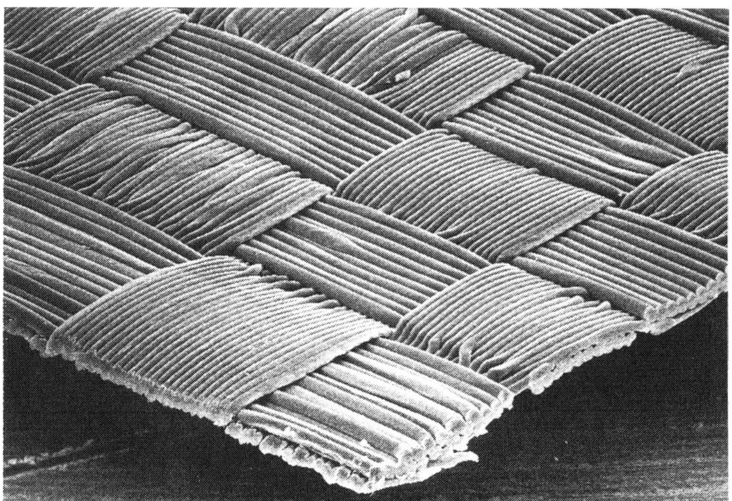

Nylontuch in 90facher Vergrößerung. Beachte, wie der Kalander die Fasern flachgedrückt hat, um die Porosität des leichten Tuchs zu schließen.

(Foto: Milliken & Company)

KAPITEL 5

Segelboot-Aerodynamik in neuer Sicht

Für Segler gibt es einen Grund-Lehrsatz, der so beginnt: „Ein Segel ist wie ein Flugzeugflügel...“ Wenn Sie in ihrer frühen Seglerlaufbahn diese Lektion verpaßt haben, erinnern Sie sich an die vierte oder fünfte Ober- oder Gesamtschulklasse: „Ein Flugzeug fliegt, weil die Luft über die gewölbte Oberfläche seines Flügels einen längeren Weg zurücklegen muß als die Luft über dessen flache Unterseite. Und weil sie oben einen weiteren Weg hat, muß sie dort schneller fließen als ihre Schwester auf der Unterseite, damit beide gleichzeitig an der Hinterkante wieder zusammentreffen. Diese Differenz an Geschwindigkeit verursacht einen Druckunterschied: Niedriger Druck auf der Oberseite und hoher auf der Unterseite. Und das macht Auftrieb. Hauptsächlich oben Sog.“

Diese Lektion enthält alle Bestandteile einer guten Erklärung: sauber, simpel und einleuchtend — mehr oder weniger. Tatsächlich erzeugt das beschriebene Phänomen — Unterdruck oben und Überdruck unten — einen Sog, alias Auftrieb. Segler etikettieren dieses Phänomen als Bernoulli-Prinzip (nach Bernoulli, Schweizer Mathematiker, 1700–1782). Bernoulli entdeckte, daß der Druck in einer Strömung sinkt, wenn deren Geschwindigkeit zunimmt und umgekehrt. Das stimmt für Gase (auch Luft ist eins) bis zur Schallgeschwindigkeit. Nur erklärt es nicht, was die Luft auf der gewölbten Seite des Flügels oder Segels schneller und auf der Platt- oder Hohlseite langsamer strömen macht.

Außerdem ist ein Segel kein Flügel, sondern eine dünne Schaufel, bei der es einen kaum meßbaren Wegunterschied zwischen Wölbung und Höhlung gibt. Und wenn wir ein ebenes Brett schräg in den Wind halten, bekommt das ja auch Auftrieb zum Fliegen.

Dann ist da noch der sogenannten Düseneffekt — die zweite „Wahrheit" der Segellehre. Der Spalt, die Überlappungszone zwischen Vorsegel und dem vorderen Teil des Großsegels, soll nach der hergebrachten Segel(lehrer)literatur folgende drei Wirkungen hervorrufen: 1. Die Fock beschleunigt die Luft über die Leeseite des Großsegels, verstärkt damit zum Teil den Unterdruck am Groß und folglich seine Wirkung. 2. Die schnellere Luft „revitalisiert" die Strömung über das Großsegel. 3. Die schnellere Strömung in der Düse ist eine Folge der Tatsache, daß der Abstand des Fockachterlieks von der Großsegeloberfläche viel geringer ist als der Abstand zwischen Vorstag und Mast und daß die ganze ankommende Luftmasse in der gleichen Zeit durch diesen engeren Querschnitt muß — und somit schneller strömt. Oft Venturi- oder Düsenwirkung genannt. Das beschleunige die Strömung über das Groß und bessere seinen Wirkungsgrad. Trotz des langen und volkstümlichen Lebens dieser Erklärung ist sie in allen Punkten falsch. In Wahrheit würde eine Beschleunigung der Luftströmung im Spalt eher zu einem Strömungsabriß am Großsegel führen.

Eine neue Betrachtung ist offenbar nötig, weil ohne dieses Wissen die Basis zum Segeltrimmen fehlt. Ohne solide technische Information wird das Trimmen von Segeln ein Fummeln an Bedingungen. Die vielen eingepaukten Regeln mit den vielen Variablen würden nicht begriffen und wären sozusagen wertlos, wenn der Wind sich ändert.

So entsteht eine Diskussion mit vielen Zusatzfragen: Haben Sie sich zum Beispiel ehrlich schon mal gefragt, warum ein Großsegel Latten hat, und warum lange besser sind als kurze? Warum ein Vorsegel effizienter ist als ein Großsegel? Warum bei zuviel Tuch, erst die Vorsegelfläche verkleinert wird, ehe man das Groß refft? Warum die sichere Leestellung vorteilhaft ist? Warum moderne Segelboote Kielflossen mit möglichst großer Streckung haben, und die neueren an Rennyachten eine kurvige Hinterkante? Warum ein Mast je nach Windstärke und -richtung gebogen oder begradigt wird? Warum ein Konstrukteur Mast und Kiel am Boot so positioniert, daß eine geringe Luvgierigkeit herauskommt? Warum Segel mit vorlicher Wölbung das Boot am Wind leichter steuerbar machen, solche mit achterlicher Wölbung aber schneller und schwerer steuerbar? Warum Jollen und kleine Boote lebendiger als große sind? Warum Fahrtenyachten leichter als Rennyachten zu steuern sind? Warum Segel verwunden

sind (das Achterliek von unten nach oben betrachtet, nach Lee ausweht)? Warum Segel vom Fuß zum Top tiefer (gewölbter) werden? Warum gewölbtere Segel unter gewissen Bedingungen schneller, unter anderen langsamer sind? Warum beim Segeln am Wind das Groß härter geschotet wird als die Genua? Warum man mit Halbwind am schnellsten segelt? Warum Rennyachten so viele Vorsegel und Spinnaker im Stell haben? Warum der Holepunkt des Vorsegels verschieden für unterschiedliche Kurse zum Wind ist?
Der befahrene Segler wird mit den meisten dieser Lagen vertraut sein. Wenige werden aber erklären können, warum dies oder das so ist oder gemacht wird. Die technischen Grundlagen zu den Antworten werden in diesem und den nächsten Kapiteln gegeben.

Fliegen mit einer Platte

Wir sagten schon, daß eine ebene Platte genug Auftrieb zum Fliegen und Segeln am Wind liefern kann. Fliegen wir mal mit einer! Wir können sie als Flügel ohne Unterschied zwischen Ober- und Unterseite ansehen. Wir wählen die Platte statt eines gewölbten Segels oder Flügels. Denn wenn wir diese Form (oder Beschreibung) zum Fliegen bringen können, dann ganz gewiß den Flügel eines Flugzeugs — ebenso ein Segel, das ein Boot sozusagen am Wind entlang nach Luv treibt. Die flache Platte vermeidet für den Anfang auch die nicht leicht durchschaubaren dreidimensionalen Komplikationen von Wölbung, Verwindung usw.
Wind enthält Energie, und natürlich ist es Wind (bewegte Luft), der das anfacht, was wir Auftrieb nennen. Für einen Aerodynamiker ist Luft ein Fluid, wie Wasser. So gelten die Gesetze eines strömenden Fluids für beides, Wasser wie Luft, und wir können für beides generell bemerken: beide haben geringe Viskosität (Art klebriger Zähigkeit). Wenn sie Wasser auf ein Segel laufen lassen, bleibt ein Teil davon auf der Fläche hängen; ebenso von über das Segel streichender Luft. Etwas davon klebt an der Oberfläche und bleibt dort. Diese sehr dünne, aber wichtige Schicht heißt Grenzschicht.
Wegen der Zähigkeit steht die Luft unmittelbar auf der Oberfläche still. Eine extrem dünne Schicht darüber fließt langsam, wird nicht auf Null gebremst. Eine noch etwas entferntere noch weniger — und so weiter, bis in einem gewissen Abstand von der Segeloberfläche (oder sonst einer), dem Ende der Grenzschicht, die Luft ungebremst vorbeifließt (Bild 5.1).

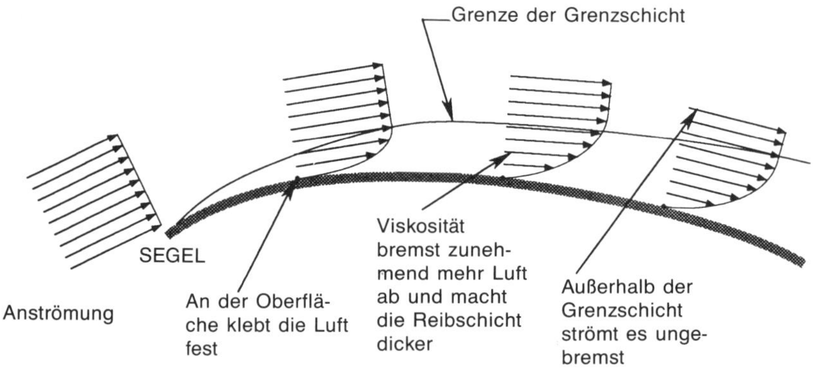

5.1 *Grenzschicht*

Wo wir nun eine Ahnung von Viskosität haben, nehmen wir erst mal an, daß es sie nicht gibt. Es gibt Computerprogramme, die diese Magie beherrschen. Wenn es keine Viskosität gäbe, gäbe es auch keinen Reibgungswiderstand am Segel oder Flügel, zwar auch keinen Auftrieb. Boote könnten nicht nach Luv segeln, und Vögel und Flugzeuge nicht fliegen.
Sehen wir uns an, was passiert, wenn wir eine Platte schräg in eine Strömung stellen — „anstellen." In der Computersimulation reibungsfreier Strömung fließt die Luft symmetrisch herum. In der resultierenden Strömung über und unter der Platte heben sich die Kräfte gegenseitig auf (Bild 5.2). Wir erkennen es, wenn wird das Bild auf den Kopf stellen; es bleibt dasselbe. Beachten Sie

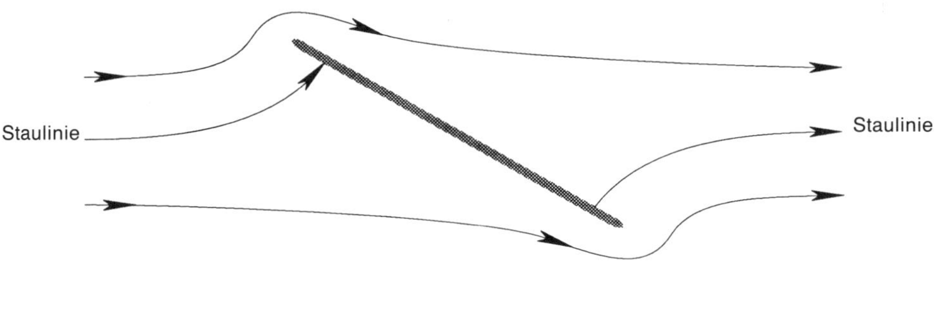

5.2 *Symmetrische, reibungsfreie Strömng*

auch, daß es hinter der Platte in gleicher Richtung weiterströmt; auch das ein Zeichen, daß die Strömung keine äußere, freiwerdende Kraft auf der Platte bewirkte.
In der Dynamik der Fluide, gleich ob Wasser oder Luft, füllt das Fluid allezeit den ganzen Raum (Strömungsfeld), es gibt keine Löcher oder Höhlen in der Strömung. Betrachten wir Bild 5.3, sehen wir, daß die Strömumg die Oberfläche an der Stelle verläßt, die als Staulinie bezeichnet ist und gleich erklärt wird. So kann die Luft von der Unterseite zur Füllung der Leere hinter der Staulinie um die Kante herum sogar ein wenig gegenanfließen.
Genug des Computer-Zaubers. Die Viskosität der Gase ist tatsächlich vorhanden und muß miteinbezogen werden. Somit bleibt, wie gesagt, etwas an der Fläche hängen, und es bildet sich eine Grenzschicht. Wichtig ist zu wissen, daß sie gut zu beschleunigen, aber extrem schlecht zu verzögern ist. Auch kriegt sie nicht gut die scharfe Kurve oder Ecke.
Sie gleicht einem heißen Sportwagen mit schlechten Bremsen und harter Lenkung. Formaler gesagt: Wenn der Druck in der Grenzschicht wegen zu plötzlicher Abbremsung zu schnell ansteigt, löst er sie von der Fläche ab. *Ablösung* ist ein treffendes Wort für diesen Vorgang. Statt der Fläche von vorn bis hinten zu folgen, löst sich die Grenzschicht mit der Strömung vorzeitig von der Fläche

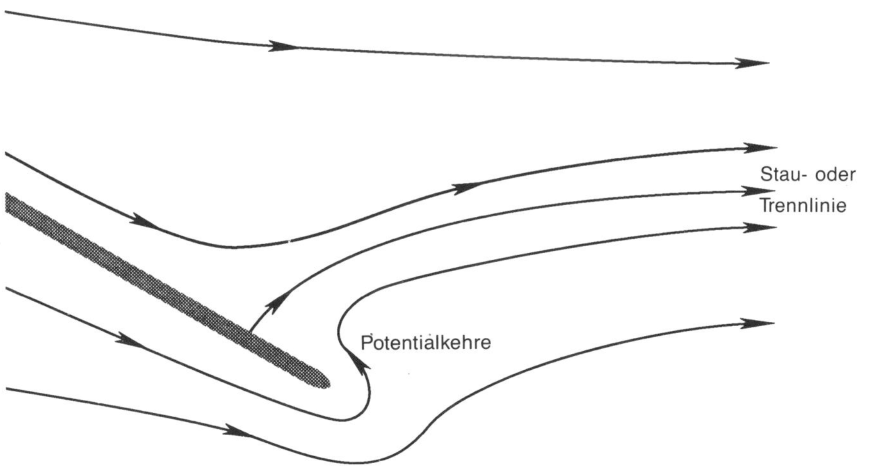

5.3 *Reibungsfreie Potentialumströmung*

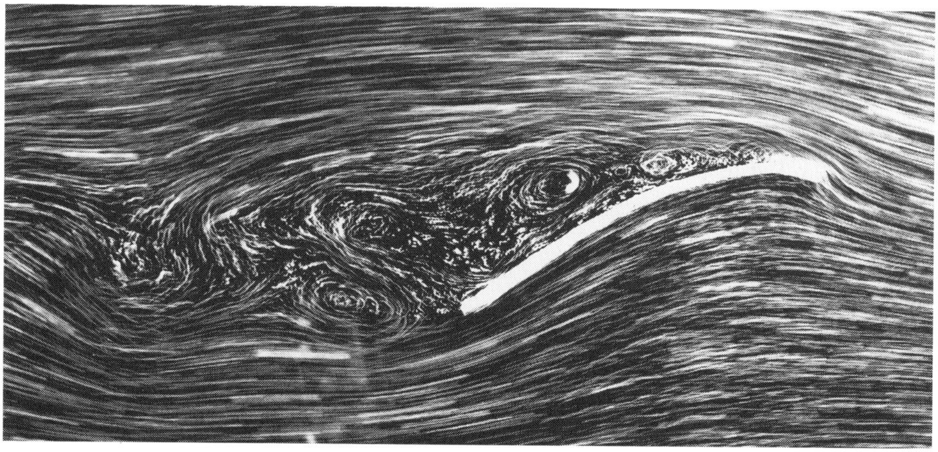

Total abgerissene Strömung (von rechts) an einer zu steil angestellten Fläche *(Foto: A. Gentry)*

ab, was den Auftrieb mindert und den Widerstand vergrößert (siehe Foto). Beim Segeltrimmen kommt es darauf an, Strömungsablösung zu vermeiden. Bevor wir die Viskosität miteinbezogen, konnte das Fluid die scharfe Hinterkante umströmen. Bild 5.4 zeigt nun, was durch die Viskosität passiert. Bedingt durch die Grenzschicht wird die Strömung um die Hinterkante beschleunigt — zur Auffüllung der Leere dort — und stößt in die Strömung

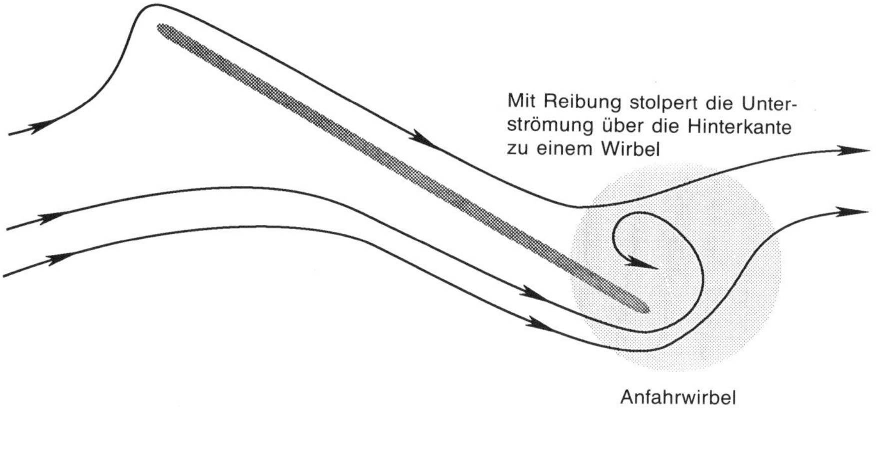

5.4 *Viskose Strömung*

der Oberseite, wird langsamer und löst sich ab, weil sie nicht gut stoppt. Daraus entsteht bei Bewegungsbeginn ein Wirbel, *Anfahrwirbel* genannt. Dieser verrichtet einige, später zu erörternde, wichtige „Jobs“ und schwimmt dann mit der Strömung ab. Weil der Unterseitenabfluß die Leere an der Hinterkante nicht füllen kann, muß Fluid von anderswo herangeführt werden. Der Bedarf ist so groß, daß Luft von der Unterseite auf die Oberseite abgezweigt werden muß, um die Leere aufzufüllen.

Dies kann man durch Zeichnen von Stromlinien veranschaulichen (Bild 5.5); sie zeigen die Richtung und relative Geschwindigkeit der Gasteilchen an verschiedenen Orten im Strömungsfeld. Eine Wetterkarte mit Isobaren, Linien gleichen Druckes, sind ein bekanntes Beispiel ähnlicher graphischer Darstellung. Wetterfrosch und Segler wissen, daß eng liegende Isobaren starken Wind darstellen. Das Muster gilt auch für Stromlinien: Sind sie dicht beisammen, ist die Geschwindigkeit gesteigert und nach Bernoulli der Druck gesenkt. Liegen andererseits die Stromlinien weiter ab vom umströmten Köper und weiter auseinander, ist der Druck höher und die Geschwindigkeit langsamer. Wichtig ist auch, sich zu merken, daß die Strömung zwischen zwei Stromlinien immer zwischen diesen bleibt.

Weiter sind die als *Staulinien* bezeichneten „Strom“linien wichtig, denn an ihnen strömt nichts, es sind Trennlinien zweier Strömungsfelder. An einem umströmten Körper (Flügel, Fläche usw.) gibt es zwei, eine vorn oder in der Nähe und eine hinten oder in der Nähe. Man könnte sie als aerodynamische Wasserscheiden bezeichnen, die Ströme oder Flüsse zu verschiedenen Teilen

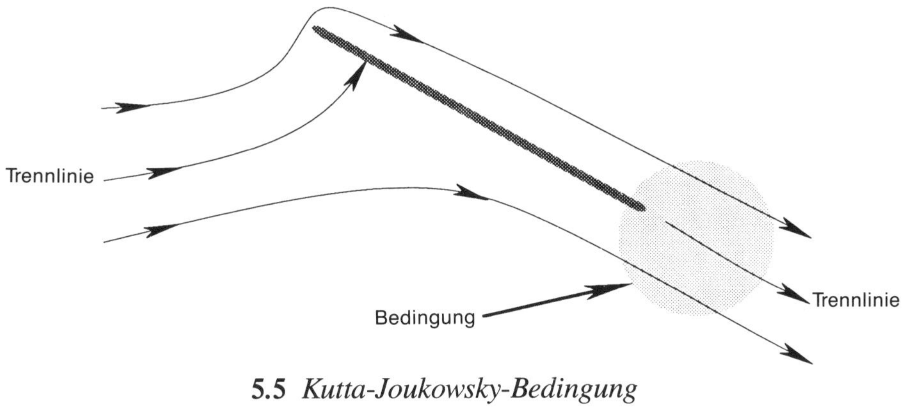

5.5 *Kutta-Joukowsky-Bedingung*

des Kontinents schicken. In Bild 5.5 wird alle Luft oberhalb der Staulinie zur Oberseite der Platte dirigiert.
Fliegen wir weiter mit dem Brett durch die Luft. Aufgrund der Zähigkeit bildet sich eine Grenzschicht. Deren Fluß versucht die Biege um die Hinterkante. Weil aber eine Grenzschicht keine scharfen Kurven „mag" und noch weniger scharfes Bremsen, stolpert sie. Das zwingt mehr Luft (die sonst an der Unterseite der Platte entlang geströmt wäre) zu einem Weg über die Oberseite. Das ist zeichnerisch durch Rückwärtsdrehung der oberen Staulinie dargestellt. Vergleiche Bild 5.2. mit Bild 5.5. Tatsächlich richtet sich die Strömung um die Fläche so ein, daß viel mehr Luft über ihre Ober- d.h. Leeseite fließt.
Noch eine andere Sache bei viskoser Strömung muß erwähnt werden. An der Hinterkante der Fläche in Bild 5.5 sieht man, daß sich die Abströmung schnell so eingestellt hat, daß Ober- und Unterströmung glatt von der Hinterkante abfließen. Die Stromlinien sind parallel und haben gleichen Abstand von der Fläche. Für den Aerodynamiker bedeutet das, daß die Strömungen oben und unten (luv und lee) gleiche Geschwindigkeit haben. Dieses Abströmung heißt im aerodynamischen Fachjargon Kutta-Phänomen (nach dem Mathematiker M. W. Kutta, 1867–1944).

Aktion und Reaktion

Wie Bild 5.6 zeigt, ist die Umströmung der Platte nicht mehr symmetrisch wie in Bild 5.2, wenn mehr Luft vom Unterfeld zum Oberfeld umgeleitet wird. Die von der Fläche abbfließende Luft hat im großen und ganzen die Richtung der Fläche angenommen. Diese Änderung der Strömungsrichtung zeigt, daß eine Kraft auf sie eingewirkt haben muß. Nach Sir Isaak Newtons drittem Bewegungsgesetz gehört zu jeder Aktion eine gleich große Reaktion in Gegenrichtung, und das bedeutet hier, daß die Aktion, die Stromrichtung zu drehen, eine Reaktion hervorruft: eine Kraft auf die Fläche.
Die Summe der Druckkräfte um die Fläche ist eine resultierende Kraft, etwa senkrecht zu den Stromlinien, die man in eine senkrechte Komponente, den *Auftrieb*, und wegen der Reibung in der Grenzschicht in eine bremsende Horizontalkomponente, den *Widerstand*, zerlegen kann (Bild 5.6). Der Auftrieb überwiegt, auch ebene Flächen können fliegen.

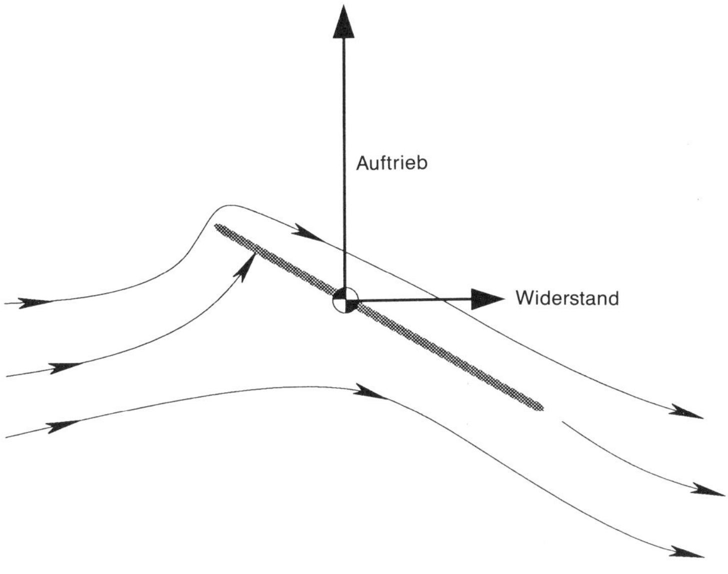

5.6 *Auftrieb F_A und Widerstand F_W infolge Strömungsumlenkung*

Zirkulation

Kutta und Nikolai J. Joukowsky fanden gleichzeitig und unabhängig voneinander mit mathematischer Analyse, daß die Strömung, wie sie an Flügeln festgestellt wurde, nicht mit der Potentialrechnung, reibungslos oder viskos, erklärbar ist, sondern daß da noch ein überlagerter Stromwirbel, die *Zirkulation,* beteiligt ist; ja daß ohne sie kein Auftrieb entstehen kann. Sie erklärt auch den glatten Abfluß an der Flächenhinterkante. Das war vor rund 90 Jahren.
Bild 5.7 zeigt, daß oberhalb der Fläche die Zirkulation richtungsgleich mit der nicht zirkulierenden Strömung ist; beide summieren sich zu mehr Geschwindigkeit. Auf der Unterseite der Fläche zirkuliert es gegen die Potentialströmung (Wind) und verlangsamt sie. Nach Bernoulli sinkt oben (oder lee) der Druck, und unten (oder luv) steigt er. Das ist das Rezept für Auftrieb.
Zirkulation *allein* kann keinen Auftrieb erzeugen; ebensowenig Potentialströmung allein. Der Versuch zu beweisen, daß die Potentialströmung (Wind) allein Auftrieb macht, hat nicht nur die Segler bis heute irrgeleitet. So entstand die hartnäckige Vorstellung von den Luftbrüderchen (Teilchen) über den weiten und den kurzen Weg, die gleichzeitig am Flügelende wieder zusammen-

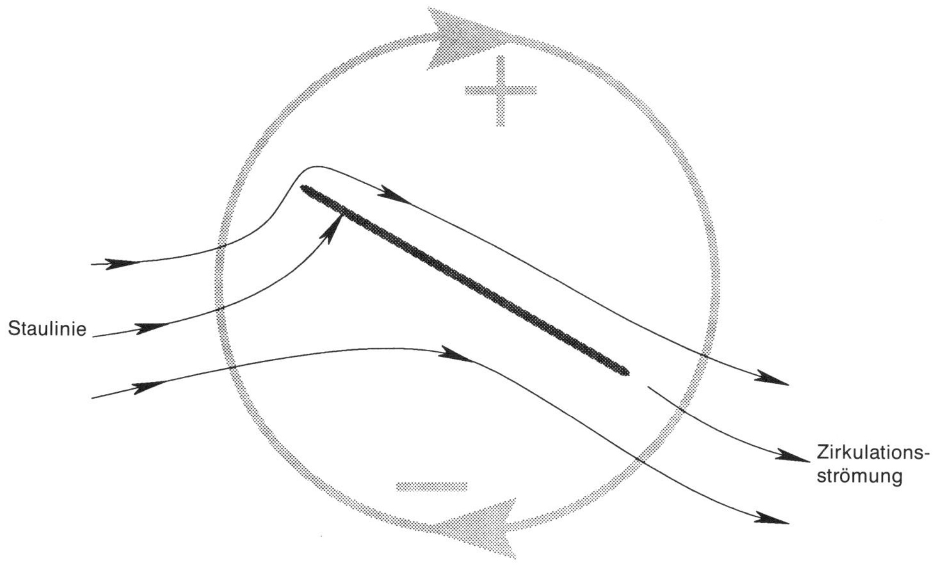

5.7 *Zirkulation um eine flache Platte*

kommen müssen, weshalb die Oberbrüder schneller laufen. Das hat eine Beweislücke und ist nur aus Bequemlichkeit plausibel. Schon ohne Mathematik ist klar: das verlangt einen dicken Flügel. Indessen liefern auch papierdünne Flügel Auftrieb. So entsteht die Geschwindkeitsdifferenz zwischen oben und unten oder luv und lee und die Bernoulli'sche Druckdifferenz, die Auftriebskraft.
Mit der vereinten Wirkung der beiden Strömungen kann ein Flugzeug auf dem Rücken fliegen. Ein Flügel in Rückenlage ist zwar nicht optimal in puncto Ablösung, läßt sich aber fliegen. Entsprechend wirken beim dünnen Segel Wind und Zirkulation beim „Steigflug" am Wind nach Luv zusammen.

Anfahrwirbel

Bis hier ist Zirkulation nur ein mathematisches Modell, dessen Nützlichkeit nicht unbedingt seine Richtigkeit beweist. Gibt es sie in Wirklichkeit? Antwort: ja. Sie beginnt mit dem Anfahrwirbel, wenn die Fläche aus der Ruhe angeströmt wird. Ohne Zähigkeit könnte die Luft von der Unterfläche um die

Hinterkante fließen, wie wir sahen (Bild 5.3). Mit Zähigkeit aber schafft sie das nicht, sie schlittert vielmehr wie ein Auto um die Hinterkante auf die Gegenseite. Der Dreher ist der Anfahrwirbel, der, wie ein Anlasserritzel das Schwungrad, die Zirkulation in Drehung versetzt (Bilder 5.8 und 5.9).

Wenn die Zirkulation angefahren ist, werden die Potentiale im Abstrom am Flächenende gleich, und damit schwimmt der Anfahrwirbel stromab davon, weil er keine Impulse mehr bekommt. Aber jede Änderung (und Unterbrechung) dieser konstanten Dynamik führt zu einem neuen Anfahrwirbel, neuem Ingangsetzen der Zirkulation mit entsprechender Zeitdauer.

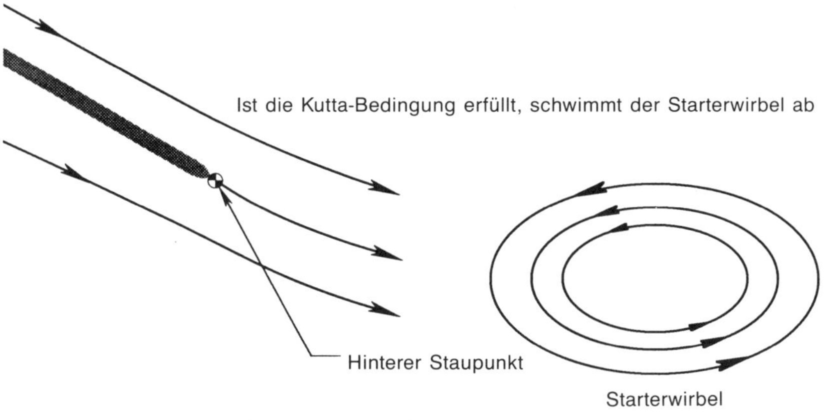

5.8 *Anfahrwirbel schwimmt ab*

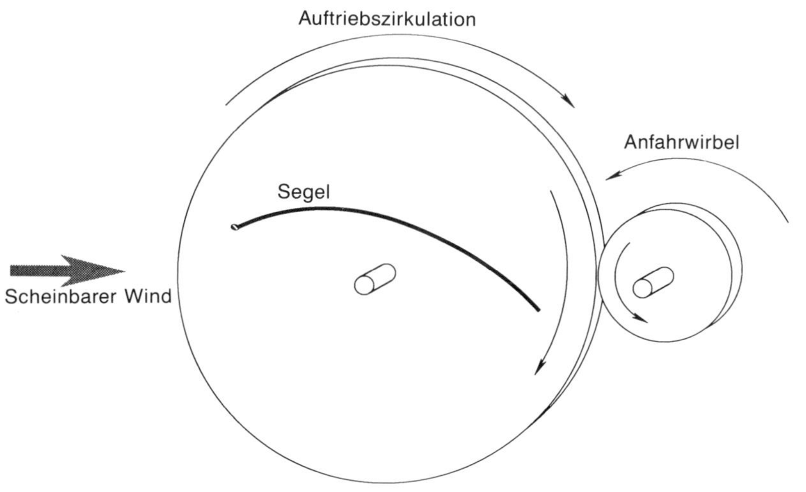

5.9 *Der Anfahrwirbel bringt die Zirkulation auf Schwung.*

Sichtbare Zirkulation

Sehen ersetzt glauben. Arvel Gentry, Aerodynamiker bei Boeing und Segler, veröffentlichte eine Anleitung zur Sichtbarmachung des Anfahrwirbels und der Zirkulation. Man fülle eine Badewanne mit etwa 20 cm Wasser und lasse es zur Ruhe kommen. Dann streue man feines Sägemehl oder Talkum oder Pfeffer gleichmäßig auf die Wasseroberfläche. Ein 10 cm x 15 cm großes Kartonstück aus einer Milchpackung wird längs der Schmalseite wie ein Segel gebo-

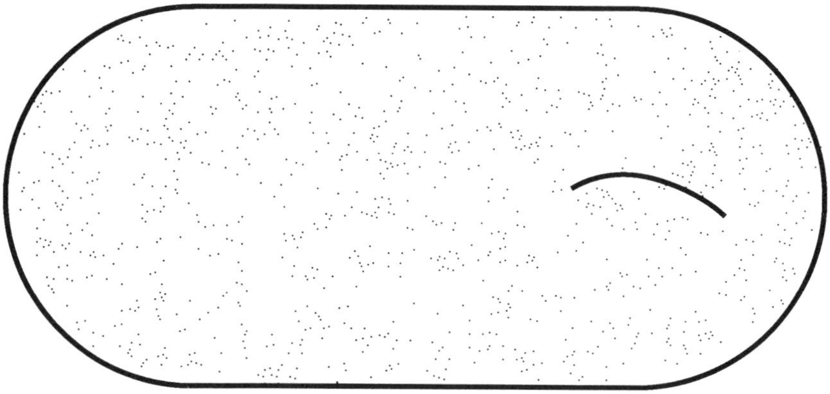

5.10 *Ruhende Fläche in Badewanne*

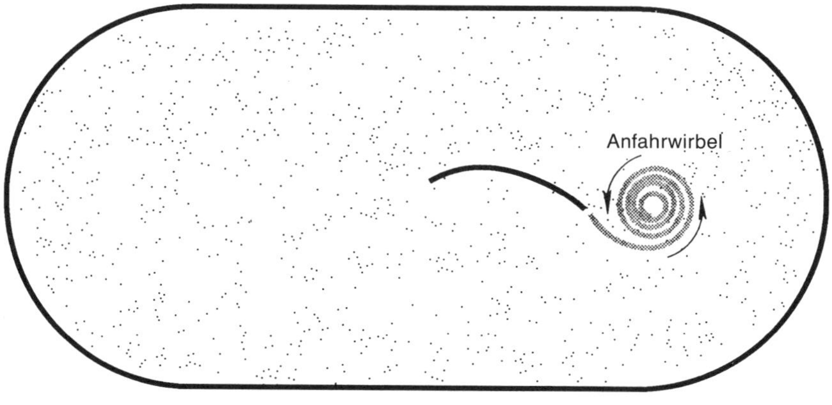

5.11 *Anfahrwirbel bildet sich im Wasser*

gen und vorsichtig gemäß Bild 5.10 in die Wanne getunkt — nicht ganz, die Finger müssen draußen bleiben. Die Vorderkante wird etwa 2,5 cm weiter rechts als die Hinterkante gehalten (Anstellung 12 ° bis 14 °). Wasser wieder beruhigen lassen.
Nun die Fläche gleichmäßig und in unveränderter Stellung durch die Wannenmitte nach links bewegen. Sie sehen, wie sich an der Hinterkante der Anfahrwirbel bildet (Bild 5.11) und zurückbleibt (Bild 5.12), während vor (!) der Vorderkante eine Aufwärtsströmung in Gang kommt. Das Wasser scheint zu wissen,

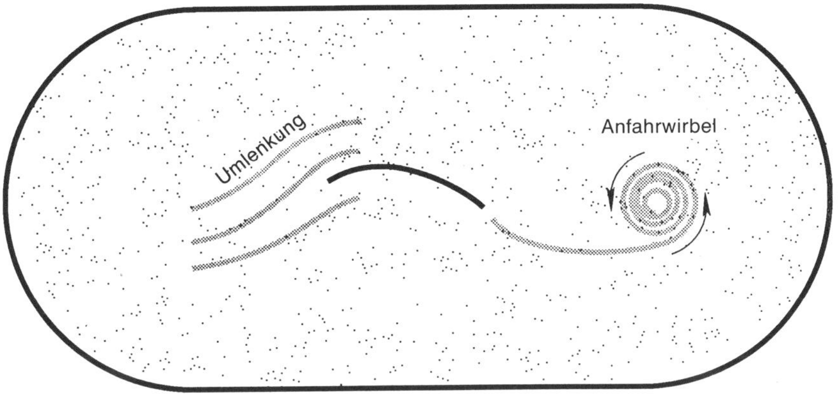

5.12 *Upwash (Umlenkung) beginnt vor der Fläche*

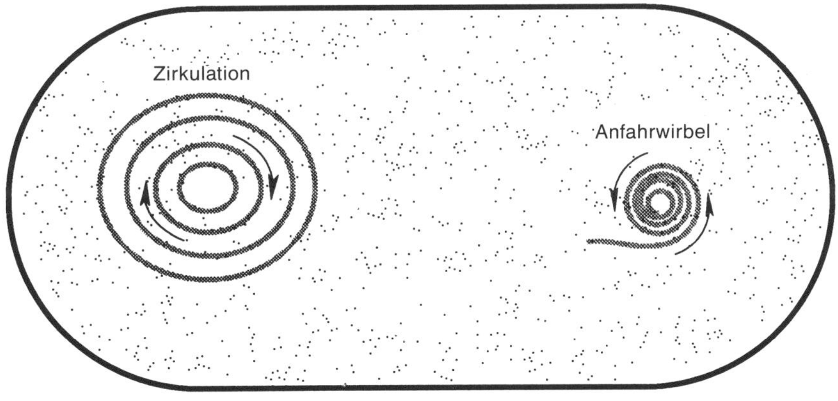

5.13 *Fläche aus dem Wasser entfernt*

daß sich die Fläche nähert. Das vorne, nach oben steigende Wasser füllt das Manko durch die schnellere Strömung auf der Oberseite.
Wenn die Fläche etwa 30 cm vor dem Wannenende angekommen ist, ziehen wir sie senkrecht ganz aus dem Wasser (Bild 5.13). Im Wasser bleiben zwei Rotationsströmungen zurück, beide von der geradlinigen Bewegung der Fläche verursacht: der an der Ursprungsstelle zurückgelassene kleine Anfahrwirbel und am Ende die mit der Fläche gefahrene, größere, hier rechtsdrehende Zirkulation. Beide brauchen noch eine Weile, bis die geringe Viskosität sie zur Ruhe bringt. Das alles passiert auch in Luft nach gleichem Muster.

Zeit

Je früher die Zirkulation einsetzt, und damit Auftrieb, um so schneller kommt der Segler weiter. Angenommen das Segel killt im Wind. Ohne Anstellung ist das Segel schlapp, kein Auftrieb, kein Startwirbel, nur Widerstand. Hole das Segel plötzlich 20° an, damit es Anstellung bekommt; formell gesagt, einen Winkel zwischen Segelsehne und scheinbarem Wind.
Die Strömung der Luvseite versucht, ums Achterliek auf die zu Beginn noch abgedeckte Leeseite zu kommen, was auch kurz gelingt: der Drehimpuls zum Anfahrwirbel. Das braucht meßbare Zeit. Nun muß die größere Zirkulation angeworfen werden, wozu auch Zeit nötig ist, bis sie in vollen Schwung kommt. Je größer die Segelfläche, besonders ihre mittlere Tiefe zwischen Vor- und Achterliek, ist, desto größer das Zirkulationsrad. Um so länger dauert es bis zur voll entwickelten Auftriebskraft. Andererseits, je kräftiger der Wind und je kräftiger der „Starter", desto schneller sind Zirkulation und Auftrieb entwickelt. Im Idealfall pendelt sich das zu einem stationären Betrieb ein, aber den gibt es nur im Windkanal.
Wie lange dauert es, bis die Zirkulation quasistationär ist? Bild 5.14 zeigt es für die Segel eines 12 m langen Bootes bei drei Windgeschwindigkeiten. Um bei 20 kn (10,28 m/s) Wind auf 85% des ausgewachsenen Auftriebs zu kommen, waren 6 s nötig; bei 10 kn (5,14 m/s) 12 s, und bei 5 kn (2,57 m/s) 24 s. Natürlich sind das keine exakten Werte, aber richtige Trends. Der dritte Wert zeigt, warum befahrene Segler sich bei leichtem Wind so behutsam an Bord bewegen. Nach jeder Störung muß die Zirkulation wieder angefahren werden. Das zeigt auch, warum bei Leichtwetterregatten die Unterschiede zwischen Könnern und Caféseglern so deutlich werden.

Es geht nicht um die Zeit, bis das Segel voll steht, sondern bis das voll stehende auch volle Zirkulation hat. Jede Änderung des Trimms vergrößert oder verkleinert den Auftrieb. Wie oft bleibt auf einem Segelboot etwas 10, 20 oder 30 Sekunden lang konstant? Kaum je. Der Wind pendelt, der Steuermann wedelt, und alles wechselt ständig. Beim Trimmen und Steuern jagen Segler immer nach der besten Leistung. Wie dicht einer bei einer gewünschten Einstellung ohne unnötige Änderungen bleiben kann, kennzeichnet seinen Rang als Segler.

Die oben erwähnten Zeiten verhalten sich etwa proportional zu den mittleren Sehnenlängen der Segel. Ein Segel mit einer 3-m-Sehne wird beispielsweise den gleichen Auftrieb in halber Zeit erreichen. Das zeigt klar, warum Jollen schneller ansprechen als große Boote. Klar auch, warum die Segelpläne moderner Rennyachten und Fahrtensegler hohe, schmale Segel haben. Sie

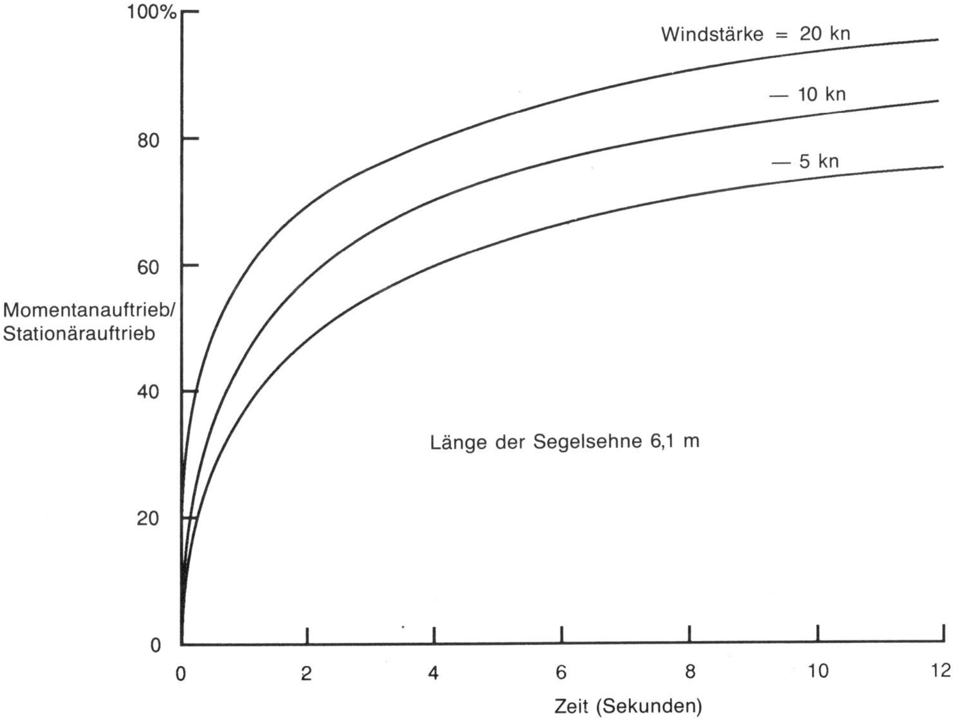

5.14 *Zeitbedarf zum Erreichen stationären (konstanten) Auftriebs*

erreichen schneller Auftrieb und Fahrt. (Weitere Gründe für große Segelstreckung im nächsten Kapitel.)
Die Zeit zum Aufbau von (dynamischem) Auftrieb spielt auch unter Wasser eine wichtige Rolle, worauf Marchaj hingewiesen hat. Kielflossen verschiedener Streckung haben verschiedene Drehzeiten. Kurze Profiltiefen (Vorder- bis Hinterkante) drehen schneller an, sind aber auch weniger kursstabil. Eine IOR-Yacht mit Kielflosse und Spatenruder am Heck entwickelt schneller Auftrieb als Boote mit Langkiel und angehängtem Ruder. Das sei auch der Grund, warum die Flossenkieler so schlecht „in der Nut“ blieben, sagt Marchaj.

Düsenwirkung

Wie im Badewannenexperiment gezeigt, scheint das Wasser zu „wissen“, daß die Fläche kommt, und ändert seine Richtung schon, ehe sie ankommt. Tatsächlich wird Wasser vor der gesamten Tragfläche (Kielflosse) umgelenkt. Beim Segeln geschieht das über und unter Wasser. Die Luft „merkt“ das Segel kommen und weicht nach Lee aus. Das Wasser merkt den Kiel kommen und weicht ihm in Erwartung schon aus. Wir nennen diese schon diskutierte Erscheinung *upwash* (Auffluß), und an ihm läßt sich gut einiges über den sogenannten Düseneffekt und die wichtige Beziehung zwischen Vor- und Großsegel demonstrieren. Wie sich zeigen wird, hat dies weitreichende Folgen für den Segeltrimm.
Die Düsentheorie sagt, weil zwischen dem Achterliek der Fock und der Vorderkante des Großsegels weniger Platz ist als zwischen Vorstag und Mast, es werde die Luft dort beschleunigt wie Wasser in einer zusammengekniffenen Schlauchmündung. Diese Quetschung, sagt die alte Theorie, führe zu sehr schneller Strömung über das Großsegel.
Sehen wir uns das im Sinne von Zirkulation an. Beide, Fock und Groß, haben ihr Zirkulationssystem. Wie in Bild 5.15 zu sehen, heben die sich gegenseitig in der Düse auf.
Also ist dort nicht die beschleunigte oder „aufgefrischte“ Strömung. Vielmehr wird ein Großteil der Luft, die man durch die Düse strömen glaubt, schon von den kombinierten Zirkulationen vorne um die Fock herum nach Lee gelenkt. Auch wieder *upwash.*
Am saubersten läßt sich der Ablauf mit Stromlinien darstellen. Bild 5.16 zeigt berechnete Stromlinien für nur ein Großsegel. Die Staulinie *Sg* trifft den Stau-

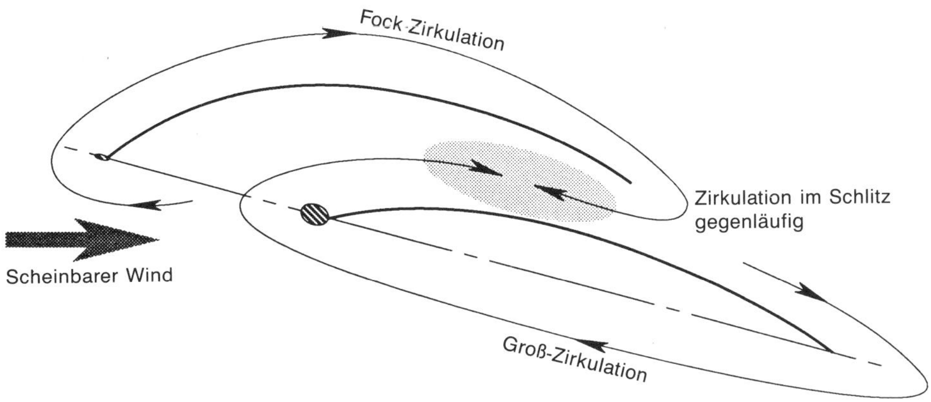

5.15 *Zirkulationsfelder von Fock und Groß*

punkt auf der Luvseite etwas hinter der Vorderkante des Segels. Wir haben sie schon als eine Art aerodynamische „Kontinentalscheide" vorgestellt. Alle Luft links von ihr strömt über die Leeseite, und alle rechts davon über die Luvseite des Segels.

Beachte, wie dicht an der Leeseite des Segels die erste Stromlinie liegt. Das zeigt sehr hohe Geschwindikeit und, nach Bernoulli, geringen Druck an. Zum Ende der Fläche hin wird der Abstand dieser Linie größer, die Grenzschicht dicker, die Strömung langsamer, und abwärts gerichtet verläßt sie mit gleicher Geschwindigkeit und Richtung wie die Luvseitenströmung das Segel — Kutta-Bedingung.

Beachte in Bild 5.16 nun die Stromlinie *V* „durch" den Vorstagpunkt V. Dieser Punkt markiert das Vorliek der Fock bei diesem Großtrimm. Der Abstand zwischen Trennlinie *Sg* und *V* ist ein Maß für das sekundlich passierende Luftvolumen (Volumenstrom) ohne gesetzte Fock.

In Bild 5.17 ist eine Fock gesetzt. Die gepunkteten Linien wiederholen den Zustand ohne Fock. Die durchgezogenen Stromlinien zeigen die berechnete, gesunde Strömung an beiden Segeln. Beachte, daß nun die Staulinie für das Groß (Sg) nicht mehr so steil luvseitig einfällt, sondern sich mehr auf das Vorliek oder den Mast ausrichtet. Diese Ablenkung ist bedeutend. Dadurch wird der Luftstrom nahezu halbiert und die Strömungsbeschleunigung und der damit verbundene Reibungsverlust im Vorderteil des Segels geringer. Also das genaue Gegenteil von einer Strömungsbeschleunigung über die Leeseite des Großsegels.

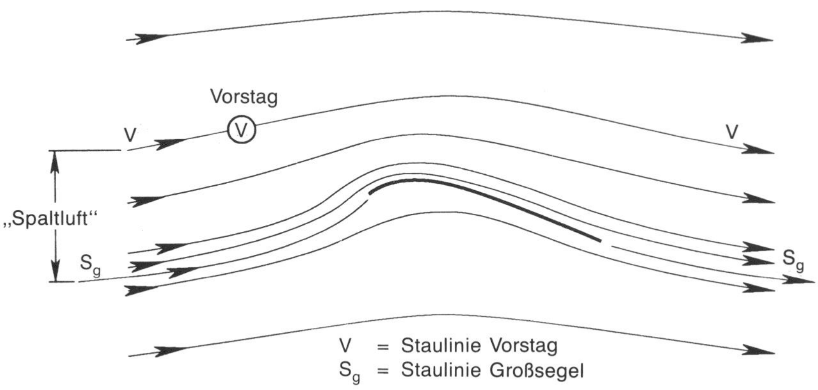

5.16 *Stromlinien für Groß allein*

Die Staulinie *Sf* der Fock zeigt, daß sie nun einen ähnlichen *upwash* erfährt wie vorher das Großsegel allein. (Die vorher zum Vorstag gehörende Staulinie *V* ist von der der Staulinie der Fock sozusagen rechnerisch angehoben worden.) Über die Saugseite der Fock strömt es viel schneller, erkenntlich an der ganz nahe an der Oberfläche liegenden Stromlinie. Die Fock hat die stärkere Zirkulation, die des Großsegels ist geringer. Die Fock hat die Hauptarbeit übernommen und zusätzliche Luft in Zirkulation versetzt. Zwar ist der Auftrieb am Groß geringer geworden, aber nicht verschwunden, und der Auftrieb der Fock ist voll zusätzlich.

Bild 5.17 zeigt gegenüber Bild 5.16 eine neue, andere Maschine. Auch bei dieser muß die Kutta-Bedingung erfüllt sein; das heißt, alle Stromlinien hinter den Segeln müssen gleiche Richtung und Geschwindigkeit haben. Mit den einschlägigen, etwas umfangreichen Rechnungen macht ein Computer das schnell und zeichnet richtig. Er hat hier aber nicht dazu gesagt, daß die Fock zur Erfüllung der Bedingung einen kleineren Anstellwinkel haben muß als das Groß. Hier sind es grob nachgemessen 5 ° und 12 °.

Die Kutta-Bedingung „verlangt" überdies, daß die Strömung hinter der Segelmaschine, egal wie sie gebaut ist, wieder so ist wie weit davor. Das klappt nicht ganz wegen der Zähigkeit der Luft und der Zirkulation und der Endlichkeit der Segel, um deren Enden Luft von der Druckseite auf die Saugseite strömt und als Wirbelzopf ständig Energie abführt. Man spricht da vom indu-

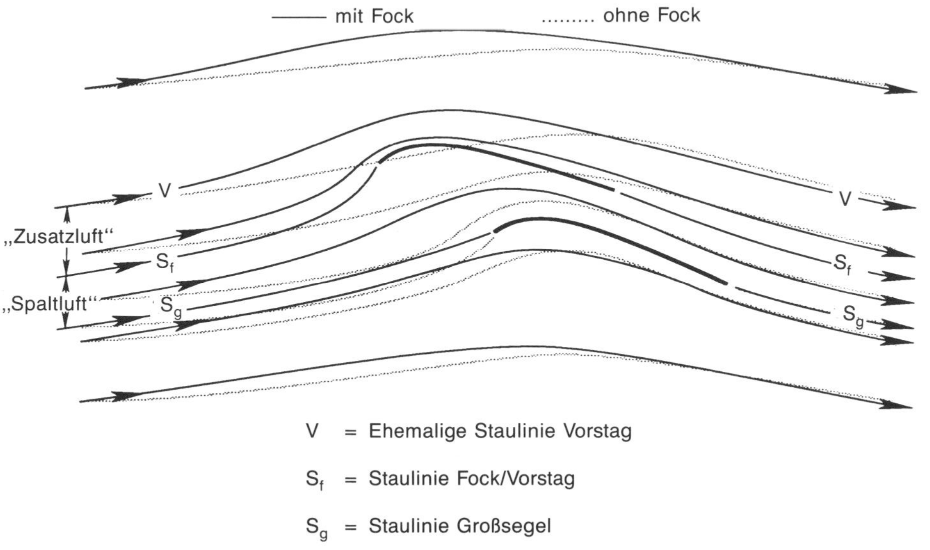

5.17 *Stromlinien für Fock und Groß*

zierten Widerstand, der die Abströmung etwas nach Luv umlenkt (bei Amerikanern und Briten *downwash* genannt.

Die Rechnung zeigt, daß sich die Strömung an der Fock in Verbindung mit dem Großsegel automatisch so einstellt, daß die Luft an ihrem Achterliek schneller (etwa 30 %) abfließt, als die Kutta-Bedingung für die ganze Segelmaschine verlangt. Auslöser ist die dort herrschende Saugseitenströmung des Großsegels. Bei dieser raschen, ernergiereichen Strömung über die Fock ist auch die Gefahr einer Strömungsablösung gering. Das alles zusammen bestätigt die Erfahrung, daß das Vorsegel das wirkungsvollere von beiden ist.

Die sichere Leeposition (Bild 5.18) ist keine gleiche, aber eine ähnliche aerodynamische Lage, bei dem die gesamte Windmaschine des Leebootes A sozusagen die „Fock“ des Bootes B ist. Der Auffluß (upwash) des Windes an der Fock ist das gleiche Phänomen, das die sichere Leeposition so erstrebenswert macht. Das Boot A genießt in sicherer Leeposition die Segnungen des Aufflusses am Boot B in der Weise, daß das Achterliek des Groß (A) in dem beschleunigten Abflußstrom des luvwärtigen Bootes (B) liegt. Das Boot A ist wie die Fock in dem gesamten Segelplan der beiden Boote.

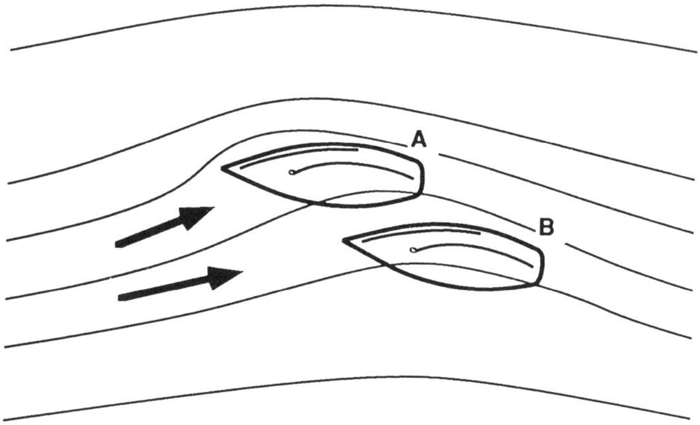

5.18 *Sichere Leeposition*

Weil die aerodynamischen Zusammenhänge so erhebliche Bedeutung für die später diskutierten Segelstellungen (Trimm) haben, fassen wir zusammen.

Wie das Großsegel auf die Fock wirkt

1. Die Strömung vor dem Groß (*upwash*) bringt den Druckpunkt der Fock auf deren Luvseite (Auftrieb), und das Boot kann ohne killende Fock höher an den Wind gehen.
2. Das Achterliek der Fock liegt im schnellen Strömungsfeld des Groß und hat deshalb schnellere Abströmung, als wenn es allein gesetzt wäre.
3. Wegen dieser Sogwirkung ist die Leeströmung der Fock und ihre Wirkung wesentlich größer als allein.
4. Mit der schnelleren Leeströmung kann die Fock höher angestellt (mehr getrimmt) werden, ohne daß die Strömung abreißt.
5. Aus Vorstehendem folgt: Gute Form und richtige Trimmung des Groß beeinflussen deutlich die Leistung der überlappenden Fock. Alles, was Leeströmung am Groß im Überlappungsbereich stört (z.B. Teilablösung), mindert die Leistung der Fock.
6. Der Trimm des Groß beeinflußt den Kurs am Wind, denn von diesem Trimm hängt der *upwash* zur Fock ab.

7. Dem Mast-Luftwiderstand wurde immer angerechnet, daß das Groß schlechter als die Fock wirke. Davon abgesehen, die besondere Bedeutung des Groß liegt darin, daß es eine Strömungsbeschleunigung schafft, die sich auf die Fock auswirkt.

Wie die Fock auf das Großsegel wirkt

1. Die Fock bringt mit ihrem Aufwind den Druckpunkt des Groß nach vorn vor's Vorliek, verkleinert den Anströmwinkel.
2. Das mindert die Saugdrücke im Vorderteil des Großsegels und auch die Steilheit (Gradient) der folgenden Druckanstige.
3. Folglich sind auch die Geschwindigkeitsänderungen in der Grenzschicht des Groß sanfter und weniger abreißempfindlich.
4. Mit gesetzter Fock kann das Groß mit größerem Anstellwinkel (oder mehr Travellerwinkel) gefahren werden als allein. Das ist das Gegenteil der Düsentheorie. Eine Beschleunigung der Luft in der Düse, wenn sie möglich wäre, würde zu Strömungabriß am Groß führen und eine Delle ins Tuch blasen.
5. Zwischen Vorstag und Mast fließt viel weniger Luft durch, wenn ein Vorsegel beigesetzt ist. Die Zirkulationen beider Segel schwächen sich gegenseitig im Zwischenraum der Segel. Stattdessen fließt mehr Strom über die Leeseite der Fock.

KAPITEL 6

Von der aerodynamischen Theorie zur Praxis

Für den Segeltrimmer sind die praktischen Folgerungen aus dem vorstehenden Kapitel, daß Groß- und Vorsegel als Einheit, als eine große Fläche angesehen werden müssen, nicht als zwei unterschiedliche. So, nämlich, fühlt der Wind die Takelage. Die besten Segeltrimmer wissen, daß Trimmen eines Segels den Trimm des anderen gründlich ändern kann. Und wenn ein Segel gewechselt wird, kümmern sie sich um die Folgen bei dem anderen.

Gentry hat da eine interessante Zeichnung, die zeigt, was dem Wind und den Staulinien in der Düse passiert, wenn die Stellungen beider Segel zueinander geändert werden.

Bild 6.1A zeigt beide Segel, richtig zum Segeln am Wind getrimmt.

Bild 6.1B zeigt die Fock, 5 ° dichter geholt, bei unverändertem Groß. Das mindert den Düsenstrom um 60 %. Es strömt sehr wenig Luft durch die Düse. Das Groß steht in Nullauftrieb-Anstellung oder hat schon Überdruck auf der Leeseite. Statt auf der Leeseite angesaugt zu werden, was der Normalzustand jedes Segels ist, bekommt das Groß negativen Auftrieb. Es schlägt oder steht back, wie Segler sagen. Die Zeichnung macht diesen Zustand durch die auf die Oberseite des Großsegels führende vordere Staulinie kenntlich. Dennoch hält sein *upwash* die Fock voll in Betrieb. Aber in der Summe ist es natürlich weniger fürs Boot.

In Bild 6.1C sind beide Segel 5 ° stärker angestellt, was eine erhebliche Verschiebung des Staupunktes und der Staulinie der Fock nach achtern bewirkt. Die Luft muß vorne eine scharfe Kurve um das Vorliek fahren, was orkanartig hohe Geschwindigkeiten und Saugkräfte entwickelt. Das kann kurz hinter der

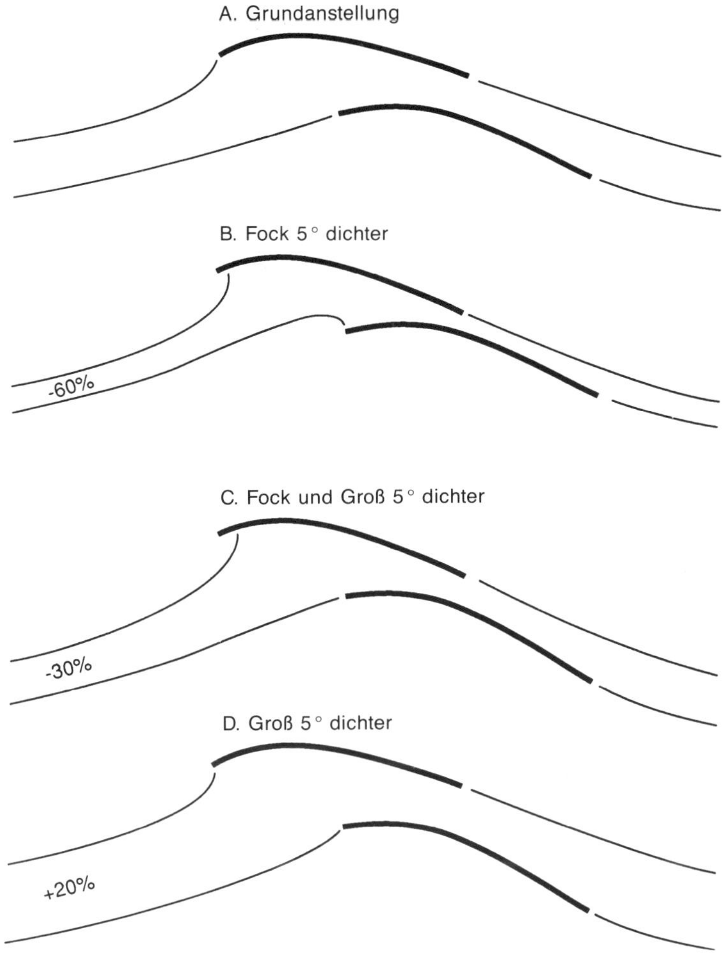

6.1 *Wirkung der Fock- und Großanstellung auf Düsenströmung und Staulinien*

Vorderkante der Fock zu Strömungsabriß führen, wenn nicht schnell angeluvt oder die Schot gefiert wird. Beides hilft.

In Bild 6.1D ist nur das Groß gegenüber Bild 6.1A um 5° mehr angestellt worden, was seinen Auftrieb — „trotz" Vergrößerung des Schlitzes oder Abstands in der Überlappung — vermehrt, ebenso die Geschwindigkeit um die Nase und die mögliche Ablösung. Kurzzeitig kann der Steuermann das durch Anluven korrigieren.

Diese Erörterung gibt nicht vor, Segeltrimmen zu lehren. Dieser Abschnitt zeigt die Zusammenhänge zwischen beiden Segeln. Im großen und ganzen verlangsamt eine korrekt getrimmte Fock die Strömung im Überlappungsbereich; soweit, daß am Groß keine Ablösung entsteht, wenn es hart getrimmt ist. Ein korrekt getrimmtes Groß bringt die Fock in einen (horizontalen) Aufwind, was bedeutet, daß das Boot höher an den Wind gehen kann, ohne daß die Fock killt oder vibriert. Ein korrekt getrimmtes Groß beschleunigt auch die Abströmung der Fock — und „Fock" steht hier für alle Vorsegel. Trimm hat die Bedeutung, Strömungsablösung zu vermeiden.

Kräfte über und unter Wasser

Wie wir schon beim Plattenflug sahen, entstehen Kräfte, wenn ein Segel einen Luftstrom ablenkt. Die Strömung erzeugt an der Leeseite des Segels einen relativ starken Unterdruck (Sog) und einen schwächeren Überdruck an der Luvseite (Bild 6.2). Addieren wir die Einzelkräfte nach Richtung und Größe, können wir sie zu einem Kraftvektor S_T versammeln (integrieren), der vom Druckpunkt ausgeht. Gäbe es keinen Luftwiderstand, läge S_T senkrecht zum scheinbaren Wind; aber er liegt immer etwas nach hinten geneigt.

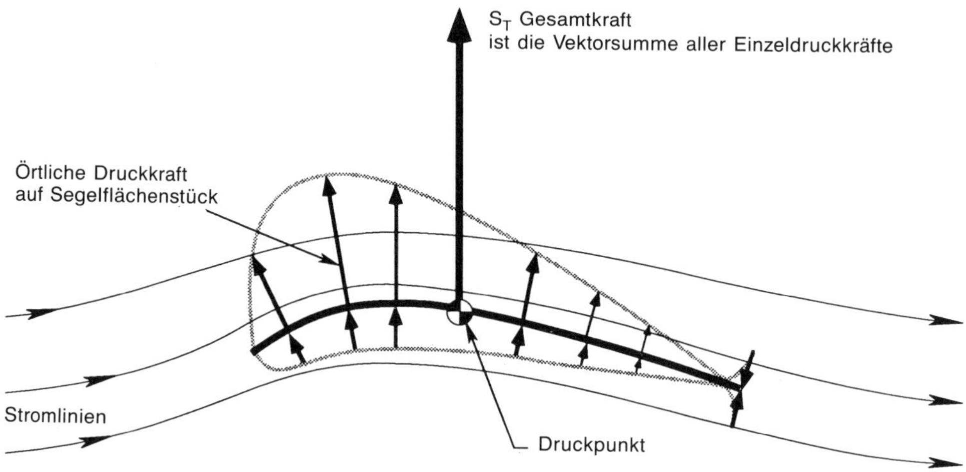

6.2 *Druckverteilung am Segel und Vektor der Gesamtkraft*

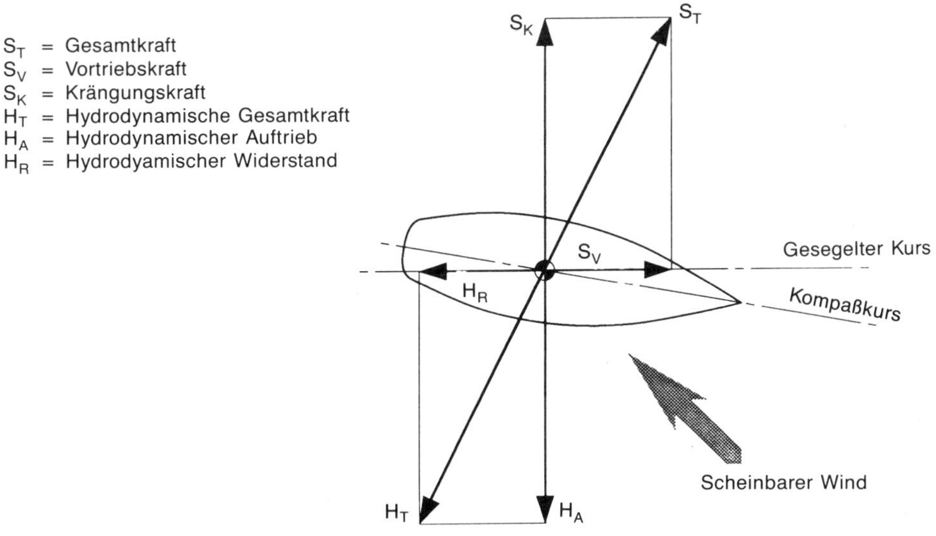

6.3 *Gleichgewicht aerodynamischer und hydrodynamischer Kräfte*

Andere Betrachtungsweise der Kräfte am Segel: Die Segelkraft S_T hat nach Newton eine gleich große entgegengerichtete Kraft H_T, die im Wasser hydrodynamisch vom Kiel erzeugt wird (Bild 6.3). Diese können wir in die Komponenten S_V und S_K beziehungsweise H_A und H_R zerlegen. S_V bezeichnet die Vortriebskraft, die gleich dem Fahrwiderstand H_R ist, wenn das Boot gleichmäßige Fahrt macht.

S_K bezeichnet die enorme Krängungskraft, der die hydrodynamische Auftriebskraft H_A des Kiels gegenhalten muß, soweit das nicht die Mannschaft zum Teil übernimmt, wenn sie die Jolle ausreitet oder sich auf der hohen Kante der Yacht versammelt, dem Ballast etwas hilft — und dem Luftwiderstand auch. Die *H*-Kräfte greifen im Druckpunkt des Kiels an, der ziemlich konstant im ersten Viertel der Profilsehne hinter dessen Vorderkante liegt. Weil Wasser rund 800mal dichter und zäher als Luft ist, kommt er mit kleinen Anstellwinkeln von 3 bis 5 Grad zur Erzeugung der Gegenkraft H_T zusammen mit Ruder und Rumpf aus; analog beim Schwert einer Jolle. H_A verhindert, daß das Boot vorm Winde her getrieben wird. Auf Deutsch sprechen wir vom Driftwinkel, wenn wir den Anstellwinkel des Kiels/Rumpfes meinen; Amerikaner und Briten sprechen vom Leeweg (*leeway*), das ist der Tangens vom Driftwinkel.

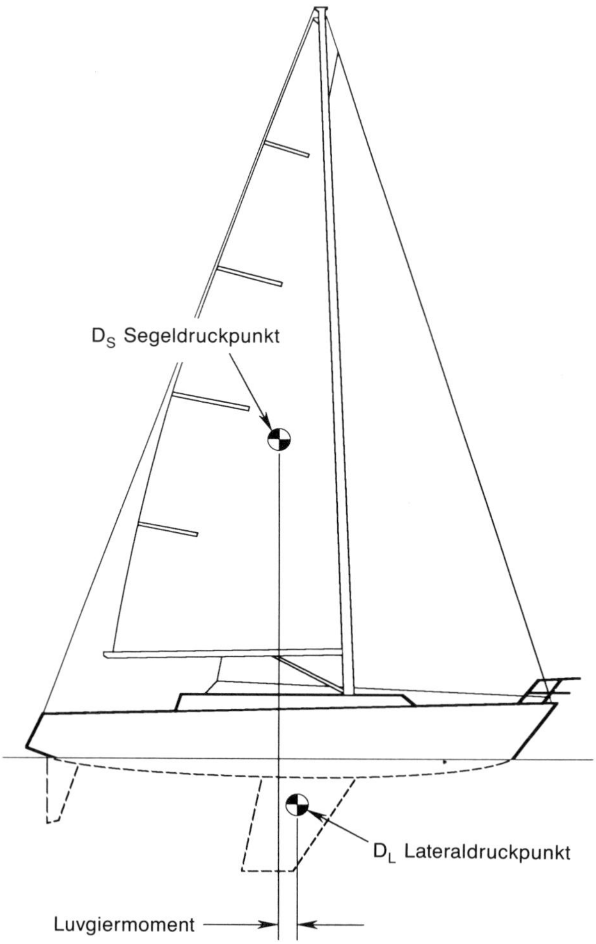

6.4 *Druckpunkte von Segel- und Lateralplan*

Optimaler Ruderwinkel

Wäre der Wind perfekt gleichmäßig (stationär), und das Wasser ruhig und glatt, könnten wir das Boot so einstellen, daß alle Kräfte im Gleichgewicht sind, und es würde von selbst in gerader Linie segeln. Aber die Bedingungen sind immer alles andere als stationär, und das Ruder wird dazu benutzt, die Balance zwischen Kiel und Segeln zu halten. Um einen geraden Kurs zu halten, ist eine moderne Verdrängeryacht so getakelt, daß das Ruder leicht (3 ° bis 5 °) nach Lee liegen muß, um eine leichte Luvgierigkeit auszugleichen.

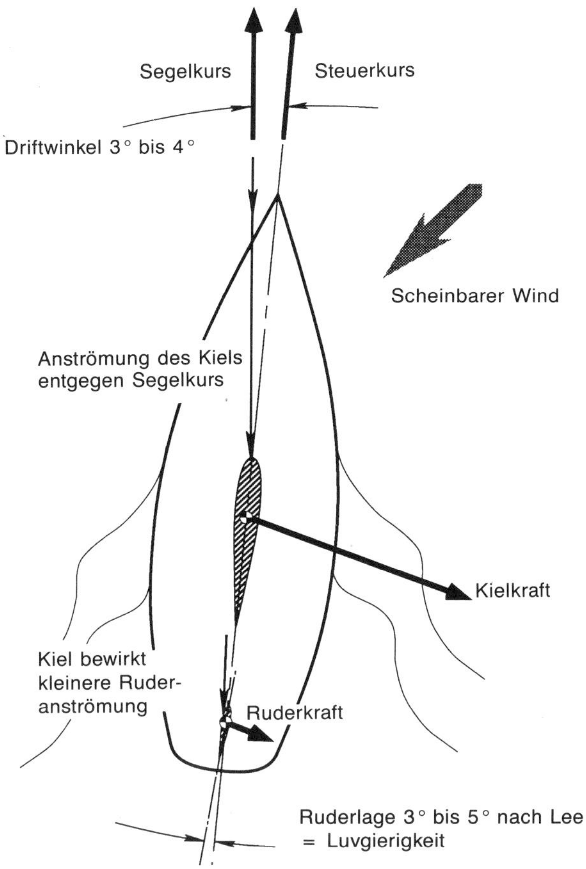

6.5 *Kräfte an Kiel und Ruder beim Segeln mit Luvgierigkeit*

Ein Abfallen vom Wind (Ruder nach Lee) als Verbesserung der Kreuzeigenschaften anzusehen, wird klarer, wenn man die Beziehung zwischen dem Segelschwerpunkt (D_s) und dem Lateralschwerpunkt (D_l) betrachtet. Wenn der Segelschwerpunkt direkt über dem Lateralpunkt ist, verhält sich das Boot neutral, es ist nicht luvgierig und fährt ohne Ruderbewegung geradeaus. Wenn jedoch D_s hinter D_l ist, wie in der Zeichnung 6.4, ist das Boot luvgierig. Die wünschenswerte und normale Einstellung sollte eine 3 bis 5 gradige Luvgierigkeit sein. Die Luvgierigkeit zwingt also dazu, mit dem Boot vom Wind abzufallen. Das Resultat: Das Ruder erzeugt Auftrieb, statt Widerstand. Dieser zusätzliche Auftrieb durch das Ruder bewegt den Lateralschwerpunkt bis unter den Segelschwerpunkt — und das Boot segelt geradeaus.

Bild 6.5 zeigt, daß die vom Ruder erzeugte Kraft in dieselbe Richtung weist, wie die Kielkraft. Ruder und Kiel stemmen sich der Kränkungskraft des Segels entgegen. Würden wir leewärts steuern, würde das Ruder gegen die Kielkraft arbeiten, und nur der Kiel müßte die Balance zum Ruder und zu den Segeln halten. Stehen Ruder- und Kielkraft gegeneinander, wächst der Wasserwiderstand. Es ist besser, wenn Kiel und Ruder zusammen arbeiten (Luvgierigkeit), als gegeneinander (Leegierigkeit). Mit 3 ° bis 5 ° Luvgier (Pinne nach Luv = Ruder nach Lee) reserviert man sich Freiheit zum Steuern und bessere Fahrt am Wind.
Leichte Luvgier hat einen weiteren Vorzug: Kiel und Ruder wirken bei Anstellung in die gleiche Richtung ähnlich zusammen wie Fock und Großsegel. Größerer Anstellwinkel des Ruders (bis zu einer Grenze, natürlich) sorgt für mehr *upwash* an der Kielflosse, ähnlich wie bei der Fock.

Auftrieb und Widerstand

Inzwischen sollte klar sein, daß man auf viele Weise die Kräfte an Segeln beschreiben kann — ebenso an jeder anderen Auftrieb erzeugenden Fläche. Die kürzeste Methode ist die Zerlegung der Totalkraft S_T beziehungsweise H_T (Bild 6.3) in Auftrieb und Widerstand (Bild 6.6). Der Auftrieb ist nach Übereinkunft senkrecht zur Richtung des scheinbaren Windes, und der Widerstand wirkt in Richtung des scheinbaren Windes. Die Hauptmethode, mehr Auftrieb zu erzeugen, ist die Vergrößerung des Anstellwinkels, gleichbedeutend mit Anströmwinkel.
Beim Segel ist, wie Sie sich erinnern, der Winkel zwischen Wind und Sehne des Segelprofils der Anströmwinkel. Man kann ihn auf zweierlei Art vergrößern: durch Trimmen (Bild 6.7) oder, ohne die Segelstellung zu ändern, nach Lee zu steuern (abfallen). Wichtig ist dabei zu wissen, daß der Auftrieb und der Widerstand über eine Reihe von Anstellwinkeln das gleiche Verhältnis (Gleitzahl genannt) haben und im gleichen Verhältnis größer werden — bis zu einem Punkt, an dem der Widerstand schneller als der Auftrieb zu wachsen beginnt. Es wächst aber auch die Krängung, und wenn sie so groß geworden ist, daß die Mastspreize durchs Wasser zieht, ist man wohl kaum noch sehr schnell.
Die zweite Methode, mehr Auftrieb von einem Segel zu bekommen, ist, es mehr zu wölben, was auf viele Art möglich ist: Trimmen, Fall, Schot, Ausholer oder Cunningham fieren (lockern), Mastbiegung mindern, Vorstag weiter

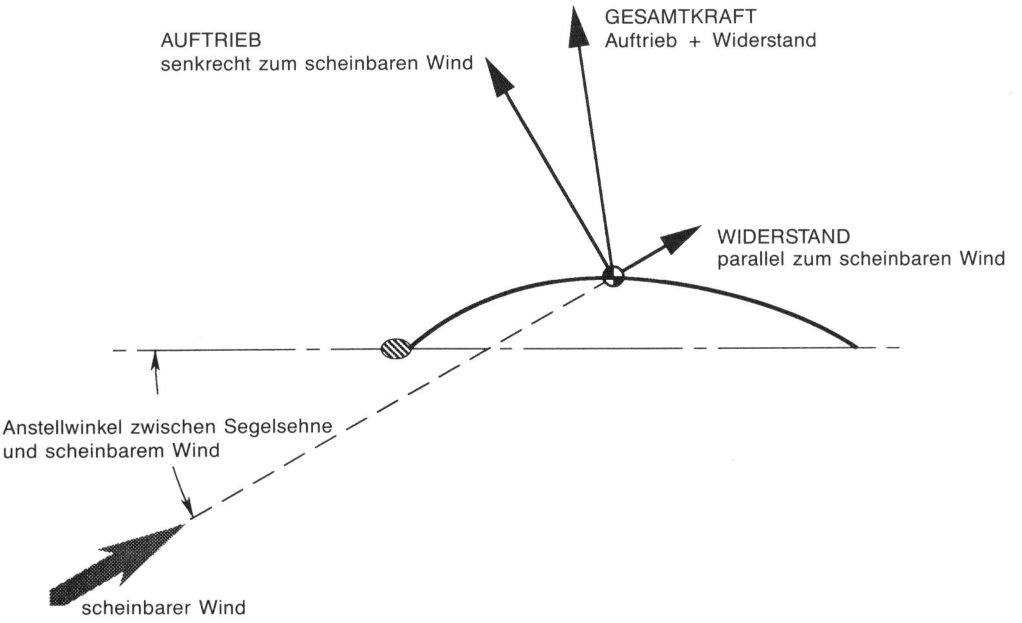

6.6 *Auftriebs- und Widerstandskraft*

durchhängen lassen, Schotleitpunkt vorlicher setzen oder ein voller geschnittenes Segel setzen. Mehr Wölbung hat sanftere Anströmung.
Das wird bei Rückschau auf Bild 5.5 klarer. Die ebene Fläche zwingt den Wind zu einer abrupten Umlenkung, die mit sehr hoher Beschleunigung (theoretisch unendlich großer) verbunden ist. Das reißt bei einer Winzigkeit mehr Anstellung total ab. Eine sanft umgelenkte Strömung bleibt länger gesund. Mit einem Auto kann man auch nicht mit 100 km/h, rechteckig gesteuert, in eine Grundstückseinfahrt. Aus Gründen der sanften Anfahrt und Gesunderhaltung der Strömung sind auch Flugzeugflügel vorne rund, nicht um Luftmoleküle auf längere Wege zu schicken.
Segeltrimm ist zwar ein Balanceakt, und zuviel Wölbung führt auch zu Ablösung. Bei steigender Geschwindigkeit wird eine hübsche Kurve immer mehr zur Haarnadelkurve, und die Strömung fliegt raus, löst ab. Das ist interessanterweise der Grund, warum spitzgiebelige Dächer Stürme besser überstehen, als alle flacheren bis platten. Der Sturm stürzt am scharfen Giebel ab, überschlägt sich und hat keine Kraft mehr, dachhebenden Unterdruck zu machen. Solche Strömungsabstürze heißen nicht ohne Grund Totwasser.

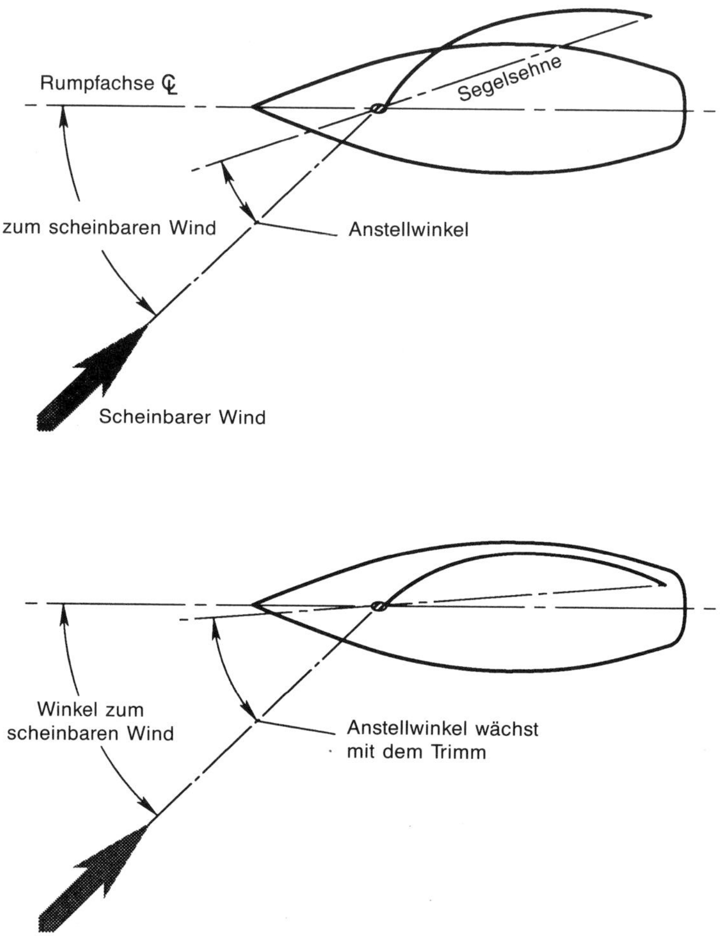

6.7 *Trimm und Anstellwinkel*

Im großen und ganzen sind die direktesten Wege zu mehr Leistung und Fahrt Trimmen oder Abfallen. Dann, bei einem gegebenen Anstellwinkel, Wölbung vergrößern, weil das die Strömung an der Vorderkante erleichtert und den Auftrieb in Grenzen vergrößern kann. Beim Groß hat Wölbung den zusätzlichen Vorteil, das Segel aus dem Totwasser des Mastes seitlich herauszubringen.
Der praktische Schluß dieser Erörterung könnte sein: Auftrieb erzeugen ist für einen Segler eine Kleinigkeit. Einzig zu beachten wäre, daß die Segel nicht zu dicht geholt würden oder daß der Kurs für die Segeleinstellung nicht zu raum

sei oder daß die Segel für den Wind nicht zu bauchig wären. Leider ist das aber nicht ganz so, denn der Auftrieb hat den unangenehmen Genossen Widerstand. Den klein zu halten, ist der harte Teil der Angelegenheit, weil man ihn nicht sehen kann.
Er ändert sich mit dem Anstellwinkel, wie eingangs schon gesagt — siehe die unterste Kurve in Bild 6.8, die klein bei null Grad Winkel anfängt, erst flach, dann mit jedem Grad steiler werdend. (Bei Null fängt sie nicht an, weil auch das im Wind killende Segel Luftwiderstand hat.) Zwischen den gestrichelten Senkrechten liegen die Anstellgrade, bei denen man gewöhnlich segelt. Der

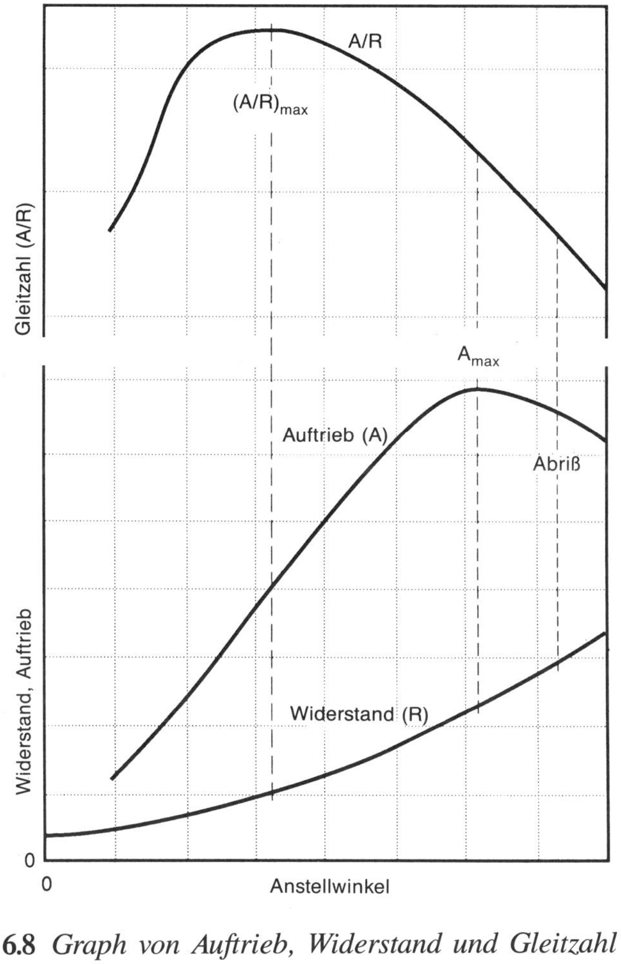

6.8 *Graph von Auftrieb, Widerstand und Gleitzahl*

Auftrieb steigt in diesem Bereich mit dem Anstellwinkel fast geradlinig an. Rechts davon wird der Anstieg flacher, der Anstieg des Widerstands steiler. Die Kurve des Auftrieb-zu-Widerstand-Verhältnisses (die obere Kurve im Bild 6.8) zeigt, wie diese beiden Kräfte zusammenwirken. Das beste Verhältnis zwischen Auftrieb und Widerstand (gleichbedeutend mit der optimalen Wirkung der vorwärtstreibenden Kraft der Segel) ist ein Punkt — etwa in der Mitte der Auftriebskurve. Dort, wo die Auftriebskurve ihr Maximum erreicht, ist die Auftrieb-Widerstands-Kurve bereits fallend (der Widerstand gewinnt mehr und mehr an Einfluß). Bei Segeln bricht der Auftrieb jedoch nicht so plötzlich ab, wie bei Hochgeschwindigkeitsflügeln von Flugzeugen. Solch einen genauen Abrißpunkt zu finden, ist schwierig.
Gute Indikatoren für den *A/R*-Bereich, in dem man segelt, sind im vorderen Teil der Genua auf beiden Seiten befestigte kurze Wollfäden, manchmal Telltales oder Windfäden genannt (Bild 6.9). Wie wir jetzt ja wissen, ist der Anstell-

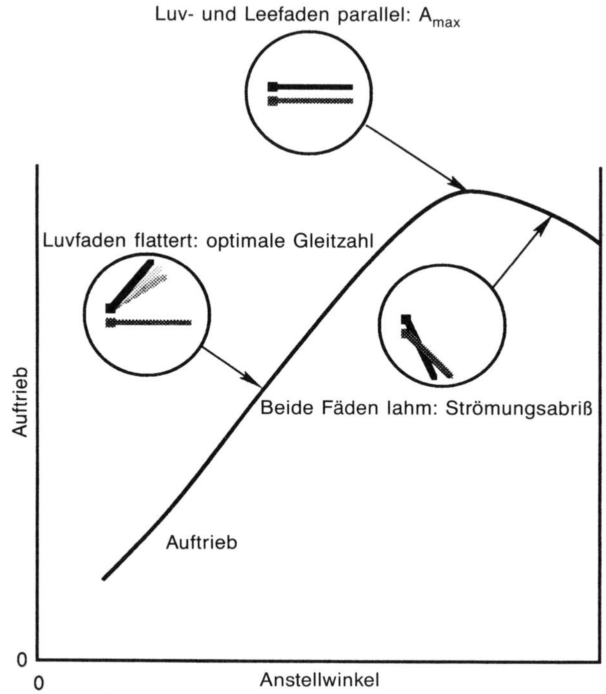

6.9 *Windfäden zur Anzeige der Gleitzahl*

winkel (alias Trimm) sehr wichtig. Wenn der luvseitige Faden schräg nach oben flattert, ist das *A/R*-Verhältnis am größten. Wenn beide, luv und lee, horizontal gestreckt wehen, ist das Auftriebsmaximum, die höchste Leistung, erreicht. Bei dessen Überschreitung fallen die Fäden müde wedelnd ab. Ob man nun die Segel dichter holt oder abfällt, ohne die Segel nachzutrimmen, ist egal. Die Fäden zeigen Strömungsabriß.

Man könnte meinen, daß die Anstellung, wenn der Luvfaden steigt, die beste Zielfahrt nach Luv (Luvgewinn, Höhe) ist, aber das ist nicht immer so. Oft wird ungeachtet des höheren Widerstands mehr Leistung zur Erreichung der Rumpfgeschwindigkeit oder zur Überwindung der Windsee verlangt. Wird zum Beispiel bei ruhiger See und mittlerem Wind das Groß so getrimmt, daß sein *A/R*-Verhältnis wieder kleiner wird, kann dieser Verlust durch eine bessere Ruderanstellung mehr als wettgemacht werden (wie gerade erörtert) oder weil mehr Gesamtkraft in Antriebskraft verwandelt wird.

Leider gibt es keine leicht bedienbaren Verklicker, die einem die richtige Segelwölbung anzeigen. Stattdessen gibt es Richtlinien. Zum Beispiel ist die richtige Wölbung im Mittelbereich einer am Wind segelnden Genua etwa 15–16 % der Sehnenlänge bei Wind bis zu 2 kn; 18–19 % bei 3 bis 12 kn; dann sollte sie immer flacher mit zunehmendem Wind werden. (Später und in den Kapiteln 9 und 10 mehr davon.)

Wie gesagt, am Wind Auftrieb machen, ist leicht. Schwierig ist die Minimierung des Widerstands und Vermeidung von Ablösung. Offensichtlich schwächt Widerstand die Treibkraft und steigert die krängende Querkraft, und die kann eventuell alle Antikrängungsmittel, wie Kiel, Ballast und Ruder, überwältigen.

Reibungswiderstand

Strömungsdynamische Literatur unterscheidet drei Arten Widerstand: Reibungs-, Form- und induzierter Widerstand.

Wir erinnern uns, daß Luft in direktem Kontakt mit einer Oberfläche auf dieser stillsteht, an ihr festklebt. Wegen der kinematischen Zähigkeit der Luft fließt in winzigem Abstand von der Oberfläche aber eine moleküldünne Schicht langsam und klebrig über die stillstehende Schicht. Und über diese zweite fließt eine dritte wieder etwas schneller usw. Anfangs schön glatte Schichten laminar. Dann fühlen weiter abstehende Schichten das Rütteln des wilden Windes, kommen in Schwingung, Moleküle werden losgerissen, andere in die

nächsttiefere Schicht gedrängt. An einem Punkt schlägt die Ordnung in Turbulenz um. Die freie Strömung rollt über einen Wirbelteppich. Bild 5.1 zeigte nur die Geschwindigkeitsordnung, Bild 6.10 die Bewegungen in einer Grenzschicht und ihre Bezeichnungen.
In allen drei gezeigten Zuständen, laminar, leicht gestört (transient) und turbulent, liegt die Grenzschicht an der Oberfläche. Die Transientzone ist bei Gasen und leicht fließenden Flüssigkeiten so winzig, daß zumindest in Europa vom Umschlagpunkt gesprochen wird. Es sei daran erinnert, daß Grenzschichten von schnellen und/oder großen Druckänderungen und scharfen und schnellen Richtungsänderungen gestört bis zerstört werden. Sie lösen sich dann zu einer hohlen Blase ab, in die Fluid von außen einströmt und sich turbulent mit dem Fluid aus der Grenzschicht mischt. Dabei wird kinetische Energie in Wärmeenergie umgewandelt, von der wir nichts haben, sie ist verloren.
Laminarreibung ist die geringste. Tümmlern wird nachgesagt, sie könnten ihren Körper laminargünstig einstellen, damit sie eine Spitze von 40 kn und eine Reisegeschwindikeit von 18 kn halten können — mit wenigen Pfund Fisch als Brennstoff im Bauch.

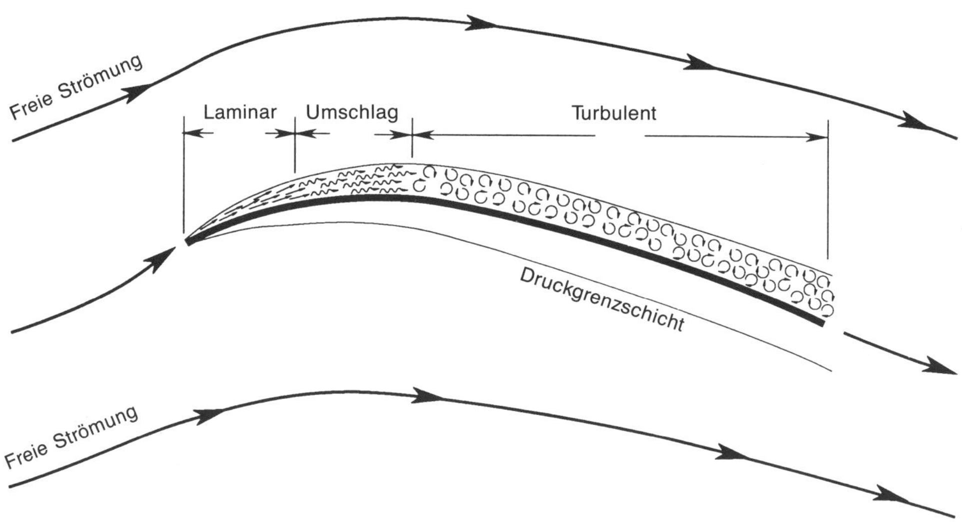

6.10 *Grenzschichten*

Der Reibungswiderstand an der Laminarschicht ist für Segler von nicht allzu großer Bedeutung, da die Segeloberflächen durch Dehnung und Streckung ständigen Veränderungen unterliegen, denn der Wind fällt in Böen und Turbulenzen aus sich vielfach ändernden Richtungen ein. Für den Unterwasserbereich des Bootes gilt ähnliches: Wellen, Verwirbelungen u.ä. unterbrechen ständig eine gleichmäßige, konstante Anströmung der Unterwasserflächen. Durch all diese Einflüsse wird die laminare Grenzschicht ständig zerstört.
Daß laminare Strömungen sogar nachteilig sein können, ist an der Gestaltung des Golfballs zu sehen. Durch die Grübchen auf seiner Oberfläche werden laminare Strömungen vermieden — und turbulente erzeugt. Diese sind nämlich richtungsstabiler. Ein glatter Golfball könnte nach kurzem Flug bereits abstürzen. Weil Kiel und Ruder auch nur turbulente Grenzschichten haben, ist es vergebliche Mühe, das Unterwasserschiff auf den Glanz eines Steinway-Flügels zu polieren.

Formwiderstand

Seit den Tagen als die OPEC uns an den Tankstellen schlangestehen ließ, redet die Automobilindustrie vom kleinen c_w. Man braucht nicht Aerodynamiker zu sein, um zu erkennen, daß ein flaches, glatt-schlüpfriges Auto weniger Luftwiderstand hat als ein Bus. Stromform gegen Kartonform.
Beim Segeln macht der Mast Formwiderstand. Eine Menge kinetischer Energie geht verloren, wenn der Wind auf den Mast trifft. Er versucht, den Querschnitt zu umströmen, löst aber ein Stück hinter der dicksten Stelle ab und macht eine Blase verwirbelter Luft beim Vorliek, hinter der sich die Außenströmung wieder an das Segel anlegt. Das ist auch eine erhebliche Ursache dafür, daß das Groß nicht so effektiv ist, wie es theoretisch sein könnte. Es überrascht nicht, daß so viele Arbeiten in der Segelei sich mit der Vermeidung oder Minderung des Mastwiderstandes beschäftigten. Hauptsächlich geht es dabei um das schnelle Wiederanlegen der Strömung.
Das mastlose Segel hat aber auch Formwiderstand. Die Umströmung der Vorderkante ist zu scharf, es bildet sich eine kleine Ablösungstasche. Auch an der Hinterkante auf der Leeseite gibt es eine geringe Ablösung bei der Vereinigung mit dem freien Strom. Auf der Druckseite folgt die Strömung nicht exakt der Segelform, aber diese Ablösung ist kein großes Problem, weil deren Beitrag zum Auftrieb gering und die Turbulenz langsam ist. Aber diese Turbulenzpol-

ster werden mitgeschleppt. Das ist parasitäres Gepäck, eben Formwiderstand. Für Segler wie Segelmacher ist es wichtig, dieses Band langsamer Luft schmal zu machen. In den frühen Siebzigern machte Meldner bei seinen Untersuchungen für North Sail die Entdeckung, daß eine leichte Abflachung der Segelwölbung in der Mitte der Profiltiefe diese Wirbeltasche und mit ihr den Formwiderstand kleiner macht. Das schien zu funktionieren.
Segler können auch etwas zur Reduzierung mitgeschleppter Totströmung tun. Wenn z.B. das Profil des Großsegels im Achterbereich sehr gewölbt ist, wird es da leicht zu Ablösung kommen. Das beeinträchtigt nicht nur das Groß, sondern, wie wir jetzt wissen, den Aufwind *(upwash)* der Genua, dieses so wichtigen Segels am Wind. Wenn man jedoch das Groß hinten durch Abfallen oder Schotschricken oder Mastbiegen flacher macht, wird das Band langsam strömender Luft dünner, und die Wirbelpolster platzen nicht so leicht.
Die Anstellung beeinflußt auch das Band langsam strömender Luft. Wird das Segel eingeschotet, mehr angestellt, wandert der Druckpunkt auf die Luv- oder Druckseite, und an der Vorderkante bildet sich ein Wirbelfaden. Um so dicker, je schärfer die Kante ist. Wäre sie messerscharf, müßte die Luft (mathematisch) unendlich schnell um die Schneide wenden, um anliegend zu bleiben. Aber unendliche Geschwindigkeiten gibt es nicht. So bildet sich eine Höhle voll toter Luft, nach anderer Meinung ein Vakuum. Hinter diesem legt sich meist die Strömung bei steigendem Druck wieder an. Ist die Strömung jedoch am Segelende zu schnell, bildet sich eine Ablösungstasche. Solche Taschen können sich über die ganze Profiltiefe ausbreiten. Strömungsfäden von vorn bis hinten auf beiden Seiten des Segels könnten das anzeigen.

Induzierter Widerstand

Form- und Reibungswiderstand sind gewiß wichtig, aber im Vergleich zum induzierten Widerstand sind sie Zwerge. Wie wir wissen, hat die Luft auf der Luvseite höheren Druck als die auf der Leeseite, und deshalb strömt an den Segelenden oben und unten Luft von der Druckseite hinüber auf die Leeseite. Genauer: es fließt nahe den Flächenenden auf der Luvseite eine schräge Strömung zu den Enden hin, die zu Auftriebs- und Zirkulationsverlust führt. Da dies fortlaufend geschieht, bilden sich an den Enden Wirbelzöpfe (Bild 6.11). Es ist verlorene Bewegungsenergie, die zurückbleibt und von der wir nichts haben. Bei großen Verkehrsflugzeugen ist der Zopf viele Kilometer lang und sehr energiereich und

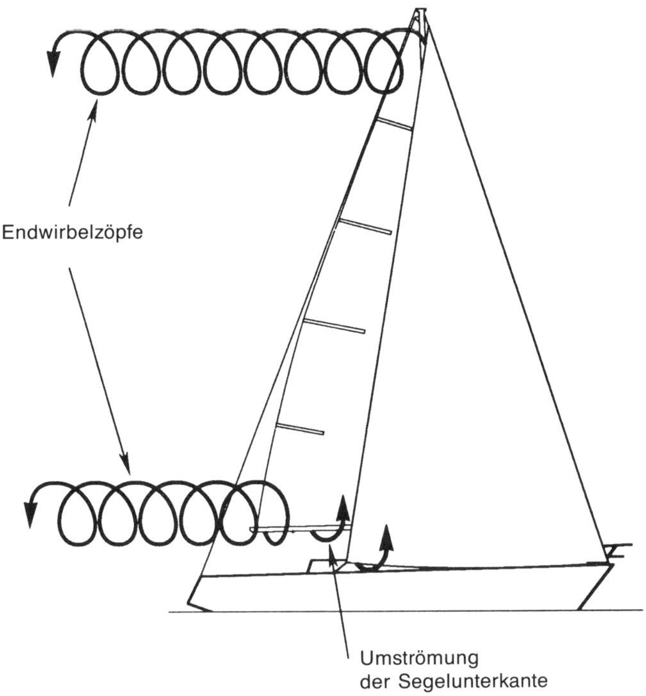

6.11 *Entstehung induzierten Widerstands*

kann Sportflugzeuge, die daringeraten, gehörig beuteln. Um diesen an jeder Tragfläche unvermeidlichen Widerstand wenigstens kleiner zu machen, haben manche Flugzeugflügel einen Querstromzaun oder ein „Winglet", eine verstümmelte Endscheibe, die das Überströmen an den Flächenenden vermindert.
Große Flächenstreckung, große Heiß und kurzer Fuß, sind gut für kleinen Widerstand, und überdies ist elliptischer Umriß (Bild 6.12) der beste Kompromiß für die Relation Auftrieb/Widerstand, die sogenannte Gleitzahl (A/R). Ende der 30er Jahre und im Zweiten Weltkrieg hatten Heinkel-Flugzeuge und das englische Jagdflugzeug Spitfire elliptische Flügel. Das schlechteste Verhältnis haben Dreiecksflächen, also auch Yachtsegel. Aber Genua und Groß zusammen bilden ein kopfstehendes V, das unten einen größeren und oben einen geringeren Auftrieb hat als die überkopierte Ellipse.
Diese Diskussion soll darstellen, daß der beste Segelriß der elliptischen Form so nahe wie möglich kommt. Das wird erreicht durch ein Großsegel mit Latten

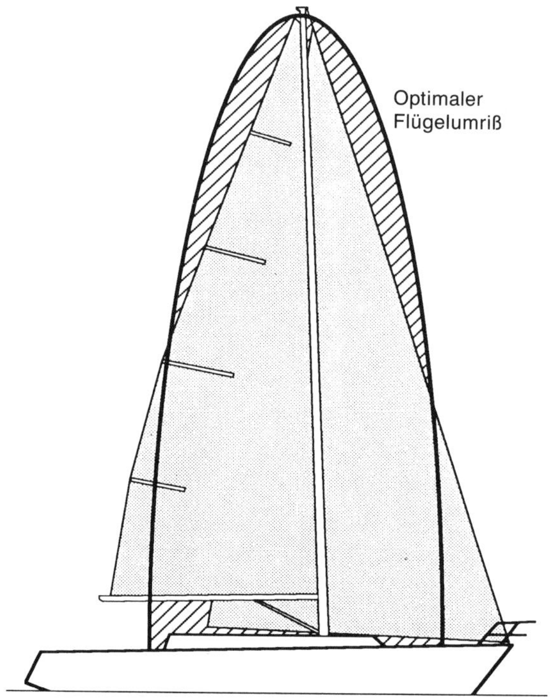

6.12 *Vergleich des Slupriggs mit Halbellipsflügel*

(am besten durchgehenden, zur Stützung einer Ausrundung des Achterlieks), das an einem weit biegsamen Mast gesetzt ist. Das ist Segelmachers Kunst bei der Imitation eines Flugzeugflügels.

Nach der Umrißform müßte die Genua weniger effizient als das Groß sein, weil sie „dreieckiger" ist. Daß sie in Wirklichkeit das effizientere von beiden ist, liegt an der Strömungshilfe durch das Groß und ihrer viel größeren Fläche. Dieser Logik folgend, entstehen folgende Fragen: „Warum macht man die Fock dann nicht wie ein Groß? Das müßte dann doch am besten von allem sein, oder?" Nun, die Segelpläne für Rennboote unterliegen Regeln, aber auch praktische Gründe sind dagegen. Latten zur Stützung einer Rundung an einer Genua 1 wären prima — bis zur Wende. So haben Segelmacher, Yachtdesigner und auch Segler andere Methoden zur Verminderung des Widerstandes bei überlappenden Vor- und bei Großsegeln entwickelt. Das wird am Ende des Kapitels angesprochen. Die Internationale Offshore Regel IOR und das Internationale Meß-System IMS erlauben jetzt bis zu vier Latten unbeschränkter Länge in der Fock 3. Weil diese Segel den Mast nicht überlappen, kann mit den Latten beim Wenden nichts schiefgehen.

Verwindung und vertikale Windschichtung

Wir folgern: Wenn bei Wind Reibung an der Segeloberfläche entsteht, ist das über dem Erdboden und der Wasseroberfläche nicht anders. (Bild 6.13). Eine allgemeine Formel sagt für freies Wasser: Wenn in 2 m Höhe 5,7 kn Wind weht, dann in 10 m Höhe 8,0 kn und in 20 m Höhe 9,2 kn. (Die Formel: $W = 4{,}95 \cdot h^{0{,}24}$; W in Knoten, h in Meter über Wasser).

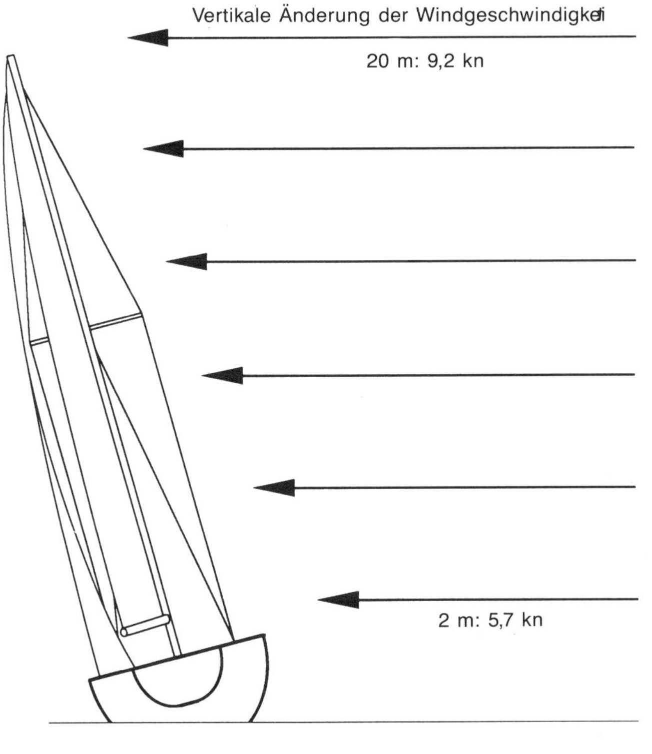

6.13 *Höhengradient des wahren Windes*

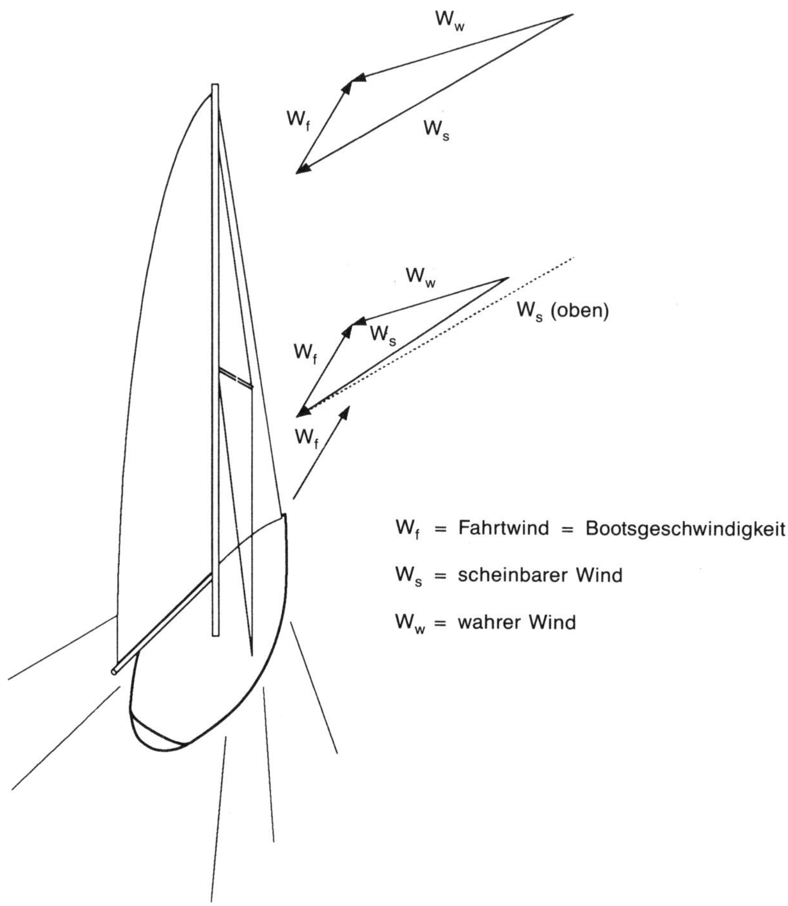

6.14 *Drehung des scheinbaren Windes mit der Höhe über Deck*

Mit der Höhe ändert sich nicht allein die Geschwindigkeit des Windes, sondern auch seine Richtung. Entsprechend ändert sich der aus wahrem Wind W_w und Fahrtwindwind W_f zusammengesetzte, scheinbare Wind W_s. Siehe in Bild 6.14 die Vektordiagramme. Ein Vektor stellt hier die Geschwindigkeit (Pfeillänge) und Richtung (Kompaß) des Windes dar. Wahrer Wind ist der, den man fühlt, wenn das Boot stilliegt. Fahrtwind ist gleich, aber entgegengesetzt der Bootsgeschwindigkeit. Addiert werden Vektoren durch Anlegen des zweiten Vektors an die Spitze des ersten. Der scheinbare Wind ist dann die vektorielle Summe aus dem wahren Wind und dem Fahrtwind (vom Ursprung Vek-

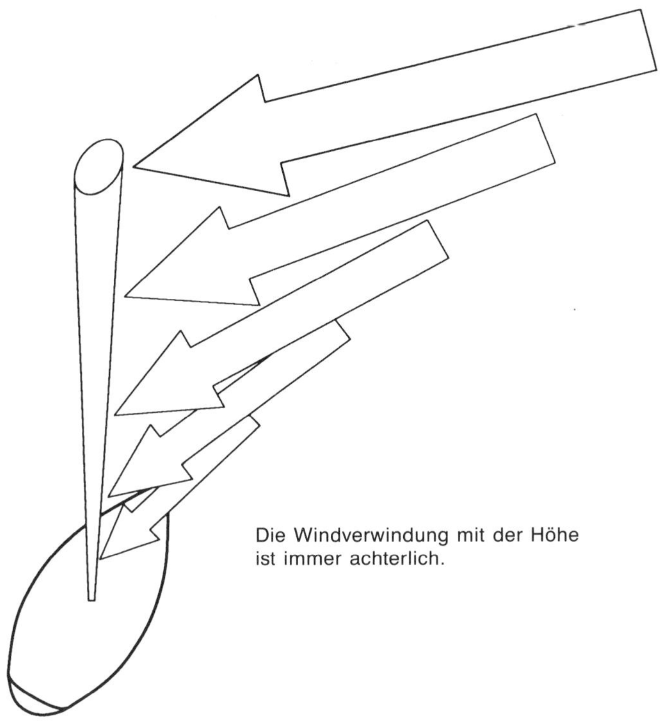

6.15 *Drehung des scheinbaren Windes aus der Vogelschau*

tor 1 bis Spitze Vektor 2). Bei konstanter Fahrt (W_f = const) kommt der scheinbare Wind achterlicher ein als der wahre Wind, und je schneller der wahre Wind mit der Höhe wird, um so achterlicher wird der scheinbare. Folglich ändert sich vom Mastkragen bis zum Topp die Richtung des scheinbaren Windes nach Richtung und Geschwindigkeit (Bild 6.15) — und zwar bei einem 12 m langen Boot um 3 ° bis 5 °. Das ist sowohl für Segelmacher als auch für Segeltrimmer wichtig.

Segel sind zum Teil mit Rücksicht auf diese Winddrehung verwunden. Damit ist die Änderung des Winkels zwischen Schiffsachse und Segelsehnen gemeint (siehe Foto auf Seite 118).

Wegen dieser Winddrehung segelt der Unterteil des Segels bei normaler Kreuz hart am Wind und der Oberteil voll und bei. Die Verwindung berücksichtigt ferner die Vermeidung von induziertem Widerstand.

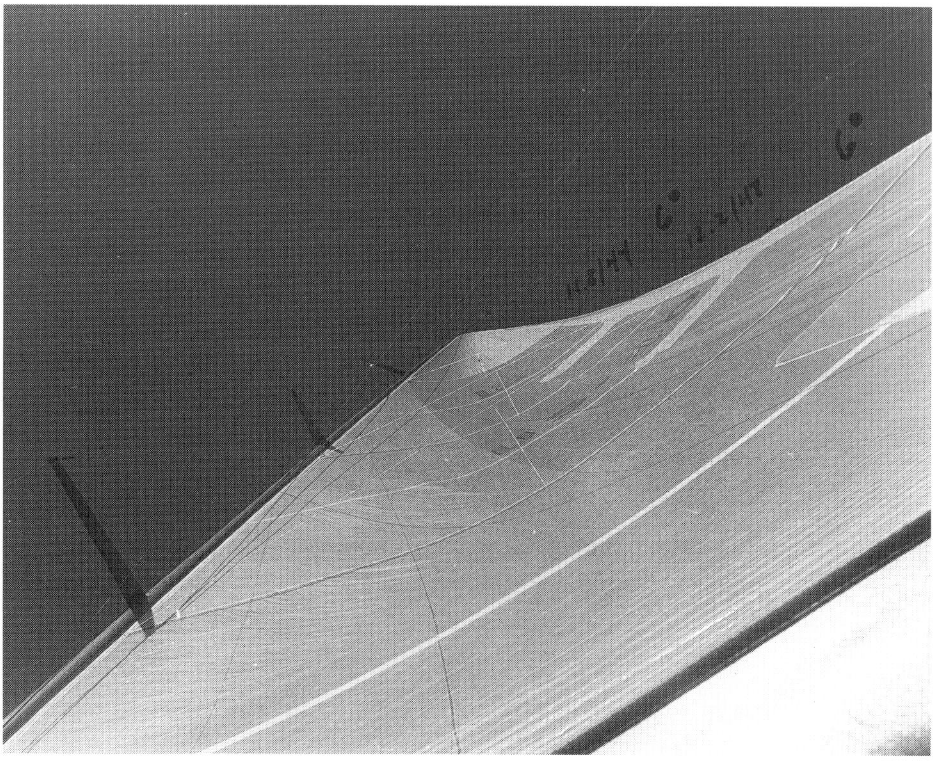

Die Segelverwindung ist erkennbar am Winkel der Segelsehnen zur Bootsachse in verschiedene Segelhöhen (Fotoß North Sails, Inc.)

Die Flügelenden vieler Flugzeuge haben auch Verwindung, damit beim Abriß durch Überziehen nicht der ganze Flügel abschmiert und die Querruder steuerbar bleiben, was wichtig ist, um aus einem Trudeln wieder herauszukommen.

Wölbung und Verwindung

Segelmacher haben bei der Konstruktion Wege zur Maximierung der Gleitzahl (A/R) gefunden. Das wird mit Variationen der Wölbung und Verwindung — rauf und runter am Segel — gemacht. Bekanntlich wächst der Auftrieb mit der Wölbung bei vorgegebenem Anstellwinkel. Verwindung verkleinert die Anstellung, ergo den Auftrieb.

Angenommen — der Fuß des Großsegels bekommt eine völlige Wölbung. Dann ist großer Auftrieb möglich. Das ist eine tolle Idee, weil da eine auftriebsstarke Zone ist, denn die Segelsehnen sind am Boden des Dreiecks am längsten. Unter dem Baum ist aber leider eine weite Lücke, ein prima Feld zur Induzierung von Widerstand. Folglich machen wir beim Fußliek wenig Wölbung, opfern etwas Auftrieb und sparen eine Menge induzierten Widerstandes — was dann die Gleitzahl und Treibkraft verbessert.

In der Mittelsektion des Groß (halbe bis dreiviertel Höhe) wünscht der Segelmacher größte Anstellungen und gute Wölbung für beste Gesamtleistung. Zuviel induzierter Widerstand würde erzeugt, wenn das zu nahe ans obere oder untere Ende des Segels gebracht würde. Weiter aufwärts braucht das Segel maximale Wölbung. Dort ist im Dreieck weniger Fläche und Auftrieb. Aber Wölbung hilft da. Außerdem hält sie das Segel aus dem Totwasser des Mastes mehr heraus, zumal die Sehnen dort so kurz sind.

Was wir damit beim Groß erreichen, ist eine elliptischere Auftriebsverteilung. Unten drücken wir das Dreieck etwas zusammen durch weniger Wölbung, und oben weiten wir seine Spitze strömungstechnisch durch reichlich Wölbung. So kommen wir zu einer guten Gleitzahl (Bild 6.16).

Bezüglich Verwindung — die ist von unten bis oben gegen die Schiffsachse erstaunlich groß: etwa 25 ° bei einer Genua und 20 ° beim Groß. Sehen wir uns das zuerst bei der Genua an.

Erstens ändert sich die Windrichtung von unten nach oben bei einem 19 m über Wasser hohem Mast um 3 ° bis 5 °. Zweitens versucht der Segelmacher „Twist“ (Verwindung) in die Segelbahnen zu nähen. Damit gelingt ihm ein glatter Übergang von einem großen Anstellwinkel in Segelmitte für einen starken Auftrieb bis zur praktischen Nullanstellung am Topp. Dort wird, wie gesehen, zur Verhütung von Ablösung etwas stärker verwunden. Diese konstruktive Verwindung beträgt bei einer Genua ca. 7 °. (Der Twistbedarf eines Groß ist geringer, weil es durch die Ausrundung achtern ellipsenähnlichere Form hat.)

Der dritte und wichtigste Grund für Verwindung der Genua ist die Zusammenwirkung mit dem Groß. Bekanntlich erzeugt das Groß Aufwind, steilere Anströmung für die Genua, ergo Auftrieb. Um das Segel diesem Aufwind anzupassen, verdreht der Konstrukteur die Sektionen aufsteigend nach Lee. Das ist bei der Segelkonstruktion das gleiche wie Fieren der Schot vom halben zum raumen Wind (Kapitel 9). Das macht 15 ° der ganzen Verwindung aus.

Für's Groß ist die Verwindung anders, weil es im Fockeinfluß langsamer und spitzer angeströmt wird. Deswegen wird der Baum beim Segeln am Wind mitt-

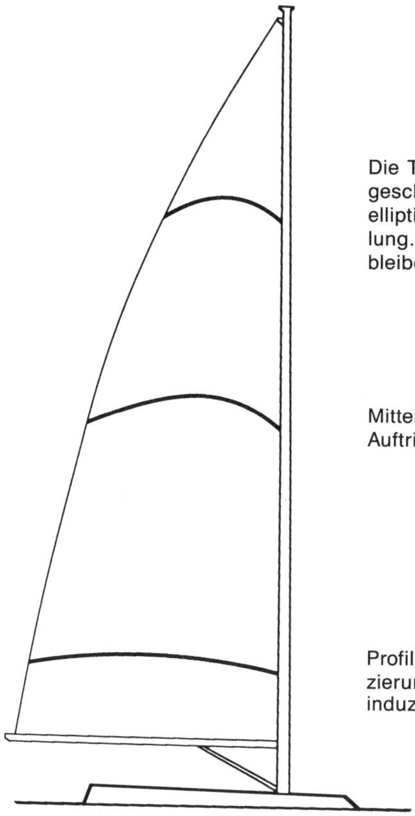

6.16 *Gipfeltour am Großsegel*

schiffs geschotet, was zur Verringerung der Verwindung führt. S. Kap. 10. Außerdem ist im Groß, wie gesagt, weniger Verwindung nötig, weil es elliptischer und daher induziertem Widerstand nicht so ausgesetzt ist. Schließlich besteht ein geringeres Übergangsproblem zwischen großem Auftrieb in Segelmitte und kleinem am Kopf, also auch weniger Twistbedarf. Das macht 5 ° weniger gegenüber der Genua aus.
Zusammengefaßt, braucht das Vorsegel wegen des Aufwindeffekts durch das Groß mehr Verwindung als das Groß, das durch die Vorsegelströmung flacher und langsamer angeströmt wird. Merke übrigens, daß die Zusammenwirkung bei einem 7/8-Rigg (Fraktionsrigg) anders als bei einer Topptakelung ist. Weil ein Teil des Groß über dem Wantangriff steht, wird seine Anstellung von der

Fock nicht beeinflußt und ist kleiner. Folglich ist hier mehr Verwindung im Groß nötig.

Beim Reduzieren von induziertem Widerstand hat Verwindung auch für Segeltrimmer eine wichtige Funktion. Sie ist das Werkzeug beim Anpassen der Anstellung an den ständig wechselnden Wind und zum Niederhalten des Widerstandes. Zwar ist es nicht immer einfach, optimale Verwindung einzuhalten, weil der Wind in verschiedenen Höhen von so vielen Parametern beeinflußt wird. Da helfen über die Segelfläche verteilte Fädchen und die Mühe, möglicht wenige von ihnen lahm hängen zu lassen; sonst muß man twisten (Kapitel 10).

Es gibt noch weniger pingelige Maßnahmen als Wölbung und Verwindung zur Minderung von induziertem Widerstand und besserer Gleitzahl. So läßt man bei Rennbooten zuweilen das Fußliek über Deck wischen, weil dann kaum Luft um es herum auf die Leeseite wirbeln kann. Beim Kreuzer ist das weniger beliebt, weil man nach Lee nichts sieht. Auch werden Focks heute reffgerollt, und der Mechanismus mit dem Segelhals steht über Deck — unter ist unpraktisch und undicht. Für Renner und Fahrtenyachten vorteilhaft ist große Streckung des Riggs, weil die Endflächen prozentmäßig kleiner zur Gesamtfläche sind. Der Auftrieb in der größeren Mittelfläche ist stärker, und die Flucht auf die Leeseite stört weniger.

Beim Groß ist es gegen den induzierten Widerstand am besten, den Baum dicht über oder gar auf Deck zu fahren; das wäre eine große, sehr effektive Endfläche. Mit Rücksicht auf die Sicherheit der Crew ist das aber meist verboten. Eine Ausnahme war 1988 die *New Zealand*, die formelfrei und mit Gerichtsverfahren America's Cup erstreiten wollte; sie hatte einen Deckschrubberbaum.

Durchgehende Segellatten, auf chinesischen Dschunken seit Jahrhunderten üblich, wurden in den 1980ern bei Freizeitseglern beliebt, weil sie eine bessere Gleitzahl bringen. Die schnellen Katamaransegler führten sie als erste ein, dann kamen die Brettsegler und relativ spät die Fahrten- und Rennyachtsegler — außer denen mit IOR segelnden, die nicht dürfen. Mit Durchlattung kann man mehr Ausrundung am Achterliek fahren, und weil das Segel elliptischer wird, hat es auch eine bessere Gleitzahl.

Kielform und induzierter Widerstand

Nach der vorstehenden Diskussion ist es klar, daß dem induzierten Widerstand auch bei der Kielform größte Bedeutung bei modernen Rennbooten und vielen Kreuzern zukommt. Man wählt mit Rücksicht auf Rennformel und Einsatzrevier möglich große Streckung, wählt, wenn Kosten keine Rolle spielen, einen elliptischen Umriß, sonst den fast so guten Trapezflügel. Ist der Tiefgang aus diesem oder jenem Grunde begrenzt, versucht man es mit ,,Flügeln", sprich: Endflächen. (Das meiste davon sind noch Produkte persönlicher Intuition und Hoffnung wie beim Lotto; d. Übers.)

KAPITEL 7

Die Formen der Fahrten- und Rennsegel

Von Segeln wird erwartet, daß sie bei Nichtgebrauch gefaltet und in Säcke gepackt werden können. Das macht das Leben eines Segelkonstrukteurs in gewisser Beziehung etwas schwieriger als das eines Flugzeugkonstrukteurs. Segelmacher haben mit einer lebendigen, atmenden, immer veränderlichen Membran zu tun. Sie müssen die Flächen so formen, daß die Spannungen im Segel die Windkräfte tragen. Das kann schwierig sein. Bei einer Genua sind die tragenden Elemente Tuch, Leine und Draht. Das mag dem Zweck angemessen scheinen, wenn 18,3 m^2 Fock gemeint sind. Wenn aber 213,7 m^2 eines Maxi-Vorsegels das Limit ist, versteht man, warum die Segelmacher hightech-Werkstoffe in ihr Herz geschlossen haben — besonders, wo Boote und Segel immer größer werden. Alles, was die Eigenschaften von Titan hat und weich ist und gefaltet in einen Sack paßt, ist sehr willkommen.
So beschrieben, ist Segelmachen und Segelei ein komplexes Problem. Obwohl das Problem komplex ist, sind die Lösungen elegant genug, um Menschen aller Jahrhunderte fasziniert zu haben. Wenn Einfachheit unsere ganze Sorge wäre, würden wir alle Motorboot statt Segelboot fahren.

Geschichte des Segelentwurfs

Die frühesten Nachweise der Segelei datiern 6000 Jahre zurück. Ein 40,58 m langes Segelschiff wurde nahe beim Grab des Pharaos Cheops (3960–3908 v.u.Z) gefunden. Zwar war das wohl ein Bestattungsschiff, das nie geschwom-

Der Katamaran Stars & Stripes '88, *der gegen die riesige* New Zealand *beim America's Cup 1988 segelte, zeigte den Wert einer Flügelkonstruktion zum Segeln.* *(Foto: North Sails)*

men hat. Basreliefs jener Zeit zeigen, daß die Ägypter sowohl segel- wie auch riemengetriebene Schiffe für den Handel auf dem Mittelmeer benutzten. Mit den Jahren machte die „Kunst" der Segeltechnik Fortschritte — bis heute. Heute z.B. können die Weber den neuen Tüchern Eigenschaften geben, die man schon immer gern haben wollte: weich mit hartem Kern. Weiter sind da jetzt Segel mit einer Vielzahl von Bahnen — und starke Garne, die die größten Spannungen im Tuch in die gewünschten Richtungen übertragen. Dann sind da die Rollreff- und Auftuchvorrichtungen für Fahrtensegler und deren Segel, die kaum noch Mannschaft brauchen.

Das Jahr 1983 war der Wendepunkt für den America's Cup und für die anderen Yacht- und Segelkonstruktionen. Der australische Yachtdesigner Ben Lexcen benutzte beim Entwurf der *Australia II* ein Computerprogramm zur Berechnung der voraussichtlichen Fahrt, und seitdem sind solche Programme die Norm in den Büros der Yachtarchitekten. Input sind die Maße für Verdrän-

gung, Rumpf, Rigg, Windwinkel und -geschwindigkeit, und ausgegeben werden Fahrt, Krängung, Kompaßkurs und Drift mit Tangens, Fahrt und Kurs über Grund, Luvgewinn usw. Neuerdings interessieren sich auch Segelmacher für solche Software, denn deren Orakel sind das, wo der Segelmacher mit seiner speziellen Software anfängt, wenn es um Spezialbedarf wie für den America's Cup oder für eine neue Olympiaklasse geht.
Parallel dazu wurde eine Segelsoftware für Segelmacher entwickelt. Mit ihr können die Segelkräfte, Krängungsmomente, Druckpunkte für jede Segelkombination, Windstärke und jeden Windkurs berechnet werden. Diese Daten werden wiederum mit solchen Schiffsspezifikationen wie Lateraldruckpunkt, Auftrieb des Kiels und des Ruders, den Schotwinkelstellungen der Segel, den Segelplänen und den Triebkräften bei vorgegebener Fahrt verknüpft.
Allerdings wird das wohl für ausgekitzelte Rennyachten gemacht werden, gewiß auch bei teuren Fahrtenkreuzern und guten Großserienbooten, aber... auch das Rad wird nicht immer neu erfunden, auch nicht jedes Segel. Doch Computerhilfe ist sehr hilfreich bei ausgefallenen Konstruktionen, neuen Seitenverhältnissen und natürlich neuen Segeltüchern.

Segelstell

Erst wird Inventur gemacht. Einige Klassenvorschriften und in einigen Fällen von Regelmachern gesetzte Limits, wie auch der Raum im Boot und das Volumen des Bankkontos beherrschen die Gedanken und Taten bei der Anschaffung der Garderobe für das Boot. Der Segelmacher muß bei solcher Qual der Wahl die Zeit wissen, die das Boot bei Regatten in Cowes oder San Francisco Bay usw. segelt. Ein Eintonner beim Admiral's Cup im dortigen leichten Wetter wird drei Nr. 1-Genuas (leicht, mittel, schwer) brauchen, am sehr windigen Golden Gate eine mittelleichte Genua 1, eine mittelschwere Nr. 1 und eine etwas kleinere Nr. 2. Mit solch einem Stell wird die Crew in der ruppigen Bucht besser fertig. Mehr darüber in Kapitel 12.

Geformte Form

Ist die Garderobe entschieden, wendet der Segelschöpfer sich der Form, Zusammensetzung und Konstruktion zu. Dieser Bauplan, „Form" genannt, ist die Bauzeichnung für das noch schlappe Segel, unbelastet von Schot- und Fallzug und Gewichten. Durch das Gewicht des Tuchs nimmt das Segel dann seine entspannte und vorbestimmte Form an. Für den Segelkonstrukteur besteht eine Segelform aus solchen Einzelheiten, wie Länge und Lage der Segelkanten (Vor-, Achter- und Fußliek) und den Offsetmaßen. Das sind zweidimensionale Maße zur Darstellung dreidimensionaler Kurven. Die gewohnte Darstellung der Wölbung f (Bild 2.2, Seite 25) ist ein solches Offset. Mehrere Offsets auf der Horizontalen geben einen guten Hinweis auf die Kurve in dem betreffenden horizontalen Flächenstück.

Es gibt zwei Techniken zur Formung von Segeln. Die einfachste ist, zusätzliches Material an der Vorderkante einzusetzen und beim Großsegel auch am Fuß. Das sind die Luv- beziehungsweise Fußkurven (siehe Bild 2.1, Seite 24). Breitnähte sind die zweite Technik, Segel zu formen. Dabei wird eine Bahnkante gerade, die anschließende, nächste Bahn rund geschnitten, meistens konvex (siehe Bild 1.1, Seite 14). (In sehr bauchigen Segeln wie Spinnakern können auch beide Kanten gerundet sein.) Wenn zwei solche Bahnkanten zusammengenäht werden, kann das Tuch unmöglich mehr flach liegen.

Man kann die Form der Fläche durch Versuch und Irrtum finden oder mit wissenschaftlichen Verfahren. Obwohl ich zu letzterem neige, ist das nicht die einzige Konstruktionsmethode. Wie wir im nächsten Kapitel sehen werden, sind viele, eminent gute Segel mit Instinkt und Erfahrung entworfen und mit Tests und feiner Nacharbeit vollkommen gemacht worden. Alle guten Segelmacher müssen dieselben Aufgaben lösen. Das kann im Kopf, auf einer Papierserviette, auf dem Schnürboden oder mit dem Feuerwerk vieler An-aus-Schalter eines Computers geschehen. Ebenso wie ein Schriftsteller nicht nach seinem PC oder Schreibmaschinentyp, sondern nach seinem Text beurteilt wird, so wird eine Segelmacherei nur nach den Segeln beurteilt.

Ist das Segel entworfen, geht es auf den Schnürboden. Dort kann der Konstrukteur mit seinen langen und kurzen Straklatten Kurven zeichnen. Oder er benutzt die Software eines Computers, der die Segelform mittels Kurven und Punkte konstruiert hat. Der nächste Schritt ist, das Segel in seine Bahnen zu unterteilen und die Rundung der Breitnaht für die Wölbung zu berücksichtigen. Das kann auch vom Designer auf dem Schnürboden nach geschultem

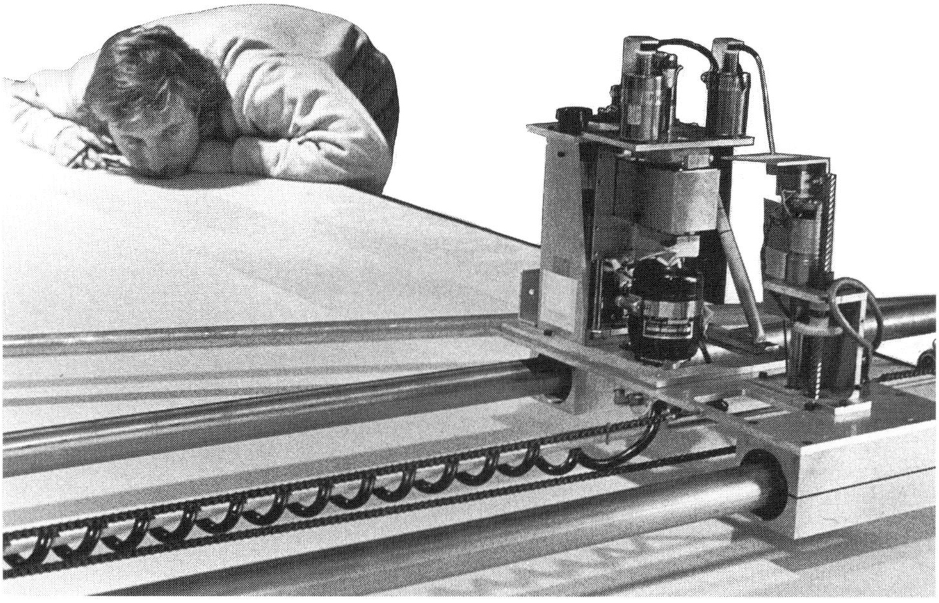

Die Segelbahnen werden von einem computergesteuerten X/Y-Plotterschneider geschnitten. Eine unschätzbare Hilfe, wenn man bedenkt, daß heute ein Maxi-Groß aus rund 90 Bahnstücken besteht. (Foto: Michael Levitt)

Gefühl oder mit dem Computer gemacht werden. Hier ist der Computer dem Menschen, der nur eine ziemlich beschränkte Anzahl Nähte bei voller Aufmerksamkeit bewältigt, weit überlegen. Computerarbeit ist präziser. Jede Bahn ist genau geschnitten. Das können auch Männer und Frauen mit Scheren, aber man kann die Daten auch in eine nach X/Y-Koordinaten computergesteuerte Schneidemaschine mit Kreismessern geben und arbeiten lassen (siehe Foto).
Wenn es so gemacht wird, dann sind CAD und CAM (mit Computerhilfe konstruiert und hergestellt) in einem Netzwerk verbunden. Solche betriebsinternen Netzwerke gibt es noch nicht sehr lange. Sie ermöglichen heute, daß der Konstrukteur von seinem Büro direkt im Maßstab 1:1 auf den Schnürboden in Segeltuch träumen oder entwerfen kann; das heißt dann nicht mehr CAD, sondern CID — *computer integrated manufacturing.* Es ist eine (selbst für große Segelmacher sehr teure) Möglichkeit und Investition.

Großsegelkonstruktion

Segler haben mehr Trimmöglichkeiten für die Großsegelform als über die aller anderen Segel, weil nur eine seiner drei Seiten, das Achterliek, frei ist, und es gibt viele Hilfen, mit denen man die Segelform deutlich verändern kann: Ausholer, Baumniederholer, Cunningham, Fall, Großschot, und Traveller. Aber es ist wichig, daß das Segel seine richtige dreidimensionale Gestalt hat, wenn es die Werkstatt verläßt. Stimmt diese Form nicht, dann bleibt es ein Lappen, egal welche Mühe sich die Crew mit ihm gibt. (Das stimmt für jedes Segel.) Wichtig ist, daß es der Takelage maßgeschneidert paßt — und nicht — aus angeblicher Sicherheit — etwas mehr Umschlag zum Auslassen der Hosenbeine genäht wurde, wie in der Konfektion. Das sitzt auch nach Anpassung nie so richtig. Beim Rigg paßt dann oft beides nicht, die Figur nicht und der Anzug auch nicht. Und — stimmt das Groß nicht, steht das Vorsegel auch nicht!

Vorliekkurve. Sie ist ein wichtiges Element bei der Konstruktion des Groß. Der Konstrukteur muß die Biegeeigenschaft des Mastes kennen. Zum Beispiel ist die Vorliekkurve des Großsegels für das leichte Rigg eines Eintonners von Farr viel größer als für eine robuste Swan 40. Auch die Verteilung der Kurvenhöhen längs der Spiere ist verschieden, selbst bei Schwesterschiffen, d.h. die Kurvenform muß am Rigg maßgenommen werden. Wenn die Vorliekkurve richtig der Biegekurve des Mastes angepaßt ist, funktioniert es folgendermaßen: Ist der Mast gerade, hat das Groß volle Form; wird der Mast gebogen (nach achtern), wird das Segel flacher. Die Erklärung: Ist der Mast gebogen, weist seine größte Durchbiegung in der Mitte zwischen Topp und Deck nach vorn und streckt entsprechend die „Bauchdecke" des Segels.

Ebenfalls bedeutend ist, wo die größte Wölbung über der Segelsehne liegt (Bild 7.1).

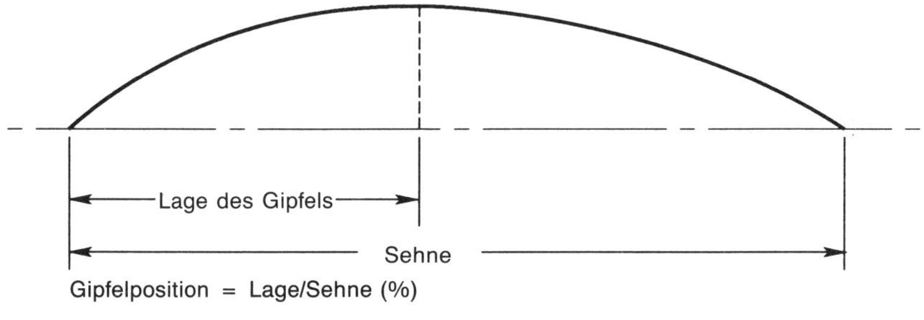

7.1 *Lage des Wölbungsgipfels, Anströmung von links*

Ist sie näher am Vorliek oder am Achterliek zu finden? Dazu wählen wir eine Sehne (Abstand zwischen Vorliek und Achterliek) aus und messen ihre Länge L. Ebenso müssen wir das Wölbungsmaximum auf dieser Sehne bestimmen und den Abstand dieses Maximums vom Vorliek messen (X). Wenn der Quotient aus Sehnenabstand und Sehne (X/L) gleich 0,45 ist, liegt die maximale Wölbungstiefe 45 % hinter dem Mast. Bei einer 3,5 m langen Sehne wären das 1,575 m hinter dem Vorliek (rechnerisch: 0,45 x 3,5m = 1,575 m). Die Profil-

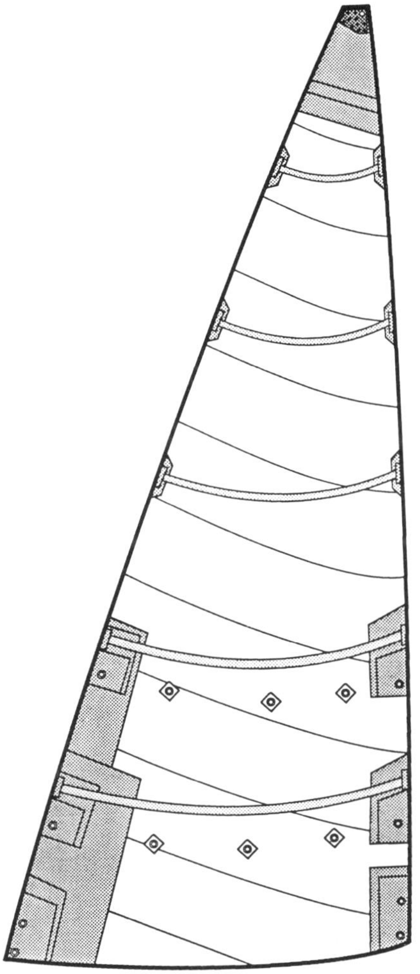

7.2 *Durchgelattetes Großsegel*

tiefe und ihre Position ist für alle Segel ein wichtiges Maß. (Viele Segelmacher verkaufen eine billige, optische Karte, mit der die Bestimmung der Profiltiefe und ihrer Lage einfach ist.)
Die Bahnformen haben in jüngster Zeit ihre Wölbungsmaxima bei 38–48 % der Sehne hinterm Mast. Das Segelende wird dann ziemlich gerade verlaufen. Nach der Aerodynamik aber, wie wir gelernt haben, sollte sich die Strömung an der Leeseite nicht ablösen. Mit dieser Abflachung jedoch wird das Achterliek instabiler und flattert möglicherweise. Beim Großsegel beherrscht man das mit langen, durchgehenden Latten, die auch bei Fahrtenyachten immer beliebter werden (Bild 7.2) — nur sind sie von manchen Rennregeln verboten, besonders IOR.
Die Lattenlänge wirkt so deutlich auf die Festigkeit des Segelendes, daß ein durchgelattetes Polyester-Mylar-Groß durchaus schneller sein kann als ein leichteres, dehnfesteres Kevlar-Groß mit kurzen IOR-Latten. Ein durchgelattetes Dacron für Fahrtenyachten ist schneller als ein Dacron-Renngroß aus Vor-Kevlar-Zeiten und wahrscheinlich schneller als ein schlecht konstruiertes oder gemachtes oder als ein müde gewordenes Kevlar-Segel. Vom Durchlatten reden wir später noch.
Die andere wichtige Sache beim Groß ist die Verwindung (siehe Foto auf Seite 118); warum, haben wir in Kapitel 6 in einem eigenen Abschnitt erwähnt.

Das Renngroßsegel

Die durchschlagenste Änderung beim Renngroßsegel sind Struktur und Bahnenanordnung. Bis 1983 waren quergeschnittene Kevlar-Mylar-Bahnen das häufigste Layout. Das damals verwendete Kevlar-Substrat war in Schußrichtung, quer zum Ballen am kräftigsten. Und um die Kräfte im Segel aufzunehmen, wurden sie quergeschnitten — anders gesagt — mehr oder weniger parallel zum Baum. Das stimmte mit den frühen Spannungsplänen überein. Diese Pläne zeigten die Richtung und Größe der Spannungen in einem Segel und stimmten mit der Vermutung überein, daß diese Spannungen in gerader Linie vom Kopf zum Schothorn parallel zum Achterliek verliefen.
Während des America's Cup 1983 trug *Australia II* jedoch das erste vertikal und mit Radialbahnen zu den Ecken hin geschnittene Großsegel. Die Bahnen waren aus kettorientiertem Kevlar-Tuch. Weil die Hauptstärke des Tuchs in Längsrichtung der Tuchrolle lag, waren senkrechte Bahnen nötig. Fortschritte

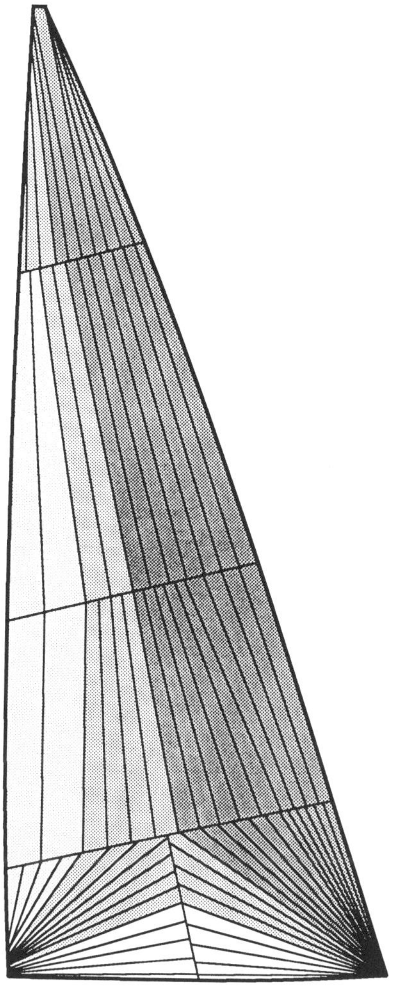

7.3 *Bahnen-Layout eines Maxi-Großsegels. Das weiße Feld ist Sandwich-Mylar; das schattierte Kevlar-Mylar; je dunkler, desto schwereres Tuch.*

in der Computeranalyse zeigten, daß die Hauptspannung nicht vertikal in parallelen Linien vom Kopf zum Schothorn längs dem Achterliek verläuft, sondern daß da auch beachtliche, vom Schothorn radial ausgehende Spannungen sind. So war es zur Radialschotecke gekommen. Mit der Orientierung der größten Tuchfestigkeit in Richtung der auftretenden Hauptspannungen reckt sich das Segel weniger und hält seine konstruierte Form viel längerere Zeit.

Es ist wohl klar, daß solche Anpassung der Tuchfestigkeit an die Hauptbelastung ohne die fleißigen und schnell rechnenden Computer kaum unternommen worden wäre.
Seit 1983 sind die Belastungsanalysen durch Zerlegung und Berechnung immer kleinerer, zusammenhängender Kraftfelder verfeinert und verbessert worden. Es ist die Methode FE, der Finiten Elemente. Man findet sie überall in der Technik, nicht nur bei Segeln. Kennt man Richtung und Kraft der Belastung, kann man gezielt dagegen verstärken. Bei Rennsegeln hat das zu vielen gerichteten Bahnen geführt (Bild 7.3). Ein modernes Segel für einen Eintonner hat heute fast 50 Bahnen, und das ist ganz normal. Freilich sind die tragenden Elemente jetzt mehr die vielen Nähte.

Das Kreuzer-Großsegel

Die erste Frage des Fahrtenseglers an sich selbst lautet: Will ich schnell oder gemütlich segeln? Die Antwort darauf hat bierernsten Einfluß auf die Konstruktion des Großsegels. Ted Hood war für bequem und erfand Mitte der 70er den Stoway Mast, in dessen Innerem eine Wickelspindel zum Aufwickeln des Segels ist. Es ist keine Endschalter-Konstruktion (entweder draußen oder drinnen), sondern man kann das Segel auch teilweise einfahren, also reffen.
Wie beinahe alles in der Segelei hat der Stoway Mast Nachteile: er ist teurer, dicker und schwerer als ein normaler; man kann die Wickelmaschine nicht nachrüsten; man braucht ein Spezialsegel. Er beeinträchtigt die Aerodynamik des Groß mehr als ein normaler Mast — aber das ist noch nicht alles, denn das Segel ist weniger strömungsgünstig konstruiert.
Natürlich können keine Segellatten verwendet werden, und deshalb kann das Achterliek auch nicht ausgerundet sein. Die meisten Riggs dieser Art haben sogar ein eingerundetes Achterliek. Einige haben es mit senkrechten Latten versucht, mit wenig Erfolg. Damit das Einrollen und Reffen einfach funktioniert, müssen Vor- und Fußliek kurz sein. Vieles unterliegt persönlichem Geschmack, aber mit den Stoway und ähnlichen Konstruktionen sind viele schwierige Großsegelkunden gezähmt worden. Wenn einfache Lösungen zum explodierenden Markt für Fahrtenyachten in den letzten zwei Jahrzehnten gesucht waren, dann hat die Segelwickelei, auch für Vorsegel, dazu bestens

beigetragen. Sie hat vieles an Mühen und schwerer Arbeit aus der Segelei beseitigt.

Für den Fahrtensegler, der etwas mehr Arbeit einsetzen will und Spaß an flotter Fahrt und noch ein paar Lebensqualitäten auf See hat, gibt es das relativ neue, durchgelattete Großsegel. Zuerst eroberte es kleine Mehrrümpfer, dann die die großen Ozeane querenden Mehrrumpfrenner und die Segelbretter. In dieser Gesellschaft war das wichtigste Konstruktionsziel Fahrt. Je schneller — desto lieber. Nur mit Langlatten, die sich am Mast abstützen, ist die übergroße Ausrundung des Achterlieks zu verwirklichen, die eine gute Annäherung an die elliptische Flächenform mit gutem Verhältnis von Auftrieb/Widerstand ermöglicht, wie in Kapitel 6 gezeigt. Das ist nur eine andere Art zu sagen, daß solche Segel schneller sind.

Dann entdeckte man weitere, aus dem Lattensegel zu gewinnende Vorzüge. Sie sind am Wind leichter zu trimmen und schneller. Sie sind leiser, sogar wenn man zur Unterstützung in einer Brise motort. Sie schlagen in leichtem Wind viel weniger hin und her, was jedem Segel hart zusetzt — und den Crewnerven auch. Mit den Aussteifungen ist das Segel viel leichter herunterzuholen. Alles in allem wird die Segelei weniger hektisch und das Segel wird haltbarer, weil die Latten nicht mehr in die Lattentaschen drücken, sondern auf den Mast. Auch hier natürlich Nachteile. Die Latten wiegen um so mehr, je länger sie sind. Sie sind schwerer als Segeluch und machen Toplast. So optieren einige Lattensegler für weicheres und leichteres Polester-Mylar, womit das Gewicht auf das von konventionellem Dacron (Diolen) heruntergesetzt ist. Sandwich-Mylar ist ein phantastisches Tuch für den Fahrtensegler. Es ist eine Laminatkonstruktion, die sehr flexibel ist. Das steife Mylar liegt in der Mitte, wo es kaum mit den Biegespannungen zu tun hat. Die Polyestertuche auf beiden Seiten, mit Festigkeit in beiden Webrichtungen, sorgen für gute Reiß-, Berst- und Nahtfestigkeit — alles wichtige Eigenschaften für ein Tuch, das mehrere Saisons halten soll. Die beidseitige Textilkaschierung sieht außerdem wie „ein richtiges“ Segel aus und fühlt sich auch so an.

Ein Nachteil des Lattensegels ist sein nicht geringer Mehrpreis, der jedoch im Vergleich zu einem Rollmast mit Spezialsegel kaum der Rede wert ist. Der Mehrpreis entsteht aus Arbeit und Material. Die Latten sind teuer, und das Segeltaschen-Nähen ist nicht einfach. Spezielle Mastrutscher müssen konstruiert und angebracht werden, damit so ein Lattensegel — ohne zu klemmen und zu kanten — am Mast auf- und niederfährt. Probleme an dieser Mechanik können gefährlich werden.

Die beim patentierten Dutchman vertikal durch das Großsegel geschorenen Leinen laufen zur Großdirk und halten das Segel bei Streichen. Es faltet sich sauber auf dem Baum zusammen. (Foto: Dutchman)

Lattensegel machen der Crew etwas mehr Arbeit und verlangen mehr Geschicklichkeit beim Setzen, Streichen und Reffen. Sie müssen häufig aufgeholt und wieder aufgetucht werden. Und wenn der Unterschied zum Stoway unbedeutend scheint, in der Praxis ist er es sehr wohl. Auch am Ende des Tages, wenn noch die Segelpersenning drüber muß. (Ob der Umgang mit Lattensegel wirklich mehr Arbeit verlangt, darf bezweifelt werden, d. Lektor)
Die altbewährte Reffmethode mit Bändseln ist bei Lattensegeln das Übliche und etwas umständlicher als Stoway und neuerdings Rollreff im Baum. Zwar gibt es ältere und neue Hilfen, wie Lazy Jack, Lazy Mate und den patentierten Dutchman (siehe Foto auf Seite 134), die das Segel einfangen und halten, wenn es herunterkommt, und das Auftuchen wie auch das Reffen erleichtern.
Die dritte Segelwahl ist das einfache Tuchsegel aus Polyethylen, Terylene oder Polyant. An den richtige Stellen verstärkt, für Leute, die nur zum Vergnügen segeln wollen, auch gelegentlich mal um die Wette, denen Ruhm aber gestohlen bleiben kann. Bei ihnen dürfen auch die Latten etwas länger sein, als die Regeln vorschreiben.

Genua-Entwurf

Die Genua ist am Wind das beste aller Segel, soweit der Wind es zuläßt. Sie wird von keinem Mast gestört, und das Groß liefert ihr zusätzlichen Wind und Auftrieb und hilft ihr auch noch bei der Abströmung, damit die Grenzschicht auf ihrer Leeseite nicht müde wird und über sich selbst stolpert.
Vorsegel werden unter vielen Aspekten betrachtet. Einer davon ist die Überlappung (Bild 7.4). Sie wird durch Teilung von LP (die Senkrechte vom Schothorn auf das Vorliek) durch J (Grundlinie des Vorsegeldreiecks) berechnet. Ist zum Beispiel LP = 22 1/2 ft und J = 15 ft, dann bezeichnen wir das Vorsegel als 150 Prozent-Genua.
Vorsegel werden auch numeriert, beginnend mit Nr. 1 für das größte Vorsegel im Stell. Eine Nr. 1-Genua für ein IOR-Boot hat eine 150prozentige Überlappung. Ein solches Boot wird 3 Segel der Nr. 1 an Bord haben: leicht, mittel und schwer, nach Tuchgewicht und flacher werdender Wölbung geordnet. Eine Nr. 2 hat etwa 130 bis 135, selbst 140 Prozent; eine Nr. 3 überlappt 98 % und füllt damit „also“ nicht das Vorsegeldreieck zwischen Vorstag und Mast aus — und ist ein Verstoß gegen die alte Schlitztheorie. Logo?

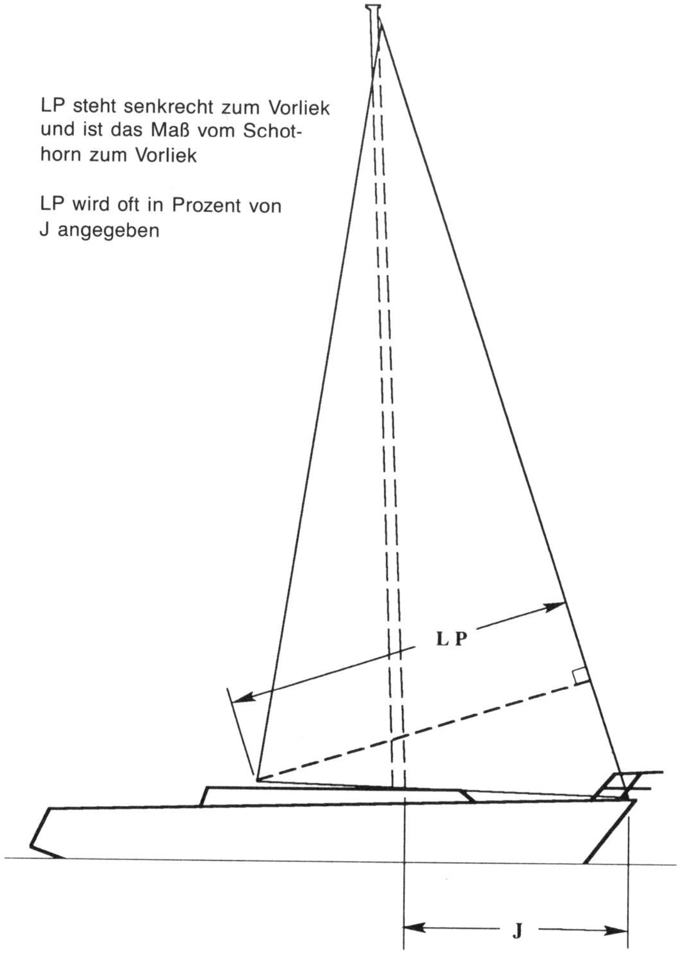

7.4 *Bestimmung des Maßes LP*

Die dritte Weise, ein Vorsegel zu beschreiben, ist seine Streckung (Höhe/Breite). Eine einfache Vorstellung davon ist, die Vorlieklänge durch die Überlappung zu teilen. In der jetztigen Zeit werden die Nummern 1, 2 und 3 bis zum Topp geheißt, haben jedenfalls längeres Vor- als Fußliek. So hat die Nr. 3 die größte Steckung und die Nr. 1 die geringste.

Das Groß wird der Mastbiegung angepaßt, das Vorsegel dem Vorstagdurchhang. Deshalb ist das Vorliek einer Fock nicht gerade, sondern unter Berücksichtigung des Durchhanges an die geschätze Durchhangkurve des Vorstags

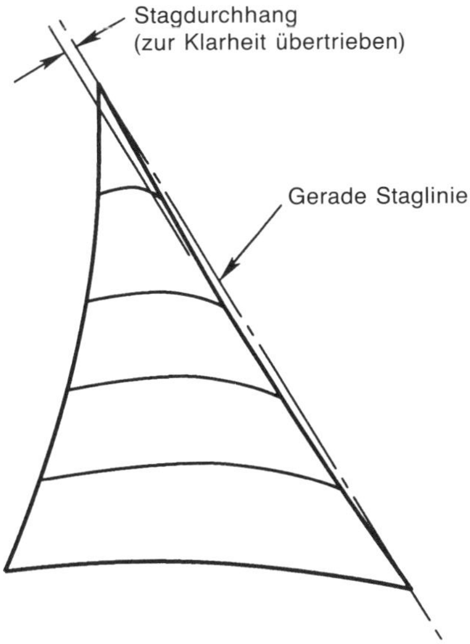

Vorstag sackt unter Wind- und Segellast.

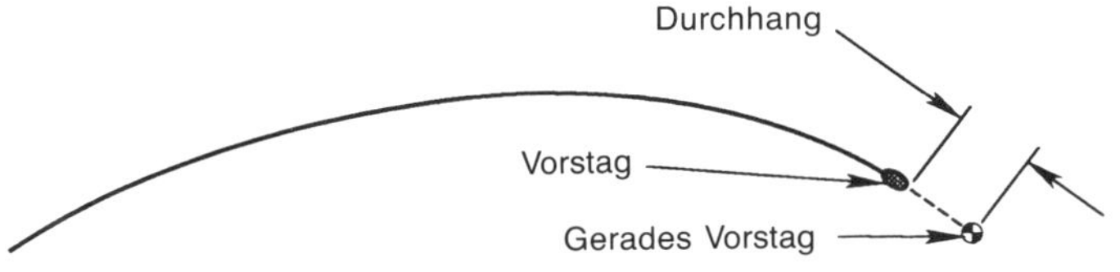

Draufsicht: Das Vorstag hängt in Windrichtung durch.

7.5 *Eine Fock soll dem Stagdurchhang angepaßt sein*

geschnitten. Die Kurve ist eine Funktion der Windstärke und der Kraft des Achterstagspanners. Auch der kräftigste, hydraulische Spanner kann nicht vermeiden, daß das Vorstag etwas nach Lee durchhängt (Bild 7.5). Und das muß beim Segelentwurft berücksichtigt werden.

Eine leichte Nr. 1 hat gewöhnlich mehr Vorliekskurve als eine Starkwind-Nr. 3. Die letztere wird in stärkerem Wind an weiter durchhängendem Stag gesegelt, was das Segel voller macht. Und zwar so: Die drei Ecken des Segels haben feste Abstände voneinander, und wenn das Stag sackt, wird mehr Material in die Front des Segels gedrückt und macht es voller, was das genaue

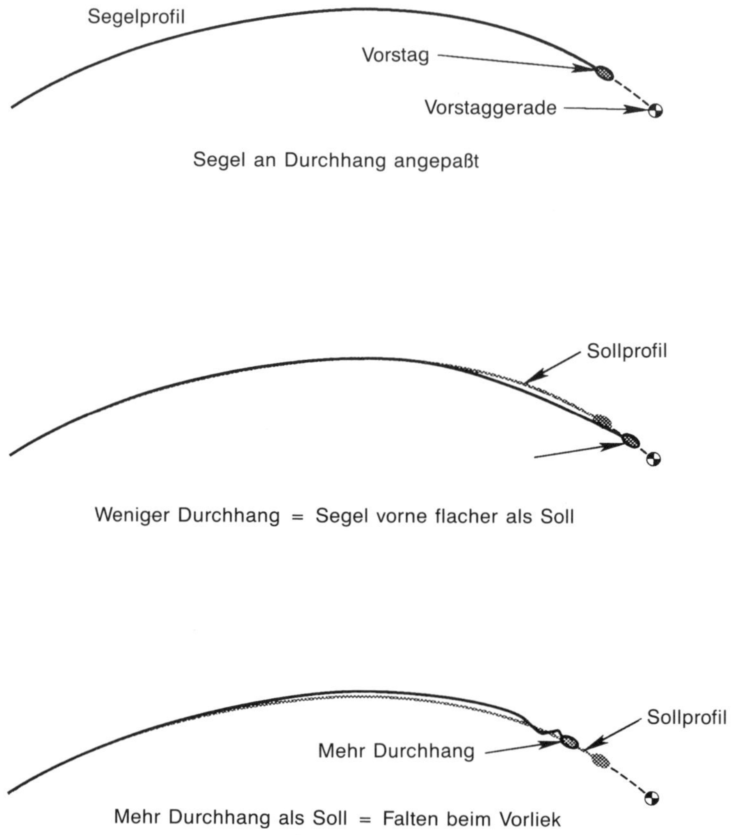

7.6 *Wenn Vorliek und Stag zusammenpassen, und wenn nicht*

Gegenteil des bei starkem Wind Gewünschtem ist. Um Nr. 3 flach zu halten, muß Luvkurve weggenommen werden.

Weicht der Vorstagdurchhang von der Segelkonstruktion ab, wird die Segelform entweder flacher oder voller, als entworfen. Hängt das Vorstag weniger durch, als angenommen, wird das Segel besonders im vorderen Teil flacher — und umgekehrt, wenn es mehr durchhängt (Bild 7.6). Wie in Kapitel 9 gezeigt wird, ist zuweilen mehr Durchhang vorteilhaft, wenn ein flaches Segel in einem für den es nicht gedachten Windbereich arbeiten muß oder wenn Extraleistung zum Durchfahren einer Nachdünung gebraucht wird.

Die Rennfock

Besonders bei Rennyachten sollte das Schothorn der Fock so niedrig über Deck wie möglich sein — 15 bis 30 cm — um die Entstehung induzierten Widerstandes an den Endflächen zu vermeiden. Aus gleichem Grund werden Segel mit größerer Streckung gefertigt und benutzt (Bild 7.7). Der gute Einfluß großer Streckung wurde in der Segelei — anders als in der Segelfliegerei — erst spät bewußt, und seitdem erst wird die Fock 3 bis zum Topp geheißt und überlappt nicht mehr. Davor war die Heiß 80 % und das Groß wurde überlappt. Wenn es um Fahrt geht, und darum geht's ja wohl bei Rennyachten, dann sind hohe Fockschothörner einfach nicht sinnvoll.

Die Form einer typischen Fock 1 hat ihre Wölbungsmaximum bei etwa 40–45 % der Sehnenlänge von vorn, und die Wölbungstiefe variiert zwischen 15–18 % der Sehnenlänge, je nach Einsatz, Verdrängung und Schotwinkel. Die Profiltiefe ist das Verhältnis aus gemessenem Wölbungsmaximum f und der

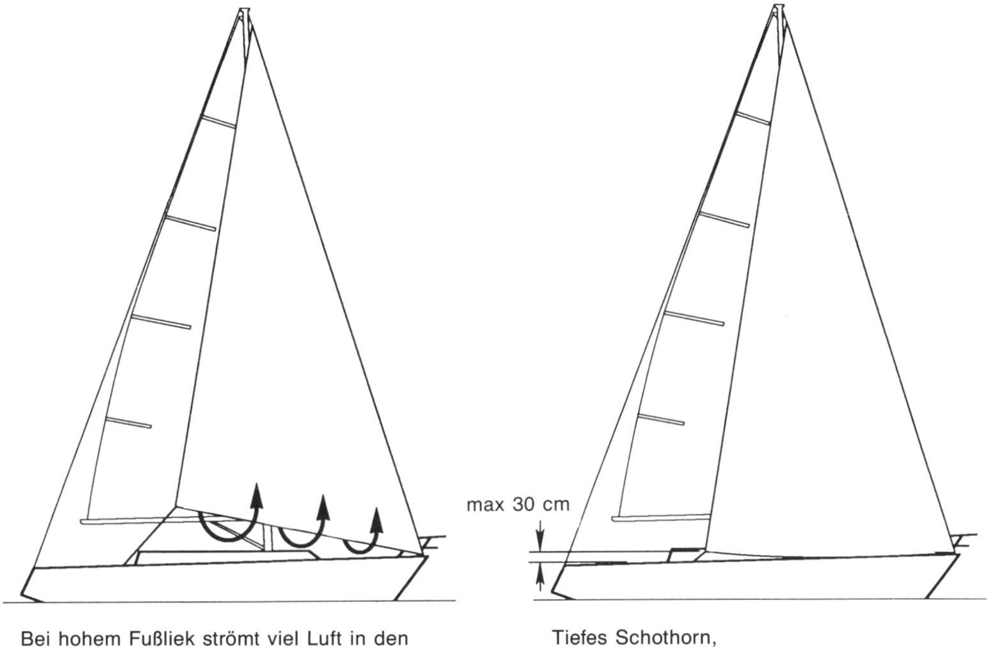

Bei hohem Fußliek strömt viel Luft in den Leesog, erhöhter induzierter Widerstand

Tiefes Schothorn, Deck wirkt als Endplatte

7.7 Wirkung der Fußliekhöhe bei der Genua

Fast so bemerkenswert wie die ungewöhnliche Kielflosse der Australia II *(KA-6) waren ihre vertikal konstruierten Segel. Hier segelt sie im Training für America's Cup 1983.* Australias *Schwerwetter-Genua ist aus kettorientiertem Kevlar-Mylar. Beachte auch die Radialstruktur an Hals und Schothorn.*

(Foto: North Sails, Inc.)

Sehnenlänge l; also f/l = Tiefe (in Prozent). Da bei starkem Wind flachere Segel bevorzugt werden, hat eine Fock 3 weniger Tiefe als eine Nr. 1. Die Position der Profiltiefe liegt bei 40 % der Sehnenlänge — oder etwas weiter nach vorne. Das Wölbungmaximum variiert, weil in starken Winden, wenn die Nr. 3 gesegelt wird, das Vorstag stärker durchhängt und das Tuch mehr reckt. Dabei wandert der Wölbungsgipfel einer Nr. 3 etwas nach rückwärts, bleibt aber im Wirkungsbereich.

Das Bahnenlayout einer Genua ist dem eines modernen Groß ähnlich: vertikaler Schnitt mit radialen Ecken. Das war auch zum ersten Mal bei der *Australia II* zu sehen. Ihrer Kielflosse wurde zu Recht wohl die meiste Beachtung geschenkt, aber die von Tom Schnackenberg bei North Sails konstruierten Segel waren auch eine Revolution (siehe Foto). Die meisten der auf der *Liberty* gefahrenen Vorsegel hatten schußorientierte Querbahnen (siehe Foto).

Der Hauptvorteil vertikaler Bahnen ist, daß man „aufsteigend" konstruieren kann, wobei das stärkste und schwerste Tuch aus Kevlar-Mylar in die Hochlastzone des Segels beim Achterliek kommt. Das schafft eine kettorientiere Bahn mit Leichtigkeit. Mit schußorientierten Querbahnen ist solche höherstufende Konstruktion viel schwieriger; man braucht mehrere verschiedene Bahnen und Nähte.
Deshalb sind seit 1983 die meisten Rennsegel vertikal geschnitten und hauptsächlich aus kettorientiertem Kevlar. Die stark belastete Achterliekzone ist aus schwerstem Kevlar, wie auch die stark belasteten Kopf und Schotzonen. Diese Segel bestehen in der Mitte aus leichtem Kevlar, und wo der Wind weniger hart zupackt, wie im Vorderteil, wird Sandwich-Mylar verwendet, das bei gleichem Tuchgewicht nicht so fest wie Kevlar ist, aber auch nicht zu sein braucht. Diese strukturell angepaßte Konstruktion ist leichter, fester und viel wirkungsvoller.

Fock und Groß der Liberty *sind quergeschnitten.* (Foto: North Sails, Inc.)

Wegen der feststellbaren, großen Belastungen am Kopfbrett und Schothorn bekommt eine Genua in diesen Zonen kräftige Verstärkungen. Am Halsbrett sind sie weniger kräftig, aber auch nötig.

Das Schothorn einer gering gestreckten Genua 1 wird deutlich an Radialbahnen befestigt, weil die Schot zur Mitte des Segels weist. Die hohen Belastungen wirken auch in weiter vom Achterliek entfernte Zonen, deswegen ist die Radialkonstruktion bei diesem Segel von Vorteil. Andererseits sind die großen Kräfte bei einer gestreckten Fock 3 senkrechter, also auch die Bahnen. Bild 7.8 zeigt, wie sich die Bauarten der Vorsegel in etwas mehr als einem Jahrzehnt geändert haben.

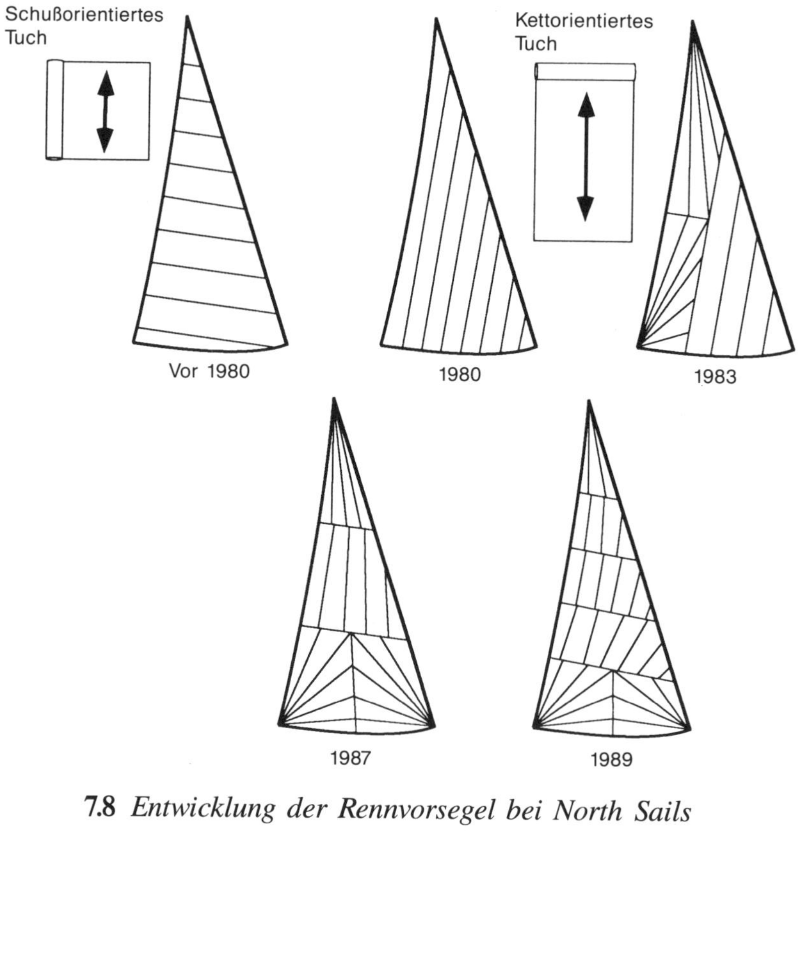

7.8 *Entwicklung der Rennvorsegel bei North Sails*

Das Fahrten-Vorsegel

Kaum ein Wunder, das vertikal geschnittene Segel für Rennsegler war auch eine Verbesserung für Fahrtensegler. Auch sie wählen der Belastung angepaßte Tücher mit nach Spannung orientierter Kettrichtung, mit kräftigen Bahnen an Achter- und Fußlieken und mit leichteren Tüchern für die geringeren Belastungen am Vorliek. (Bild 7.9). Auch der Fahrtensegler verlangt jetzt ein kräftigeres und dabei leichteres Segel mit einem größeren Einsatzspektrum, ähnlich dem Groß; nicht so schwer, daß es in 5kn Wind wie ein Feudel hängt, und nicht

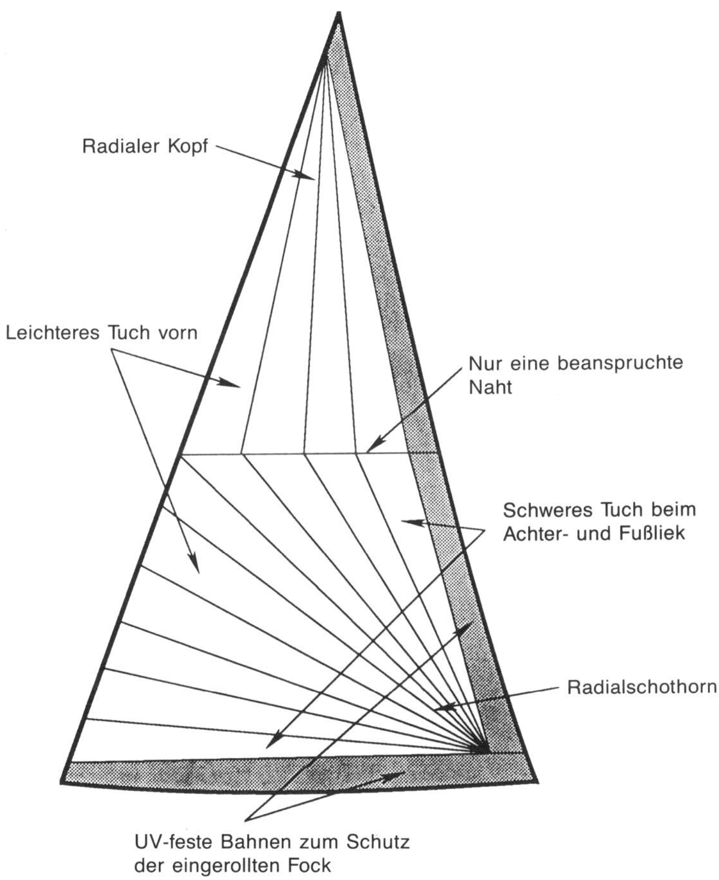

7.9 *Moderne Fahrten-Genua*

so zart, daß es bei 30 kn aus den Lieken fetzt. So eine Kreuzung ist nur mit gestufter Festigkeit machbar.

Die vertikale Konstruktion bietet beim Rollreff noch den Vorteil, daß die Achterliek- und Fußliekbahnen aus UV-festem Tuch gemacht werden können. Bei Horizontalbahnen muß eine besondere UV-Schutzbahn an das Achterliek angenäht werden, was zusätzliches, in leichtem Wind wenig geschätztes Gewicht ist. Wenn Sie mit einer Rollreffvorrichtung segeln, sollten Fuß- bzw. Achterliek an der Reffpunkten auch verstärkt sein, da dort erhebliche Spannungen auftreten.

Solche hochtechnischen Fahrtensegel können aus kettorientiertem Polyestertuch oder neuem, weichem Sandwich-Mylar gemacht sein. Das Problem beim Sandwich-Tuch ist jedoch, daß es gewoben ist (Kapitel 3) und also Kräuselung in der Kettrichtung und damit mehr Reck in allen Richtungen hat. Bewahrung der Form ist beim Segeln am Wind aber sehr wichtig, und der Fahrtenskipper wird da wohl nicht die letzten 5 ° Höhe kneifen wollen, um das Tuch zu schonen, denn Sandwich-Mylar-Segel kosten etwa 10 % mehr als Dacron- oder andere Gewebe-Segel. Weiches Sandwich-Mylar ist nur halb so dehnbar wie traditionell gewobenes Gewebetuch, zudem ein Viertel so dehnbar wie kettorientiertes Gewebetuch und wiegt 20 % weniger.

Erleichterung der Segelbedienung hat bei Kreuzervorsegeln erheblichen Einfluß auf die Konstruktion. Während beim Großsegel Rollreffen und -auftuchen noch relativ neu sind, hat es Rollfocks seit 1930 gegeben; zufriedenstellend reffbare zwar erst seit Mitte der 70er Jahre. Es ist die Form, besonders die Mitte des Segels, die das Reffen verkompliziert. Das gereffte Segel neigt zum Beuteln — was das Gegenteil dessen ist, weswegen man refft. Der erste Versuch, das Problem in den Griff zu kriegen, waren flachere Segel. Gerefft waren sie etwas besser, ausgerefft schlechter. Weil die meisten Segler in den meisten Revieren die meiste Zeit mit ausgerefften Vorsegeln segeln, war das nicht akzeptabel.

Der nächste Schritt war, die Vorsegelauflage mit einem speziell zugeschnittenen Vorsegel zu vermählen. Das ins Auge springende Detail ist ein spindelförmiges, an das Vorliek gepapptes Schaumstück, das mehr vom Segelbauch aufwickelt. Das Resultat ist ein glatter gewickeltes oder gerefftes Vorsegel.

Rollreffs verlangen jedoch Kompromisse beim Segelentwurf. Weil die Wirbel des Rollmechanismus oben und unten Platz brauchen, müssen bis zu 46 cm Vorliek geopfert werden, was bei einem 10,50 m Boot kein kleines Opfer ist. Eine „Deckwischerfock" ist nicht möglich. Anderseits ist die Sicht nach Lee

voraus viel besser, und eine aufs Vordeck steigende See wird nicht von der Fock eingefangen und in die Plicht geleitet. Überdies, wenn ein Deckabstand an der Keuz auch nachteilig ist, bei raumen bis achterlichen Winden hat er Vorteile. Für Fahrtenskipper, die auch gerne mal Regatten segeln, gibt es Rollstagen, die man zu Regatten leicht wegnehmen kann, um eine Deckputzgenua zu fahren.
Die meisten Fahrtensegler sind aber wohl ganz glücklich mit horizontal geschneiderten Vor- und Großsegeln aus gewebtem Polyester, das, wie gezeigt wurde, ziemlich dehnbar ist. Gewebe-Segel werden für die Mitte des vorgesehenen Windbereichs konstruiert. Bei weniger Wind sind sie eine Idee zu flach und bei mehr eine Idee zu voll. Das ist für den normalen Fahrtensegler durchaus annehmbar.
Einige argumentieren, die Dehnbarkeit von Dacron sei die letzte Hoffnung, denn mit einem ausgelatschten Dacron könne man immer noch segeln, wenn auch nicht so hoch am Wind. Ein überdehntes Sandwich-Mylar gehe zwar eher zu Bruch, sei aber auch langlebiger. Dafür gibt es keine stichhaltigen Beweise.

Spinnaker-Entwürfe

Spinnaker Entwürfe sind zu solchen für dreieckige Segel ein himmelweiter Unterschied. Der augenfällige: diese Vorwindsegel sind Freiflieger. Der traditionelle Spinnaker ist symmetrisch bezüglich einer von oben nach unten verlaufenden Mittellinie. Aber heute werden auf Fahrten- und selbst einigen Rennyachten asymmetrische Vorwind- und Raumwindsegel gefahren.
Es gibt drei Sorten symmetrischer Spinnaker: Renner (runner), Raumwinder (reacher) und Allzweck-Spi (all-purpose) — die eingeklammerten Ausdrücke sind auch bei uns gebräuchlich. Dem Zuschauer mögen solche Unterscheidungen als Pedanterie erscheinen. Aber diese kleinen Unterschiede erzeugen große bezüglich Stabilität und Leistung.
Sehen wir uns zuerst den Renner an. Aerodynamisch muß er ein ausgesprochender Widerstandmacher sein. Seine quer zum Wind gestellte Fläche ist, was zählt. Je mehr Wind er stoppt, um so besser. Die größte Quer-Fläche ist ein Rechteck. Interessanter Weise verbietet keine Rennregel rechteckige Spinnaker. Es ist aber etwas in den Naturgesetzen, das es unmöglich macht, solch ein Segel fliegen zu lassen — außer an einer Querrah, aber die verbieten alle

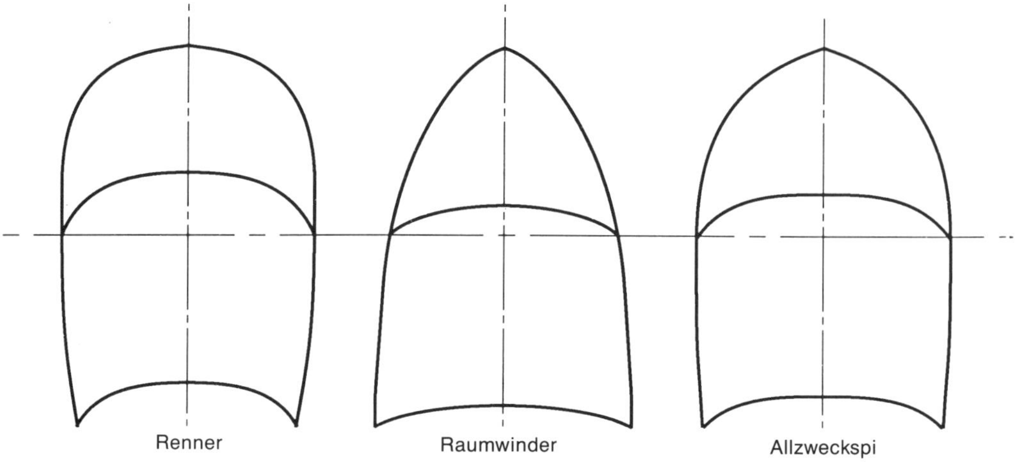

7.10 *Typen der Rennspinnaker*

modernen Rennregeln. Deshalb ist er ein gezwungenes Dreieck, das krumme Seiten in der oberen Hälfte hat. So wird die Quer-Fläche möglichst groß und rechteckähnlich. Ein Kompromiß zwischen Drei- und Viereck.
Ein Raumwindspinnaker wirkt mehr wie eine Turbinenschaufel, die auch Auftrieb entwickelt. Er ist so geformt, daß er die Entwicklung und Erhaltung einer anliegenden Strömung und Zirkulation begünstigt. Dieses Segel hat eine verminderte Mittelbreite und erreicht eine maximale Weite unterhalb des Mittelpunktes des Segels.
Der Allzweckspi liegt irgendwo zwischen diesen beiden und ist erwartungsgemäß ein Kompromiß — entweder aus Sparsamkeit oder Bequemlichkeit. Seine größte Weite liegt etwa oder genau in der Mitte. (Die drei Renntypen sind in Bild 7.10 gezeigt.)
Die Belastung aller drei Spinnakertypen ist viel geringer als bei einer leichten Genua am Wind, denn am Wind addieren sich vektoriell wahrer Wind und Fahrtwind. Ab halbem scheinbaren Wind aber wird der Fahrtwind vektoriell vom wahren Wind abgezogen. Dadurch weht es nicht mehr so stramm in die Segel.
Eine Nr. 1-Genua braucht Gewebe-Mylar von 220 g/m^2 oder Dacron von 1545 g/m^2 für 20 kn Wind. Ein Vorwindsegel, wenn es nicht bis an die äußerste Grenze des Raumkurses gefahren wird, kommt in 20 kn Wind mit Nylon von 24,5 g/m^2 bis 108 g/m^2 aus. Wegen ihres geringen Gewichts und der kaum belasteten Luvkante sind die Spinnaker sehr effektive Segel.

Anfangs 1970 wurde entdeckt, daß die Spannungen in den Spinnakcrn radial von den Ecken ausgehen. Damit wurden diese Segel die ersten mit Radialkonstruktion. Im nachhinein wundert es einen, daß die Segelmacher so lange brauchten, bis sie erkannten, daß auch bei den anderen Segeln sich die Kräfte radial von den Ecken aus in das Tuch ausbreiten und Radialkonstruktion allgemein vorteilhaft ist. Bei Spinnakern sind die Hauptspannungszonen bei der Luv- und der Leecke. Beim Raumsegeln werden die Spannungen an der Luvkante durch das dynamische Druckgefälle über der Segelfläche verursacht. Im Prinzip nicht anders als bei Schratsegeln am Wind. Während die Spannung an der Leekante hauptsächlich vom Schotzug ausgeht. Die drei Spinnakerecken werden durch Tuchunterlagen verstärkt.

Der Blister

Der Blister ist den vorstehend beschriebenen sehr ähnlich, nur daß er asymetrisch ist. Sein Wölbungsgipfel liegt bei 40 % der Sehnenlänge hinter der Anströmkante. Weil er asymmetrisch ist, kann er nur so gesegelt werden, daß die konstruktiv zum Vorliek bestimmte Kante auch angeströmt wird. Es ist also ein sehr voll geschnittenes Schratsegel.
Von dieser Art gibt es zwei Typen: den „genuaähnlichen" und den „spinnakerähnlichen". Das Vorliek des genuaähnlichen Segels wird meist in der Keep des Stagprofils gefahren, womit viele Spinnakerprobleme eliminiert oder umgangen werden. In der Gebrauchsbeschreibung steht wahrscheinlich, daß dieses Segel mehr ein Reacher als ein Spinnaker ist. Das spinnakerähnliche Segel wird frei fliegend gefahren wie ein Spinnaker, nur nicht an einem Baum, (platt vorm Wind wird gern eine Baum benutzt) und hat viel mehr Fläche und volleren Kopf als das genuaähnliche. Auch es ist vielseitiger als ein echter Spi und ein guter Renner und leidlicher Reacher. Fast ausschließlich werden diese Segel aus einem Schlauch gesetzt und geborgen. Bild 7.11 zeigt die beiden.
Fahrtenskipper, denen zusätzliche Arbeit und Ausrüstung und gelegentliche Wuhlings egal sind, werden wohl den richtigen, symmetrischen Spi wählen. Er ist der beste Renner. Aber als Reacher taugt er weniger als die anderen, die wiederum handiger sind. Sollte man nun zwei asymmetrische oder einen Allzweck-Spi nehmen? Schwere Wahl.
Rennyachten segeln fast nie platt vorm Wind, sondern spitz raumschots, weil das schneller, auch über Grund, ist. Sie müssen halsen, kommen aber schnel-

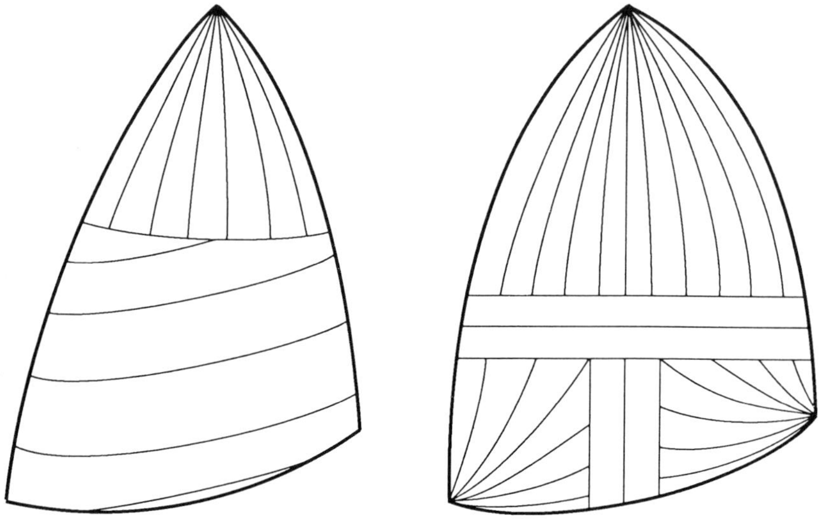

7.11 *Blister. Links genuaähnlich, rechts spinnakerähnlich, beide asymmetrisch*

ler beim Leefaß an. Mit der großen Geschwindigkeit geht der scheinbare Wind so weit nach vorn, daß Segeln mit dem (scheinbaren) Wind von achtern zu den Seltenheiten gehört. Der Reacher ist voller als eine Genua und hat einen höhereren Hals über Deck. Das macht ihn zu einem sehr wirksamen Segel für hoch voll und bei.

KAPITEL 8

Segel aus Theorie und Tuch

Nun, da wir uns mit der Theorie der Segelkonstruktion etwas bekanntgemacht haben, ist es ganz nützlich, uns anzusehen, wie das alles in einer Segelmacherei funktioniert. Die „Macherei“ müßte heute besser „Fabrik“ genannt werden, einige sogar high-tech-Schuppen oder noch was Respekvolleres.
Die Konstruktions- und Fertigungsmethoden bei North werden hier nur als Beispiel geschildert, weil nach meiner Auffassung dieser Betrieb zu einem der höchstentwickelten und damit interessantesten gehört und weil ich ihn am besten kenne. Der hohe Stand der Technik dort wird auch anderswo immer verbreiteter. Es muß gesagt werden, daß alle Segelmacher mit denselben Aufgaben zu tun haben, und die können auf dem Schnürboden, der Rückseite eines Briefumschlags oder mit Computern gemacht werden.
Bei North wurden Segelentwurf und Segelfertigung in den frühen 70ern durch Heiner Meldner und dann Tom Schnackenberg mit Computern auf die Reihe gebracht. Schnackenberg brach 1974 seine Doktorarbeit als Kernphysiker ab und schrieb für North eine Software zur Berechnung der Breitnähte. Mit ihr erreicht man bestimmte Segelwölbungen. Die Software bekam den Namen „Blechsegelprogramm“. Es setzte den Designer in die Lage, beliebig viele Bahnen in jeglicher Richtung über das angestrebte und gemallte Profil zu legen. Gestaltungsfreiheit und Kontrolle waren die Geschenke des Programms für den Segelentwurf. Der Designer bekam die Freiheit, mit dem Profil zu experimentieren. Gleichzeitig konnte er den Fertigungsprozeß kontrollieren und einen erfolgreichen Entwurf wiederholen.
In Vorcomputerzeiten gab es keine Garantie, daß ein erfolgreicher Entwurf duplizierbar war. Jedes Segel war mehr oder weniger ein Unikat — ein Schuß ins Dunkel.

Tom Schnackenberg schrieb das „Blechsegelprogramm“, das die Computerei beim Segelmachen beschleunigte. Er war auch Konstrukteur der neuartigen Segel der Australia II *(Foto S. 140).*

(Foto: North Sails, Inc.)

Früher gab nur eine Wiederholung dem Designer einen quantitaviven Vergleich zwischen zwei ausgeführten Segeln. Angenommen, er hatte durch Inspiration oder Transpiration ein großartiges Segel geschaffen. Da er wußte, wie er es entworfen hatte und, ebenso wichtig, wie es gebaut worden war, konnte er den Entwurf wiederholen. Dabei konnten Einzelheiten wie Vorderkante oder Nahtkurve geändert, gebaut und mit dem Original oder einer Blaupause davon verglichen werden. Erwies sich die neue Vorderkante im Test als schneller, konnte man auch dieses Segel wieder kopieren, etwas variieren und testen. Und so weiter. Mehr als alles andere brachte diese umständliche und teure Methode die Segelmacher auf den analytischen Kurs.
Die ersten Programme fuhren (für 1000 $/h) auf Großcomputern, sogenannten Mainframes. Mit der raschen Entwicklung der persönlichen Computer (PC) zu außerordentlich leistungsfähigen Arbeitsplatz-Maschinen wurde auch die Konstruktionssoftware flexibler als zuvor.
An dieser Stelle könnte der Wochenend-Segler fragen, was der Computerentwurf mit ihm zu tun habe. Nun, mit seiner Hilfe sind die Segel wirksamer, leichter, kräftiger, handiger und dauerhafter geworden. Darüber wird kaum

noch diskutiert, weil das Leben auf dem Wasser damit so viel leichter geworden ist. Wenn die Gründe noch nicht reichen, so bedenke man, daß CAD und CAM oder CIM die Segel beträchtlich billiger gemacht haben. Trotz Inflation haben Segel heute eine merklich kleinere Zahl auf dem Preisschild als vor zehn oder zwanzig Jahren — vieles dank der durch Computer möglichen besseren Betriebswirtschaft.

CAD-CAM-Verfahren sieht man heute bei allen führenden Segelmachern. Das jüngste Verfahren bei North Sails wurde von Michael Richelsen entwickelt und beginnt mit dem Entwurf-Programm, genannt „Mold“. Dieses enthält die Beschreibung vieler Segelprofile, die auf dem Wasser getestet und im Computer optimiert wurden. Man kann es als eine Entwurfs-Bibliothek oder Datenbank mit den Maßen der besten Segel bezeichnen. Der Designer wählt zunächst eine gespeicherte Form (ein Mold) aus und bringt sie in Relation zu den festen Maßen des Bootes, z.B. dem P-Maß aus dem Abstand zwischen Baumlümmel und dem schwarzen Markierungsband am Kopf des Mastes (Höhe des normal durchgesetzten Groß) und dem E-Maß vom Hals bis zum Markierungsband am Ende des Baumes. (Später darüber mehr.) Die Daten kommen dann in ein weiteres Programm, „Flow“ genannt. Dieses Programm simuliert einen Windkanal und bringt den Segelentwurf in Relation zu einem

Michael Richelsen schrieb die Computerprogramme Mold, Flow *und* Membrane.
(Foto: Michael Levitt)

Das Programm Flow *simuliert einen Windkanal und kalkuliert die Winddruckverteilung auf dem Segel mit verschiedenen Farben. Der Konstrukteur kann so die Segel an das Boot anpassen.* (Foto: North Sails, Inc.)

bestimmten Boot. Wenn der Computer sagt, daß diese spezielle Nr. 3 das Boot zu sehr krängt, kann der Druckpunkt geändert werden oder das Segel flacher gezeichnet werden oder ein ebenfalls flacheres aus der Datenbank genommen werden. Wenn jedoch „Flow" das Segel als gut bezeichnet, kommt es in die Bibliothek als ein neues Mold. „Flow" berücksichtigt nicht die Verformung durch Winddruck oder durch Dehnung.

„Membrane" heißt ein drittes Programm, das die Formänderungen durch den Einfluß der Luftkräfte und Tuchfestigkeit zeigt. Dazu wird das Segel zuerst in tausend kleine Dreiecke aufgeteilt, die dann unter Last die Kräfte unter sich und am Ende das Segel verformend weiterreichen. — Diese Schnipsel heißen in der Computersprache: Finite Elemente (FE). Der PC berechnet die Summe der Änderungen der FE und damit die Änderung der Segelform. Das kann graphisch auf dem Bildschirm oder Plotter dargestellt oder numerisch gespeichert

werden. Der PC könnte zum Beispiel dann sagen, das Achterliek ist nun 40 mm länger, das Vorliek 25 mm länger und die Wölbung 2 % größer geworden. „Membrane" erstellt belastungsabhängige Formänderungsdiagramme oder -karten, nach denen der Konstrukteur das Bahnenlayout den aerodynamischen Kräften der „Flow"-Berechnungen anpassen kann.
Wie gesagt hat das nun verformte Segel eine andere Form, die wieder in „Mold" beschrieben und dann durch „Flow" und „Membrane" geschickt wird, so oft wie nötig. Es entsteht eine Iterationsschleife, die eine Stunde, eine Nacht oder auch eine Woche laufen kann, bis der Konstrukteur zufrieden ist. Von „Mold" kann er sich ein Bild auf dem Monitor ausgeben lassen, es von allen Seite betrachten und, weil das Bild Punkt für Punkt in mathematischen Koordinaten elektronisch gespeichert ist, kann nach „Mold" auch produziert werden.
Nachdem die äußere Form in „Mold" feststeht, kann sie in Bahnen zerlegt werden, was das Programm „Meshgen" (Maschengenerator) besorgt. Der Konstrukteur kann das Segel in verschiedene Abschnitte aufteilen und diese wiederum in Felder. Dabei hat er völlige Freiheit über die Form der Felder. Das Ziel dieser Arbeit ist, die festen Fäden in den Bahnen zu den Hauptbelastungen in dem Segel auszurichten. Das Programm gibt gleich die Naht- und Rundungszuschläge für die Breitnähte zur Erzeugung der Wölbung hinzu. Die Sektionen werden vom PC der Reihe nach numeriert, wie die Manuskriptblätter zu diesem Buch. Die Breite der Bahnen kann so breit sein wie der Tuchballen, von dem sie stammen.
Das Segel ist nun in einen Haufen ebener Tuchstücke zerlegt. Die nächste Aufgabe ist, dieses Schnittmuster so auf die jeweilige Tuchbahn zu plazieren, daß möglichst wenig Verschnitt entsteht, daß aber auch die Orientierung von Kette und Schuß stimmt. Das besorgt das Programm „Prepare" (Vorbereitung). Danach ist die Konstruktionsarbeit fertig. „Prepare" gibt die X/Y-Koordinaten aus, mit denen der Plotter/Schneider gesteuert wird, der die Bahnen auf das Segeltuch zeichnet, beziehungsweise aus ihm ausschneidet. Die Kurven werden entweder mit Kreismessern oder mit einem Laser geschnitten. Die Flußdiagramme für die Programme, mit denen konstruiert und zugeschnitten wird, sind in Bild 8.1 und 8.2 gezeigt.
So verläuft die Konstruktion eines Segels. Das Programmlisting der Fabrikationsanweisungen füllt eine 3 Meter lange Papierbahn. Der Computer druckt auf Wunsch diese Menge Papier aus, so daß der Herstellungsprozeß Schritt für Schritt kontrolliert werden kann.

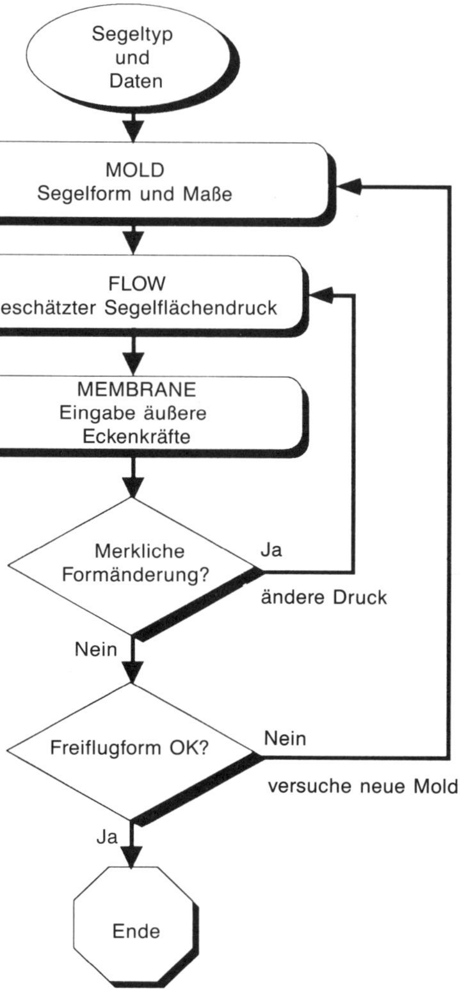

8.1 *Das CAD-Flußdiagramm von North Sails*

Ehe Kreismesser oder Laser dem Tuch aufs Fell rücken, rollt der Arbeiter an der Schneidemaschine das Tuch aus und sucht es gründlich nach Fehlern ab. Solche sind: Farbänderungen, überzählige Fäden, Webkantenfehler, insbesondere Verwerfungen, Buckel, Löcher und Fremdeinschlüsse. Das alles schließt das betreffende Tuchstück aus. Wenn möglich, wird es umfahren, sonst herausgeschnitten. Manchmal wird die ganze Ware verworfen, weil sie nicht der

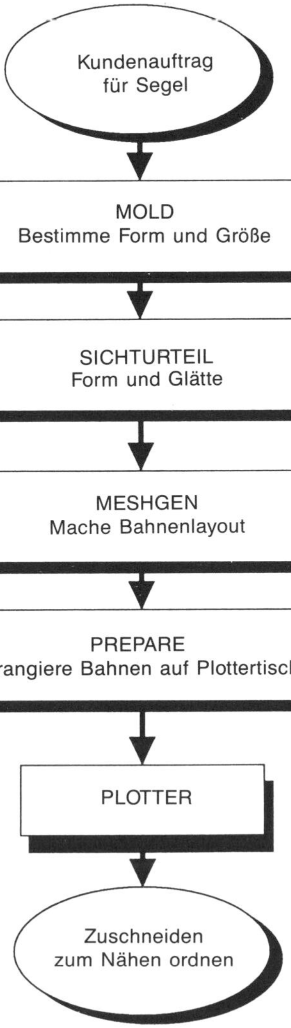

8.2 *CAM-Flußdiagramm von North Sails*

Bestellung entspricht. Die Ware ist schon auf ihre Dehnfestigkeit geprüft, aber man kann nicht alles vorher entdecken. Dann macht sich die Schneidemaschine unter Aufsicht des Computers an die Arbeit. Das fertig zugeschnittene Segel könnte aus zehn unterschiedlichen Tuchgewichten und Sorten und 90 Einzelteilen bestehen, die alle präzise zusammengenäht werden müssen. Bevor die dreieckigen Bahnen für die radialen Partien an Hals und Schothorn,

sie heißen bei uns Radialzwickel, zusammengenäht werden, werden sie mit 1 mm Toleranz zusammengeklebt. Die neuen Kleber sind gegen Scherkräfte sehr widerstandsfähig. Die Verklebungen können aber leicht wieder auseinandergepellt werden. So kann eine Klebung, mit der der Konstrukteur nicht happy ist, gelöst und neu zusammengeklebt, aber nicht verschoben werden. Natürlich sind die Klebungen auch eine große Erleicherung für Näher und Näherinnen.
Die Nähmaschinen sind nicht zu vergleichen mit Heimmaschinen. Sie können so teuer sein wie ein Auto mit ebensovielen Besonderheiten. Während z.B. eine Heimmaschine 850–1.200 Stiche pro Minute schafft, sticht die des Segelmachers bis zu 7.500 mal in der Minute zu. Das Segel wird mit der gewünschten Geschwindigkeit durch die Maschine gejagt. Dazu sind die Nähfäden geschmiert, und die Nadel wird luftgekühlt. Das ist nötig, denn zur Penetration von etwa 12,5 mm dickem mehrlagigem Kevlar eines Radialschotzwickels gehört die Energie einer Pistolenkugel vom Kaliber 5,6 mm. Kevlar wird in kugelsicheren Westen verwendet. Die Kühlung soll Garnrisse und -versengungen verhüten und die Verkettung mitten in der Naht sicherstellen, wo sie am besten vor Verschleiß geschützt ist.
Bei der Radialkonstruktion des Segels sind die stärksten Fäden nach den Spannungen im Segel ausgerichtet, aber irgendwo im Segel treffen sich die Radialen. Diese Nähte sind zwar für die Form des Segels unwichtig. Sie liegen aber in Zonen, wo die Bahnen in die andere spannungskonforme Richtung gedreht werden müssen. Die Festigkeit dieser Verbindungsnähte ist kritisch; sie halten das Segel zusammen oder nicht. Diese Nähte werden zusätzlich verklebt und dann mit bis zu fünf Reihen kräftigem Zickzackstich zusammengehalten.
Vorstehend ist beschrieben, was der Segelmacher das Layout nennt, und wenn es fertig ist, hat das Segel Fenster, Profilstreifen, Lattentaschen und seine Besonderheiten. Aber noch braucht es Verstärkungsflicken. Die heutigen Radialflicken, die wie die Radialzwickel den Spannungen gemäß orientiert sein müssen, werden so sanft wie möglich auf das Segel aufgeklebt, um eine leichtes, starkes und flexibles *Knotenblech* (analog Stahlbau) zu bilden, das die angreifenden Kräfte der Schot, des Falls und Halses flächig in das Segel verteilt. Die Übereinstimmung der mechanischen Eigenschaften von Flicken und Segel ist wichtig, damit in der Verbindung keine Spannungspitzen entstehen. Viele Segelmacher machen da noch Fehler, indem sie Flicken aus Tuchresten — oder gar Leder — mit anderer Dehnzahl einsetzen.
Die vorletzte Arbeit ist das Nähen, und diese Kunst ist am leichtesten zu beurteilen, weil man jeden Stich sehen und seine Spannung erkennen kann. Ein gut

genähtes Segel ist in jeder Naht perfekt, auch wenn es 200 kg wiegt und Ecken hat, die allein 13 mm dick sind. Es muß alles zu den Edelstahl- oder Titanbeschlägen passen, an denen mit bis zu 110 kN gezerrt wird.
Der letzte Schritt bei der Herstellung eines Segels ist Handwerk — ein uraltes mit Segelhandschuh, Nadel und gewachstem Segelgarn, wie es schon die Phöniker kannten. Es sind die hydraulisch eingepreßten Zahnringkauschen und der Polyester-Grummetstropp mit Kevlarseele hinzugekommen. In der Werkstatt werden Kauschen, Gatchen, Kopfbrett, Schothorn, Halsbeschlag, Lattentaschen, Windfäden usw. angebracht und noch einmal geprüft, ob alles noch mit dem Computerausdruck übereinstimmt. Ob das Segel dann auch ein Erfolg ist, das zeigt sich erst, wenn es am Boot im freien Wind „fliegt."

Wunsch und Wirklichkeit

Was der Segelmacher auf dem Schnürboden oder dem Monitor seines Computers sieht, ist nicht genau das, was man dann am Boot sieht. Selbst mit dem ausgeklügelsten Programm ist es noch ein weiter Sprung von der Fabrik in die Wirklichkeit, von der konstruierten Form in die frei fliegende.
Es sind sehr viele Variablen im Spiel. Die Winddrücke und Fallkräfte können sich ändern. Die Genuaform wird vom Holepunkt der Schot und dem Durchhang des Vorstags beeinflußt; das Großsegel von Mastbiegung, Travellerstellung, Unterliekstrecker, Cunningham und Baumniederholer. Die Bahnorientierungen, die gegenseitige Beeinflussung von Vor- und Großsegel spielen im freien Wind auch ihre Rolle. Zudem sind selbst Schwesterboote einer Einheitsklasse so wenig genau gleich wie eineiige Zwillinge, und nirgends lassen sich zwei gleiche Trimmer finden. Schließlich werden Segel von Menschen zusammengesetzt, und die haben gute und schlechte Tage. (Davon reden wir noch.)
Diese Zusammenhänge sind so kompliziert, daß in den letzten Jahren spezielle Computerprogramme zu ihrem besseren Verständnis entwickelt wurden. Wenn diese Beziehungen klar erkannt sein werden, wenn zwischen dem, was der Monitor zeigt, und dem, was da durch den Wind zieht, kein Unterschied mehr ist, wird die Segelkonstruktion eine viel exaktere Wissenschaft sein. Computerleute nennen das WYSIWYG, die Abkürzung von „What you see is what you get" (Was Du siehst, ist, was Du kriegst).
Die Verkleinerung der Iterationsschleifen beim Entwurf über die Fabrikation bis zum Einsatz an Bord ist eine lohnende Zielsetzung für Segelmacher. Man

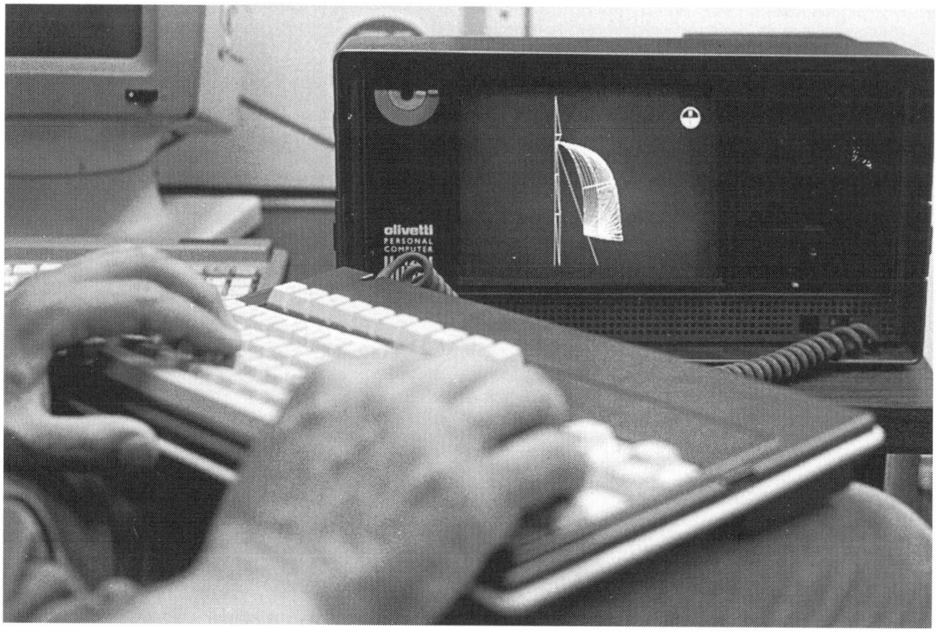

Der aussichtsreichste Weg zum Fortschritt könnte in der Überbrückung der Differenz zwischen der Form im Computer und der Form des Segels im freien Wind zu finden sein. (Foto: North Sails, Inc.)

macht es ja laufend durch bessere Hilfsmittel, verbesserte Software und Photogrammetrie an Bord. Bei der Photogrammetrie wird mit mehreren Kameras das Segel aus allen wichtigen Blickwinkeln fotografiert, und die Aufnahmen dann in digitalisierte Bilder umgewandelt. So kann man hunderte Bilder aus der Wirklichkeit zu einem oder einigen statistisch gesicherten Durchschnittsbildern vereinigen und mit denen in „Mold" gespeicherten vergleichen, nach möglichen Gesetzmäßigkeiten forschen oder wenigstens Näherungsformeln dafür entwickeln. Die Computer machen's möglich.

Wir nennen die Differenz zwischen Computer-Entwurf und Wirklichkeit, frei aus der Ballistik, „aimoff" (Streuwinkel). Ziel aller Mühen ist es, Größe und Tendenz solcher Aimoffs kennen und womöglich auch verkleinern zu lernen; auf null. Dann wäre das, was der Designer auf seinem Bildschirm sieht und was Sie an Bord bekommen, dasselbe.

Aufgrund der Computertechnik befinden wir uns nicht nur in einer neuen Vermessungstechnik, sondern reden über Segel auch in einer neuen Sprache. Wir fangen an, uns für die wahre Gestalt der Segel zu interessieren; nicht mehr nur für Umriß, Wölbung und Druckpunkt.

Eine neue Fachsprache

Die traditionelle Segelmachersprache spricht von Krümmung. Sie beschreibt eine Kurve mit den Begriffen Wölbungstiefe und Sehnenlänge. Die neue Sprache spricht von den festen Beträgen eines gesamten Segelprofils. Der Segelmacher teilt dem Computer den Betrag der Wölbung — und zwar für die verschiedensten Abschnitte eines Segels — mit. Dieses repräsentiert einen revolutionären Unterschied. Das Neue ist besser als eine reine Beurteilung mit den Augen. Gute Segler und Segelmacher beurteilten mit den Augen und sagten: „Das ist zu voll (bzw. zu flach). Das benötigt mehr Profil im Vorliek und weniger hinten". Wir versuchen nun, von diesen Begriffen „mehr" oder „weniger" weg zu exakten Aussagen über jeden Bereich des Segels zu kommen. Wenn sich dieses — was aussichtsreich und möglich ist — einstellt, werden die Segelmacher eines Tages sagen: „Wir sollten hinten eine Wölbung von 0,55 statt 0,6 nehmen."
Derzeit ist das Problem noch, daß wir zweidimensional über einen dreidimensionalen Gegenstand sprechen. Das ist wie, wenn ein perfekt in Deutsch denkender Mensch mit etwas Kenntnis in Spanisch einer Schönen aus Boltaña erklärt, daß er mit ihr nach Amerika segeln will, um sie in San Reno zu heiraten. Eines Tages — vielleicht schon bald — sprechen wir über Kurven in einer drei-dimensionalen Sprache, um ein drei-dimensionales Phänomen — wie das Segel — exakt zu beschreiben.

Ein Qualitätsstandard

In der CAD-Vorzeit gab es für einen Segelmacher keinen Ersatz für das Studium tausender, wenn nicht zehntausender Segel. Selbst heute basiert ein höherer Rang als Segelmacher auf viel Eigenerfahrung mit vielen Stunden auf dem Wasser. Es ist eine zeitraubende Suche nach der perfekten Tragflügelform. Ich selbst habe noch kein perfektes Segel entworfen, wohl glücklicherweise ein paar sehr gute, vielleicht sogar großartige. Eins der besten war ein Spinnaker

für die *Freedom* von Dennis Conner; es war schnell genug, um 1980 bei der Verteidigung des America's Cup zu helfen. Es half mir und der Firma, bei der ich angestellt war, über den America's Cup und bei großer Segelkonjunktur ins Geschäft zu kommen.
Yachtkonstrukteure haben ihre Lieblingsboote und Segelkonstrukteure ihre Lieblingssegel. Jener Spinnaker war wichtig für mich, und an ihn denke ich immer, wenn ich all die anderen entwerfe. Das kam so: Meine Bekanntschaft mit Denis Conner, die nun in das fünfte America's Cup gegangen ist, begann mit einem Anmacheanruf. Ohne Aufforderung, völlig nervös, rief ich ihn im November 1978 an: „Sie müssen unsere Segel zum nächsten America's Cup an Bord Ihrer *Freedom* haben." Er stelzte keine Worte: „Nichts da", sagte er freundlich, und wir quatschten eine halbe Stunde über seine Pläne für 1980. Bevor ich auflegte, sagte ich ihm, daß ich ihn weiterhin mit Segelverkauf nerven würde. Weil auch er ein Verkäufer ist, hat er mir das vielleicht nicht krummgenommen. Etwa einen Monat später rief er zurück und lud mich ein, auf seinem Versuchskaninchen *Enterprise* zu segeln. Ich fühlte mich geschmeichelt — und hatte dennoch kein Interesse, weil ich nicht erkennen konnte, wie ich auf dem zweiten Boot mit zweiter Mannschaft für unsere Company Segel auf einen America-Cupper verkaufen sollte — was doch so wichtig ist und so wenige Segelmacher zuwege bringen.
Ich traf Conner einige Monate später beim Southern Ocean Racing Circuit, den Winterrennen in Florida und damals auf den Bahamas. Er fragte mich, wo ich hinginge, und ich antwortete: „Heim nach Connecticut". „Gut", bemerkte er, „ich komme vorbei." „Was meinen Sie damit?" „Wo wohnen Sie denn? Ich besuche Sie", sagte er. Wir flogen gemeinsam, und er versuchte, mich zu überreden, seine *Freedom* zu skippern. Am Ende des Fluges hatte er mich weich, eben ein guter Verkäufer. In den folgenden zehn Jahren haben wir gemeinsam einige, sehr große Rennen gewonnen und verloren — und wurden gute Freunde. Das war persönlich und geschäftlich der beste Flug meines Lebens.
Nachdem ich sein Sparringsboot den Sommer 1979 lang geführt hatte, schien Conner mit mir zufrieden zu sein, denn er warf mir den sprichwörtlichen Knochen hin. Ich sollte ihm ein Segel machen — *eins.* Sobstad hatte einen sehr talentierten Designer, Peter Wheeler, und wir beide ahnten für unsere und der Firma Zukunft, daß dies die erste und einzige Chance war einzusteigen. Ich wußte genau, was ich wollte, denn die Spinnaker, die ich auf der *Freedom* gesehen hatte, waren schlecht. Wir hatten ein paar Notizen auf legale Art gemacht, schrieben ein paar Maße für Mittelnaht, Gurtweite und Kopfwinkel auf und

bauten den „Fallschirm." Das Erstaunliche war, er war schneller als die Spinnaker Conners. Wir wechselten ihn hin und her, und wo er war, war auch das Boot schneller. Mit ihm zeigte die olle *Enterprise* der *Freedom* den Spiegel. Ich verhandelte und wandelte dieses Segel in einen richtigen Spinnakerauftrag von Conner um, und mich selbst brachte ich von meiner Nebenrolle auf *Enterprise* in einen Trimmerposten auf *Freedom* zum America's Cup 1980. Das lustige an diesem Spi ist, daß wir ihn nie verbessern konnten. Wir haben wahrscheinlich niemals einen gleichwertigen gemacht. Die späteren waren vermutlich gut — jedenfalls gut genug, um im America's Cup 4 : 1 gegen die sehr flotte *Australia I* mit ihrem Biegemast zu gewinnen. Nur so schnell wie der erste Spi waren sie nicht.

Die Moral dieser Geschichte ist, daß dieser Spinnaker in vieler Hinsicht die beste, wenn nicht die perfekte Vor-Wind-Form war und wohl noch ist. Für mich ist er der, mit dem ich alle anderen Spis vergleiche. Wann immer ich einen Spi entwerfe, ist es seine Flugform, an die ich denke. Aber die Grundfrage für den Konstrukteur ist oder sollte sein: Wie kriegst du die Flugform aus Nummern und Skizzen auf einem Stück Papier hin, oder in neuer Zeit auf dem Bildschirm eines Computers? Die Tatsache, daß wir keinen zweiten ebenso gut hinkriegten, zeigt, wie schwierig das war, besonders vor der Computerzeit.

Die Unfähigkeit, *Freedoms* Spinnaker zu duplizieren, zeigt, wie schwierig es für Menschen ist, eine Anzahl komplexer Kurven handwerklich exakt zu wiederholen. Dazu braucht man lange, biegsame Latten, und es ist sehr, sehr schwer, sie so wieder hinzulegen wie vor vier Monaten ober bei den 45 Spinnakern vorher. Auch enge Toleranzen haben Spielraum mit erheblichen Folgen, wie in Kapitel 11 gezeigt wird. Ein weiteres Problem ist, daß Leute zum Korrigieren neigen. Sie sind keine Maschinen, sondern schöpferisch im guten wie im schlechten, meist mit guter Absicht. Exakt sture Kopien sind die Stärke des Computers.

Segelkonstrukteur und Maschine

Seit 1983 sind Computer bei den Anforderungen an den Segelmacher immer hilfreicher geworden. Immer konnte er etwas mehr und besser als Menschen, aber wie bei der Satellitennavigation kontra Sextant hat der Aufstieg des einen nie den anderen ganz überflüssig gemacht. Eine kleine oder mittlere Segelma-

cherei mit begabten Leuten kann gute Arbeit leisten; für eine begrenzte Zahl von Booten oder Klassen — möglicherweise sogar bessere als die großen Firmen, die nach Segeln für alle — vom Surfbrett bis zur Maxiyacht — gefragt werden. Sie halten Segeldesign ohne Computer für schwierig.
Man kann von der Vorhut-Technologie leicht geblendet werden, aber in der Segelmacherei ist der Wald weitaus wichtiger als die Bäume. Die Segel im Wind sind die Hauptsache; nicht die Werkzeuge und Mittel zu ihrer Konstruktion und Herstellung. Segelmacherei ohne Computer lebt noch — und nicht schlecht — an vorderster Front vom Sport. Wenn ich da gelegentlich Zweifel hatte, wurde es mir in Perth wieder gezeigt, als Dennis Conner 1987 mit seiner *Stars & Stripes* America's Cup unter Gebrauch einiger WeBe-Segel gewann. WeBe, kaum ein Markenname, war die Kurzform von WeBeGe, der um Conners Yacht gescharten Gruppe aus einer handvoll talentierter Segelgurus, wie Bill Peterson mit technischer Rückkopplung zu Tom Marshall, meinem Vorpräsidenten bei North und Chef des Konstruktionsbüros, natürlich der Segler Dennis Conner, Bill Trenkle und John Wright und ich, um ein paar zu nennen. Es war sicherlich die eigenartigste und schöpferischste Organisation, die je einer America-Cup-Yacht zum Ruhm verholfen hat. Aus WeBe (Abk. von We be guessing = wir vermuten) wurde dann WeBeGood (= wir sind gut).
WeBe entstand so: Während der Vorbeitungen mit Dennis Conner zu den Rennen 1986/87 bekam ich einen Brief von meinem Partner bei Sobstad Sails, es sei Zeit, daß sich unsere Wege trennen. Wir hatten zu gleichen Teilen Aktien der Firma, und er hatte ein Familienmitglied, das auch welche hatte. Mit dem gemeinsam konnte er mich überstimmen.
Zu der Zeit war es für mich die dritte Aktion als Segler und Segelmacher beim America's Cup. Das war sicher gut für unser Geschäft, aber nicht für unser partnerschaftliches Verhältnis. Er sah mich wohl ganz im Schein von Glanz und Gloria und sich selbst daheim bei all den Schularbeiten. Das mußte ihm mißfallen. Das sah ich ein, aber es war nicht leicht, in den Griff zu bekommen. Ich versuchte immer, ihn einzubinden, ihn zum Mitsegeln zu bewegen, aber das klappte nie richtig.
Weil die Verbindung zwischen Sobstad und Connecticut so schwierig war, kaufte Conner immer mehr bei North Sails in San Diego. Er tat sowieso nie alle Eier in nur einen Korb. WeBe wurde auf sein Ersuchen hin gebildet, und das war wie ein Haus bauen. Wir notierten jede relevante Zahl und Beschreibung: Vorderkanterundung, Fußkurve, Achterkantenrundung, Dehnzahlen, Bahnenlayout und Nahtformung. Das hatte gar nichts mit CAD zu tun.

Es machte Spaß, wieder in Entwurf und Herstellung aufzugehen. Zuvor war ich mehr mit der Politik des Ereignisses beschäftigt — Dennis happy halten, den Partner happy machen — und ich hatte nie richtig Zeit für Segelkreationen. Mit WeBe waren am Ende einige Goßsegel und die meisten der Genuas entstanden, mit denen wir den Cup aus Australien zurückholten.

Dennis beschrieb es freundlich: „Wie sich so ergab, erhaschten wir einen großen Sieg, nachdem es erst nach den Fängen einer Niederlage ausgesehen hatte. Toms Trennung von Sobstad hatte sich zu unserem Vorteil ausgewirkt. Egal was wir anpackten, es wandelte sich zu Gold. Wirklich, Tom Whidden erneuerte nicht nur unser Segelstell, sondern bekam bald eine Offerte, sich als Präsident mit seinem bisherigen Feind North zu verbünden..."

Nur wenig wußte ich, was dabei am Ende für mich herauskommen würde.

Was ich mit dieser Geschichte sagen will, ist, daß der Computer eine beachtliche Hilfe beim Segelmachen ist, aber keine unentbehrliche. Ohne Computer konnte WeBe die vielleicht besten 12-Meter-Segel in Perth machen. Viele auf Produktlücken ausgerichtete Segelmachereien machen mit nicht mehr als langen Straklatten, guten Gehilfen und geübten Augen außergewöhnlich gute Segel, auch heute im Computerzeitalter. Es gilt für alle: Segelmachen ist eine Kunst und eine Wissenschaft.

Regeln und Ausnahmen

Hinter dem Beruf Segelmacher steckt ein Mensch, der Experte in Aerodynamik, Textiltechnik, Mechanik und Statik und hier und da auch in Computertechnik ist und handwerkliche Fähigkeiten, wie nähen und Ringe einpressen, beherrscht. Dieser Mensch sollte auch ein fähiger Segler sein, eng mit vielen Typen von Booten vertraut und, ebenso wichtig, flexibel genug sein, um nicht von einer Windänderung sofort aus der Bahn geschmissen zu werden. Viele dieser Disziplinen und Techniken bleiben ein lebenslanges Studium. Die Berufbeschreibung wird zudem durch jede Anzahl Ausnahmen und Variablen kompliziert. Zum Beispiel die bekannte Tatsache, daß kein Boot wie das andere ist — auch bei Serienbooten aus Kunststoff nicht. Auch Segeltuch ist nicht einheitlich. Auch werden Segel von Menschen zusammengesetzt, und die sind alle unterschiedlich und haben zudem ihre guten und schlechten Tage. So ist eben die Werkstatt eines Segelmachers ein Analogon zu einem Karten- oder

Schachspiel — jedes Mal mit anderen Vorgaben, Zufällen, Witterungen und, und, und.
Ein typisches Beispiel dafür ist die Varianz im Segeltuch. Es kann sich dehnen, schrumpfen und verzerren. Damit meinen wir nicht, Diolen schrumpft mehr als Polyester-Mylar, sondern die Dehnzahlen unterscheiden sich von einer Partie zur nächsten — bei gleicher Tuchart. Also muß sowas immer geprüft, festgestellt und bei der Konstruktion berücksichtigt werden. Man kann auch kein Haus mit Balken bauen, deren Tragkraft und Biegefestigkeit man nicht kennt, zumindest kein gutes.
Und denken Sie an das Rigg. Was Segelmacher sehr bald erfahren, ist, wie unterschiedlich Masten sind, selbst die für dieselben Boote vom selben Mastbauer. Ein gutes Segel an einem ungenormten Mast ist wahrscheinlich ein ganz anderes Lebewesen. Die Mastfüße von Schwesterbooten und die von Klassebooten haben oft nur minimal verschiedene Positionen, die sich aber nicht unerheblich auf ein und dasselbe Segel auswirken. Ebenso ist die Intensität der Masttrimmung von Boot zu Boot unterschiedlich. All diese Aspekte machen Segeldesign erfolgreicher oder weniger erfolgreich.

Vermessen Sie Ihr Boot

Das hat praktische Bedeutung für den Segler und auch den Segelmacher. Weil kein Boot dem anderen gleicht, bedeutet das, daß jedes Segel Maßkleidung ist oder wenigstens Maßkonfektion sein sollte. Bei der Bestellung eines Segels muß Ihr Segelmacher etwas mehr erfahren, als daß Sie eine Puddlejumper 35 haben. Ebensogut könnten Sie telefonisch bei einem Schneider, der Sie nicht kennt, sagen, er solle Ihnen einen Büroanzug Größe 52 machen und zuschicken. Ihre Chance, einen tadellos sitzenden zu bekommen, ist dünn.
Sollte Ihr Boot nach einer Rennformel vermessen sein, kann der Segelmacher viel von dem, was er braucht, aus dem Meßbrief und dem Rennwert erfahren. Wenn nicht, sollte Ihr Boot vermaßt werden — und zwar gründlich und richtig. Bedauerlicherweise darf man nicht erwarten, daß die Angaben und Zeichnungen der Werft und des Konstrukteurs auch für das eigene Boot stimmen.

Vor der Bestellung von Segeln

1. Bestimme mit einem Maßband die Höhe des Mastes über Deck und nenne das Maß *I*.
2. Bestimme die Vorlieklänge des Groß (Abstand von der Baumoberkante am Baumlümmel bis zum schwarzen Markierungsband am Masttop); Maß *P*.
3. Bestimme die Unterlieklänge des Groß (Abstand von der Masthinterkante bis zum schwarzen Markierungsband an der Baumnock); Maß *E*.
4. Bestimme die Vorstaglänge; Maß *LL*.
5. Messe und notiere die Höhe der Salinge über Deck und ihre Länge, eventuell V-Winkel (damit die Schamfilflicken an die richtige Stelle kommen).
6. Bestimme den Winkel der Vorschotleitschienen (siehe nächstes Kapitel). Beschreibe und messe den Fockhalsbeschlag. Beschreibe die Konstruktion des Fock-Rollreffs und des Vorstagprofils, falls vorhanden, und notiere die Herstellerfirmen.
7. Bestimme den Mastfall. Befestige dazu am Großfall ein Gewicht und messe, wie weit achterlich vom Mast das Fall den Baum schneidet.
8. Beschreibe dem Segelmacher, wie das Groß gerefft wird — eventuell mit einer Rollvorrichtung am oder im Mast bzw. um den Baum. Dazu ist die Höhe des Baumlümmels über Deck wichtig.
9. Erkläre, wie die Segel eingesetzt werden — nur bei Regatten, bei Regatten und auf Fahrten, nur Wochenendfahrten, auf See oder Binnen. Jeder Einsatz verlangt besondere Segel.
10. Und schließlich: Reicht das Geld?

Es hilft dem Segelmacher auch, wenn Sie ihm etwas über die Fähigkeiten Ihrer Crew erzählen oder ob Sie unterbemannt segeln wollen, wobei Ihnen Lazy Jacks und Vorliekhilfen an den Vorsegeln willkommen sein könnten. Ähnlich wie beim Auto, gibt es eine Menge Optionen, z.B. UV- und Schamfilschutz. All das kann die Segel haltbarer und das Segeln sicherer, einfacher und heiterer machen. Viele Segelmacher haben Fragebögen, und es wäre gut, wenn Sie davon gleich eine Kopie für's nächste Mal machten.

Erfahrung macht den Meister

Das Hauptvermögen, das ein Segelmacher in die Firma steckt, sind seine Erfahrung und Kenntnisse aus erster Hand, wie z.B. verschiedene Segel auf einem bestimmten Boot wirken. Der Segelmacher muß zum Beispiel die Stabilität einer Puddlejumper 35 kennen. Im besten Fall ist das nicht ein vom Yachtkonstrukteur vorgegebener Kennwert, sondern ein erprobter Wert aus dem eigenen Umgang mit dem Boot. Er sagt, wie das Boot bei dieser und jener Segelführung in den verschiedenen Windverhältnissen krängt. Ebenso braucht der Segelmacher eigene Kenntnisse, wie weit sich der Mast biegen läßt, und was bei diesem Bootstyp üblich ist.

Seglerfreundliche Segel

Eine andere Variable, die des Segelmachers Arbeit kompliziert macht, ist die bedauerliche Erfahrung, daß es keine genormten Segeltrimmer gibt. Er mag ein perfektes Segel ausliefern, und dann gerät es in die Hände einer Person, die ganz andere Vorstellungen hat, wie ein Segel stehen muß.
Die Tatsache, daß Trimmer und Crews nicht von denselben Eltern stammen, hat zur Entwicklung „verbraucherfreundlicher" Segel geführt — besser, schneller und leicht aus dem Sack heraus zu gebrauchen. Die neuen Materialien haben dazu wesentlich beigetragen. Da man bisher Weichem Festigkeit gegeben hat, ist mit den neuen Tuchen die exakte Form leichter zu halten. Man braucht die Strippen nicht mehr mit der Präzision des seligen Gitarristen Andrés Segovia zu ziehen, um solche Segel schnell zu machen. In Wirklichkeit verlangen dehnbare Polyestersegel mehr technischen Grips für beste Leistung als das hochmoderne Zeug.

Gute Fachkräfte

Selbst in den modernsten Segelmachereien hört das Computern nach dem Zuschnitt auf, und der Segelkonstrukteur ist ab der Stelle, an der die Näherei beginnt, nicht besser als die Mitarbeiter in der Näherei und bei der übrigen Handarbeit, wo die Preßringe, Zwickelverstärkungen, Kopfbretter, Fenster, Kopf, Hals, Schothorn und Reffgatchen angebracht werden. Ungeschickte

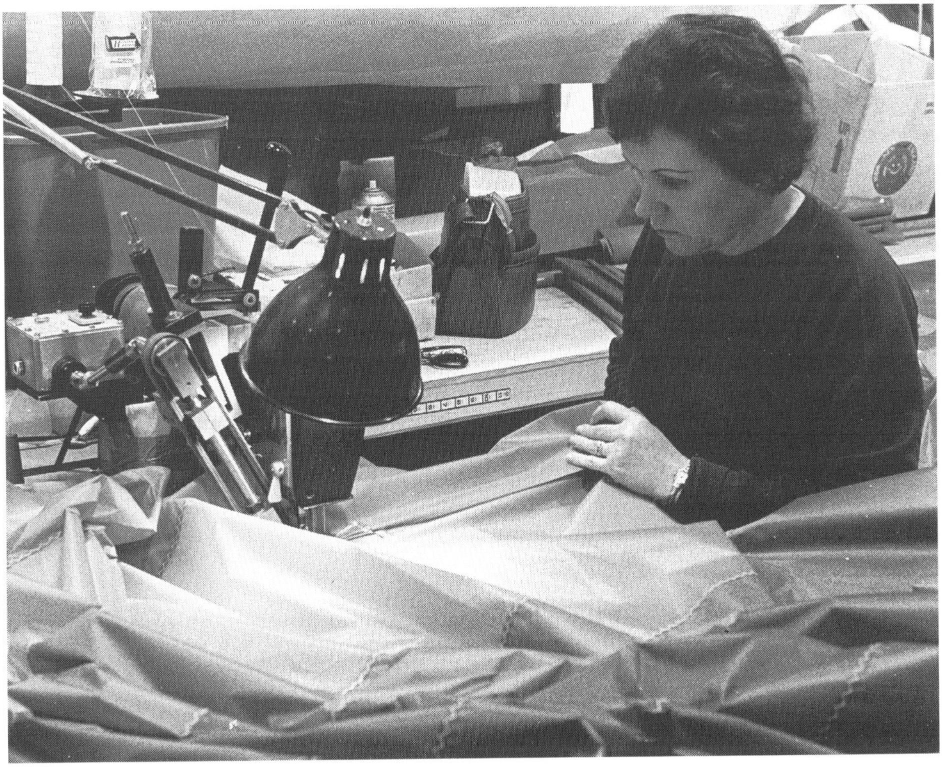

Trotz Weltraumtechnologie, kein Segel wird besser, als es seine Näherinnen und Handwerkerinnen anfertigen. (Foto: Michael Levitt)

Hände können ein Segel ruinieren, selbst die Firma — und zwar so schnell wie ein Computervirus ein teures Programm. Deshalb ist es wichtig, daß eine Segelmacherei eine gute Fertigungsplanung, -anlage und -kontrolle hat. Das ist kein Mißtrauen, sondern Hilfe. Die Arbeit ist anstrengend. Es gilt, einen Ermüdeten zu erkennen und für eine Pause aus der Fertigung zu nehmen, denn dieser Mensch produziert garantiert Ausschuß.

In diesem Kapitel haben Sie gesehen, daß der Spielplatz für die Segelmacher vielfältig ist und die Spielregeln sich dauernd ändern. Die Aufgabe gleicht einer Regatta in schralem Wind. Wer dabei das meiste richtig macht, gewinnt gewöhnlich auch. Der Segelmacher, der am meisten weiß und alles ein bißchen besser macht — von der Aerodynamik, der Konstruktion, dem Zusammenbau, bei den letzten Arbeiten und mit Hingabe für Qualität — und dabei beweglich für wirkliche Windänderungen bleibt, wird für Sie vermutlich die beste Arbeit machen.

KAPITEL 9

Vorsegel

Ob Sie mit ihrem Boot Regatta- oder Fahrtensegeln betreiben, vieles des Grundwissens über Form und Trimm der Vorsegel gilt für beides und ist für eine verblüffend große Palette von Bootsgrößen gültig. Es gibt Ausnahmen — die deutlichsten bei den Einheitsklassen — aber die Grundprinzipien bleiben beinahe immer gleich. Die Einheitsklassen reichen von Gleitjollen, wie dem Laser, bis zu Kielyachten und zeigen eine erstaunliche Vielfalt. Wir beschränken uns im Folgenden auf Vorsegel seegehender Yachten, damit es nicht unnötig kompliziert wird.

Wölbung

Die Wölbung oder Tiefe des Segels ist die primär wichtigste Überlegung bei Konstruktionsbeginn. Gemeint ist der Wölbungsscheitel, der symmetrisch zur Profilsehne, aber auch vorlich oder achterlich liegen kann; das Profil ist dann kein Kreisbogen, sondern eine andere Kurve. Die Wölbung ist der Quotient aus der Tiefe des Segels und der Sehne an einer bestimmten Höhe des Segels. Man zieht also eine Sehne vom Vorliek horizontal zum Achterliek und ermittelt die maximale Tiefe senkrecht zu dieser Sehne. Die Division dieser beiden Werte ergibt einen Dezimalbruch. Z.B. 20 cm Tiefe bei 250 cm Sehne ergibt 0,08. Das entspricht 8 % Wölbung.
Es gibt keine Idealwölbung für alle Windstärken und -richtungen, Seegänge und -richtungen und Boote. Es gibt aber optimale Wölbungen für jedes Zehntel

Windstärke, nur führt solche Pingeligkeit in die Irre (oder Kohle). Vollere (tiefere) Segel entwickeln mehr Kraft. Sie beschleunigen besser nach einer Wende. Es sei denn, sie verbrauchen zuviel Kraft für die Krängung. Mehr Vortrieb macht ein Boot auch wendiger und weniger stampfempfindlich. Das alles steht bei Wind von 3 bis 12 kn auf dem Wunschzettel.
Frischt es auf 10 bis 18 kn auf, kommt der Wunsch nach weniger Wölbung. Das ist eine empirisch gesicherte Feststellung. Auch theoretische Gründe gibt es dafür. Je mehr das Segel eingeschotet ist, desto größer der Anstellwinkel, desto höher kann man an den Wind — aber bei 30° Anstellung ist auch für ein flaches Segel Ende des Kneifens. Die Strömung auf der Leeseite löst sich ab. Vor allem an der relativ scharfen Vorderkante des Segels treten Übergeschwindigkeiten auf, die das begünstigen. Auch für sehr leichten Wind unter 3 kn ist ein flacheres Segel günstig. Wenn in einem mäßigen Wind sich die Strömung schon vom Segel trennt — oder aus der Bahn rutscht — weil sie zu schnell für die Kurve ist, so wird sie bei leichtem Wind ausreichend geringe Geschwindigkeit haben, um um die Haarnadelkurve zu kommen — also nicht abreißen.
Dieses einfache Faktum macht Seglern wie Segelmachern die Wahl zur Qual und erklärt, warum Rennyachten so viele Vorsegel mitschleppen.
Die folgenden paar nützlichen Zahlen für „Zu welchem Wind paßt welches Wölbungsverhältnis?“ soll Ihnen bei der Entscheidung helfen. Das Verhältnis bezieht sich auf die mittlere Höhe oder Profilmarkierung des Segels.

Scheinbarer Wind		**Tiefe/Sehne**
Knoten	Beaufort	
0... 2	1	0,15-0,16
3...12	2-4	0,18-0,19
10...18	3-5	0,16-0,17
16...23	5-6	0,15-0,16
20...26	5-6	0,14-0,15
> 24	> 7	0,12-0,13

Diese Zahlen sind jedoch nicht in Stein gemeißelt und machen Versuche mit dem Boot bei unterschiedlichem Wind und Seegang zur Bestimmung der besten Wölbungen nicht überflüssig.

Vertikale Wölbungsverteilung

Gute Segel haben keine gleichmäßge Wölbung vom Topp bis unten. Fast immer ist sie oben am stärksten und wird bis zum Fußliek geringer. Allgemein sollte das obere Viertel 5 % bis 10 % gewölbter und der untere Teil 10 % bis 15 % flacher als die Mittelpartie sein (s. Tabelle).
Sie werden sich erinnern, daß die Windgeschwindigkeit mit der Höhe zunimmt und achterlicher in das Segel einfällt. Somit muß das Segel im oberen Bereich offener sein als im mittleren oder unteren Bereich. Diese stärkere Wölbung oder Tiefe im oberen Bereich gibt dem Segel mehr Auftrieb. Daraus folgt, daß mehr Segelfläche an der Spitze des Dreiecks dringend nötig wäre — ist dort aber begrenzt.

Längslage des Wölbungsscheitels

Die nächstwichtige Variable bei einem Vorsegel ist, wo es sein Wölbungsmaximum hat (Bild 7.1, Seite 128). Bei Vorsegeln liegt es gewöhnlich bei 45 % hinter dem Vorstag. Bei volleren Leichtwindsegeln und leichtem Wind kann der Scheitel bei 48 % der Sehnenlänge liegen. Eine mehr achterliche Segelwölbung ermöglicht einen höheren Kurs am Wind. Hinter dem Scheitel kann es jedoch leicht zur Ablösung der Windströmung kommen. Im frischen Wind geschieht das immer. Wenn sich das Achterliek einzurollen beginnt, wird es unproduktiv. Weil eine schnelle und gesunde Abströmung von der Genua wichtig für die Gesamtleistung des Riggs ist, betrachte man die Wölbung achtern mit Argwohn. Wenn das Groß in Mastnähe zu zittern anfängt, ist die Vorschot zu dicht geholt.
Wenn der Wind zunimmt, sollte der konstruierte Scheitel des Segels weit vorne liegen, bei 40 % bis 38 % der Sehne, und das Hintersegel möglichst flach sein. (Wir reden auch hier vom Profil auf halber Höhe.) In den unteren Teilen des Segels, wo der Wind schwächer weht und spitzer einkommt, muß der Scheitel weiter vorn liegen. Umgekehrt oben, wo der Wind stärker und achterlicher weht.
Ein achterliches Wölbungsmaximum im oberen Segelteil ist riskant. Bei einem völligen Leichtsegel mag die Wölbungstiefe bei 48 % der Sehne angehen. Das Segel ist dann sogar schnell. Ab 50 % aber sackt die Leistung ab. Bei so enger Nachbarschaft der beiden Zahlen ist das nicht leicht zu erkennen. Augenfälli-

ger ist es, wenn die Wölbung am Kopf des Segels 55 % oder 60 % erreicht. Dann arbeitet das Segel nicht optimal wegen des Strömungsabrisses und des anwachsenden Widerstandes. Diese Folge ist noch kritischer bei Schwerwettersegeln. Bei diesen Segeln darf in jedem Teil die Tiefe nicht weiter als 45 % nach hinten liegen. Das erste Zeichen der Verschlechterung des Vorsegels ist gewöhnlich eine rückwärtige Wanderung der Wölbungstiefe im Groß. Sie erklärt sich entweder aus dem Anwachsen des Windes oder dem Alter des Segels.

Scheitellage und Fahrt und Führung

Variation der Scheitellage in der Wölbung eines Vorsegels kann merkliche Auswirkungen auf Fahrt und Verhalten des Bootes haben. Ist der Scheitel vor der Sehnenhalbierenden, beschleunigt das Boot besser und toleriert Steuerfehler bis 10 °, statt nur 5 °. Der Steuermann kann unbefahrener oder entspannter sein. Auch für den Fahrtensegler, der wegen der See, des Windes und mechanischer oder elektrischer Probleme mit dem Steuerautomaten keine 5 ° Gierwinkel einhalten kann, ist diese Segelform eine Hilfe. Wenn dagegen der Scheitel weiter achtern liegt, macht das Boot gewöhnlich schnellere Höchstfahrt und geht höher an den Wind; besonders bei glattem Wasser.
Nur wenige Boote sind kursstabil, und nur wenige Rudergänger auf selbst glatter See. Angenommen das Boot wäre kursstabil, dann müßte der Rudergänger dennoch wegen kleiner Windlöcher und Schraler ständig korrigieren. Im Rennen mag das zum Spaß gehören, auf Reisen weniger. Deswegen müssen alle Segel für Regatta- wie für Fahrtensegler eine eingebaute Zone des Vergebens und der Nachsicht haben.
Betrachten wir zwei Vorsegelformen, beide mit derselben Portion Wölbung, nur eins mit dem Scheitel an der Achtergrenze bei 50 %, das andere mit dem Scheitel an der Vordergrenze bei 35 % (Bild 9.1). Weiter nehmen wir an, das Segel mit dem Achterscheitel hat einen relativ sanften Eintritt und das mit Scheitel vorn einen stärker gerundeten.
Zunächst, wie kann der Scheitel rückwärts bewegt werden? Das kann durch Schricken (Lockern) des Falls und/oder Vorrücken des Schotholepunkts auf der Schotschiene geschehen. Wenn das Boot ausgewogen hoch am Wind läuft, ist der 50 % Achterscheitel meist sehr schnell. Wenn aber der Bug ein wenig anluvend giert, killt das Segel plötzlich bis weit hinterm Vorstag und die Fahrt

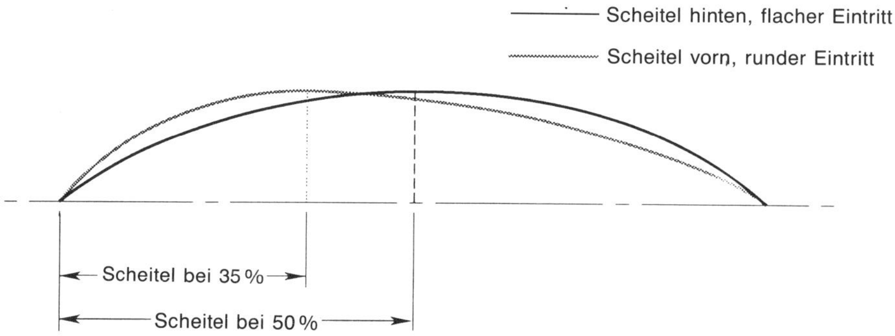

9.1 *Lage des Wölbungsscheitels*

fällt plötzlich aus dem Boot. Auch bei flinker Korrektur des Steuermanns und/oder Vorschoters dauert es qualvolle Sekunden, bis die Strömung wieder anliegt und die Fahrt wieder erreicht wird (siehe Kapitel 5).

Das Achterscheitelsegel kann enorm effektiv bei glatter See sein, wenn der Steuermann der Versuchung widersteht zu kneifen. Von Nutzen sind dabei auch Vorschoter, die auf dem *qui vive* sind, die blitzschnell schricken und „umscheiteln" können. Ein paar Crews konnten damit gut umgehen. Die es nicht konnten, machten mit demselben Segel nur Desaster.

Das Vorderscheitelsegel reagiert auf kleine Steuerfehler oder Unachtsamkeiten toleranter, die Fahrt sinkt nicht so abrupt, die Luftströmung stürzt nicht sofort ab. Ordnungsstörungen sind mit etwas Abfallen schnell behebbar, und der Fahrtverlust nach einer Wende, durch eine große Welle oder durch den Abwind eines anderen Bootes wird zügig wiederaufgeholt. Auf der Verlustseite stehen vielleicht etwas Abweichung vom Kurs und die letzten 1 oder 2 Zehntel Knoten zur Höchstfahrt. Je rauher die See geht und je weniger wünschenswert genaues Kurshalten wird, desto mehr wird sich der Scheitel der vorderen Position nähern.

Vertikalwölbung

Es ist sehr verbreitet, Segel nur in Horizontalabschnitten (vom Vorliek zum Achterliek) anzusehen. So weht der Wind über sie hinweg, und so sehen wir sie vom Boot aus. Gehen wir aber von Bord, erkennen wir gleich, daß da noch cinc Krümmung von oben nach unten ist. Nach der Spannungskarte des Computers laufen die Hauptzugspannungen im Segel vom Kopf zum Schothorn. Die (äußeren) Windkräfte wirken senkrecht dazu — vergleichbar mit der Schwerkraft, die auf ein zwischen Bäumen gespanntes Seil wirkt, das in einer Seilkurve durchhängt. So hängen auch das Achterliek und alle weiteren, von oben nach unten tragenden Fäden des Tuchs in Seilkurven durch. Eine solche Kurve ist gerader an den Aufhängepunkten und kurviger in der Mitte. In ähnlicher Weise sind auch Segel gekurvt, oben und unten gerader, und etwa in halber Höhe ist der Kurvenscheitel.

Bei Vorsegeln kümmern sich nur wenige Segler um die Vertikalkrümmung, weil daran wenig zu ändern ist. Das ist richtig, weil dies eine Funktion von Entwurf und Fertigung ist. Aber, was man nicht ändern kann, ist deswegen nicht zu unwichtig, um es zu verstehen. Erstens geht nicht aller Wind horizontal vorbei. Ein merklicher Anteil geht über den Topp und unten herum von der Luv- auf die Leeseite und macht induzierten Widerstand, wie wir sahen. Design und Fertigung mit Sorgfalt und wenig dehnbares Tuch machen den Vertikalkurvenhügel flacher und den induzierten Widerstand kleiner.

Der induzierte Widerstand und der Flächenhügel hängen so zusammen: Ohne Hügel würden die Stromlinien hauptsächlich horizontal um das Segel strömen. Der Hügel aber drängt einen Teil der Strömung zur Seite, wozu Kräfte nötig sind, die aus der Windernergie genommen werden und von denen wir nichts haben. Die nun abgelenkte Strömung hat Komponenten zu den Segelenden hin, nach oben und unten und vergrößert dort die Verluste. Während der Vorbereitungen zum America's Cup 1987 verbrachten wir viele Stunden damit, die Theorie zu beweisen, und konnten es schlüssig: Weniger Vertikaldurchhang macht schneller.

Am besten wäre keiner, aber selbst geringer ist schwer genug zu erreichen. Am wichtigsten ist der Werkstoff. Er muß fest und wenig dehnbar sein. Die Spannungen, wie in einem wenig durchhängenden Seil, werden jedoch riesig. Kevlar-Mylar oder wenigstens Sandwich-Mylar erfüllen diese Ansprüche zur Zeit am besten. Aber weil das teuer ist, gibt es so viele bauchige Segel. Gegen die Vertikalbäuche gibt es kein konstruktives Ersatzmittel. Auch die Seile einer Hängebrücke können die auftretenden Kräfte nur mit Durchhang aufnehmen. Bei zu wenig Durchhang würde der Stahl durch den Zug immer dünner und schließlich reißen.

Die hochgeschnittene Genua 3 bringt die Sache auf den Punkt. Aufgrund ihrer Form und ihres Einsatzes zu bestimmten Zeiten ist es das meistbelastete Segel an Bord. Die Belastung zeigt sich in der geringen Vertikalkrümmung. Als hochfeste, wenig dehnbare Materialien eingeführt wurden, war die Genua 3 das erste Segel, das aus diesem Material gefertigt wurde, und das erste, das sich sofort etablierte und überlegen war. Fazit für dieses Segel: Ein Kevlar-Mylar-Segel — oder aus anderen, modernen Materialien — übertrifft das beste aus Dacron. Das gilt auch für kleine Boote und Jollen.

Leistungsüberlappung

Es sollte klar sein, daß nicht ein einziges Vorsegel für alle Lagen optimiert werden kann, so wünschenswert das auch wäre. Deshalb braucht ein Boot ein Stell Vorsegel, sei es für höchste Leistung bei Rennen oder für Sicherheit und Komfort bei Fahrten. Eine Ausnahme von dieser Behauptung ist das Rollreff des Fahrtenseglers; davon gleich.

Die Anwendungsbereiche einfach aneinanderzuhängen, ist nicht genug; sie müssen sich überlappen. Kann beispielweise die Genua 1 bis 20 kn Wind gefahren werden, dann sollte die Fock 2 das Boot ohne schmerzende Fahrteinbuße bei 16 kn Wind bewegen können.

Stellen Sie sich vor, Sie fahren mit einem Auto mit Handschaltung im Stop-and-go-Verkehr. Es kann sein, sie können zufällig eine Strecke mit 25 km/h in einem einzigen Gang abfahren. Sie wären aber nicht mehr so froh, wenn Sie sich in einem Geschwindigkeitsbereich bewegen, der Sie zu ständigem Gangwechsel zwingt. Dann würden Sie sich eine bessere Gangauslegung oder eine flexiblere Übersetzung wünschen. Mit dieser hätten Sie eine breitere Geschwindigkeitsauslegung in jedem Gang und eine effektivere Leistungsüberlappung zwischen den Gängen.

Bei Segelbooten tritt dieses Problem durch schnelle Geschwindigkeits- und Richtungswechsel des Windes auf. Wenn auf dem Boot ein Segel für einen bestimmten Geschwindigkeitsbereich und ein anderes für den nächsten Bereich, aber keins für eine befriedigende Leistungsumsetzung im Zwischenbereich vorhanden ist, dann wird man entweder mit endlosen, hektischen Segelwechseln oder mit frustrierenden, gefährlichen Momenten konfrontiert, weil man hofft und betet, daß der Wind wieder günstig für das gesetzte Segel einfällt. Man ist versucht, dieses nur als ein Problem der Regattasegler anzusehen — zumal Fahrtensegler vorsichtshalber ihr kleinstes Segel aufziehen oder die Flauten abwarten. Sie entwickeln aber immer mehr Feingefühl für das Verhalten und die Leistungsfähigkeit ihrer Boote. Das Problem wird für sie sogar größer, da sie normalerweise neben der fehlenden Anzahl von Segeln auch nicht die Crew haben, die schnell auf Windänderungen reagieren kann. Auch gibt es unter den Fahrtenseglern gelegentliche Regattasegler. Sie mögen verschiedene Segel haben, aber nicht immer die ausreichende Crew, die die Segel mühelos wechseln kann. Deshalb ist eine gute Leistungs-Überlappung im Segelstell fürs Fahrten- wie fürs Regattasegeln unentbehrlich.

Rollreff

Das Rollvorstag, seine technische Verbesserung und die Entwicklung geeigneter Vorsegel haben dem Fahrten- und Familiensegler recht viele Probleme mit der Leistungsüberlappung abgenommen. Ein gut konstruiertes Rollvorsegel mit entsprechender Rollvorrichtung kann fast so vielseitig wie ein Groß sein. Je nach Güte und Tauglichkeit der Anströmkante deckt so ein Rollreff den Anwendungsbereich: Genua 1 bis 3. Man sieht heute diese Maschinen allerorten. Aufgerollte Vorsegel gab es schon 1930; sie wurden um das von Wirbeln unterbrochene Stag und somit um das Vorliek gewickelt. Scheinbar einfach, aber der Schritt vom Wurstwickel zum Rollreff dauerte 40 Jahre. Ein technisches Problem war, den Mast mit einem drehbaren Stag zu halten und die dort auftretenden, notwendigen Zugkräfte aufzufangen. Schwachpunkte waren die Wirbel oben und unten.
Schließlich wurde Ted Hood der Retter und baute die Wirbel für Fall und Hals neben oder um das (undrehbare) Vorstag herum. Das Vorsegel drehte sich um ein Rohr oder Profil auf dem Stag auf. Nun gibt es viele, wie Harken, Reckmann, Hood, Plastimo und Goiot. Einige zahlen Lizenz an Hood.
Die Rollfock selbst mußte neu entwickelt werden, zunächst unter dem Geschwindigkeitsaspekt. Das Problem war, ein Segel zu machen, das zum einen leicht genug für einen 5-Knoten-Wind war, zum anderen den schrecklichen Spannungen beim Aufdrehen widerstand und in einem 30-Knoten- oder stärkerem Wind nicht beiseite geblasen würde. Es entstand eine gestufte Konstruktion, bei der die stark belasteten Achter- und Unterlieke aus schwerem Tuch gefertigt wurden. Die Zwischenbahnen sind aus leichterem Material, und deren Stärke nehmen zum Vorliek hin ab. (s. Fig. 7.9)
Reffverstärkungen am Fuß- und Achterliek sind an den Stellen, bis zu denen jeweils ein- oder ausgerefft wird. Um das aufgerollte Tuch vor UV zu schüt-

zen, wurde beim Achter- und Fußliek dunkel eingefärbtes, UV widerstehendes Tuch verwendet.

Um den erwünschten Durchhang bei einem gerefften Rollsegel zu vermeiden, wurden Schaumstoffstücke, die zur Mitte des Vorstags hin dicker wurden, in Vorstagnähe auf dem Segel befestigt. Schaum ist eine schöne, aber keine perfekte Lösung. Einer seiner Nachteile ist: Wenn das Segel ganz eingerollt ist, hat man einen dicken Wickel um's Vorstag, der im Extremfall Widerstandsprobleme beim Segeln und auch Umstände in der Hafenbox oder vor Anker machen kann. Im schlimmsten Fall kann es auch das Stag und den Rollmechanismus selbst beschädigen.

Neuer ist AeroLuff. Das ist ein an die Vorderkante der Genua genähter Ärmel, der um das Vorstag paßt, und mit einem innen angenähten Tau in die Keep eines Profilstags geführt wird. Ober- und Unterende dieser Leine werden

Teilbare Trommeln für Rollreffanlagen, erfunden von Ted Hood und hergestellt von Harken, können leicht entfernt werden. Das wünschen sich besonders Fahrtensegler, die eine tiefgeschnittene Genua bei Regatten aufziehen wollen.
(Foto: North Sails, Inc.)

soweit entfernt, daß das Ende noch etwa die Hälfte des Vorstags lang ist. Wenn Sie an der Reffleine ziehen, fängt die Genua dort, wo das Keeptau ist, zu wickeln an und füllt als erstes den Bauch in der Segelmitte. Kopf und Fuß folgen nach. Das führt zu einem wesentlich dünneren Wickel. Mit AeroLuff kann die Genua gut zu einer nicht überlappenden Fock 3 gerefft werden.

Es kann jedoch vorkommen, daß eine Fock 3 noch zu groß ist. Auch kann — ungeachtet des Reffsystems — die Streckung des gerefften Segels nicht optimal sein. Wenn man sich mit schlechtem Wetter herumschlägt, sollte das Segel hoch mit kurzem Fuß sein. Rollsegel unter diesen Bedingungen zu wechseln, ist nicht einfach, weil Rollsegel erst ausgerollt werden müssen, ehe man sie wegnehmen kann. Viele Segel werden heute in die Keder einer Vorstagschiene eingezogen. Diese Segel können beim Wechsel leicht über Bord wehen. All diese Verfahren zeigen, daß Segelwechsel nicht nur unbequem ist, sondern auch gefährlich sein kann.

Ein Rollreffvorsegel mit konisch zugeschnittenem und aufgeklebtem Schaumstoffstreifen am Vorliek. Dadurch steht das Segel besser, wenn es gerefft ist.

(Foto: North Sails, Inc.)

Für viele ist da eine Sturmfock aus schwerem Tuch sicherer, die an einem lösbaren Innen- oder Babystag gesetzt wird. Falls Ihr Boot so ausgerüstet ist — viele Kreuzer sind es — und Deck und Mast halten es aus, rollen Sie, wenn es nach Sturm aussieht, die Fock ein und setzen das Sturmsegel. Sein nicht kleinster Vorteil ist, daß der Druckpunkt des Takelage nach achtern wandert. Das wirkt der unter Sturmbedingungen lästigen Tendenz entgegen, daß der Bug vom Wind leewärts gedrückt wird, was man besonders dann nicht gebrauchen kann, wenn man sich von einer Küste freisegeln muß.

Segelfläche

Bisher haben wir nur von der Vorsegelform gesprochen und nicht von seiner Flächengröße und -gestalt. Die Segelfläche wird gewöhnlich, wenn auch nicht korrekt, als Überlappungsverhältnis in Prozent ausgedrückt. Die Überlappung (Bild 9.2) wird als Quotient aus der Länge des vom Schothorn aufs Vorliek gefällten Lotes *LP* durch die kurze Seite *J* des Vorsegeldreiecks ausgedrückt. Beispiel: $LP = 6{,}85$ m, $J = 4{,}60$ m, dann ist $LP/J = 1.489 \approx 1{,}5$ (eine 150 %-Genua). Die wirkliche Segelfläche ist $A_S = LP \cdot \mathrm{LL}/2$.

Verstandesmäßig ist klar, daß die Segelfläche für die Leistung mindestens so bedeutsam ist wie die Form. Theorie und Praxis haben dies wiederholt bestätigt. Es besteht ein ziemlich lineares Verhältnis zwischen Segelfläche und Kraft.

Aber wieviel Segelfläche ist genug? Zunächst einmal: Die Prämisse ist richtig, daß mehr besser ist, also mehr Fläche mehr Kraft erzeugt. In leichter Brise vermittelt es bessere Leistung und mehr Spaß am Boot. (Leichte Brise ist aber nicht mit kaum oder kein Wind zu verwechseln. Unter Flautenbedingungen ist eine nicht überlappende Fock wirksamer.)

Jedes Boot sollte genug Segelfläche haben, um in 2 bis 3 kn Brise Ruderfahrt zu machen. Mit unzureichender Segelfläche enttäuscht ein Boot nicht nur bei leichter Brise, sondern in jedem Wetter bis zu 12 kn. Genau so, wie wenn es naß und ungemütlich segelt.

An einem Punkt fangen Stabilität und Beherrschbarkeit an, Sorgen zu machen. Wann? Das ist von Boot zu Boot verschieden. Aber extreme Lage und viel Leeruder zeigen an, daß dieser Punkt erreicht ist. Dann muß Segelfläche gekürzt werden, damit Vergnügen und Sicherheit wiederhergestellt werden.

In Rennen, in denen die Vorsegelzahl kaum begrenzt und schnell austauschbar ist, werden die größtmöglichen gesetzt, die vornehmlich durch Wölbung und

Tuchgewicht dem Wetter angepaßt sind. Dann erst, zwischen 16 und 20 Knoten scheinbarem Wind, wird die Segelfläche in Schritten von 15 bis 25 Prozent verkleinert. Das hat sich als beste Lösung für Regattasegler erwiesen, die einen Kompromiß zwischen ausreichender Fläche für Ruderfahrt bei Leichtwind, Stabilität bei rauhem Wetter und Regelstrafe für zuviel Segelfläche schließen

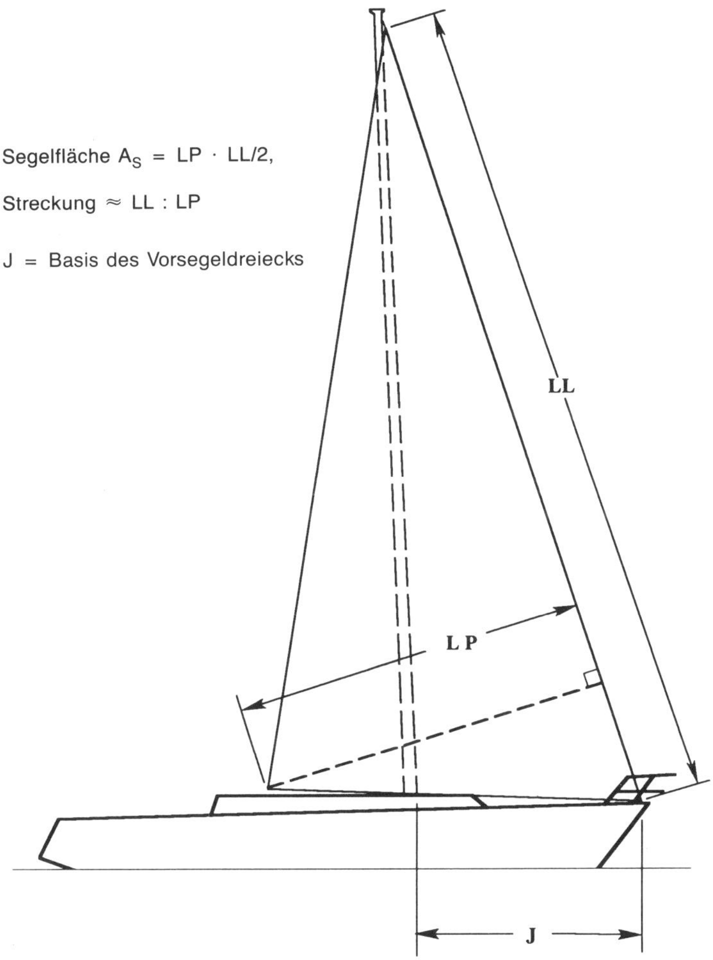

9.2 *Maße und Bezeichnungen bei Vorsegeln*

müssen. Natürlich haben solche Boote große Crews, deren Gewicht als Gegenkrängungskraft eingesetzt wird und den Einsatzbereich einer Fock um zwei, drei Knoten erweitern kann.
Manche Rennsegler verfügen zwar nicht über eine unbegrenzte Anzahl Segel und eine Präzisionscrew. Aber das ändert ihre Voraussetzungen nur geringfügig. Zum Beispiel haben sie ein Segel bis 16 oder 20 Knoten und das nächstkleinere mit guter Leistung von 18 bis 30 kn. Das ergibt eine gute Leistungsüberlappung und erspart viele Segelwechsel, wenn der Wind innerhalb eines dieser Bänder zu- und abnimmt. Anschließende Reduzierschritte mögen dichter bei 25 bis 30 % liegen als bei vermuteten 15 bis 25 %.
Obzwar Kreuzersegler sich weniger um Leistung in sehr wenig Wind kümmern mögen, werden ihnen Dümpelei und Bummelei auch nicht gefallen. Ausreichend Druck auf das Rigg beruhigt und stabilisiert das Boot. Bei unzureichender Segelfläche hüpft und tanzt das Boot unangenehm mit den Wellen. Viele Besatzungen haben lernen müssen, daß auch bei 45 kn Wind eine zu kleine Segelfläche für die Gemütlichkeit nicht beiträgt.
Die Segelfläche löst nicht alle Probleme. Flächenverteilung spielt auch eine Rolle.

Seitenverhältnis und Streckung

Das Maß für die Gestalt eines Segels ist seine Streckung, der Quotient aus der Vorliekslänge und dem Lot *LP.* (Bild 9.2). Bis zu einem theoretisch unwahrscheinlichem Punkt leisten schlanke, gestreckte Segel am Wind mehr als gedrungene, nach Quadratmetern gleichgroße. Die gestreckten machen weniger induzierten Widerstand, wie wir schon sahen.
Als gewebtes Polyester (Dacron, Diolen usw.) das einzige Tuch für Rennsegel war, hatten die Schwerwetter-Focks Streckungen nahe 1:1, kurz 1, mit kleiner Heiß und Überlappung. Damit wollte man vor allem den Druckpunkt niedrig und den Krängungshebel kurz halten. Zu berücksichtigen war die schlechte Eignung des dehnbaren Tuchs für größere Streckung. Die Segelmitte wich dem Winddruck nach Lee aus und vergrößerte den Vertikalbauch. In unseren Tagen erlauben festere Tuche nicht überlappende Segel auf toppgetakelten Booten mit Streckung 3,5 und sogar 3,75. Wie bemerkt, ist die Fock 3 zur Zeit das gestreckteste Segel von allen an Bord und oft auch das am stärksten beanspruchte.

Glcichzcitig odcr folglich ist auch das vermessene Vorsegeldreieck schlanker, d.h. höher und schmaler geworden. Die Streckung des Riggs ist in der Formel definiert als *I/J* (Bild 9.3). Ende der 50er hatten die Vorsegeldreiecke Streckungen zwischen 3 und 3,1. Seitdem wurden sie immer gestreckter bis 3,5 — und heute noch höher. Die Regelwächter sehen das nicht gerne, aber die damit erzielbaren Gewinne sind größer als die Bestrafungen. Bei den Fahrtenyachten ist dieser Schlankheitstrend nicht so ausgeprägt, aber vorhanden.

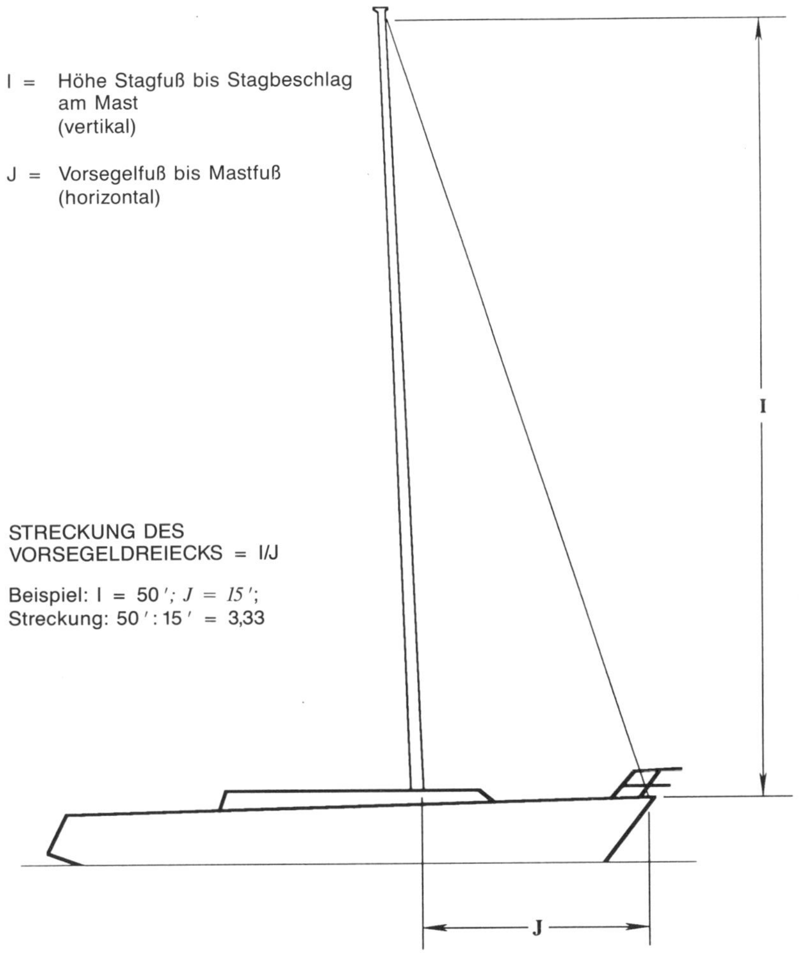

9.3 *Streckung des Vorsegeldreiecks*

Wenn das Boot vom Wind abfällt und der Anstellwinkel größer wird, schwinden die Vorteile großer Streckung rapide. Große Streckung verträgt keine große Anstellung. Bei 18 ° bis 20 ° reißt die Strömung ab. Mit 90 °–110 ° scheinbarem Wind oder mehr zählt Fläche, und eine Streckung von 2 ist auf modernen Booten sehr vorteilhaft, weil bei solchen Anstellwinkeln der induzierte Widerstand vorteilhaft wird. Aus diesem Grund (Widerstand wird nutzbar) segelten alte Konstruktionen mit niedriger Streckung so schnell bei halbem bis raumem Wind. Das erklärt den Erfolg des Ketchriggs im Whitbread-Round-the-World 1989–90, dessen neuer Kurs zu 85 Prozent raum bis windab gesegelt wurde.
Das ist ein interessanter Punkt: Weil die für die Kreuz gestreckten Vorsegel schon beim Abfallen um ein paar Grad schlappmachen, verlegen viele Rennsegler den Holepunkt näher zur Relingsleiste, wenn die Schot geschrickt wird. Dazu später mehr. Eine bessere Lösung für Fahrtensegler auf großer Reise und für den Rennsegler mit reicher Ausstattung ist der wenig gestreckte Reacher oder die Toppfock.

Einstellen der Vorsegelform

Ein Segeltrimmer hat einen recht guten „Werkzeugkasten" zur Einstellung einer Vorsegelform. Die Hauptwerkzeuge sind Backstagspannung, Leitpunktstellung, Fallspannung und Schotspannung. Das Backstag wirkt auf den Vorstagdurchhang, der bei stärkerem Wind wächst und das Segel fülliger macht — was man in dieser Situation nicht wünscht.
Die Spannung im Rigg ist eine Funktion der Kraft des Backstaganpassers und der Steifheit des Riggs. Für beste Leistung ist bei zunehmendem Wind soviel Spannung wie möglich im Backstag zu erzeugen, um den Durchhang des Vorstags klein zu halten. Mechanische Kraftverstärker, wie Klappläufer und Hebel, bringen bei Rennyachten nicht mehr genügend Wirkung. Da ist Hydraulik nötig. Spannschrauben und -spindeln sind weder schnell noch wirksam genug. Ihre Zuverlässigkeit ist gut für die Achterstagen von Kreuzern auf großer Fahrt.
Ganz läßt sich der Vorstagdurchhang nicht vermeiden, auch mit grober Gewalt nicht. Bevor die Spannung im Stag unendlich groß wird, bricht es. Möglicherweise davor knickt der Mast unter der Drucklast zusammen. Die Segel sind zumeist so geschnitten, daß der Durchhang berücksichtigt wurde. Allgemein

gilt aber: Je größer der Durchhang, desto schmaler ist das Leistungsband des Segels. Das gilt für alle Vorsegel auf allen Bootstypen. In besonderen Fällen jedoch hilft Durchhang, so wenn man in einer Restsee segelt (mehr See als Wind) oder wenn ein für den Wind zu flaches Segel ziehen soll.

Schotspannung

Holen der Schot flacht das Profil ab. Wenn es wirklich hart am Wind dahergeht, können die letzten fünf bis zehn Zentimeter der eingeholten Schot meßbare Unterschiede selbst bei großen Booten ausmachen. Bei Jollen machen ein, zwei Zentimeter den Unterschied. Von Kapitel 6 mögen Sie sich erinnern, daß das Maximum des Verhältnisses Auftrieb/Widerstand (*A/R*) und das Auftriebsmaximum nahe beieinander liegen. Bild 6.9 (Seite 108) zeigt, daß der Luvfaden flattert, wenn *A/R* am größten ist. Wenn aber der Auftrieb am größten ist — bei gleichzeitigem Anstieg des Widerstandes — liegen beide Stromfäden strak im Luftstrom. Befahrene Segler wissen, daß die Differenz zwischen beiden Zuständen eine Sache von einigen Zentimetern Schotspannung oder ein paar Grad Kurs zum Wind ist.

Leitpunktstellung

Der Leitpunkt der Vorschot ist bei den meisten Booten verstellbar. Obwohl — vielleicht aber auch weil — das ein so effektives Mittel ist, wird es öfters mißbraucht. Bei korrektem Gebrauch bekommt man eine Anzahl Optionen, das Segel den unterschiedlichen Bedingungen anzupassen. Das wird vor allem wichtig, wenn die Vorsegel altern und ihre Form ändern. Weil Fahrtenskipper ihre Segel länger halten als ihre Rennkollegen und gewöhnlich auch reckbareres Tuch fahren, ist für sie Kenntnis über die Leitpunktstellung ebenso wichtig wie für den Rennsegler.

Vor- oder Zurückverschieben des Holepunktes bestimmt hauptsächlich die Segelform, wogegen Querverstellen den Anstellwinkel verändert. Zur einfachen Bestimmung der Leitpunktlängsstellung verlängere eine gedachte Gerade von etwa Mitte Vorliek durch das Schothorn bis zum Deck (Bild 9.4). Von diesem Punkt aus kann man dann kleine Anpassungen machen.

Die Position des Holepunktes ist für Regatta- und Fahrtensegler gleich wichtig. Hier kontrollieren Dennis Conner und die Crew an Bord der Liberty *den Stand des Vorsegels.* (Foto: North Sails, Inc.)

Das Vorsegel gibt selbst Hinweise, was zur Optimierung noch zu tun ist. Gute Vorschoter achten auf mehrere „Faktoren", aber alle achten darauf, daß das Segel auf der ganzen Länge der Vorderkante gleichzeitig zu killen beginnt, wenn das Boot langsam in den Wind dreht. Killt es oben zuerst, verlegt man den Leitpunkt vorlich, stellt damit die Schot steiler, holt gleichzeitig das Obersegel mehr an und schrickt den Fuß (die Leitgerade trifft die Vorderkante höher).

Killt dagegen der untere Teil des Vorlieks zuerst, muß der Holepunkt zurück, was die unteren Teile des Segels abflacht und gleichzeitig die Verwindung im Oberteil öffnet.

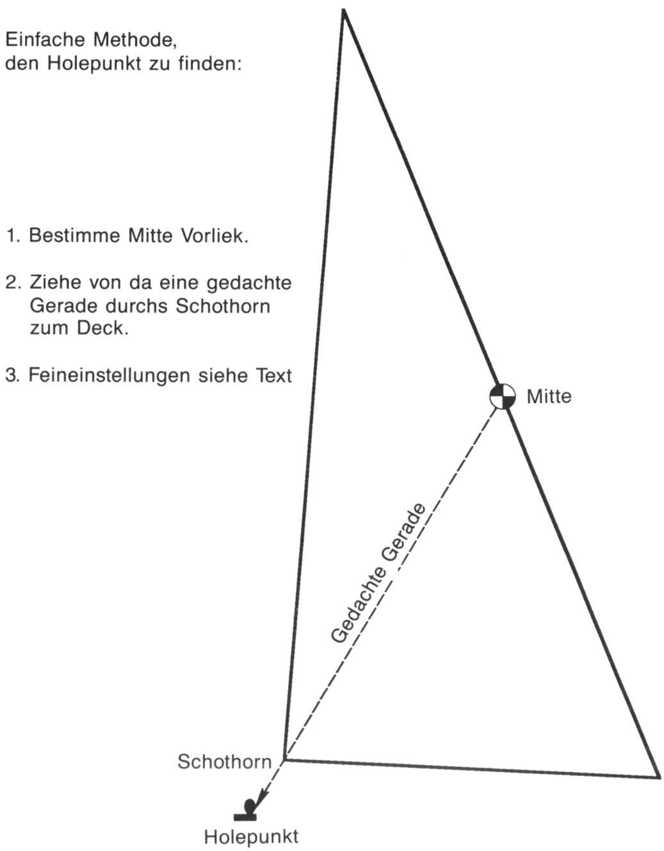

9.4 *Bestimmung des Vorsegelholepunkts*

Vorstehendes kann auf eine einfache Gedächtnishilfe gebracht werden: Wenn die Fäden unten steigen, Holepunkt zurück.
Ist der Holepunkt festgelegt, gibt es weitere Prüfpunkte. Da ist zuerst die Wölbungstiefe am Fuß, die man von überall an Deck beobachten kann. Hängt der Segelfuß auf der Reling, ist entweder die Schot zu lose oder der Holepunkt zu weit vorn. Als erstes versuche, ein paar Zentimeter mehr zu trimmen. Steig aber vorher nach Lee hinab und schau, ob noch Luft zwischen der Saling und dem Segel ist. Ein von einer Saling erstochenes Segel ist nicht mehr schnell. Wenn Trimmen den lockeren Fuß des Segels nicht kuriert, setze den Holepunkt etwas zurück, und danach hole die Schot härter.

Neige beim Einstellen der Leitpunktposition mehr zum Zurückstellen. Das gibt dem Segel ein bißchen Extraverwindung für das letzte Quäntchen Auftrieb und für den toleranteren Vorderscheitel. Ein wenig mehr Twist im Achterliek sichert, daß wenigstens ein Teil des Segels optimal arbeitet, wenn nicht präzis gesteuert wird, die See kabbelig ist oder der Wind schralt.
Wenn aber der Fuß der Fock unnatürlich stramm ist, könnte das an zu steifer Schot, falsch gestelltem Holepunkt oder einem besonders nach Runden der Leetonne beliebten Fehler — an unzureichender Fallspannung liegen. Ein unauffälliger, aber genauerer Kontrollpunkt ist der Abstand des Achterlieks des Vorsegels von den Salingen.
Bevor wir diesen Abschnitt verlassen, ist noch eine Warnung nötig. Änderungen beim Mastfall ändern die Holepunktstellung. Der einzig wirklich feste Punkt eines Vorsegels ist der Hals, und, wenn der Kopf vorwärts oder rückwärts gelehnt wird, rotiert der Rest des Segels um den Hals. Deshalb muß, wenn der Mast achterlichen Fall bekommt, der Holepunkt vorbewegt und das Schothorn gesenkt werden. Ebenso umgekehrt, wenn der Masttopp nach vorn gebracht wird (Bild 9.5).

Dwarstrimm

Der Dwarstrimm beeinflußt den Anstellwinkel des Vorsegels. Theoretisch kann bei spitzerem Winkel das Boot höher an den Wind gehen, praktisch aber variiert die richtige Leitpunktposition bei verschiedenen Booten je nach deren Rumpfform, Verdrängung, Kielgüte, Rigg und Deckriß. Sehen wir uns die typischen Beispiele und ihre Wirkung bei einer durchschnittlichen Yacht an, bevor wir uns um die Ausnahmen kümmern.
Normalerweise wird die Fock 1 (Genua mit 150 % Überlappung) mit 8 ° bis 10 ° von der Bootsmitte geschotet (Bild 9.6); die kleineren Nummer 2 (145 bis 130 %) mit etwa 9 ° bis 11 ° und die nicht überlappenden Focks 3 ebenso. Wenn aber einer im Binnenrevier mit Einheitsklassen segelt und eine noch relativ neue Fock 3 mit einem geraden Rücken hat, kann er mit einem Anstellwinkel von 9 ° bis 8 ° segeln.
Eine Anzahl weit verbreiteter Klassen haben genormte Leitpunkte von 11 ° bis 12 ° für die Genua 1. Um aber ebenso hoch segeln zu können wie Boote mit engerem Leitpunkt, muß die Genua steileren Anschnitt bei gleicher Wölbung

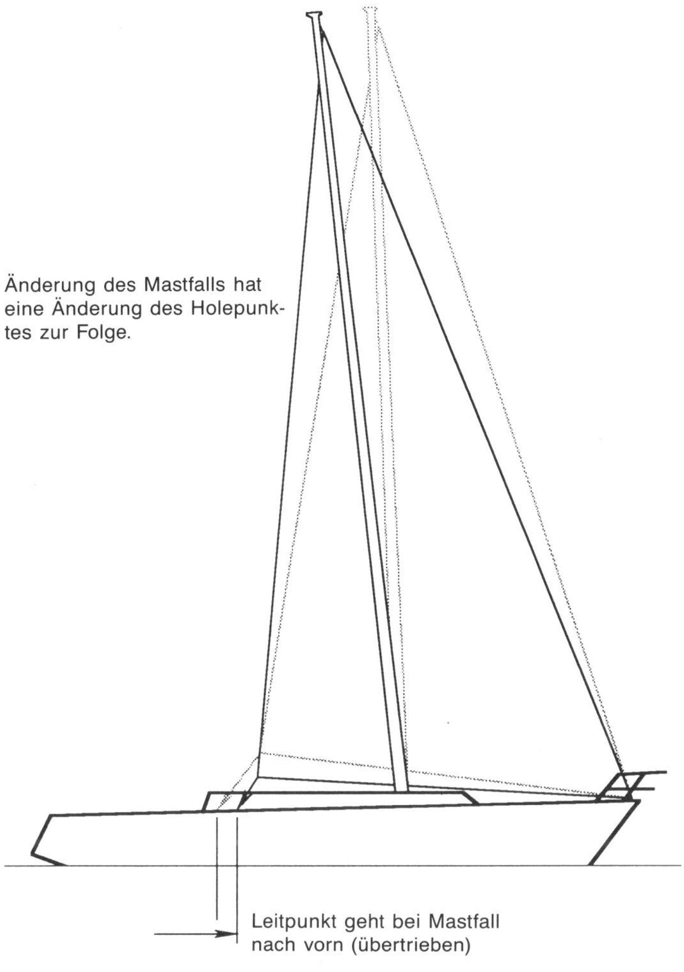

9.5 *Wirkung des Mastfalls auf den Leitpunkt*

haben (Achterscheitel), um mit vergleichbarem Anstellwinkel segeln zu können. Oder das Segel muß flacher sein, hat dann aber weniger Kraft.
Der Abstand der Püttings von der Schiffsmitte spielt auch eine Rolle. Um überlappende Segel optimal am Wind schoten zu können, muß eine Gerade Vorstag-Want einen Winkel von unter 14° mit der Schiffsmitte bilden. Winkel von 13° bis 13,5° (0,23 bis 0,24*J*) sind gut (Bild 9.6). Ein paar Boote haben eine bis zu 12,5° (0,222*J*) schmale Wantbasis, die aber wegen anderer Parameter,

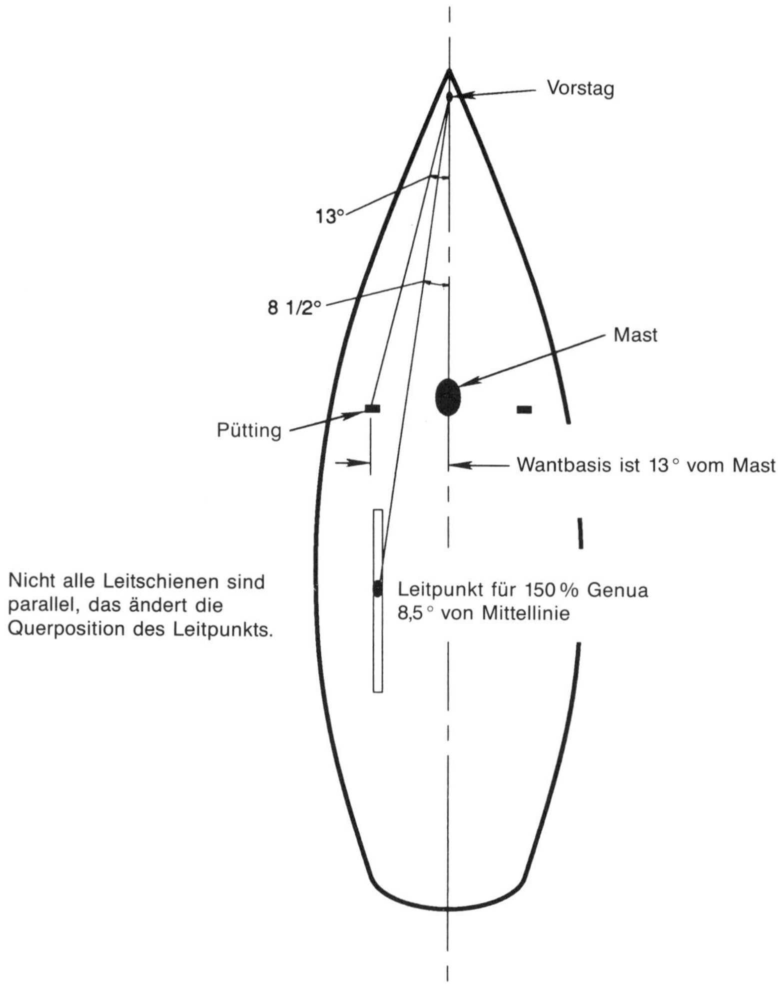

9.6 *Leitpunkt für Fock I und optimale Wantbasis für Rennyacht*

wie Kielform, kaum nutzbar ist. Das Verhältnis zwischen der Basis des Vorsegeldreiecks *J* und dem Abstand *W* zwischen Pütting und Mast (Wantdurchtritt) ist der Quotient dieser beiden Maße (z.B. $J = 420$ cm; $W = 105$ cm. Dann ist $W/A = 0{,}25$. Unter Anwendung der Tangensfunktion entspricht das 14°).

Das Verlangen nach kleiner Wantbasis ist jedoch cinc Übcrlcgung wcrt. Der Wunsch nach gestreckteren Vordreiecken, engen Seitenabstagungen und kürzeren Salingen hat den Mastbauern Einfallsreichtum und Können abverlangt. Sie haben mit dickeren und gleichmäßigeren Mastwandungen und weniger dehnbaren Werkstoffen darauf reagiert. Das seinerseits hat die statischen und dynamischen Belastungen des Rumpfes vergrößert und zu mehr katastrophalen Resultaten im Falle einer Panne geführt.

Für Fahrtensegler sind solch enge Schot- und Wantbasiswinkel wahrscheinlich zu klein. Für eine Segelei hoch am Wind setzen sie voraus, daß die Besatzung über die Fähigkeit und Neigung zu schnellen Leitpunktänderungen verfügt. Die Fock 1 zwischen 10 ° und 14 ° zu schoten, ist viel angenehmer und für einen Törn auch akzeptabel, weil Kreuzercrews selten Laune haben oder gezwungen sind, in See und Wind zu bolzen. Größere Schotwinkel segeln nicht nur schneller, sie schonen auch Mast, Takel, Boot und Mensch. Der letzte Wurf von Whitbread-Yachten hatte Wantbasen von 15 ° (0,27 *J*), weil sie für Halb- und Raumkurse optimiert sind.

Weil viele Yachten aus diesem oder jenem Grund von der „Durchschnittsyacht" abweichen, müssen Segelkonstrukteure (beiderlei Geschlechts) wissen, für welches Boot das Segel sein soll. Rumpfform und Verdrängung beeinflussen zum Beispiel die Leitpunktstellung. Schwere Boote mit plumpem Bug brauchen eine Menge Power, um zu beschleunigen und durch die See zu boxen. Die Power wird aber von der Stabilität — wenn nicht von einer Rennformel — limitiert, womit solche Yachten zuwenig Segelfläche tragen, um auf volle Fahrt zu kommen. So müssen sie effektiv mit ausgebaumter Schot oder größerem Schotwinkel segeln, um die Fahrt zu halten.

Der Wirkungsgrad des Kiels ist eine andere Determinante für die Schotleitpunkte. Einige Kiele sind herausragend besser, andere nur besser. Kommt der Kiel mit kleiner Anstellung aus, kann man den Schotleitpunkt nach außen setzen und schnell segeln. Nebenbei sind einige kleine Kiele sehr gut, aber nur, wenn viel Wasser um sie fließt; es lohnt also, solche Boote etwas weniger hoch und dafür schneller zu segeln. (Käufliche Polardiagramme der USYRU oder einiger privater Herausgeber helfen bei der Bestimmung des Segelwinkels und folglich des Holepunktes.)

Schließlich aber bestimmen solche Gegebenheiten, wie Salingslänge, Püttingsbasis, Deckslayout und andere Zwänge, wo Leitpunkte angesiedelt werden können. Nur die engagiertesten Rennsegler ändern Salinge und Plazierungen von Rüsteisen zur Opitimierung eines Leitpunkts. Ähnlich wird die Mehrheit der

Eigner eines Serienbootes auf rekonstruktive Chirurgie verzichten, wenn ein Fenster den Leitpunktplatz einnimmt oder die Schotwinsch die Schot nur aus einer Richtung annimmt.

Wenn Änderungen leicht zu machen sind, mag sich die Mühe lohnen, meist sind aber damit auch ernstere strukturelle Änderungen nötig. Die Versetzung von Rüsteisen (Püttings) kann zum Beispiel eine konstruktive Überarbeitung des ganzen Rumpfes und — vom Pech verfolgt — Umbau der halben Kajüte nach sich ziehen. Und dann stellt sich heraus, daß die Mastspur zu schwach ist. Unter solchen Umständen segeln die meisten lieber mit dem, was sie haben. Verlegen der Schotschienen für die Genuas ist etwas einfacher und sollte, wenn nötig, gemacht werden. Aber vorher sollten Sie sich erinnern, wie das Deck gebaut ist, wo Decksbalken, Balkweger und Schaumkerne sind und Gegenplatten keinen Platz finden und unerwartete Kopfschmerzen bereiten.

Beim Segeln mit raumem und achterlichem Wind muß der Leitpunkt weiter nach außen — für Renner kein Problem, die haben die äußere Schotschiene. Aber Fahrtensegler haben oft keine. Wenn die Relingsstützen verstärkte Füße haben, kann man den Außenleitpunkt an ihnen verankern; wenn nicht, lohnt es wohl dafür einen technisch einwandfrei befestigten Augbeschlag zu nehmen. Da wir schon dabei sind: Der Fahrtenskipper sollte sicher sein, daß er einen Leitpunkt für die Fock 3 oder das auf diese Größe gereffte Vorsegel hat. Dieser sollte gut vorlich und innerhalb der Wanten bei etwa 13 ° oder weniger liegen. Beim Freisegeln von einer Küste in Nr-3-Wetter hat man keine Zeit, nach einem Holepunkt für die Nr. 3 zu suchen. Auch für Stagsegel und Sturmfock am Babystag braucht man Holepunkte. Die richtige Fußposition für dieses Stag ist bei 2/5 des Vorsegeldreiecks vom Vorstag entfernt. Dann sollte der Leitpunkt bei 14 ° und bei ganz schwerem Wetter bei mehr als 14 ° liegen. Beim Abfallen daran denken, den Leitpunkt für Nr. 3 nach außerhalb der Wanten zu verlegen.

Eine Warnung zum Trimmen der hochgestreckten Fock 3: Weil der Schotwinkel zu diesem Segel steiler verläuft, ist die Schotspannung kritisch. Fast die ganze Trimmkraft fährt ins Achterliek, und mit ein bißchen Übereifer tut man schon zuviel zum Schaden von Fahrt und Höhe. Leider ist Übereifer keine exakt bestimmbare Größe. Es ist eine Sache von Versuch und Irrtum — fast jedesmal, wenn Nr. 3 hochgeht.

Aus bisher Gesagtem ist erkennbar, daß die Bestimmung des optimalen Leitwinkels wegen der vielen Variablen keine exakte Wissenschaft ist. Der Startpunkt bei dieser Übung ist die Festlegung der Basisbezüge: Bestimme den wirklichen Winkel der Leitpunktschiene und den Abstand der Püttings. Wenn

Sie das große Glück haben, einen genauen Decksriß zu besitzen, können Sie mit einem Winkelmesser spielen. Genauer wird es durch Abmessen folgender Abstände: 1. Vorstag-Mast (*J*), 2. Pütting-Mast (*W*), 3. Halbe Leitschienenlänge-Bootsmittellinie. Danach können Sie sich eine maßstabsgerechte Zeichnung anfertigen und die Werte mit einem Taschenrechner ermitteln. Alles wird vom Fußpunkt des Vorstags und des Mastes aus gemessen, siehe noch mal Bild 9.6.

Wann immer möglich, beginne man bei den Segelversuchen mit folgenden Basiswerten: 8,5 ° (0,15*J*) für den Holepunkt der Genua 1 und 13 ° (0,23*J*) für den Pütting-Mast-Abstand. Dann muß man die Geschwindigkeit bei größeren und kleineren Winkeln notieren, um den optimalen Leitwinkel zu ermitteln. Bei den Vorbereitungen zum America's Cup, gewöhnlich mit zwei Booten, haben wir damit Wochen zugebracht.

Die Festlegung der Leitwinkel ist jedoch nicht die einzige Dwarseinstellung. Die Schotung der Genua ist auch eine Sache der Querholer und Barberhauls. Der Querholer ist ein auf die Schot oder das Schothorn binnenbords wirkender Beiholer. Das kann ein kleiner Block, eine kleine Talje oder ein zu einer Nebenwinsch führendes Ende sein. Der Barberhauler (nach den genialen Brüden Barber aus San Diego benannt, die ihn zuerst benutzten) holt nach außenbords bei. Er kann aber durch einen weiter außen liegenden Holepunkt mit zweiter Schot oder Kurzschot ersetzt werden.

Querholen ist besser als nichts, wenn die Leitschienen ungünstig montiert sind, und besser als ein Sammelsurium von Beschlägen für gelegentliche Benutzung. Die Tücke des Beiholers zeigt sich schnell, wenn man wendet und den Beiholer nicht entfernt hat. Weniger deutlich ist der Nachteil, daß sich die richtige Einstellung in der Eile nur schwierig wiederholen läßt. Und wenn die Beiholer nicht genau quer zur Schot ziehen, holen sie auch mit Längskomponente an der Schot, was aber die alleinige Aufgabe des Leitpunktes sein sollte. Dann mit der Luvschot gegentrimmen wollen, hat kaum Wirkung.

Wenn der Holepunkt feststeht, kann man bei sehr ruhigem Wasser oft noch etwas höher kneifen, wenn der Holepunkt einen halben bis ganzen Grad zur Bootsmitte bewegt wird. Damit bekommt das Vorsegel einen spitzeren Anstellwinkel (relativ zum Kiel), was in glattem Wasser schnell sein kann, wo Wiederbeschleunigen weniger wichtig ist. In großen Wellen, wenn Höhelaufen weniger wichtig ist als Fahrthalten, ist ein Holepunkt außenbords mit leicht geschrickter Schot besser als Nur-fieren-der-Schot. Wird weiter abgefallen, ist es unbedingt notwendig, den Holepunkt nach außen zu legen, damit Topp und

Fuß des Segels in der Balance bleiben. In solchen Fällen kann ein Außenleitpunkt oder Barberhauler tatsächlich einen Knoten mehr Fahrt bringen.

Fallspannung

Steigerung der Fallspannung steigert die Vorliekspannung, die den Wölbungsscheitel weiter nach vorn zieht und die Wölbung insgesamt etwas abflacht. Umgekehrt beim Schricken des Falls. Bei dehnbareren Segeln ist Fallspannung im Bereich von 3 % des Vorlieks variierbar. Weil das Tuch entlang der Vorderkante meist diagonal zu den Kettfäden orientiert ist, verändert die Dehnung nur vorübergehend die Geometrie des Gewebes (mehr als Dehnung einzelner Fäden). Das kann wiederholt gemacht werden, ohne das Segel auf Dauer zu schädigen. Weniger dehnbare Tuche, wie Sandwich-Mylar, sind bei solcher Behandlung nicht so duldsam. Zuviel Fallspannung verformt den isotropischen Film bleibend. Die geringe Dehnfähigkeit des hochtechnischen Materials liegt bei 0,5 % der Vorlieksländge. Wenn Segel aus Kevlar-Mylar oder Sandwich-Mylar sich durch Fallspannung um mehr als 1 % dehnen, sind sie entweder alt oder schlecht konstruiert. Anders als Polyester-Segel stehen viele Segel aus Laminat korrekt, ohne horizontale Falten am Vorliek.
Änderungen der Fallspannung haben auch Nebeneffekte. Das Achterliek eines Segels ist von bestimmter Länge und aus wenig dehnbarem Material. Das vielfache Heben und Senken des Segelkopfes ändert die Vorliekspannung und die Höhe des Schothorns. Daraus wiederum wird eine Nachbesserung der Schotspannung und des Holepunktes nötig. Selbst wenn sich nichts geändert hat, muß von Zeit zu Zeit das Fall etwas nachgeholt werden, weil es sich wegen geänderter Windstärke oder einfach im Lauf der Zeit etwas dehnt.

Achterliekleinen

Achterliekleinen kennzeichnet, daß sie nicht dazu gemacht, noch dazu geeignet sind, die Segelform zu beeinflussen. Segelhinterkanten, die gerade verlaufen, sind solchen mit gerundeten Hinterkanten vorzuziehen. Sie sind aber schwieriger glatt zu kriegen. Mit wechselnden Lasten und mit der Zeit werden Achterlieke lockerer, statt fester. Die Achterliekleine soll ein lockeres Achterliek am Flattern oder „Motorbooten“, wie Amerikaner das des Geräuschs

wegen nennen, hindern. Das Flattern schadet kaum der Fahrt, wohl aber kann es das Segel ermüden. Bei Kevlar-Mylar kann das eine Sache von Stunden und weniger sein, bis das Achterliek ab ist; bei Polyester und Sandwich-Mylar dauert es länger, aber es ist nicht klug abzuwarten, wieviel länger.
Holen an der Liekleine „schüsselt" die Achterkante des Segels etwas nach Luv. Nur bei radikaler Handhabung entsteht dabei, was man einrollende Achterkante, hartes Leeliek oder so ähnlich nennt. Soweit sollte es nicht gehen. Es ist aber ein guter Brauch, immer mal wieder die Liekleine bis zum Flattern des Lieks zu lockern und wieder anzuholen, bis es zu flattern gerade aufhört. Wenigstens tut man das, wenn der Wind sich geändert hat oder Kurs und Segelstellung geändert wurden.
Sehen wir uns die Grundregeln des Vorsegeltrimms noch mal an.

Vorsegeltrimm

1. Sorge für Strömungsfäden an der Segelvorderkante, am besten in Viertel-, Halb- und Dreiviertelhöhe des Segels auf beiden Seiten und in 30 bis 60 cm Abstand vom Vorliek; je größer das Boot, um so größer der Abstand, damit sich mögliche Eintrittsturbulenzen wieder beruhigt haben. Siehe Bild 9.7.
2. Prüfe den Leitwinkel und Leit- oder Holepunkt. Zuerst ziehe eine gedachte Gerade von Vorlieksmitte durch das Schothorn bis aufs Deck. Dann stelle den Holepunkt fein ein durch langsames Anluven. Danach sollten alle Luvfädchen gleichzeitig ansprechen und zeigen, daß oben und unten gleich getrimmt ist. Sprechen die oberen Fäden zuerst an, muß der Holepunkt mehr nach vorn; sind's die unteren zuerst, der Holepunkt mehr zurück. Denke dran, daß man sich besser weiter nach achtern orientiert, weil damit des Segels toleranter Bereich größer wird.
3. Trimme das Segel bis nahe an die Salinge, aber nicht an sie heran. (Segelberührung mit dem Rigg mindert immer den Wirkungsgrad.) Vermutlich stellt sich das Optimum bei einer etwas engerer oder offener als der in Grundeinstellung getrimmten Hinterkante ein; je nach Wind und See.
4. Hole am Fall, um den Wölbungsscheitel weiter nach vorne zu bringen, aber nicht so sehr, daß sich eine Falte hinter dem Vorstag bildet.
5. Passe das Segel dem Wetter an. Bei glattem Wasser und mäßigem Wind trimme mehr zur Mitte, um das Segel abzuflachen und spitzer anzustellen

(siehe Tabellen unten). Hole das Backstag oder Achterstag zur Minderung des Vorstagdurchhanges.

GENUA-LEITWINKEL

Segel	Leitwinkel (Grad)	
	Glatt	Wellen
Leicht Nr. 1	8	10
Mittel Nr. 1	7,5-8	9,5
Schwer Nr. 1	7,5	9,5
Nr. 2	9	11
Nr. 3	9	11
Nr. 4	11	12

Benutze die Zahlen nur als Hinweis. Der optimale Leitpunkt im Seegang wechselt von Boot zu Boot. Wenn man die Leitpunkte nicht einfach seitlich verschieben kann, wähle einen Winkel, der am besten für die im Gebiet gerade herrschenden Bedingungen paßt.

Im Seegang schricke die Schot, verlege den Holepunkt weiter zur Bordwand, segele weniger hoch am Wind, um Fahrt zu halten. Schricke das Fall ein wenig und gib dem Backstag etwas Lose, wenn das Rigg dabei nicht zuviel herumkommt.
In schwerem Wetter lege den Holepunkt noch weiter nach außen, aber setze Schot und Fall durch, um das Segel flach zu halten. Setze den Holepunkt zurück, um dem oberen Achterliek Lose zu geben und das Oberteil flacher zu machen. Toleriere etwas früheres Killen im Oberbereich des Vorlieks, wenn nötig.
In sehr leichtem Wind gib der Schot gut Lose, lege den Holepunkt nach außen und weit genug nach vorn, damit das Segel oben und unten gleichzeitig in den Wind geht. Gib wenig Backstag- und Fallspannung und segele mit den Leefäden in fast Ablösestellung.
Manchmal hat der Wind beim Topp des Segels andere Richtung als unten. Diese als Scherwind bezeichnete Lage sollte nicht mit der normalen Rechtsdrehung des Windes bei zunehmender Höhe verwechselt werden. Scher-

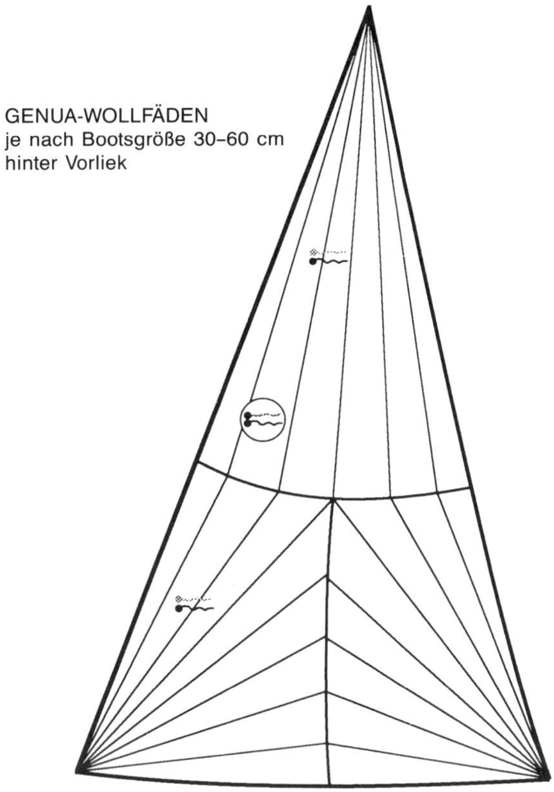

9.7 *Wollfäden Anbringung*

wind ist bei leichtem bis mäßigem Wind zu beobachten und besonders, wenn die Luft viel wärmer als das Wasser ist. In diesen Fall ist die Längseinstellung des Leitpunktes auf jedem Bug anders.

6. Wenn das Groß leicht killt oder deutliche Backwindstellen zeigt — alle anderen Einstellungen richtig sind — lege den Holepunkt nach außen oder setze eine flachere Fock.
7. Nimm immer die für die Situation passende Fock. Die Segelgröße richtet sich natürlich nach der Windstärke und der Stabilität des Bootes. Die Tabelle S. 196 gibt nur einen Anhalt, welches Segel zu welchem Windbereich paßt. Erst die Erfahrung zeigt, was funktioniert und was nicht, und

mit welcher Dwarsstellung des Holepunktes man am schnellsten ist. Anzeichen für zuviel Tuch ist bei fast allen Booten extreme Krängung von 25 bis 30 °, schweres Steuern, große Abdrift und Fahrtabfall trotz zunehmenden Windes.

GENUA-WINDBEREICHE

Segel	Scheinbarer Wind (Knoten)	
	Bereich	Maximal
Leicht Nr. 1	2 – 12	12
Allzweck Nr. 1	6 – 20	20
Schwer Nr. 1	15 – 23	23
Nr. 2	21 – 27	27
Nr. 3	24 – 34	34
Nr. 4	31 – 45	45

Benutze diese Zahlen nur als Anhalt. Verdrängung und Stabilität beeinflussen Ober- und Untergrenze. Frage den Segelmacher nach dem Windbereich für jedes Segel, schreibe den unbedingt auf jedes Segel.

Untertakelung dagegen zeigt sich durch schlappes Rudergefühl und träge Bootreaktionen. Dem hilft man ab durch mehr Lose in Schot und Fall, um das Segel runder zu machen, und Außenstellung des Holepunks. Wenn das nicht hilft, muß man eine vollere Fock setzen.

8. Setze Größe und Wölbung der Vorsegel ein, um den Ruderdruck zu balancieren. Schweres Rudergehen wird durch Setzen eines kleineren und flacheren Vorsegels leichter.

9. Verlege beim Abfallen den Holepunkt nach außen, um den Anstellwinkel zu vergrößern, ohne die Segelform zu beeinträchtigen.

10. Achte auf die Boote ringsum, um abzuschätzen, ob der eigene Trimm korrekt ist. Benutze sie als groben Vergleich für den eigenen Kurs und die eigene Fahrt. Bedenke aber, daß die anderen nicht so gut und kämpferisch segeln könnten wie man selbst. Auch könnten sie anderen Wind oder Strom haben, sie könnten andere Stärken bzw. Schwächen haben, oder das andere Boot ist kleiner bzw. größer, so daß Vergleiche sinnlos sind. Wenn man besonders gut segelt, soll man sich Notizen in einer Genua-Trimmkarte machen, für die hier ein ausgefülltes Beispiel und eine unausgefüllte Karte zum Kopieren für Sie abgedruckt ist.

GENUA TRIMMKARTE (Beispiel)

Genua: Genua 1, mittel	UNTERER BEREICH	MITTEL BEREICH	OBERER BEREICH
Bordwind-Bandbreite (Knoten)	6–11	11–15	15–20
MAXIMALE scheinbare Windgeschwindigkeit (Angabe: Segelmacher)			20
Schotwinkel (Grad)	9	9	10
Halteposition (Loch-Nr.)	4	3	2
Entfernungvon von oberer Saling	200 mm	150 mm	150 mm
Entfernung von den Püttings	100 mm	25 mm	berührt
Tiefe (% auf dem Mittelstreifen)	18 %	17 %	16 %
Größte Tiefenposition (% am Mittel)	48 %	46 %	45 %
Achterstagspannung (% vom Maximum)	60 %	80 %	max.
Fallspannung	6	3	2

GENUA TRIMMKARTE

Genua:	UNTERER BEREICH	MITTEL BEREICH	OBERER BEREICH
Bordwind-Bandbreite (Knoten)			
MAXIMALE scheinbare Windgeschwindigkeit (Angabe: Segelmacher)			
Schotwinkel (Grad)			
Halteposition (Loch-Nr.)			
Entfernungvon von oberer Saling			
Entfernung von den Püttings			
Tiefe (% auf dem Mittelstreifen)			
Größte Tiefenposition (% am Mittel)			
Achterstagspannung (% vom Maximum)			
Fallspannung			

KAPITEL 10

GROSSEGEL

In der Zeit der Berufssegelei war das Großsegel wirklich das größte auf den Schaluppen, Ketchen und Jawls, aus denen sich allmählich die modernen Yachten entwickelten. Rennwertformeln, Werkstoffe, Takelungen und laufendes Gut haben sich mit der Zeit geändert, aber die Bedeutung des Großsegels ist kaum geringer geworden. Zusätzlich zur Erzeugung eigenen Auftriebs und kräftiger Hilfe bei dem des Vorsegels hat das Groß eine Schlüsselrolle als Steuerhilfe. Man kann es als Nebenaggregat des Ruders ansehen, was häufig nicht beachtet wird. Es soll gutmütig auf allen Kursen zum Wind von Null bis nahe Sturmstärke wirken. Von keinem anderen Segel wird soviel verlangt.

Aerodynamische Erinnerungen

Wie wir in Kapitel 5 erfuhren, hat das Vorsegel eine Vorzugsstellung, einen Ehrenplatz im Segelriß, wenn Sie so wollen. So rosig ist die Stelle für das Großsegel nicht. Das liegt daran, daß jedes Segel seine eigene Zirkulation hat, und die des Vorsegels wirkt der des Großsegels in der Düse gegen den Strich (Bild 5.15, Seite 93). Es ist einleuchtend, daß die Luft dort langsamer strömt

und der Unterdruck am Groß geringer ist. Folglich segelt das Groß mit (oder in) weniger Windstärke. Das Vorsegel dagegen segelt sozusagen in sicherer Leeposition zum Groß in einem Aufwind (*upwash*) höherer Geschwindigkeit unter Kutta-Joukovsky'scher Bedingung. Das Groß segelt quasi in der Zwangsjacke der Luvposition (Bild 5.18).
Da das Groß aber die Fock nicht überholen will, ist seine Situation im „Vor-Windschatten" der Fock gar so traurig nicht. Der Übergang von Unterdruck vorn (Schnellstömung) zu fast normalem Luftdruck hinten (Abströmung) ist weniger steil und ablösungsträchtig. Das Groß verträgt einen größeren Anstellwinkel, man kann es stärker einschoten, den Traveller mehr oder weniger luv stellen.
Da wir nun die Groß-Grundsätzlichkeiten wieder im Kopf haben, betrachten wir, was Segelmacher und Segler daraus machen können.

Wölbung

Die Wölbung wird genauso gemessen und beurteilt wie bei den Vorsegeln. Die Scheiteltiefe wird als Dezimalbruch oder in Prozent der Sehnenlänge genannt; also 15 cm Tiefe bei 100 cm Sehne als 0,15 oder 15 %. Die Lage des Scheitels über der Sehne und seine Tiefe sind wichtig und müssen je nach Windstärke, Seegang, Krängung und so fort analog dem für Vorsegel Gesagten geändert werden — weniger oder mehr gewölbt, Wölbungsscheitel mehr vorn bis leicht achterlich etc. Vielleicht wollen Sie es noch einmal im vorausgegangenen Kapital nachlesen?
Wir geben hier ein paar auf halbe Segelhöhe bezogene, allgemeine Richtwerte für Wind und Wölbung; spezifischer werden wir gegen Ende des Kapitels.

Großsegelwölbung

Scheinb. Wind (kn)	Scheiteltiefe (%)
3– 6	15–16
6– 2	14–15
12–18	12–13
18–24	11
> 24	10

Vertikalverteilung von Wölbung

Großsegel sind wie die Vorsegel — und praktisch aus demselben Grunde — am Kopf gewölbter (voller) als am Fuß. Solch eine Form ist „elliptischer“ und macht geringeren induzierten Widerstand, wie in Kapitel 6 beschrieben. Außerdem kommt der Wind in größerer Höhe achterlicher ein; die vertikale Winddrehung. In der Höhe trifft der Wind die Segelvorderkante spitzer und wegen der Vorsegelzirkulation auch langsamer. Überdies ist der Wind, der das Segel erreicht, durch Mast und Rigg erheblich gestört. Das liegt am Formwiderstand.

Das Zusammenwirken dieser Faktoren macht beim Großsegel eine vertikal deutlichere Wölbungsverteilung als bei einer Genua nötig. Quantitativ ist der ideale Unterschied von der Mitte bis zum Topp generell etwa 5 % bei ziemlich leichtem Wind, 10 % bis 15 % bei Wind von 6 bis 18 kn. Bei stärkerem Wind sollte das Segel wieder so flach wie möglich sein. Das untere Viertel sollte bei mittlerem Wetter etwa 20 % flacher als die Mitte und vielleicht 10 % flacher in leichtem und starkem Wind sein.

In den meisten Fällen ist es am besten, wenn das Segel gleichmäßig von oben nach unten abgeflacht ist. Aber solche Allgemeinregeln können in die Irre führen — und in einigen Fällen fatal falsch sein. Es ist wichtig, daß die Crew mit Ausholer und weniger Mastbiegung beispielsweise übt, um die optimale Verteilung von Bauch über die Höhe kennenzulernen.

Wölbungsscheitel-Position

Die richtige Lage des Wölbungsscheitels ist hier viel leichter herzustellen; liegt er 48 bis 50 Prozent der Sehne, dann ist’s nahe dem Optimum. Die Variationsmöglichkeit ist nicht größer als 3 bis 5 Prozent vor oder hinter dieser Stelle. Und etwas daneben ist nicht so wichtig wie bei der Genua.

Wenn die Wölbung verflacht, dann zugunsten wichtigerer Aspekte beim örtlichen Profil. Zum Beispiel bei der Achterrundung. In leichtem Wind wirkt ein volleres Achterliek wie die Landeklappe am Flugzeugflügel, steigert den Auftrieb und macht das Ruder effektiv und notwendig für die Gegenwirkung zur Luvgierigkeit. In starkem Wind dagegen sollte man das Achterliek flacher zie-

hen, sonst entsteht große Ablösung und erheblicher induzierter Widerstand, der sich typisch als Krängung manifestiert.
Durch Strecken und Abflachen des Achterlieks zum Segeln in starkem Wind wird das ganze Achterteil des Segels flacher und der Wölbungsscheitel mehr, um bis zu 5 %, nach vorne gedrückt. Runden des Achterlieks in leichterem Wind verlagert den Wölbungsscheitel rückwärts — bis auf 55 % Sehne sind zuweilen akzeptabel. Die vorderen 33 bis 50 Prozent des Großsegels haben ihre eigenen Ansprüche, nämlich zum einen genug gewölbt zu sein, um nach den Turbulenzen durch den Mast auf der Leeseite eine gesunde Strömung zu erzeugen, aber zum anderen auch flach genug zu sein, um mit kleinem Anstellwinkel arbeiten zu können.

Vertikalkurvatur

Wie im vorstehendem Kapitel erläutert, verlaufen die Hauptspannungen im Segel vom Kopfbrett zum Schothorn. Dementsprechend „hängt" ein Segel leehorizontal durch. Das ist die schon beim Vorsegel kennengelernte Vertikalkurvatur — plastischer gesagt: der Segelbauch. Je weniger davon, desto geringer der induzierte Widerstand, desto besser. Der Bauch wird nicht nur über-, sondern auch umflossen. Ein Teil strömt als Schrägstrom zu den Segelenden und erzeugt induzierten Widerstand durch die nachschleppenden Wirbel. Das taugt zu nichts.
So geben sich alle Segelmacher Mühe, keine Bäuche zu bauen. Am besten gelingt das, je weniger dehnbar das Material ist, also mit Sandwich-Mylar oder Kevlar-Mylar. Aber selbst mit Titanblech gelänge es bei starkem Wind nicht ganz, denn auch das ist ein bißchen dehnbar.
Die Großsegel haben am meisten von den technischen Vorzügen der modernen Textiltechnik, denn sie sind, mit Ausnahme der brettflachen Fock 3, die am stärksten belasteten Segel auf Yachten. Das Groß ist in hohem Maße belastet aufgrund seines Höhe-Länge-Verhältnisses, aufgrund der enormen Windgeschwindigkeiten, denen das Segel ausgesetzt ist, und aufgrund der zusätzlichen Segelfläche durch die Achterlieksrundung. Mit der Rundung soll ein ellipsenähnlicher Umriß mit besserer aerodynamischer Qualität als der eines Dreiecks erreicht werden. Dafür eingezogene Stützlatten beanspruchen das Segel natürlich ihrerseits, und zwar in ungünstiger Weise (Bild 10.1).

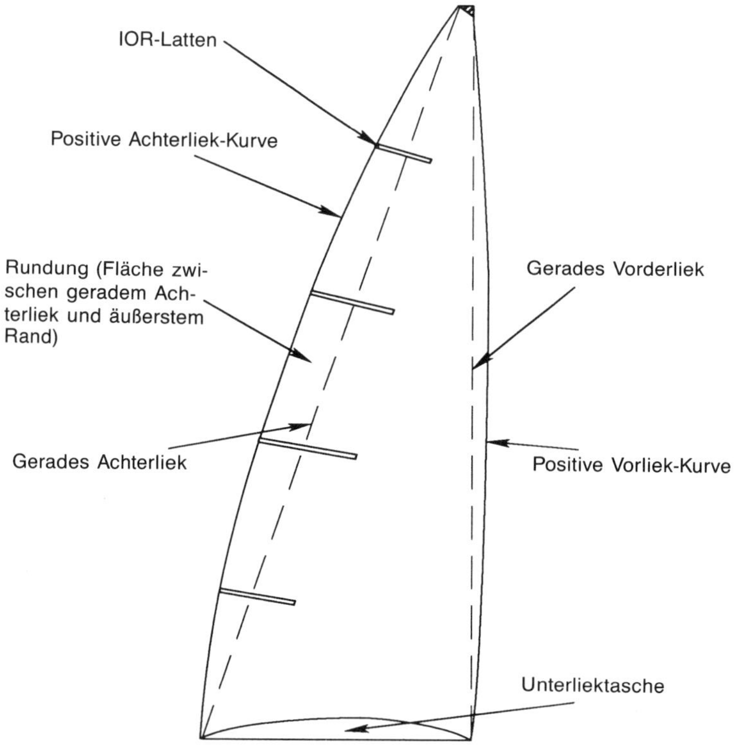

10.1 *Anatomie eines Groß*

Streckung

Anders als bei Vorsegeln, bei denen Sie bezüglich der Streckung beim Kauf ein Wort mitreden können, ist die Streckung des Großsegels Sache des Yachtdesigners, der Mast und Rigg entworfen und gezeichnet hat. Um aber Großsegel vernünftig diskutieren zu können, muß man etwas Kenntnis über den Begriff „Streckung“ haben, der nicht einfach ein Seitenverhältnis ist.
Zum Segeln am Wind wäre das gestreckteste Segel, das überhaupt gebaut werden kann, das beste. Das liegt an dem über eine lange Fläche gleichmäßigen Auftrieb. Das kann mit starren Flügeln oder Profilen erreicht werden, die ein Minimum an induziertem Widerstand haben. Das erklärt, warum der Katamaran *Stars & Stripes* 1988 mit seinem schmalen, hohen und starren Formsegel so gut lief.

Physikalische Grenzen für solch hohe, schmale Großsegel sind Tuchdehnung, Mastlänge und -gewicht, Bootskörper-Verwindungen, die Notwendigkeit, das Gewicht in der Takelung zu minimieren, und die mangelhafte Aerodynamik des Segels in den Turbulenzen hinter dem Mast und den Wanten. Bevor solch gestreckte Segel eingesetzt wurden, mußten Sandwich-Mylar- bzw. Kevlar-Mylar-Segel, hohe, aerodynamisch günstige Aluminium- oder Kohlefaser-Masten und dehnungsfreie Stabwanten entwickelt werden — und ein Bootskörper, der aus modernen Materialien wie Karbonfaser und Kevlar und mit erstklassiger Technik gefertigt wurde und der die Belastungen ohne Verwindung aufnehmen kann.

Der Vorteil des hochgeschnittenen Groß verringert sich schnell, wenn der Wind achterlicher einfällt. Ein Segel für reinen Schiebewind kann im Vorliek und im Fußliek länger sein. Somit könnte man das Rigg und die Ausrüstungen für die Segelbedienung leichter gestalten. Fahrtensegler machen vielfach einen Kompromiß, da sie nicht mit aller Kraft sondern erholsam segeln wollen. Bei jedem Boot ist aber drauf zu achten, daß es nach Luv Strecke gut machen kann.

Zur Erinnerung: Segelmacher benutzten für die Bezeichnung des Höhe-Länge-Verhältnisses P/E die Vorliekslänge P und die Fußlänge E. Ein Beispiel: P = 10,5 m, E = 3,38 m. Dann ist P/E = 3,1.

Moderne Renngroßsegel haben zur Zeit „Streckungen“ (*P/E*) von 2,9 bis 3,5, und die der beliebten Fahrtenyachten solche von 2,7 bis 3,5. Der geringe Unterschied überrascht nur den, der nicht daran denkt, daß die meisten Rennyachten in einem Formelkorsett stecken, das Fortschritt entmutigt, ja sogar bestraft. Was vor zehn Jahren die Sportfunktionäre für riskante Konstruktionen hielten, halten sie heute für Stand der Technik, und den hat der freie Bootsmarkt längst eingeholt und, wenn das Bankonto reicht, überholt.

Ohne Rennwertkorsetts hätten die heutigen Rennyachten Großsegel mit *P/E*-Streckungen um 4,5. Ausgenommen die für Langstreckenrennen wie Whitbread oder BOC, die, wie früher die Clipper, vorwiegend auf Vorwindstrecken segeln.

Ein weiterer Kompromiß muß noch angesprochen werden: Ein hochgeschnittenes Segel ist fürs Aufkreuzen gut — was nicht heißt, daß ein noch höheres besser ist. Man muß den Turbulenz-Faktor bzw. Formwiderstand des Mastes berücksichtigen. Gleichgültig, wie schmal und aerodynamisch der Mast auch ist, ein Teil des Segels kurz hinter dem Mast hat wenig Wirkung. Der Windfluß folgt anfangs der Rundung des Mastes, dann hebt er an einer Stelle ab. Er braucht eine gewisse Strecke, bis er sich ans Groß wieder anlegt. Je größer und schmaler das Groß ist, desto größer ist dieser Bereich, der nachteilig betroffen ist. Diese Turbulenzen können den theoretischen, aerodynamischen Vorteil des geringen Luftwiderstandes aufheben. Mit kurzen, klaren Worten: Ein Segel mit 15 m langem Vorliek und 1,20 m Fußliek wird nicht sehr effektiv sein, wenn der Wirbel der turbulenten Luft erst 0,90 m später sich wieder anlegt. Deshalb sagen einige Leute halb scherzhaft, daß die Aufgabe des vorderen Teils des Segels nur darin besteht, den hinteren Teil mit dem Mast zu verbinden.

Änderung der Großsegelform

Das Großsegel kann man nicht wie die Vorsegel durch Umtausch dem Wetter anpassen, jedenfalls nicht so einfach unterwegs. Man muß seine Form in den möglichen Grenzen ändern, was mit den modernen Mitteln auch sehr praktisch und wirksam möglich ist. Sehen wir uns diese Mittel an.

Mastbiegung

Wenn sich der Mast biegt, bewegt sich dessen Mitte relativ zu der Verbindungslinie Mastspitze — Mastfuß nach vorne und nimmt das Vorliek mit. Dabei funktioniert das Segel wie eine Membrane, die durch verschiedene Kräfte festgehalten und gespannt wird. Stärkere Biegung flacht insbesondere die Profilvorderkante des Segels ab und strafft das Achterliek. Weniger Biegung des Mastes bewirkt mehr Wölbung des Segels. (Bild 10.2)
Der große Unterschied zwischen dem Trimmen eines Vorsegels und eines Groß ist, daß das Groß sich nicht mit dem unerwünschten und schwierigen Vorliekssdurchhang auseinandersetzen muß. Deshalb haben fast alle Boote starre Masten oder solche, die sich kontrolliert biegen lassen. Kategorien der Mastbiegung sind:

1. wenig oder garnicht (d.h. 0,25 % oder weniger. In Maßen: 3 cm Biegung bei einem 12,20 m hohen Mast)
2. mäßig bis deutlich (d.h. 0,75 bis 1 %) und
3. extrem (d.h. bis zu 2 %)

Da ist also zu unterscheiden zwischen *starren* und *biegsamen* Masten. Fahrtensegler haben gewöhnlich starre oder gering biegsame Masten mit großem

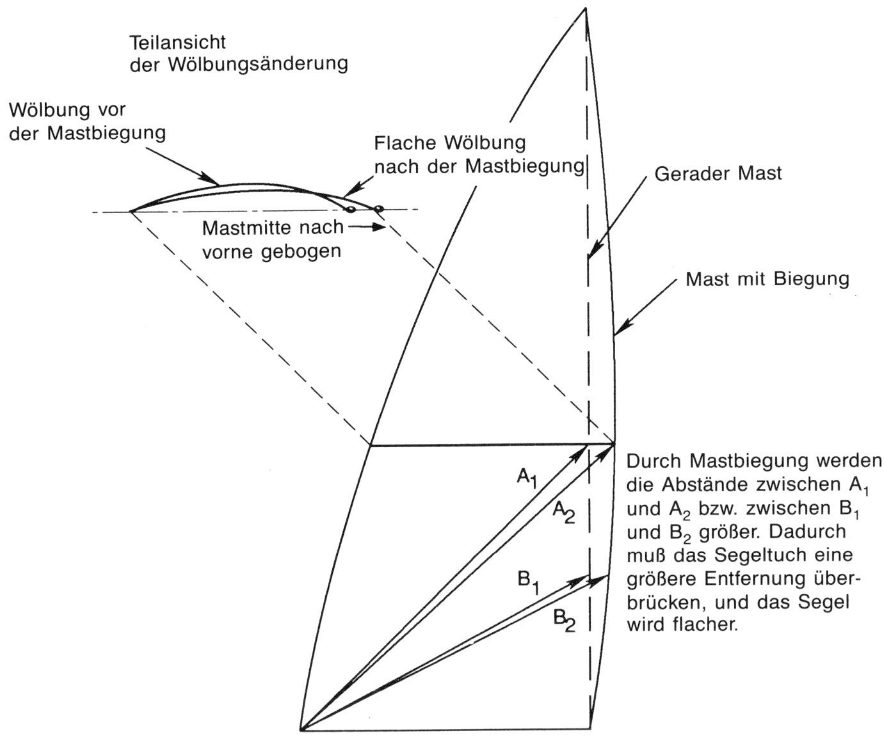

10.2 *Mastbiegung und Großsegelform*

Durchmesser und relativ dünner Wandung, damit das Gewicht nicht zu groß wird. Die Unterwanten sind doppelt, eine Want vorlich, die andere achterlich. Sie bilden also ein starres Dreieck. Dadurch kann sich die Mastmitte nicht sehr nach vorn biegen, und weil Mastfuß und Topp (durch das Vorstag) Festpunkte sind,ist kaum Biegung zu erwarten. Das ist ein sehr festes und sicheres Rigg, jedem zu empfehlen, der mit kleiner Crew oder auf hoher See segelt.

Zunächst ein Hinweis: Wird ein Stab oder Balken beliebigen Querschnitts gebogen, dann wird das Material an den außengewölbten (konvexen) Rändern gezerrt, das an den innengewölbten (konkaven) gestaucht, und das in der Mitten hat nichts zu tun, weshalb man es auch weglassen kann.

Biegsame Masten, gewöhnlich aus stranggepreßtem (extrudiertem) Aluminiumrohr, sind anders gebaut und aufgestellt als starre Masten. Die Wandung ist dick und fest genug, um die (berechenbaren) Zerr- und Stauchspannungen

ohne bleibende Deformation aufnehmen zu können. Das stehende Gut besteht aus den üblichen Vor- und Achterstagen und den einfachen oder doppelten Unterwanten, die entweder in einer Linie mit dem Mast stehen oder solch ein schmales Dreieck bilden, daß sie die Biegung praktisch nicht behindern.
Die Form des Segels reagiert auf 0,1 % Biegung; das wären bei 12 m Vorliek 12 mm. Es bedeutet, daß die Mastbiegung absolut sicher und genau beherrschbar sein muß, und weiter, daß der Segelzuschnitt der Mastkurve angepaßt sein muß. Ein Starrmastsegel hat heute gewöhnlich keine oder nur geringe Vorliecksrundung und ist relativ flach konstruiert; annehmbar, auch wenn es zu windig wird. Das Biegemastsegel leistet sich dagegen Bauch für leichten Wind und wäre bei Starkwind am Starrmast ein hoffnungsloser Fall. Am Biegemast kann mit mehr Biegung sein Bauch eingezogen werden, und umgekehrt. Deswegen gibt es Biegemasten.
Durchhängeprobleme gibt es beim Groß nicht, aber seitliche Mastbiegung, die mindestens so kritisch für die Form des Segels (und aufrechte Maststellung) ist wie die Biegung in Längsrichtung. Eine einpromillige Seitenbiegung kann alles rückgängig machen, was man vor- bzw. achterlich getan hat.
Ausgenommen sind die kurzen Leebiegungen, mit denen der Mast einem Böenstoß nachgibt, was das Segel „entkräftet“ und den Trimm schrickt. Auf kleinen One-Designs wird solche Nachgiebigkeit manchmal eingebaut, um der menschlichen Reaktionszeit an der Schot zuvorzukommen. Seltener macht man das bei Seebooten mit fraktioniertem (3/4, 7/8) Rigg, das in einer Bö oben nach Lee und in der Mitte nach Luv biegen könnte, was den unter Druck stehenden Mast fällen oder knicken kann.
Daß man solch absichtliche Dwarstoleranz bei kleinen Booten öfter und auf großen gar nicht findet, hat etwas mit den in Kapitel 5 diskutierten Gesetzmäßigkeiten zu tun. Mit den kurzen Sehnen ihrer Segel ist die volle Zirkulation schneller erreicht, die Boote reagieren „lebendiger“ und an Bord sind keine freien Hände für die Böen. Größere Boote haben mehr Zeit zum Reagieren. Auf ihnen wirft gewöhnlich eine freie Hand in einer starken Bö den Traveller los.

Mastbiegung

Mastbiegung ist ein kraftvolles Werkzeug, um das Groß zu profilieren. Sie wird jedoch nicht recht augenfällig und nur wenig verstanden. Bei richtiger Anwendung haben die Segler eine tolle Kontrolle des Groß, andernfalls ist eine

schlechte Segelform das geringste Problem. Einige der moderneren Mastbiege-Methoden vertragen keine Fehler, keine Unaufmerksamkeit der Crew oder mechanische Pannen. In einigen Fällen kann der Mast herunterkommen.
Es gibt verschiedene Methoden, den Mast zu biegen. Vielfach werden mehrere gleichzeitig angewandt. Sie müssen aber nur richtig eingesetzt werden.
Einige Masten sind bis auf den Kiel gesteckt, andere auf Deck montiert. Die letzteren bringen den Vorteil, daß sie unter Deck keinen Platz beanspruchen und daß die fehlende Decksdurchführung das Einsickern von Wasser ausschließt.

Decksdurchführung als Biegelager

Gesteckte Masten stehen auf einem Kielschwein, und der Mast ist an seiner Spitze fixiert durch das Vor- und Achterstag, beim Decksdurchbruch durch die Fischung und am Fuß durch die Mastspur. Die Mitte des Mastes kann durch Verschieben all dieser Punkte nach vorne gehebelt werden: einmal durch Eintreiben von Keilen hinter dem Mast (entsprechend der verstellbaren Mastschelle bei Jollen) oder durch Fieren des Vorstags und Holen des Achterstags oder durch Versetzen der Mastspur nach achtern. (s. Abb. 10.3) Das Verschieben des Mastes auf der Mastspur geht nur mit großer Kraft — und wenn die Wanten gelöst sind.
Der Vorteil der Verkeilung an der Decksdurchführung ist, daß man sie beim Segeln nicht weiter verstellen kann und muß. Andere Segler sehen darin eher einen Nachteil, zumal die Durchbiegung nicht stark ist und Segelkurve und Mastkurve vielfach nicht übereinstimmen.

Verstellbares Babystag

Eine andere Methode, den Mast zu biegen, benutzt das Baby- beziehungsweise Fockstag (Bild 10.4). Das ist eine direkte Art, den Mast zu biegen, aber statisch keine Schönheit. Damit das Vorsegeldreieck für die Wenden einigermaßen frei bleibt, muß der Fußpunkt des Babystags nahe beim Mast liegen. Außerdem erzeugt die Stagspannung viel Druckkraft im Mast und kaum Biegekraft nach vorn. Damit der Mast von letzterer überhaupt etwas merkt, muß die Stagspannung enorm sein und ist praktisch nur mit hydraulischer Übersetzung zu errei-

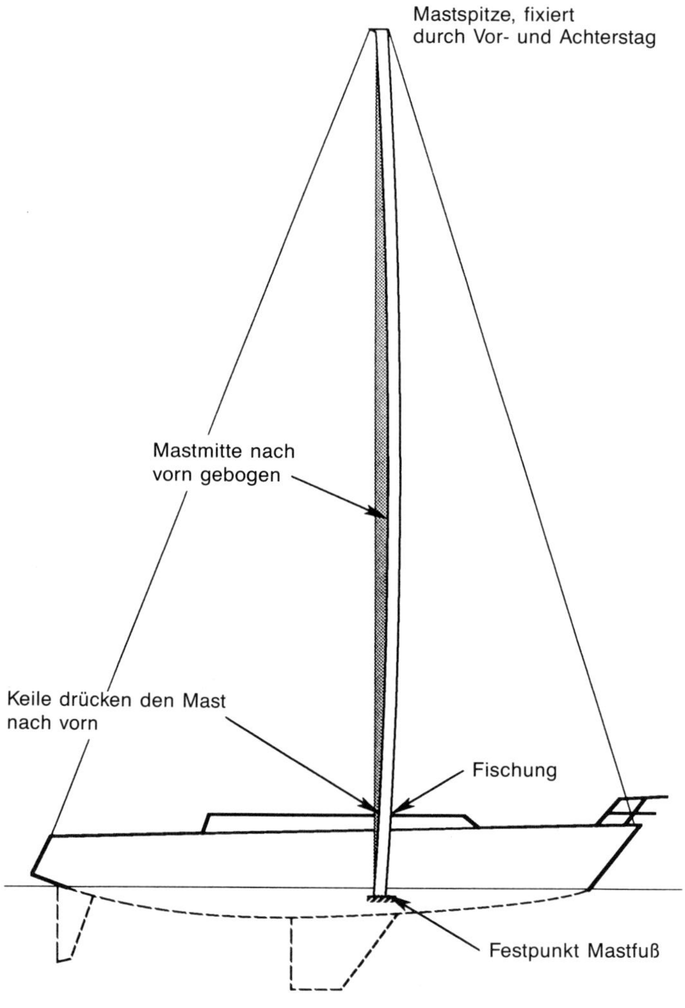

10.3. *Mastbiegung durch Verkeilung*

chen. Die hat zwar den Vorteil (?), daß sie vom Cockpit aus betätigt werden kann. Sie wird unter Deck montiert, damit die Hydraulikschläuche nicht beschädigt werden und keiner über die Maschine stolpert. Aber nicht zu vergessen ist der starke Zuganker zum Kiel, der das alles festhalten muß.
Manche Babystags haben den Fußpunkt auf einem Traveller, der mit einer Talje oder Winsch vom Mast nach vorn geholt wird, um das Stag zu spannen.

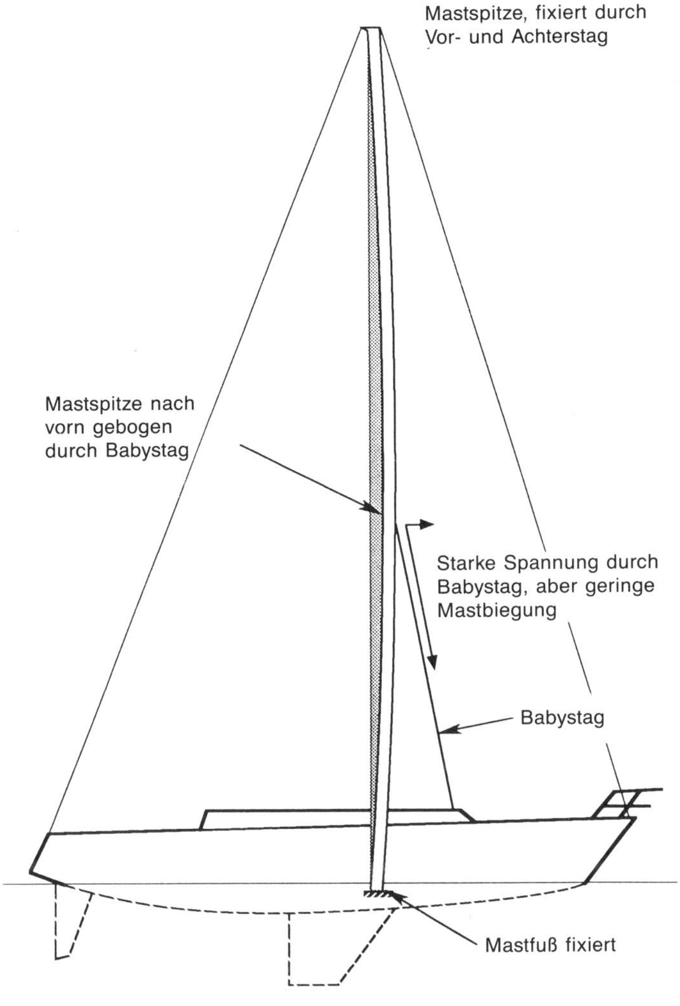

10.4 *Mastbiegung durch Babystag*

Andere haben ein beiklappbares Babystag, das sie auch bei schwerem Wetter setzen, um den Mast zu stabilisieren. Dabei wird der Fuß in einen Beschlag eingepickt, und das Stag mit einer Spannschraube gespannt; das ist billig und zuverlässig.
Wenn man einen Spinnaker benutzt, sollte man nicht vergessen, das Babystag wegzunehmen. Es stört vornehmlich beim Schiften des Spinnakerbaumes.

Auch bei Kreuzschlägen kann sich die Genua leicht hinter dem Stag verfangen. Dies alles spricht für ein beiklappbares Stag.
Die größten Fehler werden jedoch beim nachträglichen Einbau eines Babystags gemacht. Die Decksfestigkeit wird über-, und die Zugkräfte werden unterschätzt. Bei modernen Booten ist der Einsatz von Babystags rückläufig. Bei den meisten sieht man eine Vorbiegung des Mastes und lösbare Backstagen. Darüber später mehr.

Schräger Mastfuß

Weil Masten (außer den freistehenden Selbstträgern) unter Längsdruck stehen, kann man sie durch Abschrägen oder Unterkeilen ihres Mastfußes biegen. Wir raten davon ab, auch bei an Deck stehenden Masten. Es ist zu ungenau. Wenn der Mastfuß nicht genau aufsteht, wird er oder die Mastspur beschädigt (Bild 10.5).

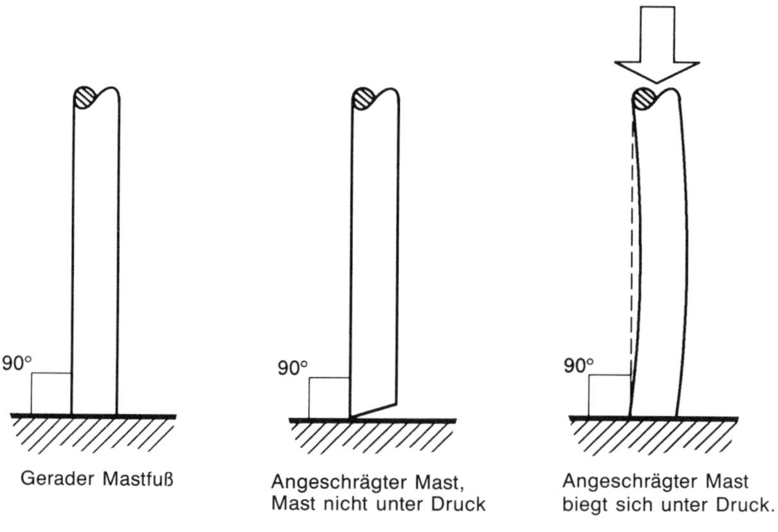

10.5 *Mastbiegung durch Schräganschnitt oder Verkeilung*

Biegen mit Hebelwirkung

Boote mit Fraktionsrigg (Bild 10.6) können den Mast allein durch Holen am Achterstag biegen, wobei der Vorstagbeschlag am Mast als Drehpunkt dient. Von dem holenden Achterstag wirkt nur die horizontale Kraft. Das überstehende Ende braucht nicht sehr lang zu sein, um eine Biegung zu erzielen, die

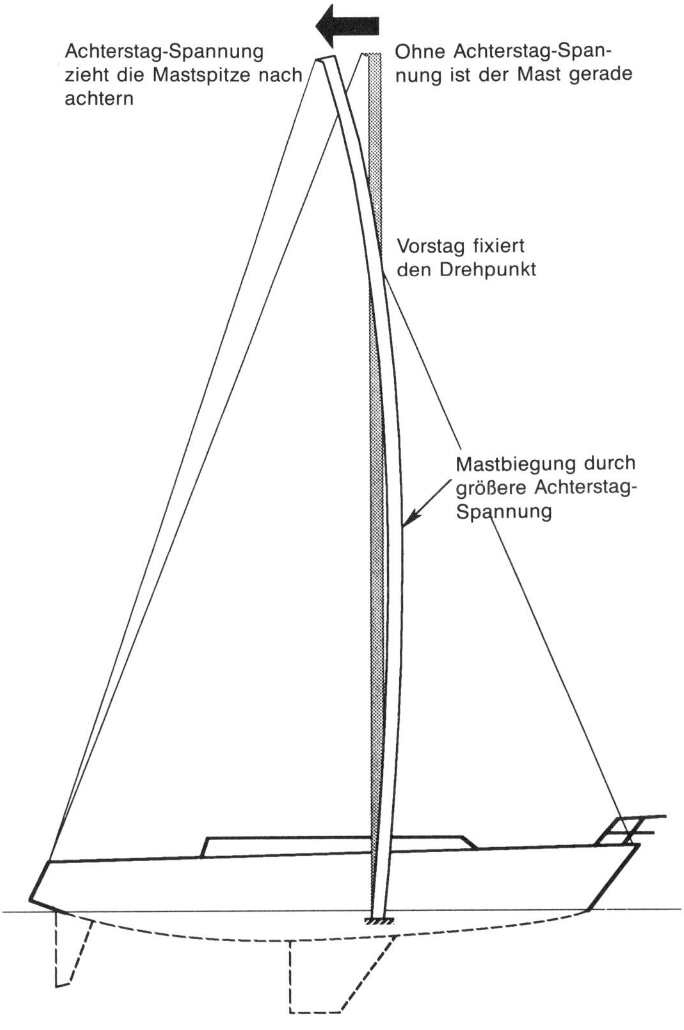

10.6 *Einstellbare Mastbiegung*

übrigens bei der gezeigten Anordnung immer eine glatt durchgehende Kurve ist, auch beim 15/16-Rigg, bei dem aber die Hauptbiegung weit oben sitzt wie beim toppgetakelten Mast mit extrem langem Achterstagausleger an der Mastspitze, der ein Endlager mit Drehmoment darstellt. (Dieser Hebel ist eigentlich für mehr Abstand zwischen Achterliek und Achterstag gedacht, um Platz für eine größere Segelrundung zu schaffen.) Biegungsmaximum oben ist, wie schon gesagt, nicht vorteilhaft. Andererseits benutzen 7/8 und 3/4 geriggte Boote nicht so sehr das Achterstag zum Biegen, denn der Zug an der Großschot biegt meist schon genug.

Druckbiegen

Das variierbarste und ausgetüfteltste Verfahren. Bei ihm wird absichtlich mit Wanten und Stagen große Druckspannung im Mast erzeugt. Der Mast ist aus dementsprechend druckfestem Werkstoff gebaut. Der Mast spielt hier die Rolle eines quasi unten eingespannten Druckstabes. Zwischen Mastfuß und Decksloch ist er so gestützt, daß er nach vorn ausbiegen kann. Der Fuß steht etwas achterlicher als das Decksloch. Dazu trägt eine sehr straffe, seitliche Abspannung durch die Unterwanten bei. Der relativ dünne Mast weicht der großen Druckspannung von einer gewissen Stärke an mit einer Biegung aus, der Beginn der Knickspannung, wie das in der Statik heißt. Die Wanten sorgen dafür, daß die Biegung nicht seitlich geht, und das mit größerem Winkel am Topp ziehende Achterstag hat eine größere, horizontale Kraftkomponente als das spitzer angreifende Vorstag. Die Wanten und das Achterstag sorgen dafür, daß der Topp nach hinten gezogen und die Biegung nach vorne geht. Daß der Mast dabei nicht knickt, dafür sorgen die Backstagen (Preventer = Verhüter). Unachtsame Crews haben uns öfters gezeigt, daß die Konstruktion heikel werden kann.
Unter Biegung ist der Mast vorgespannt und recht stabil. Seine Spannung und Biegung wird mit dem Achterstagspanner reguliert. Mit den Backstagen wird er dann auf die gewünschte Biegung zurückgeholt, wobei man sich aber klar sein muß, daß dies die Druckspannung weiter erhöht. Mit kräftigen Backstagen kann man auch ein Fraktionsrigg vom Vorstagbeschlag an abwärts mit Druckspannung ähnlich stabilisieren. Ein Babystag ist außer bei gröbstem Wetter nicht nötig.

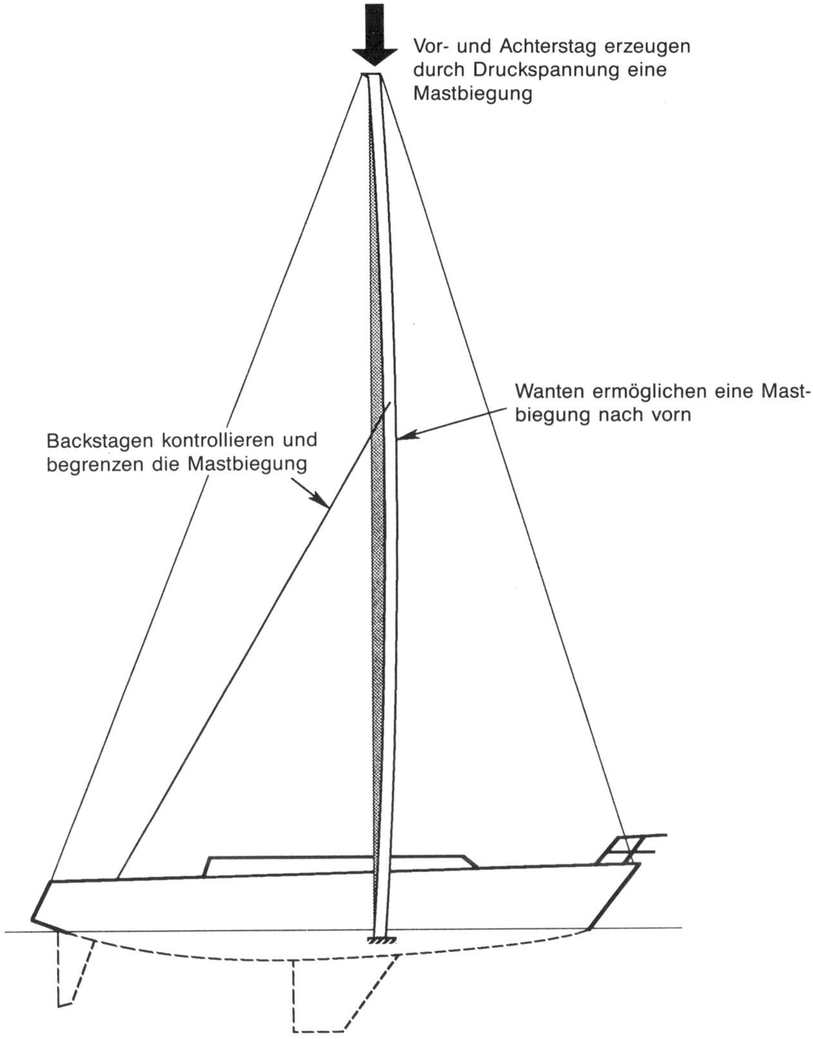

10.7 *Mastbiegung durch Vorspannung*

Regulieren der Biegung

Die Kontrolle über die Größe und Verteilung der Mastbiegung kann man aufteilen in die Aufgabe des Riggkonstrukteurs und die der Segler. Die des Konstrukteurs schließt ein: Mastverjüngung am Topp (oder nicht), örtliche Verstärkungen, Vorbiegung und Spreizenwinkel. Verjüngung im Topp, um damit zu beginnen, macht den Mast oben biegsamer. Örtliche Verstärkungen sind bei manchen Beschlägen, vor allem beim Baumlümmel und Deckdurchgang nötig. Die Kurve durch vorgespannte Biegung wird wesentlich von der Wanddicke im Untermast und dem, was für das Segel am besten ist, bestimmt.

Der Spreizenwinkel beeinflußt ebenfalls die Mastbiegung (Bild 10.8). Die Spreizen müssen einer Mastbiegung folgen, was die hochgespannten Wanten aus der Linie bringt. Sind die Oberspreizen nach vorn gewinkelt, drücken sie härter auf das Want (und den Mast, nicht zu vergessen), was die Biegung oben geringer macht. Achterlich gewinkelte Spreizen machen dagegen die Biegung größer. Bei Biegemasten muß das sehr sorfältig konstruiert werden, sonst kann's schiefgehen.

In Fahrt und unterwegs sind Mast- und Segelstellung Aufgabe der Crew. Die Backstagen sind die unmittelbarsten Einsteller der Mastbiegung. Früher war deren Zweck, den Mast in der Mitte zu stützen, und sie wurden zum Ausfieren des Baums losgeworfen. Heute sind sie mehr Stellglieder für Mast- und Segelform.

Die Spannung des Achterstags ist ebenfalls ein Kriterium, aber auf andere Art. Die Backstagen kontrollieren die Mittelmastbewegung, die größtenteils von der mit dem Achterstag erzeugten Druckkraft beeinflußt wird. Mehr Achterstagspannung macht mehr Druck und Biegung im Mast. Gleichzeitig hat diese Spannungserhöhung Nebeneffekte. Der Topp nähert sich dem Deck, das Vorstag wird gedehnt (alles Metall ist mehr oder weniger dehnbar), und der Mast bekommt Fall nach achtern, wobei sich seine bereits vorhandene Vorbiegung verstärkt. Ist überdies das Babystag zur Unterdrückung des Pumpens gesetzt, hat das dieselbe Wirkung wie das Spannen des Achterstags.

Weil Trimmen des Achterstags auch das Vorstag mitspannt, muß man sich sicher sein, daß das auch dem Vorsegel bekommt. Man richtet also Biegung und alle anderen Elemente der Mastbeeinflussung so ein, daß sie konform zum Vorsegel sind, und umgekehrt. Das ist bei einigen Einheitsklassen wichtig, deren Großschot Mastbiegung und Vorstagspannung beeinflußt und deren Segelkombination mit sehr unterschiedlichem Wetter fertigwerden muß.

Einen Mast (und sein Segel) kann man überbiegen — auch unmerkbar wenig. Aber eine Diagonalfalte vom Schothorn zur Mastmitte ist ein untrügliches Zeichen einer Limitüberschreitung. Wie weit ein Segel Biegung toleriert, wird nicht allein von seiner an die Mastbiegung angepaßten Vorliekskurve bestimmt, sondern auch vom Segeltuch, seinem Zustand und der Segelkon-

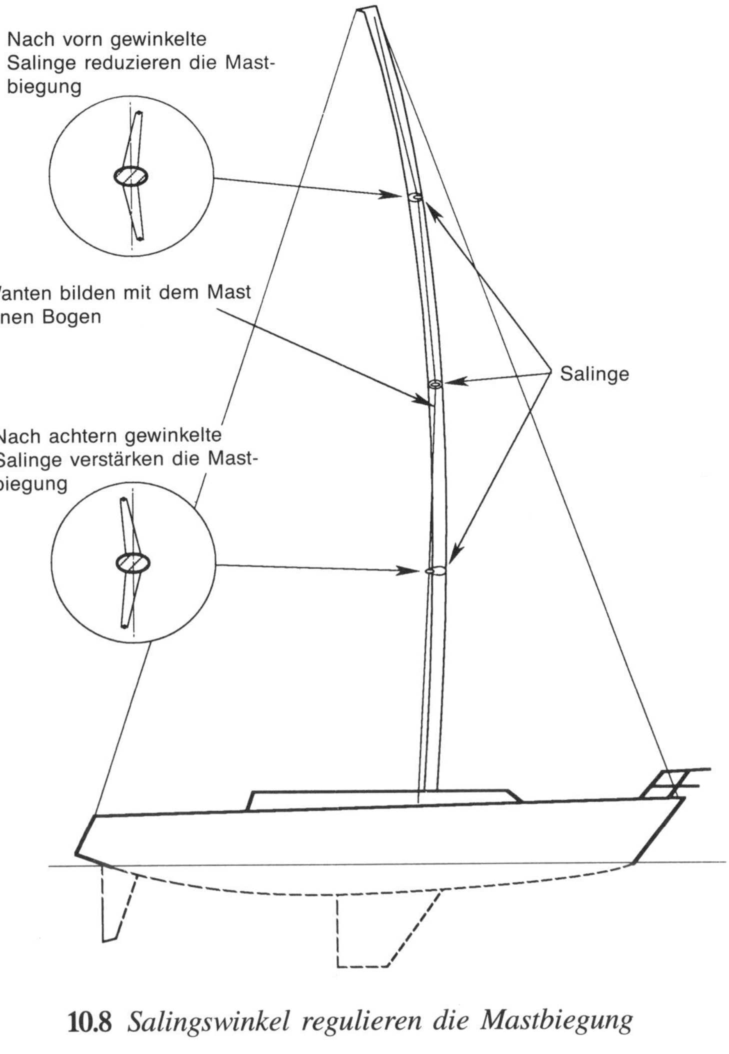

10.8 *Salingswinkel regulieren die Mastbiegung*

struktion. Ein sehr hart appretiertes Polyester-Segel oder eine Radialkonstruktion mit Bahnen vom Schothorn zum Vorliek werden eine sehr deutliche Falte in dem Augenblick zeigen, wenn der Mast Überbiegung bekommt. Ein weich ausgerüstetes, diagonaldehnbares Tuch, wie es viele Kreuzeryachten tragen, wird da erheblich mehr Biegungsüberschreitung unauffällig wegstecken — was auch nicht beruhigend ist, im Gegenteil.

Wir haben uns lange mit Mastbiegung beschäftigt. Da sind aber noch andere wichtige Großsegelregler, wie Schot, Traveller, Ausholer, Reffgatchen, Baumniederholer, Cunningham, Fall und Latten.

Großschot

Die Großschot reguliert gleichzeitig die Segelform und den Anstellwinkel (siehe Bild 6.7, Seite 106). Betrachten wir zuerst die Segelform. Den Anstellwinkel behandeln wir zusammen mit dem Traveller. Wenn wir die Schot fieren, geht der Baum in die Höhe, das Schothorn nähert sich dem Kopfbrett, und das mittlere Achterliek weht nach Lee. Diesen Leedurchhang bezeichnet man als Verwindung (twist). Die Profilsehnen bekommen mit der Höhe größere Winkel zur Schiffslängsachse. Haupteffekt: Mit zunehmender Verwindung wird die Wölbung flacher.
Wird die Schot geholt, läuft's andersrum: Die Verwindung wird geringer, und das Segel wird voller, der Wölbungsscheitel wandert rückwärts, und das alles passiert hauptsächlich in der Oberhälfte des Segels. Mehr Schottrimm strammt das Achterliek. Aber an einem Punkt passiert etwas von Belang: Die Geometrie des Segels ändert sich nicht mehr — das Tuch beginnt sich zu dehnen. Selbst das in der Schußrichtung minimal reckbare Dacron hat eine gewisse Dehnbarkeit von vielleicht 0,5 % bis 2 % bei normalem Gebrauch. Ein Dacron-Segel von 12,20 m Vorliek und 12,80 m Achterliek wird hinten bei 0,5 % Dehnung 6,4 cm länger, aber das Doppelte davon ist wahrscheinlicher. Da erübrigt sich der Hinweis, daß solche Dehnung alle Nahtformerei beim Achterliek aufhebt. Der übrige Teil des Segels wird auch verspannt, aber geringer in Mitte und Vorderteil. Eine dichtere Schot bewirkt also: Das Achterliek wird vertikal sehr gerade, die Verwindung nimmt ab, und das Segel wird allgemein flacher, und der Wölbungsscheitel geht nach vorn.
Wenn das beim Entwurf und Tuch berücksichtig wurde, ist das Segel recht brauchbar, weil es bei stärker werdendem Wind automatisch das Richtige tut. Das Achterliek wird gerader und freier, das Segel flacher, und der Segeldruckpunkt geht weiter nach vorn. Kevlar-Mylar dehnt sich auch, aber circa achtmal weniger als Dacron (Bild 4.5, Seite 68), und solch ein Segel stellt sich nicht automatisch ein.

Ausholer

Der Ausholer oder Unterliekstrecker fährt das Schothorn in die Richung, in der die Schot wenig ausrichten kann: vom Mast weg oder zu ihm hin. Das ist vergleichbar mit der Verschiebung des Vorsegelholepunkts (voriges Kapitel). Ausholen macht das Segel flacher, Ausgeben voller.
Bei knallhart durchgesetzter Großschot und lockerem Ausholer bekommt man ein gerades und steifes Achterliek. Die heutigen, komplexen Segelformen sind Produkte von Nahtformung, Vorliekkurve, Mastformung, Tuchreck und Winddruck. Diese Faktoren verhindern jegliche Wirkung des Ausholers auf die obere Hälfte des Segels. Praktisch wird der Ausholer nur zur Regulierng der Wölbung von Fußliek und Segelunterteil gebraucht.
Immerhin ist das ein einfacher Mechanismus für deutliche Wölbungsänderung. Engagierte Regattasegler benutzen ihn beim Runden einer Wendemarke — und Fahrtensegler, weil andere Verstellmöglichkeiten fehlen. Bei moderatem Wind und leichter See soll am Wind das Unterliek sehr flach sein, beim raumen Kursen eine Wölbung von 20–25 % haben, das gleiche bei leichtem Wetter und grober See. Der Ausholer ist noch wirksamer, wenn das Groß mit einem Falt- oder Linsenfuß (Bild 10.9) ausgerüstet ist. Das ist eine extra in das Fußliek genähte Tuchbahn. Sie faltet sich zusammen, wenn ganz ausgeholt wird, und läßt bei weniger Reep sanft und allmählich mehr Wölbung zu.

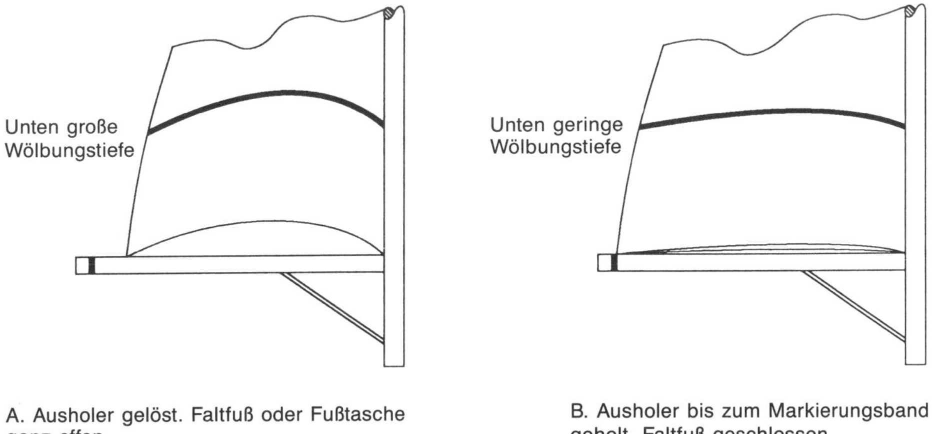

A. Ausholer gelöst. Faltfuß oder Fußtasche ganz offen.

B. Ausholer bis zum Markierungsband geholt. Faltfuß geschlossen

10.9 *Ausholer und Faltfuß*

Der Faltfuß sollte aus starkem, reißfestem Tuch gemacht sein, um die wiederholten Ein- und Ausfaltungen zu überleben. Etwas Reck kann nicht schaden, damit die Sache schnell und weich vor sich geht. Meist wird er aus Polyester- oder Sandwich-Mylar-Tuch gemacht. Man kann auch Kevlar-Mylar nehmen, aber der Preis macht das unwahrscheinlich. Praktisch alle Rennyachten haben diesen Fußstreifen, viele Fahrtensegler auch, und die darauf verzichten, haben vielleicht gerade ihrer Frau ein Modellkleid aus Paris gekauft.

Flachreff

Das ist nur ein glorifizierter Ausholer — und unnötig, wenn der Ausholer ein gutes Stück ist. Zwar kann dieses ein paar Sachen, die ein Ausholer nicht kann. Weil das Groß sich auf einem Baum niederläßt, ist gerader Fuß erwünscht. Es bedarf besonderer Anstrengung, dort die Form hineinzubringen, die bei raumen Kursen oder bei leichtem Wetter am Wind oder bei mehr-See-als-Wind gewünscht wird. Man kann dann zusätzlich zum Faltfuß mit Breitnahtzusatz noch etwas Form dazugeben. Die faltet sich aber nicht sauber ein, wenn ausgeholt wird. Da kann das Flachreff einspringen.
Das Gat für den Reffstander sitzt 30 cm und/oder 60 cm hoch im Achterliekband, und wenn der Stander auf den Baum gezurrt wird, faltet sich das meiste von dem zusätzlichen Tuch weg. Ein weiterer Vorteil ist, daß dabei das Segel noch flacher gezogen wird. Man muß sich aber klar darüber sein, daß Ausholer wie Reffstander das Schothorn weiter vom Mast wegziehen. Das kann leicht zu einer Falte vom Schothorn bzw. Gat schräg zur Mastmitte führen. Dies ist eine Anzeige für eine Überdehnung des Segels (zuviel Mastbiegung macht auch eine solche Falte). Dessen Entstehung ist aber klar. Man muß den Stander dann etwas schricken.
Eine weniger ersichtliche Funktion des Reffstanders ist, daß er den Baum anhebt. Das bringt eine gewisse Sicherung beim Halsen und Wenden in schwererem Wetter, besonders wenn der Baum niedrig übers Deck fegt. Dieser Dirkeffekt kann auch beim Steuern helfen, wenn bei raumem Wind der Baum draußen ist und mit Krängung zu oft seine Nock ins grüne Naß stippt. Das sollte in jedem Fall vermieden werden.

Baumniederholer

Der Niederholer ist ausschließlich ein Vertikalstellglied für den Baum und nur scheinbar ein Double für die Vertikalkomponente des Schotzugs. Er kann diese Vertikalverstellung über den ganzen Schwenkbereich des Baums ausüben — die Großschot nicht. Niederholer können nur nahe beim inneren Ende des Baums angebracht werden, wo kein Platz für große Hebelwirkung ist. Deshalb müssen Niederhalter sehr kräftige Konstruktionen sein, die außerdem das Lümmellager sehr stark belasten. Der Gegenpunkt ist ein Beschlag direkt unten hinter dem Mast. Eine Ausnahme davon machen Niederholer, die an Deck auf einer Kreisbogenschiene um den Mast fahren. Das braucht viel Platz an Deck, wird aber bei allen Zwölfern verwendet, weil solche Niederholer direkt nach unten ziehen und den Lümmel frei von zusätzlicher Axialkraft halten.
Ein Niederholer, der auf die Relingsleiste gesetzt wird, heißt Preventer. Er ist wie der Bullenstander eine nach vorne gesetzte Leine oder Talje und soll bekanntlich den Baum in seiner Lage sichern und Patenthalsen verhüten. Der ist hier nicht gemeint.
Niederholer werden mit Taljen, Hebelwippen, Spindeln (veraltet, gefährlich) und hydraulisch gespannt. Die Hydraulik ist beliebt, weil sie den Baum auch hochhalten kann. Auch pneumatische Federn nach Art der Bürostühle werden so eingesetzt. Es ist natürlich eine Erleichterung und Sicherung, wenn der Baum beim Einholen oder Reffen des Segels oben bleibt, nicht angedirkt oder in einer Baumschere gehalten werden muß.
Wichtig ist, daß man den Niederholer schnell und auch aus starker Belastung loswerfen kann. Bei vielen Booten ist der Baum so niedrig, daß er sich bei Raumkurs und Rollen im Wasser festfahren kann und vom Niederholer festgehalten wird. Das kann das Boot herumholen, sogar querschlagen. Die einzige Rettung ist dann schnelles Loswerfen des Niederholers — gegebenenfalls des Bullenstanders.

Cunningham, Halsstrecker, Fall

Die Vorliekspannung ist beim Mastsegel mindestens so wichtig wie bei den Vorsegeln. Sie wird eingesetzt, um die Wölbung nach vorn zu holen und das Segel im achteren Bereich abzuflachen. (Das ist das genaue Gegenteil der

Schotspannung, die das Achterliek trimmt, den Wölbungsscheitel achterholt und das Segel voller macht.)
Viele Vorsegel haben Cunninghams, aber verbreiteter ist Holen des Fockfalls in der Wende, wenn das Segel kaum Last trägt. Bei Mastsegeln ist ein Cunningham viel praktischer. Rennyachten haben oben am Mast ein aufgemaltes Band, das die größte erlaubte Heiß anzeigt. Bis daran wird das Segel ohne Vorliekspannung (bei Leichtwind) mit dem Fall geholt und das Fall belegt. Die nötige Vorliekspannung holt man mit dem durch das Cunninghamgat geschorenen Stropp auf den Baum beim Lümmel. Spannen mit dem Fall könnte den Kopf über das Markierungsband bzw. bei Kreuzern den Fallschäkel ins Scheibengat ziehen. Das eine disqualifiziert, das andere macht leicht Bruch. Bei kleineren Booten hakt sich das Kopfbrett an einer Mastvorrichtung ein, um das Fall zu entlasten.
Das Cunningham funktioniert, selbst wenn's eine kleine Talje hat, nur bis zu einer bestimmmten Bootsgröße und/oder Windstärke. Danach wird nur noch ein Halsstrecker verwandt. Das ist eine zwischen dem auf- und niederfahrbaren Baumlümmel und Deck geriggte Talje, die nach Bedarf die nötige Vorliekspannung aufbringen kann. Prinzipiell werden Vorlieken an Mastsegeln heute nach unten und nicht über die Fallrolle gespannt.

Latten

Latten beeinflussen die Großsegelform fast immer zum Besseren. Sie sollen den Tuchüberstand über die hintere Dreiecksseite hinaus abstützen. Ohne sie würde sich der Überstand einrollen. Diese Achterlieksrundung kann durch präzise Trimmung des Achtersegels auch ohne Latten erreicht werden. Es bliebe aber ein sehr labiles Segelteil. Normale Änderungen durch Trimm, Druck, Spannung, Windgeschwindigkeit und insbesondere durch Tuchdehnung würden die Form über den Haufen werfen. Je größer die Rundung, um so empfindlicher die Form. Das ist der Grund, warum bei Stoway-Masten und ähnlichen, bei denen keine Vertikallatten erlaubt sind, die Segel hohl geschnittene Achterlieken haben.
Latten stützen die Segelrundung wie Ausleger. Sie machen eine exakte Konstruktion nicht überflüssig, aber das Segel ist geduldiger. Wie sehr? Das hängt mit der Lattenlänge und der Größe der Rundung, die sie stützen sollen, zusammen. Viele Jahre lang war die Lattenlänge von Rennyachten und vielen Kreu-

Ein voll durchgelattetes Groß auf dem Katamaran Stars & Stripes '88 *(später mit einem starren Flügelsegel). Bevor die Katamaran- und Brettsegler die vollgelatteten Groß einsetzten, hatten die Chinesen sie schon viele Jahrhunderte zuvor benutzt. Nun werden sie auf Fahrten- und Regattabooten immer populärer.*

(Foto: North Sails, Inc.)

zern durch Vermessungsregeln, wie der International Offshore Rule (IOR), vorgeschrieben — und zu knapp.

Als Dacron und andere Polyester-Tuche die einzige Wahl waren, bestimmten Dehnbarkeit des Tuchs und erlaubte Lattenlänge, wieviel Segelfläche getragen werden konnte. Lattenlänge und Gurtlimit (horizontales Segelmaß Vorder- bis Hinterkante) des Cruising Club of America (CCA) und der IOR standen in direkter und vorgeschriebener Proportion. Die Rundung wurde von den Segelmachern als Prozent der Lattenlänge (gewöhnlich der mittleren Oberlatte) beschrieben.

Die Einführung von Kevlar-Mylar und der sehr biegsamen Masten änderte Anfang 1980 die Großsegelform. Mit diesen Masten konnte mehr Fläche vorn im Segel untergebracht werden, und das weniger dehnbare Kevlar-Mylar machte eine Vergrößerung der Rundung ohne die Regellatten möglich. Die Regelmacher reagierten auf beides mit Gurtvorschriften zur Größenkontrolle.

Ein paar Jahre später ging ihnen auf, daß sie mit der Gurtregel die Latten als Rennwertterm in ihrer Formel entwertet hatten, und erlaubten längere Latten, aber keine durchgehenden — und schauten zu, wie der freie Sport ihren stolzen Rennern „durchgelattet" das Heck zeigte.
Durchgehende Latten sind keine neue Erfindung, sondern uralter Brauch auf den Dschunken des Fernen Ostens. In der Neuzeit begannen die Katamaransegler damit, dann die Eissegler und schließlich die Windsurfer, weil sie alle es so eilig haben. Mit diesen Latten kann man längere und größere Rundung machen, mehr Leistung entwickeln, den Segelumriß elliptischer und damit den Widerstand geringer machen, alles bei verbesserter Haltbarkeit, denn die langen, am Mast abgestützten Latten machen keine Taschen kaputt wie die kurzen, die Löcher in ihre Taschen popeln, wenn das Segel schlägt oder nur zittert. Bessere Aerodynamik und Haltbarkeit machen die Lattensegel allmählich auch auf Fahrtenseglern beliebt. Ebenso auf Booten, die nicht unter Vermessungs- oder Bauregeln des IOR, sondern unter die Regeln des International Measurment System (IMS) oder des Performance Handicap Racing Fleet (PHRF) oder des Midget Ocean Racing Club (MORC) fallen. Vielleicht ringt sich die IOR eines Tages zu moderner Technik durch.
Großsegel werden zur Zeit mit kurzen, allgemein als „IOR-Latten" bezeichnet, und durchgehenden Latten gebaut. Vor- und Nachteile gibt es für beide Arten.

Vorteile der Vollattensegel

1. Bessere Haltbarkeit durch weniger Schlagen.
2. Ruhigeres Segeln aus gleichem Grunde.
3. Einfacheres Auftuchen auf dem Baum.
4. Sehr glattes Profil.
5. Formhaltig in Leichtwind und Kabbelsee.
6. Strukturelle Festigkeit bei größerer Fläche.
7. Braucht weniger Niederholerkraft.

Nachteile der Vollattensegel

1. Zusätzliches Gewicht.
2. Mastrutscher neigen, unter Druck zu klemmen.
3. Oft teure Taschen und Spezial-Mastrutscher.
4. Schamfilen bei Raum- und Vorwind an den Wanten.
5. Abgeschlagenes Segel ist unhandiger.
6. Illegal bei IOR; Strafwerte bei den anderen.

Vorteile der Kurzlatten

1. Glatte Segelform.
2. Keine komplizierte Mastrutscherform.
3. Bei allen Regeln erlaubt.
4. Mit Lazy Mate und ähnlichen Auftuchhilfen fast so praktisch und bequem wie Vollatten.
5. Abgeschlagenes Segel leichter zu hantieren.
6. Geringere Schamfilsorgen.

Nachteile von Kurzlatten

1. Weniger still und glatt.
2. Halten in Leichtwetter die Rundung weniger gut.
3. Etwas trimm- und niederholempfindlicher.
4. Weniger haltbar.

Vollattensegel kosten natürlich mehr, einmal wegen der langen Latten selbst, zum anderen wegen ihren langen Taschen und der Mastrutschermechanik. Die unverjüngten, kernlosen GFK-Langlatten sind nicht teuer und formen das Segel erstaunlich gut. Sie sind aber nicht bruchfest, und sie wiegen mehr. Aber der Eigner muß wissen, ob das ein Problem ist. Zur Zeit sind die Rennskipper von 24-m-Kats ganz happy mit ziemlich schweren, unverjüngten Serienlatten. Doch einem Buchtenforscher, der ständig Segel setzt und birgt, mag das zu schwer sein.

Bei Regattasegeln mit IOR-Latten wird deren Biegsamkeit und Gewicht mehr Beachtung geschenkt. Von größtem Belang ist das Innenende, das bei den oberen in den Bereich oder in die Nähe der stärksten Wölbung fällt. Eine Latte mit zu wenig Biegsamkeit (zu geringer Verjüngung) wird da einen Höcker machen. Weiter unten in einem ausreichend flachen Segelteil kann man unverjüngte nehmen.

Der Einluß verschiedener Lattenarten auf die Segelform ist nicht kompliziert. Steifere machen den Hinterrand gerader, flacher und offener; biegsamere das Gegenteil. Mit dem Grad der Verjüngung und der Lokalisierung der Verjüngungsstellen kann man einen Teil des Segels, gewöhnlich achtern, abflachen und dem Vorderteil mehr Wölbung lassen.

Langlatten verhalten sich genauso. Zwar nehmen sie mehr die Form des Segels unter sich an, aber je steifer sie sind, um so flacher der Bereich. Bei Seebooten stecken die Vollatten gewöhnlich unter etwas Vorspannung in ihren Taschen.

Werden sie stärker eingespannt, bringen sie beachtlich mehr Wölbung ins Segel, was aber Taschen und Segel schamfilt. Es ist deshalb besser, für mehr Wölbung weichere Latten zu nehmen.
Eine bedeutende Schamfilstelle ist die Baumdirk. Jetzt, wo es solide Niederholer (Rohrkicker) gibt, die den Baum nicht fallenlassen, wenn man das Segel wegnimmt, sollte die Dirkschmirgelei zur Vergangenheit gehören.

Traveller

Traveller waren ganz früher einfache Eisenbügel, sogenannte Leuwagen, auf denen der Schotblock von der einen auf die andere Seite rutschen konnte. Dann wurde er vornehmer mit Wägelchen auf einer Schiene.
Wir haben uns mit den diversen Möglichkeiten der Formbeeinflussung von Großsegeln befaßt und den Anstellwinkel völlig ignoriert. Es ist der Winkel zwischen scheinbarer Windrichtung und der Profilsehne des Segels. Er heißt *alfa* — α — und wird größer, wenn das Segel getrimmt wird. Es ist der Job des Travellers, α einzustellen und zu regulieren.
Mit nur einem Beschlag für die Einstellung des Anstellwinkels zu tun zu haben, ist offensichtlich angenehmer als mit mehreren, die auch noch Nebeneffekte zeitigen. Angenommen, wir wollten α verkleinern, damit sich die Strömung am Groß nicht ablöst, und hätten keinen Traveller (auch keinen Niederholer), dann müßten wir die Schot fieren und den Baum rauslassen. Der würde sofort steigen und die mühsam optimierte Segelform schmeißen. Bei gesetztem Niederholer würde ein Fieren der Großschot keine Veränderung der Segelform bewirken. Die Zuständigkeit läge beim Niederholer. Diese Schoteinstellung ginge jedoch langsamer und beschwerlicher als mit einem vernünftigen System.
Vorstehend haben wir angenommen, daß es genug weht, um den Baum steigen zu lassen. Vielfach ist das nicht der Fall. Die korrekte und optimale Baumeinstellung beim Segeln am Wind ist meistens nahe der Mittellinie. Dies ist die optimale Stellung. Eine Einstellung über die Mittellinie hinaus, die bei leichtem Wind so verführerisch ist, um nach Luv noch mehr Strecke gutzumachen, führt schnell zum Strömungsabriß. Eine Einstellung des Baumes auf die Mittellinie verursacht leicht ein Einfallen und Schlagen des Segels am Vorliek. Egal wieviel Spannung man gibt, weder Niederholer noch eine mittig stehende Schot können den Baum auf die Bootsachse zwingen, wohl aber ein leicht nach

Luv geholter Traveller. Der kann das mit Leichtigkeit. Wer aber kaum am Wind segelt, wird keinen Bedarf nach einem Traveller verspüren. Für die anderen Kurse tun es dann auch Schot und Niederholer.
Am besten zeigt ein Traveller seinen Wert bei hoher See und starkem Wind. Dann spielt das Großsegel eine Hauptrolle beim Ausgleich von Gier- und Rudermoment. Die Möglichkeit, das Groß rasch zu trimmen oder zu schricken, kann für den Rudergänger den Unterschied zwischen Kurshalten und Querschlagen bedeuten. Man kann das auch mit Schot und Niederholer, aber mit dem Traveller schneller, und darauf kommt es manchmal an. Die Großschot ist eine mehrfach geschorene Talje für wenig Muskel, aber mit langer Holepart. Zu langsam, wenn ein Querschläger droht. Das gilt ebenso für Niederholer. Traveller müssen, um effektiv zu sein, unter großer Last leicht laufen, und auf jeder Seite eine Talje zum Einstellen haben. Dann kann man ihn in Kooperation mit dem Steuermann nutzen — schnell lösen, die Macht über's Boot behalten, und danach wieder anholen.

Großsegel und Ruderbalance

Wenn, wie erörtert, das Wirkungszentrum des Segelplans über dem Lateraldruckpunkt liegt (Bild 6.4, Seite 102), ist das Boot ausbalanciert. Ein ausbalanciertes Segelboot ist aus Gründen der Sicherheit und des Vergnügens wichtig. Ein unausgeglichenes läuft ständig aus dem Kurs und verlangt für Kurskorrekturen Ruderlagen von mehr als 3 ° bis 5 °. Der damit verbundene Wasserwiderstand ist kontraproduktiv, gleich ob da ein Mensch oder Automat steuert. Mit einem gut ausgeglichenen Boot ist jeder Steuermann eine Klasse besser. Es ist immer ein wenig luvgierig, aber kämpft nicht, wenn man es nach Lee steuern will. Ein Segelboot zu steuern, soll ein Vergnügen sein; je besser seine Konstruktion, um so größer das Vergnügen.
Der Großsegeltrimm ist das wichtigste Element beim Ausbalancieren des Bootes, denn das Groß hat den weitesten Verstellbereich und kann auf vielerlei Weise beeinflussen, wohin das Boot laufen soll. Das funktioniert so: Trimme das Groß und fiere die Fock, und das Boot geht an den Wind. Fiere das Groß und trimme die Fock, und das Boot dreht vom Wind ab. Und solange der Wind nicht dreht, bleibt es auf dem angelegten Kurs. So gut kann man mit den Segeln steuern, und schon viele Boote haben nach einer Ruderhavarie auf diese Weise ganze Ozeane überquert.

Wie gesagt, am Wind ist der ideale Balanceruderwinkel 3° bis 5° Luvpinne (Leeruder), denn er hält auch die Abdrift klein. Auch 7° mögen noch gelten, aber bei 10° ist etwas nicht in Ordnung. Bei raumem Wind ist ein winziger oder kein Ruderwinkel am besten.

Die Wirkung des Großsegels auf die Balance muß nach Einfluß der Form und des Anstellwinkels differenziert werden. Letzterer dürfte klar sein, denn das Segel wirkt ja als ein großes Ruder im Wind; killend ist es nur eine Windfahne. Stellt man es an, lenkt es den Wind ab und dreht als Reaktion das Heck nach Lee und den Bug in den Wind. Ab einem gewissen Punkt reißt die Strömung abrupt ab — Nullauftrieb — aber nur, wenn das Segel einen beträchtlichen Anstellwinkel erreicht hat. Das passiert auch bei Rudern, die überzogen (übersteuert) werden.

Die Form des Segels wirkt in gleicher Weise; das heißt, je mehr Luft es ablenkt, um so mehr wird das Boot gedreht. In leichtem Wetter möchte man die Drehkraft stärken. Weil das aber bei langsamer Fahrt vom Ruder nicht zu erwarten ist, muß man mit dem Groß nachhelfen, indem man es voller macht. In hartem Wind möchte man weniger davon, also mildert man Wölbung und verwindet mehr. Und so weiter. Schließlich ändert man den Anstellwinkel, indem man den Baum nach Lee entläßt.

Die Drehkraft wird, nicht überraschend, von Krängung unterstützt. Nur das senkrecht segelnde Boot segelt mit symmetrischem Rumpf — selten genug. Wenn es also krängt, wird der Unterwasserteil asymmetrisch, und das umströmende Wasser erzeugt auf einer Seite mehr Auftrieb als auf der anderen. Außerdem wandert der Druckpunkt des Segelplans mehr außenbords-lee, was ein Drehmoment um den Lateraldruckpunkt mit Drehrichtung nach Luv erzeugt. Deshalb dreht ein nach Steuerbord gekränktes Schiff (mit Backbord-Wind) nach Backbord.

Dagegen ist kein Segelboot immun, aber einige sind es weniger; zum Beispiel die typischen IOR-Boote mit ihren landfraubreiten Hüften und verklemmten Enden — die schlimmsten von allen. Schlanke Boote mit vollem Bug und Heck — der typische Riß eines Fahrtenseglers — (aber noch nicht wieder in Europa), sind viel erfreulicher zu steuern und zu segeln, als eine Ziege aus dem IOR-Stall.

So wichtig der beste Kompromiß aus Auftrieb und Widerstand auch ist, noch wichtiger ist, daß man das Boot leicht steuern und fahren kann. Am besten benutzt man das Großsegel, um ein gut ausgewogenes Boot und Rigg fein abzustimmen.

Großsegeltrimm

Da wir nun mit der Segelbedienung vertraut sind, wollen wir uns die Grundregeln des Segeltrimmens ansehen und beginnen am Wind.

Trimm am Wind

1. Stelle Schot und Traveller so ein, daß der Baum ungefähr über Bootsmitte steht. Diese Stellung ist gut, solange das Boot nicht anfängt, aus dem Ruder zu laufen. Dann fiere den Baum nach Lee, um die Luvgierigkeit zu verringern.
2. Trimme die Schot so, daß die obere Latte parallel zum Baum steht. (Das setzt korrekte Vertikalwölbung, Wölbungsscheitel und Bahnenform voraus.) Wenn die obere Latte zum Baum parallel ist, sollte alles übrige — Verwindung, Wölbung, Anstellung usw. — stimmen. Zur Prüfung der Parallelität kriecht man unter den Baum und schaut, ob die beiden Linien in Deckung sind.
3. Wenn das Groß richtig getrimmt ist, sollten die Fäden an der Topplatte die meiste Zeit nach hinten wehen und ab und zu mal flattern. Dann ist das dicht an der optimalen Gleitzahl (Auftrieb/Widerstand). Bei idealem Wetter — wenig See, mittlere Brise — hole die Schot mehr, so daß die obere Latte etwas nach Luv weist.
4. Benutze die Achterliekspannung zur Kontrolle von Ruder und Höhe. Je härter das Liek, desto mehr Ruder und desto höher der Kurs. Aber merke: Mit Fahrt in diesen Kurs hinein.
5. Benutze den Traveller als „Gaspedal": Tritt ihn nach Lee und fall ab, wenn du Fahrt brauchst. Umgekehrt, wenn's hoch und langsam an den Wind geht.
6. Der Wölbungsscheitel sollte bei 48 bis 50 Prozent der Sehne, immer von vorn gemessen, liegen, wenn Leistung zum Beschleunigen oder gegen die See gebraucht wird.
7. Das Cunningham reguliert den Wölbungsscheitel. Hole es so weit durch, daß die Falten am Vorliek verschwinden. Ältere Segel brauchen mehr Spannung, damit der Scheitel vorne bleibt. Neuere sind gewöhnlich mit ein paar Fältchen am schnellsten.
8. Mache das Groß bei Leichtwetter und Wellen voller, und flacher bei starkem Wind und glatter See. Dazu kann der Mast mit Achterstag und/oder Großschot gebogen werden. Denke daran, daß damit auch das Vorstag gerader

wird, was in diesen Lagen genau richtig ist. Zwar hat die Großschot wenig Wirkung auf das Vorstag von Booten über 7,50 m Länge, vor allem wenn es stärker als 8 kn weht. Auf kleinen Booten ist die Schot dagegen ein guter „Schalthebel" in Böen.

9. Manchmal können Sie lange „Überbiegungsfalten" vom unteren Mittelmast zum Schothorn entstehen sehen. Die zeigen an, daß das Segel per Mastbiegung und Ausholer seine größte Abflachung erreicht hat und anfängt, sich von innen nach außen zu kehren. Das ist ein Hinweis auf Überbeanspruchung des Riggs. Wenn nichts durchgesetzt ist, zeigt es nur „zu flach" an. Reduziere erst mit den Backstagen, dann mit dem Achterstag (in dieser Reihenfolge) die Mastbiegung, bis die Falten verschwinden. Auf kleinen Booten schrickt man den Niederholer und die Großschot, um den Mast gerader zu machen. Auf Fahrtenschiffen ist das weniger ein Problem, weil sie dehnbareres Tuch und kaum Biegemasten fahren. Falls doch, Ausholer etwas entlasten.

Eine Warnung: Wenn der Fahrtensegler Überbiegungsfalten sieht und keinen Biegemast hat, sollte er schleunigst die Mastschlinge, Vorstaggüte, Wantenspannung und derlei in dieser Reihenfolge prüfen. Diese Falten können auch von einem seitlich gebogenen oder geneigten Mast stammen (Spannschraube, Pütting lose?). Irgendwas fängt an zu demontieren, und das Rigg ist in Gefahr.

Nachstehende Tabelle gibt Anhalte für Wölbungstiefen und Scheitelposition für Großsegel am Wind.

GROSS: WÖLBUNG UND SCHEITELLAGE

Streifen

Bord-wind kn	Unter Tiefe %	Unter Position %	Mitte Tiefe %	Mitte Position %	Oben Tiefe %	Oben Position %
3- 6	14-15	45	15-16	45	16-17	45
5-12	12	50	14-15	50	15-16	50
10-18	10	50	12-13	50	13-14	50
16-26	8-9	50	11	50	11	50
24-30	9	50	10	50	10	50

Ohne Gewähr

Vormwindtrimm

1. Fiere die Großschot, bis ein Gegenbauch längs des Vorlieks sichtbar wird. Dieser Trimm maximiert die gesamte Segelfläche und die Triebkraft. Spiele mit der Schot, um das Segel leicht killend zu halten.
2. Löse Ausholer und Cunningham, um das Segel voller zu machen, wenn vom Wind weiter abgefallen wird. Steht das Vorliek zu steif, fiere das Fall etwas, um die Falte loszuwerden. Ein zu steifes Fall ist oft auf Regattabooten nach dem Runden der Luvtonne zu sehen.
3. Bei hartem Raumschotkurs halte den Ausholer für geringes Leeruder steif. Setze den Baumniederholer so, daß die Baumnock nicht ins Wasser gerät. Bei zu starker Krängung Schot los. Tippt die Baumnock öfter als gelegentlich ein, sollte der Fahrtensegler das Groß abflachen oder reffen. Die Gefahr ist, querzuschlagen oder den Baum zu brechen, wenn er Wasser fängt.
4. Stelle Schot und Niederholer so ein, daß die oberen Latten parallel zum Baum stehen. Stelle das Achterliek bei raumen Kursen so ein, daß der Faden bei der oberen Latte die meiste Zeit nach achtern weht. Vorzugsweise ist das Groß bei Raumwind zu verwinden, denn es mindert den Rückwind vom unteren Achterliek der Genua oder des Spinnakers. Auch etwas zu hartes Schoten hat sich als brauchbar erwiesen.
5. In Leicht- bis Mittelwetter nicht mit dem Niederholer übertreiben; gewöhnlich genügt das Baumgewicht. In schwerem Wetter aber den Niederholer gut anholen, sonst bringt das stark verwundene Oberteil des Segels das Boot ins Rollen. Zum Rolldämpfen auch etwas überschoten, was auch das Segel von den Wanten abhält.
6. Bei Regatten in leichtem Wind ordne eine Deckshand zum Ausbaumen des Baums ab, damit der nicht zur Schiffsmitte schwingt. Das ist besonders nötig, wenn das Boot vorm Wind luvgekrängt wird. Sorge dafür, daß der Baum aus- und nicht niedergebaumt wird, denn das würde das Achterliek zu dicht holen.
7. Der Großtrimmer sollte sich nach dem Spitrimmer richten. Der Spi ist das sensiblere Segel und merkt Windänderungen zuerst. Wenn du den Spi neu trimmst, sage es sogleich dem Steuermann (oder Großtrimmer). Das vorderste Segel hat auch Priorität beim Ablaufen unter Genua. Immer zuerst das Vorsegel trimmen. Fängt man mit dem Groß an, muß diese Arbeit noch mal gemacht werden, wenn die Genua getrimmt ist.

8. Wird die Vormwindsegelei bei Brise zu nervend, hole etwas Schot und steuere etwas luv.

Wie schon zum Genuatrimm — auch hier eine Merkkarte zur Notiz der günstigen Trimmdaten mit Beispiel und Kopiervorlage.

GROSSEGEL TRIMMKARTE (Beispiel)

GROSSEGEL: North k/m 88	Leichtwind	Mittlerer Wind	Starkwind
Scheinbarer Wind (kn)	0–12	12–20	20+
Obere Latte (Winkel zum Baum)	parallel	parallel	leicht geöffnet
Unterliekstrecker (Entfernung in cm von Messmarke)	5	max.	max.
Cunningham	kein	wenig	dicht
Tiefe (% auf dem Mittelstreifen)	15	13	11
Größte Tiefe (% in der Mitte)	50	50	50
Achterstagspannung (% vom Maximum)	50	75	95
Baumposition	mittschiffs	mittschiffs	Traveller leicht gefiert
Latten	weich 2	weich 1	steif
Ruderwinkel (Grad)	3	4	5

GROSSEGEL TRIMMKARTE

GROSSEGEL:	Leichtwind	Mittlerer Wind	Starkwind
Scheinbarer Wind (kn)			
Obere Latte (Winkel zum Baum)			
Unterliekstrecker Entfernung in cm von Messmarke			
Cunningham			
Tiefe (% auf dem Mittelstreifen)			
Größte Tiefe (% in der Mitte)			
Achterstagspannung (% vom Maximum)			
Baumposition			
Latten			
Ruderwinkel (Grad)			

Groß-Fock-Zusammenwirken

Ein Hauptthema dieses Buches ist, daß Groß- und Vorsegel sich gegenseitig beeinflussen. Gute Trimmer können sowohl das Groß wie die Fock trimmen. Nur wenige, begabte können beide zugleich trimmen, so daß als Ganzes mehr herauskommt als die Summe beider. Das ist, wie der Wind einen Segelriß „sieht" — als eine Fläche, nicht als zwei separate.

Die beste Art sicherzustellen, daß diese Segel zusammengehören, ist, auf die Düse zu achten, bei der sich die Segel nahekommen. Die Weite der Düse ist wichtig, und sie wird bestimmt von der Travellerstellung, der Großsegeltiefe, der seitlichen Mastbiegung, dem Genualeitwinkel, der Genua- und der Großschotspannung. Feinabstimmung mit diesen Stellgliedern bringt die gute Beziehung zwischen beiden.

In mittlerem bis starkem Wind ist es sehr wünschenswert, wenn der Vorderteil des Groß vom Baum bis zum Kopfbrett leicht und gleichmäßig killt oder Totwind zeigt. Dabei sollten gleichzeitig die Fäden der Genua steigen. Löse den Traveller, um dieses Killen im Groß auszulösen, dann stelle die Großschot nach. Wenn der Topp vor dem Fuß flattert, ist das Segel zu sehr verwunden; also hole die Großschot. Killt es unten zuerst, schricke die Schot zu mehr Verwindung.

Ein anderes Kennzeichen für die Beziehung zwischen beiden Segeln ist die Größe des Totwindstreifens. Ist er zu groß, ist der Schlitz zu eng gestellt. Man kann die Düse erweitern durch folgende Änderungen: 1. ein wenig Vorschot schricken, 2. Groß trimmen, 3. Groß abflachen, 4. Vorsegel mit kleinerem *LP* setzen, 5. Genualeitpunkt nach außen oder zurück setzen und 6. darauf achten, daß die Mastmitte nicht leegebogen ist.

Reffen

Das Schicksal der Großsegel ist, in dick und dünn stehen zu müssen, sagt man. Wenn sie für leichten Wind groß genug sind, dann sind sie bei starkem zu groß. Seeboote müssen auch für einen Sturm reffen können. Dazu sind verschiedene Systeme entwickelt worden.

Das Bindereff ist das wohl älteste und noch verbreitetste, denn es ist sicher und billig. Reffkauschen am Vor- und Achterliek, meist je drei, übernehmen als Ersatzhals und -schothorn die Spannung des verkleinerten Segels, und das

Die meisten Segeltrimmer schauen auf die Frontpartie des Vorsegels und auf den hinteren Teil des Groß. Die Besten richten ihre Aufmerksamkeit auf die Düse. Dort ist der hintere Teil der Fock und die Frontpartie des Groß zu trimmen — der Bereich, der auf der Photographie im Schatten liegt. Die richtige Weite der Düse garantiert, daß sich die beiden Segel ergänzen. (Foto: Michael Levitt)

reduzierte Tuch zwischen beiden wird mit den Reffbändseln an den Reffleisten durch die Gatchen (Ösen) auf den Baum gefaltet und festgebunden.

Durch Trimmen Krängung mindern. Die meisten Boote segeln bei einer Krängung von 20 ° bis 30 ° am schnellsten. Bei mehr Kränkung liegt der Kiel zu horizontal und verliert Wirkung. Und das Boot schwimmt nicht mehr auf seinen schnellsten Linien. Aber nicht nur Geschwindigkeit ist ein Kriterium. Auf Fahrtenschiffen ist starke Krängung vor allem lästig und zu aggressiv. Wenn die Krängungsgrenze erreicht ist, trimmt man als erstes die Segel, um weniger Lage zu schieben, macht die Segel so flach wie möglich, holt die Scheitel nach vorn und bringt den Holepunkt nach außen. Das reduziert nicht nur die Krängung, sondern macht meist auch das Boot schneller und handiger.

Segelkürzen beginnt vorn. Manchmal müssen Quadratmeter weg, und es kommt die Frage: Groß reffen oder kleinere Fock? Gewöhnlich ist das kleinere Vorsegel richtig. Der Balance wegen. Das gereffte Groß ist nicht nur eine kleinere, sondern auch eine nach vorn verlegte Segelfläche, und es könnte dem Wind gelingen, den Bug nach Lee zu blasen — im Extremfall so sehr, daß keine Höhe mehr gesegelt werden kann.
Auch aerodynamische Überlegungen gehören dazu. Moderne Großsegel haben große Streckung im Gegensatz zu überlappenden Genuas, die eine erheblich kleinere Streckung haben. Das gestrecktere Segel hat weniger induzierten Widerstand, ein geringeres Krängungsmoment pro Fläche und einen überlegenen Vortrieb. Der Austausch der Genua gegen eine gestrecktere Fock bringt bei genügend starkem Wind strömungtechnische Vorteile für das ganze Rigg. Ihr werdet euch weiter erinnern, daß das Groß im Vergleich zu Vorsegeln einen schwereren Job hat. Es muß nicht nur mit der gegenläufigen Zirkulation jeder Fock klarkommen, sondern die wandelt die Großanströmung auch noch in Wind von vorn um. Und das Groß arbeitet im Windschatten von Mast und Teilen des Riggs. Am wichtigsten ist die gegenseitige Abhängigkeit von Groß und Vorsegeln und der Einfluß des Großtrimms auf die Anströmung des Vorsegels. Folglich ist es besser, ein kleineres Vorsegel zu nehmen, als das Groß zu reffen. Das gereffte Groß macht die Leistung des Vorsegels weniger effektiv.
Verkleinerung der Segelfläche selbst ist auch eine Überlegung wert. Bei einem modernen, toppgetakelten Rigg mit großer Streckung ist das Vorsegeldreieck allein schon 10 bis 30 Prozent größer als das Groß. Ist die 150 %-Genua gesetzt, stellt das Groß etwa 35 % der Segelfläche dar. Ein Reff von typisch

20 % der Großsegelflächc ist eine Reduzierung der Gesamtfläche um 7 %. Dagegen ist der Wechsel von einer 150 %-Genua zu einer 130 %-Genua bei voller Heiß eine Reduzierung um fast 9 %, nebst all der sonstigen geschilderten Vorteile. (Dabei gibt es eine Ausnahme zu dieser Regel: Eine Kombination Großfock/gerefftes Groß kann funktionieren, wenn der scheinbare Wind mindestens 60 ° achterlich einkommt, weil dann Steuerung und Balance beherrschbar werden und der Gleitwinkel *A/R* weniger wichtig ist.)
Das sollten überzeugende Argumente sein, das Reffen des Groß hinauszuschieben. Aber früher oder später muß es doch gemacht werden. Wann, das ist von Boot zu Boot und von Crew zu Crew verschieden, und aus Gründen der Sicherheit lieber viel zu früh als einen Augenblick zu spät. Mit diesen Kenntnissen ausgerüstet, schlagen wir einige Richtlinien vor:

Wann das Groß reffen?

1. Das Schothorn des Vorsegels ist vor dem Mast, und sein Kopf ist so hoch wie der des Großsegels oder höher.
2. Das Boot krängt mehr als 20 bis 30 Grad (Maximum liegt bei Geschwindigkeits- bzw. Komfortverlust) selbst bei flachem Groß und gelöstem Traveller, so daß das vordere Segelteil Totwind zeigt, aber nicht killt.
3. Das Ruder ist übermäßig schwer geworden, und das Boot will selbst bei akzeptabler Krängung in den Wind schießen. Ein klares Zeichen für gestörte Balance — auch wenn die Vorsegel weiter gekürzt werden.

Anzahl der Reffs. Die Bestimmung, wie weit gerefft werden soll, ist beim einfachen Bindereff gar nicht so einfach. Zuviel ist fast ebenso schlecht oder falsch wie zu wenig. Das liegt daran, daß die Reffleisten mit aufgenähten Bändern verstärkt sind, und die sind schwer und dick auftragend. Zudem stören die hinteren Reffkauschen hinten beim Achterliek und die Achterlieksrundung, wo die Windbelastung am größen ist. Außerdem stört die strukturelle Belastung durch die Latten. In leichterem Wind hat dieses (ungereffte) Gewicht zusätzlich die Angewohnheit, das Achtersegel gegen den Wind zur Luvseite zu rollen oder bei Seegang hin und her zu flappen. Selbst auf Fahrtenschiffen, wo Spitzenleistung nicht so wichtig ist, kann man mit solcher Klobigkeit seine Mühen haben, wenn das Segel unten ist.
So kann man also verstehen, daß der eine oder andere nicht mehr Reffleisten haben möchte, als das Wetter verlangt. Aber definitiv wird das vom Boot und

seinem Einsatz bestimmt. Hier einige lockere Anhaltspunkte für die Anzahl der Reffleisten:

Einheitsjollen, Tagboote: Kein Reff.
Tagkreuzer, die sich weiter als 2 Stunden vom nächsten Hafen entfernen:
Bis 9,5 m Lüa: 1 Reff, 20 bis 30 % Reduktion.
Über 9,5 m Länge: 2 Reffs, jedes 15 bis 25 % Reduktion.
Tagrenner, Kreuzer:
Unter 9,5 m: 1 Reff, 20 % Reduktion.
Über 9,5 m: 2 Reffs, je 15 % Reduktion.
Übernachtkreuzer: 2 Reffs, je 15 bis 25 % Reduktion.
Hochseekreuzer, -kurzrenner: 2 Reefs, je 15 bis 20 % Reduktion
Grand Prix Renner: Binnen: keins. Offshore: 2 oder 3, je 15 bis 25 % Reduktion.

Gewiß, das bis aufs äußerste gereffte Groß ist überhaupt kein Groß mehr. Und in schwerem Wind sieht man oft auch Boote nur mit einer kleinen Fock. Das kann komfortabel sein und macht wenig Arbeit, wird aber trotzdem nicht empfohlen, weil das Groß die wichtige und oft übersehene Funktion hat, den Mast zu stabilisieren. Kann nur ein Segel gesetzt werden, dann ist es besser, das gereffte Groß oder in noch wilderem Wetter das Sturmtry, das gegen Ende des Kapitels steht, zu fahren. Muß man höher an den Wind, als mit Groß oder Try möglich ist, kann eine kleine Fock hinzukommen. Sie wird aber nicht anstelle eines gerefften Groß oder Trys gefahren. Ein kleines Stagsegel kann als Ersatz für eine Sturmfock genommen werden.

Flachreff. Normalerweise sind die Reffreihen parallel zum Fußliek. Bei Booten mit niedrigen Bäumen sind die Reffreihen zum Baumende hin hochgezogen, um etwas mehr Kopfraum zu schaffen. Manchmal bringen sie auch mehr Stabilität und Einstellmöglichkeiten.
Das Flachreff ist ein Diagonal-Reff, vom Segelhals zu einem Punkt auf dem Achterliek. Und dieser Winkel soll das Segel vom Wasser frei halten. Wie gesagt, es wird eingesetzt bei sehr schwerem Seewetter auf Booten, die einen langen, tiefhängenden Baum und ein niedrigeres Freibord haben, und auf stark krängenden bzw. rollenden Booten, deren Baum regelmäßig in die Wellen taucht.

Bindereff. Wie eingangs gesagt, es ist die einfachste, billigste und bei Fahrten- und Rennyachten immer noch verbreitetste Methode zur Segelkürzung. Man kann sie bei beiden Lattenarten anwenden. Aber eine gewisse Reihenfolge ist zu beachten, damit alles so leicht abläuft wie bei einer Wende. Es anders zu versuchen, kann zu Ärger oder einem größeren Desaster führen. Hier der Ablauf:

1. Alle Reffstander und Bändsel klar? Weise jedem, der rechtzeitig antreten kann, seine Arbeit zu. Wenn das Segel zu lange im Wind killt, geraten nicht nur Leinen durcheinander, sondern es können auch Latten brechen oder wegfliegen, und das Tuch, besonders Kevlar, altert ein Stückchen mehr als nötig, das Fall kann aus der Scheibe springen, und wenn der Baum keinen festen Niederholer hat, sorge dafür, daß die Dirk geholt ist, wenn das Fall gefiert wird. Wenn vorhanden, Leebackstag weit genug loswerfen, damit das Segel nicht dagegen schlägt.
2. Löse die Großschot und fiere das Fall gleichzeitig auf die fragliche Höhe, die auf dem Fall markiert sein sollte. In all der Hektik ist die Markierung unbezahlbar, denn mit ihr steht die Reffkausch richtig am Reffhaken oder hoch genug über dem Baum für einen Block und Talje.
3. Ist die Halskausch fest, das Fall kräftig durchsetzen. Bei Polyester-Tuch zu einer großen Falte. Selbst laminiertes Tuch (Mylar, Kevlar) kann überstreckt werden. Denn sobald die Schot wieder geholt wird, gibt das Fall nach, und alles nimmt normale Spannung an.
4. Ideal ist ein durch einen Block, eine kleine Talje oder ein Cunningham einstellbarer Reffhals. Denn dann kann man die Liekspannung schnell und präzise nachbessern, ohne ans Fall zu müssen, das wegen der mit seiner Länge zu multplizierenden Dehnprozente schwammig arbeitet. Eventuell braucht man es gar nicht so anzuknallen.
5. Während das Vorliek eingestellt wird, kann die Reffleine wie ein Ausholer langsam steifgeholt werden, damit das Segel nicht so schlägt und die Reffleinen vertüdert. Sobald die Halskauch fest und sicher ist, wird der Reffstander übersteif durchgesetzt, denn dabei handelt es sich meist um eine Leine, die sich noch mehr dehnt als ein Drahtfall. Achte darauf, daß mit dem Reep nicht ein Stück Tuch im Block verschwindet. Achte darauf, daß Schot und Niederholer gut Lose haben. Ein gerissenes Segel kann sonst vorkommen.
6. Wenn die Reffkausch im Achterliek auf dem Baum liegt, trimme das Groß. Dann hat man wieder ein Segel, die Ruderbalance stellt sich wieder ein, und

das Boot startet auf ein neues. Nun ist es Zeit, daß der größte Teil der Crew sich erholt, während ein oder zwei Leute die Restarbeiten erledigen.

7. Prüfe Vor- und Unterliekspannung. Ein gerefftes Groß sollte über die ganze Breite sehr flach sein, höchstens 8 % Scheitel. Wenn das Segel nach dem Reffen zu voll steht, wird es zu langsam, zu luvgierig und krängt zu sehr. Ist es zu voll, öffne die Schot um ein Stück und straffe Vor- und Unterliek.
8. Prüfe die Mastbiegung hinsichtlich Segelform und Mastsicherheit. Ein vor dem Reffen richtig gebogener Mast ist nach dem Reffen meist zu sehr gebogen. Das kann daran liegen, daß das Segel nun in einem Teil mit anderer Biegekurve steht oder die Spannung des Reffstanders jetzt anders als vorher die des Ausholers ist.
   Sieh nach dem Reffen am Mast hoch, ob die Biegung noch gleichmäßig und stabil ist. Die Lieklast, die vorher vom Vorstag abgefangen wurde (beim Topprigg), zerrt nun an einem ungestützten Mastteil und könnte plötzlich zu einer umgekehrten Biegung führen. In sehr schwerer See könnte es nötig werden, ein Zwischenstag zu riggen und das Achterstag etwas zu lockern, um den Druck im Mast zu mildern.
9. Die Haushaltsarbeiten haben Zeit bis zuletzt, wenn sicher ist, daß der Mast korrekt abgesteift und das Segel gut durchgesetzt ist. Dann können die Leinen aufgeschossen, die Dirk entlastet, der Niederholer neu eingestellt und das lose Tuch sauber auf den Baum gebändselt werden. Beim modernen Reffen wird alle Kraft den beiden Reffkauschen vorn und hinten aufgegeben. Die Reffbändsel auf dem Segel sind keine Verstärkungen, sondern sind nur dazu da, das überflüssige Tuch aus dem Weg zu halten. Wer da Bärenkräfte anwendet, zerreißt das Tuch. Damit keine Bändsel vergessen werden — auch das kann Tuchrisse nach sich ziehen — macht man sie andersfarbig zum Tuch.
   Vor-dem-Wind-reffen ist wegen des Segelpresses auf das Rigg etwas anders als am Wind. Statt das Segel mit der Großschot zu entspannen, kann es nötig sein, es bis in die Schiffsmitte zu trimmen und eine gute Portion Spannung auf den Niederholer zu geben, ehe das Fall gefiert wird.

Andere Reffarten. Der populäre Stoway-Mast wurde schon in Kapitel 7 erwähnt, und ähnliche Konstruktionen machen Reffen schnell und leicht. Die Großschot wird so weit gelöst, daß das Segel killt, aber nicht schlägt, und die Wickelspindel betätigt und gleichzeitig mit dem Ausholer leicht spannend nachgegeben. Der Vergleich mit dem Bindereff macht klar, warum die Frei-

zeitskipper so begeistert davon sind, besonders wenn sie ein ziemlich großes Groß haben.
Dieser Mast ist nach anfänglichen Kinderkrankheiten mit zu engem Schlitz und Hohlraum heute zuverlässig und narrensicher. Sein großer Nachteil ist, daß er keine waagerechten Latten mag und nur eine Segelform schluckt, die ein Kompromiß ist. Aber man kann mit ihm auch vor dem Winde reffen. Und wer segelt in Reffwetter schon gerne gegenan?
Seit kurzem versuchen einige Hersteller, das Groß in den Baum einzurollen. Hood ist dabei mit seinem Stoboom. Sailtainer heißt ein anderer. An ihnen kann man einen normalen Niederhalter anbringen, aber einen Kompromiß bei der Segelform verlangen auch sie.
Eine Kurve im Vorliek vertragen solche Bäume nicht, sind also nichts für Boote, die mit Mastbiegung operieren. Außerdem muß man zum Reffen immer in den Wind halten.

Sturm-Trysegel

Das Trysegel ist weder ein Reff noch ein kleines Großsegel, es ist ein Mischling. Nicht viele Segler werden in die Verlegenheit kommen, es einmal setzen zu müssen. Aber Trysegel werden ihrer Bestimmung hervorragend gerecht. Sie halten das Boot auf einem erträglichen Kurs, sichern die Crew, und machen sogar genügend Fahrt in sonst gefährlichen Seebedingungen.
Das Try wird am Mast möglichst in einer eigenen, bis aufs Deck reichenden Spur gefahren und da unten beim Mastkragen mit eingespurten Mastrutschern in einem Sack für schlimme Situationen aufbewahrt. Es ist nicht gut, es in der Spur oder Keep des Großsegels anschlagen zu wollen, denn dann muß das Groß ganz aus der Spur weggenommen werden. Das Try wird auch nicht am Baum geschotet, sondern weiter hinten an der Reling. So kann man den Baum festzurren, damit er keinen über Bord prügelt, und wäre er gebrochen, kann man mit dem Try noch recht gut segeln.
Natürlich ist das Try kein Leistungssegel, aber es ist durchaus in der Lage, genug Seeraum vor einer Leeküste zu halten — kaum aber zu verringern, was selbst mit beigesetzter Sturmfock ein fragliches Unterfangen bleibt. Wie das Groß ist das Try ein Balancesegel. Nur mit der Sturmfock abwettern zu wollen, ist sowenig ratsam, wie nur mit Vorsegeln längere Zeit zu segeln. Der Bug würde ständig nach Lee geblasen.

Alle Rennregeln schreiben ein Sturmtry vor mit der maximalen Dreiecksfläche von 0,175 P·E (Großvorliek·Großfuß). Da es ein lattenloses Segel mit hohlem Achterliek ist, entspricht das etwa 25 % bis 30 % der Großsegelfläche. Ein Reff in halber Segelhöhe des Groß entspricht derselben Segelkürzung, aber ein Try braucht keinen Baum, hat keine Latten, die brechen können, und hat ein Tuch, mit dem man fliegende Walrösser fangen kann.

Geteilte Riggs

Die Verteilung der Segelfläche auf mehrere Masten hat einige Vorteile, die diese Takelung für bestimmte Zwecke attraktiv macht, trotz der in den letzten Jahren geschwundenen Beliebtheit.
In mancher Beziehung ist ein geteiltes Rigg die Fortsetzung des Kutterkonzepts, die benötigte Segelfläche in kleine, leichter setz- und bergbare, leichter reff- und auftuchbare Segel zu unterteilen, um die Segelführung unterschiedlichen Bedingungen anpassen zu können. Die statischen und dynamischen Belastungen der Spieren und Stagen sind nicht so groß und besser verteilt.
Die häufigsten geteilten Riggs haben Yawl, Ketch und Schoner. Yawl und Ketch haben einen kürzeren Achtermast, den Besan. Die alte Unterscheidung aus der Zeit der langen Überhänge und am Kiel befestigter Ruder setzt den Besan der Yawl hinter den Ruderstock, den der Ketch davor. Praktisch trägt der Yawl-Besan ein kleines Stabilisierungssegel. Das Besan einer Ketch kann fast so groß und wichtig wie das Groß sein.
Der Schoner ist reichlich anders. Der vordere oder Fockmast ist kürzer als der Hauptmast, der Schonermast heißt. Der Besan ist das Groß, und das Focksegel ist oft eine Kreuzung von Stag- und Vorsegel, entweder am Fockmast ohne Baum gefahren oder an einem Stag zwischen den Masten.
Die Hauptvorteile geteilter Takelung zeigen sich bei halbem bis etwas raumem Wind. Das Konzept ist nicht gut zum Segeln am Wind. Dann sind Yawl und Ketch schneller, wenn der Besan geborgen ist. Aber bei 50 bis 130° scheinbarem Wind zeigen sie sich von der besten Seite, denn der zusätzliche Widerstand ist keine Strafe, und die Möglichkeit, zwischen den Masten eindrucksvoll Segel zu entfalten, weckt den Neid der sachlichen Slupen. Wird der Besan auf dem Kurs nach Luv gebraucht, muß er brettflach und hart geschotet sein, weil er hinter Fock und Groß nur mit winzigem Anstellwinkel existieren kann. Und stark muß er auch sein, er hat die Funktion des Sturmsegels.

Die Vielseitigkeit des geteilten Riggs kann man so schildern: In leichtem bis mittlerem Wetter kann jedes normale Segel gesetzt werden. Erreicht der scheinbare Wind 20 kn, kann die Genua weggenommen oder eingerollt werden, und das Boot mit Fockstagsegel und Groß wie eine 3/4 Slup weitermachen. Schließlich kann das Groß weggenommen werden, und das Boot segelt hübsch mit Stag und Besan, passend zu 20 bis 25 Knoten Wind. Das ist nicht so riskant für den Mast, wie nur mit einem Vorsegel zu segeln, denn das Stagsegel hat geringere Hebelwirkung.

Andererseits gibt es Gründe, warum geteilte Takelage heute nicht so beliebt ist. Sie ist komplexer. Zwei Masten kosten mehr in Anschaffung und Unterhalt — nebst dem Platz für die Abstagung, die viel Decksfläche wegnimmt, was besonders auf kleinen Booten mißfällt. Auch sind die modernen Riggs handlicher, schlanker, fester, eleganter. Das einzige Feld, wo das geteilte Rigg noch ebenbürtige Chancen hat, sind die großen Ozeanrennen mit großer Crew.

Auf den Vorwindstrecken scheint jede Art von Stagsegel die Leistung zu steigern. Kleine Stagsegel beeinflussen am wenigsten das Groß und sind gewiß die besseren Amwindsegel. Sie können einfach und lang sein. Ein schmales Stagsegel arbeitet wie ein Profilflügel vor dem Besan. Die größeren Besanstagsegel sind besser, wenn mit größeren Winkeln gesegelt wird. Dann bringen sie noch etwas, auch wenn sie einen Teil des Großsegels abdecken. Meist sind sie aus leichtem Nylon, haben ihren Hals beim Großmast und sind zur Nock des Besanbaums geschotet. Ihr einziges Handicap ist, daß sie die Sicht nach vorn total abblocken können. Deswegen gehören sie nicht auf stark befahrene Reviere.

KAPITEL 11

Vormwindsegel

Für den Rennsegler hat die Segelei am Wind ähnliche taktische Verzwicktheit wie der Antritt gegen einen Großmeister im Schachspiel. Sie ist eine hehre, geistige Herausforderung, und — wenn der Wind fegt — kann sie die äußerste, physische Anforderung an Mannschaft und Boot bedeuten. Für den Fahrtensegler bedeutet die Fähigkeit, am Wind segeln und mit Erfolg Abstand von einer Leeküste gewinnen zu können, Bewahrung vor Schiffbruch, vielleicht sogar vor Tod. Aber den richtigen Spaß an der Segelei, das herrliche Gefühl schneller Fahrt unter Segeln, vermittelt nichts so gut wie Segeln mit dem Wind achterlicher als dwars.
Mit achterlichem Wind segeln, ist das heiterste Manöver des Sports. Ein geblähter Spinnaker ist die erwachsene Art, Drachen steigen zu lassen. So gesehen ist es nicht überraschend, daß diese ballonartigen Segel meist sehr farbenfroh sind. Sie sind es sicher nicht nur, weil Nylon sich gut färben läßt. Farbfotos von bunten Spinnakern, Bloopern und Reachern auf Zeitschriften, Plakaten und im Fernsehen erzählen international, was an unserem Sport den Leuten allgemein gefällt, was an ihm „schön" ist.

Sprachgeschichtliches zum Spinnaker

Der Spinnaker ist ein so großartiges Objekt, daß jede Menge Leute beflissen waren, seine Erfindung und Bezeichnung für sich zu beanspruchen. Wer setzte als Erster dieses Segel, und wer gab ihm als Erster den Namen *Spinnaker* oder *Spinniker*, wie er anfangs geschrieben wurde? Das ist eine beachtliche Debatte gewesen, bcsonders 1966 zu seinem vermutlich 100. Geburtstag. Die sprachgeschichtliche Entwicklung dieses Namens erklärt vieles über die Bedeutung und Verwendung dieses Segels.

Der Spinnaker spielt seit mindestens 1866 in der Segelei eine Rolle. Das *Oxford English Dictionary* (OED) sagt, ohne sich dessen sehr sicher zu sein, angeblich komme es von ,,Spinx", dem falsch ausgesprochenen Namen der Yacht *Sphinx*, die als erste häufig ein solches Segel getragen habe. Gedruckt erschien das Wort erstmals in einem Yachtmagazin von 1866: ,,Die *Sphinx* [setzte] einen ‚Spinnaker', eine Art große Ballonfock ..."

Tatsächlich drehen sich die ersten Veröffentlichungen über dieses Segel um die Yachten *Sphinx* und *Niobe*. Offenbar benutzte William Gordon, der Eigner der *Niobe*, so ein Segel bei einem Matchrennen auf einer großen Yacht vor der Insel Wight am 5. Juni 1865. Gordon, der eine kleine Segelmacherei in Southampton betrieb, verkaufte später an Herbert Maudsley, den Eigner der *Sphinx*, ein ähnliches Segel, das dieser im darauffolgenden Jahr einsetzte.

Eine andere, in dem 1939 geschriebenen und 1950 veröffentlichten Buch ,,Tom Diaper's Diary" vertretene Version weist die ,,lustige Wortbildung" oder die ,,falsche Aussprache" von Sphinx zurück. Tom Diaper war ein bekannter britischer Regattalöwe, dessen Vater und Großvater die *Niobe* geskippert hatten. Nach seines Großvaters Erzählungen hatte einer der bezahlten Crew, als das Segel hochging, gesagt: ,,That ought to make her spin" (das soll sie wohl auf Touren bringen). Ein Gentleman an Bord soll das aufgegriffen und in die griffige Form ,,*spin-maker*" (Tourenmacher) gefaßt haben, woraus phonetisch dann leicht der Spinnaker werden konnte.

Die frühesten Spinnaker waren aus leichtem Baumwolltuch und asymmetrisch. Ausbaumen der Vorsegel vor dem Wind war uralte, seemännische Praxis, und so waren die frühen Spinnaker auch einem Klüver ähnlicher als einem Spinnaker der zweiten Hälfte des 20. Jahrhunderts. Die Spinnaker vor dem Zweiten Weltkrieg waren auch viel kleiner und wurden zum Teil hinter dem Klüverstag gefahren (und im deutchen Sprachraum vorzugsweise als Ballon bezeichnet, obwohl ,,Spinnaker" durchaus bekannt war).

Hunt's Yachting Magazine schrieb im Juni 1869: ,,*Rousebud's* Crew gebührt besondere Anerkennung für ihren smarten Umgang mit ihrem schwierigen Kunden, dem Spinnaker". Viele meinen, an diesem ,,schwierigen Kunden" hat sich in den darauffolgenden 120 und mehr Jahren nicht viel geändert. Sie hätten sich nicht verbessert. Die heutigen Spinnaker aber ,,fliegen" leichter, sind weniger zickig, gehen höher an den Wind, und das heißt, daß man mit ihnen über einen größeren Kurssektor und ein breiteres Spektrum von See und Wetter schneller segeln kann. Schneller sind sie auch, weil die neuesten Konstruktionen nicht dauernd getrimmt werden müssen, um sie voll zu halten. Man kann ihre Schot weit fieren, den Spi weit ab vom Boot ziehen lassen. Ein plötzlicher und totaler Kollaps ist heute ein seltenes Vorkommnis und ein Symptom für ein zu voll geschnittenes Segel, wie meistens in vergangenen Jahren, oder ein zu flaches. Viele Vorrichtungen, wie Niederholleinen, Spinnakerstrumpf und sogar baumlose Spinnaker für Fahrtensegler haben dieses Segel seiner letzten Einschüchterungen beraubt.

Kurze Geschichte der Spinnakerformen

In den rund 125 Jahren Spinnakergeschichte hat es nur vier schöpferische Spinnakerentwürfe gegeben (Siehe Bild 11.1). Der Rest waren Variationen zum Thema. Das erste Original kam von Ratsey & Lapthorn auf City Island, New York; ein gewaltiger Schritt weg von den asymmetrischen Segeln der *Niobe* und *Sphinx*. Dies war der erste symmetrische Spinnaker mit V-förmig zugeschnittenen und symmetrisch zu einer Mittelnaht angeordneten Bahnen.
Der von Ted Hood aus Querbahnen gebaute Cross-Cut erschien anfangs 1950. Hood schloß angesichts der aus Horizontalbahnen gebauten Vor- und Großsegel jener Zeit, das System müsse auch gut für Spinnaker sein, und beschloß einen Versuch und machte einen Spinnaker für eine 210 (eine Konstruktion von Ray Hunt). Er versuchte alle möglichen Bahnorientierungen, von vertikal bis horizontal, und hißte sie an einem Versuchsmast bei seiner Werkstatt in Marblehead. Die Schothörner wurden auf gleicher Höhe gehalten und Hood maß mit einem Stock, welche Bauart die größte projizierte Fläche ergab, denn dieses Segel soll ja ein möglichst großer Windfänger mit geringer anliegender Strömung sein. Dafür könnte die Flächengröße das Kennmaß sein. Wie er vorausgeahnt hatte, gab der Cross-Cut die größte Fläche her. Der Ratsey glich einem kopfstehenden V und der Hood einem kopfstehenden U — und ein U hat offensichtlich eine größere Projektionsfläche als ein V. Der Hood-Spi war dann auch deutlich schneller.
Die Mittelnaht beim Ratsey — wie beim Hood — erwies sich, besonders am Kopf großer Spinnaker, als zu dehnbar, was Ende der 60er und Anfang der 70er Jahre zu Radialschnittüberlegungen führte, der wohl kreativsten Idee. Erster war Bruce Banks 1969 mit seinem Starcut — einem, für am Wind

gemachten Spezialisten. Dann entwickelte Hard Sails einen Radialkopfspi, und kurz danach stellte North Sails den Tri-Radial vor. Das war eine Kombination von Radialecken, die von einer Horizontalpartie zusammengehalten wurden. So werden die Spannungen in Kettrichtung, also mit maximaler Festigkeit und geringer Dehnung, radial zu den drei Festpunkten geleitet, und das Segel hält über viele Windgeschwindigkeiten und -richtungen an seiner Form fest.

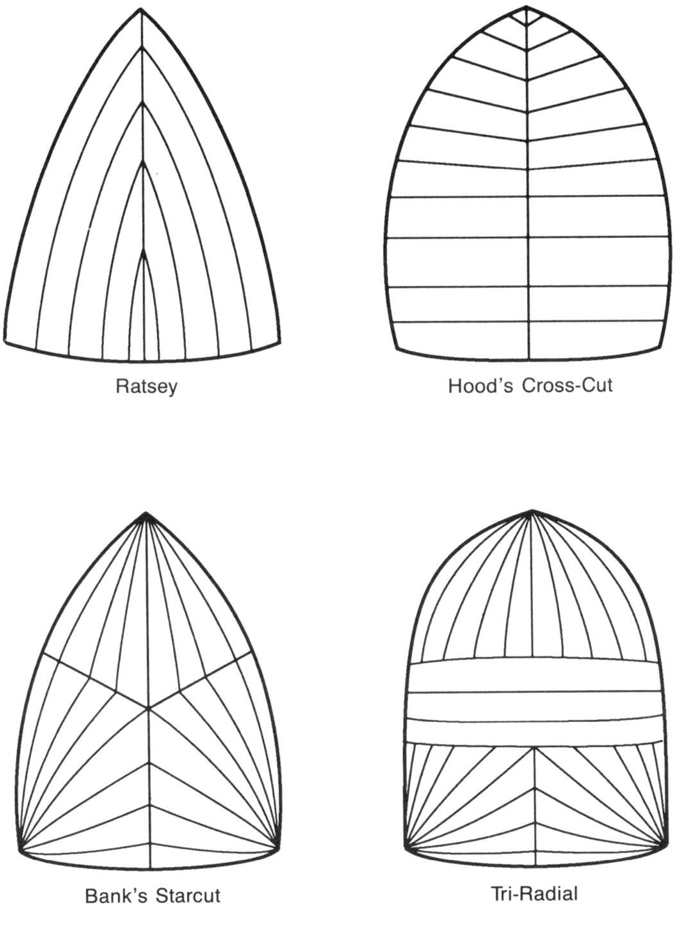

11.1 *Spinnakerformen*

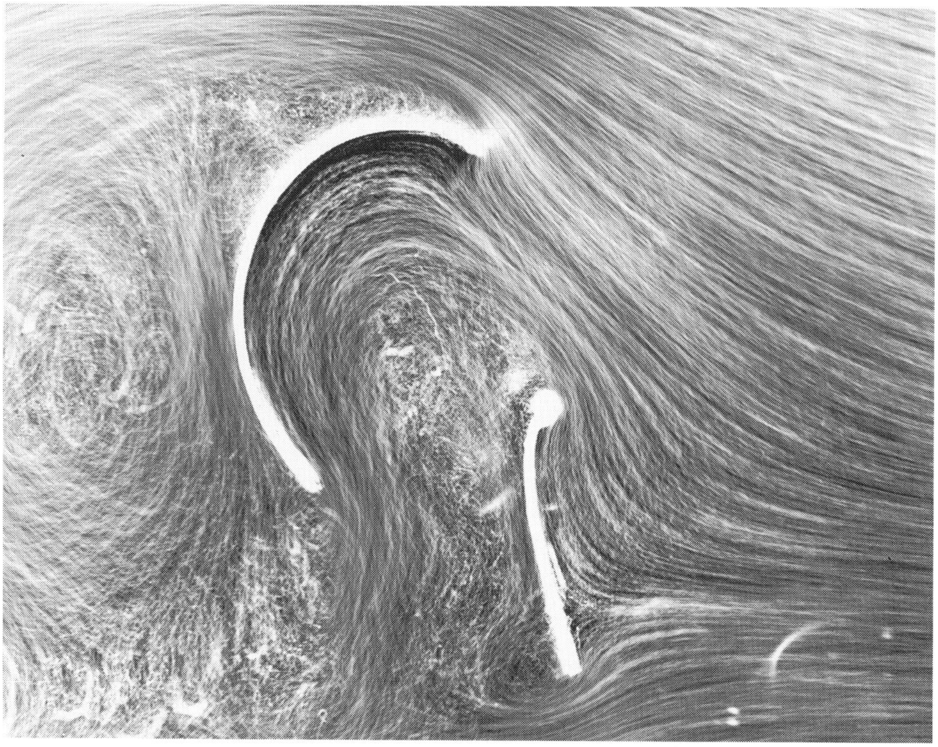

Ein Raumwindspinnaker mit wenig anliegender Windströmung, verdeutlicht in einem Strömungsbecken (Foto: Arved Gentrry)

Die heutigen Spinnaker

Nach 15 Jahren ist der Tri-Radial ein ausgereiftes Produkt. Hinsichtlich der Bootsgeschwindigkeit gibt es bei den von den besten Segelmachereien genähten Tri-Radial-Spinnakern wohl kaum merkliche Unterschiede. Das hat einige amüsante Folgen gehabt. Wie anderso im Buch beschrieben, segelte ich einen für die *Freedom* gemachten Erfolgsspinnaker bis zur Entscheidung des America's Cup. Spinnaker haben mir seitdem überall Türen geöffnet, von America-Cuppern bis zu Maxiyachten. Ich erinnere mich zum Beispiel an 1981, als ich an Bord der Maxi *Condor* segelte, die Ron Holland für Bob Bell konstruiert hatte. Ich war da noch Mitinhaber von Sobstad und gehörte zu der einen Wache, und Lowell North, der bekannteste aller Segelmacher und Inhaber von

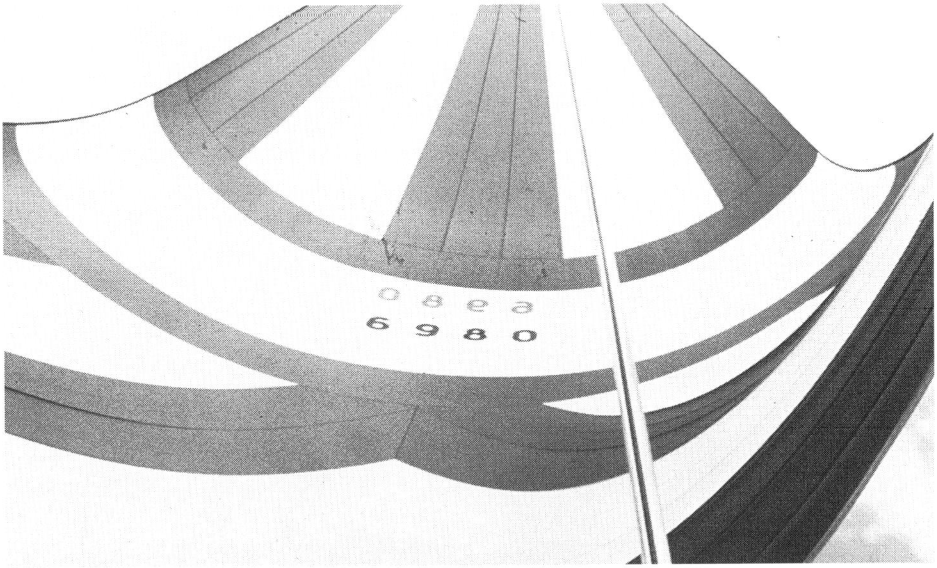

Typischer Tri-Radial-Spinnaker (Foto: North Sails, Inc.)

North Sails und erfolgreicher Segler, war in der anderen. Mit aller jugendlichen Keckheit und einem verächtlichen Blick zum Spinnaker sagte ich, wenn ich zu seiner Ablösung an Deck kam, zu meiner Crew: „Das Segel ist scheußlich. Setzt den Sobstad." Wenn North zu seiner Wache kam, sagte er das gleiche über den Sobstad-Spi. Die Wahrheit ist, daß keiner sagen konnte, welches Segel schneller war. Die Crew nahm zum Glück diese beruflichen Eitelkeiten mit gelassenem Humor.

Seit der Tri-Radial ausgereift ist, beschäftigen sich die meisten Konstrukteure mit Detailverbesserungen. Eine solche kleine Verbesserung mit großem Erfolg für die neuentdeckte „Verbraucherfreundlichkeit" und für die Geschwindigkeit des Segels ist der abgeflachte Kopf. Es wurde erkannt, daß für die Streckung eines Segels zu große Kopfwinkel zu einem Spinnaker mit zu vollem Kopf führen. Diese Sonderfülle mußte irgendwo hin, und sie ging straks in die Segelmitte. Daraus entstand ein übermäßig U-förmiger Kopf mit sich nähernden Lieken (Bild 11.2).

Mit der Kopfverflachung wird zweierlei erreicht: Der Spinnaker bekommt mehr Abstand vom Segelriß und beeinträchtigt das Groß weniger. Wenn das

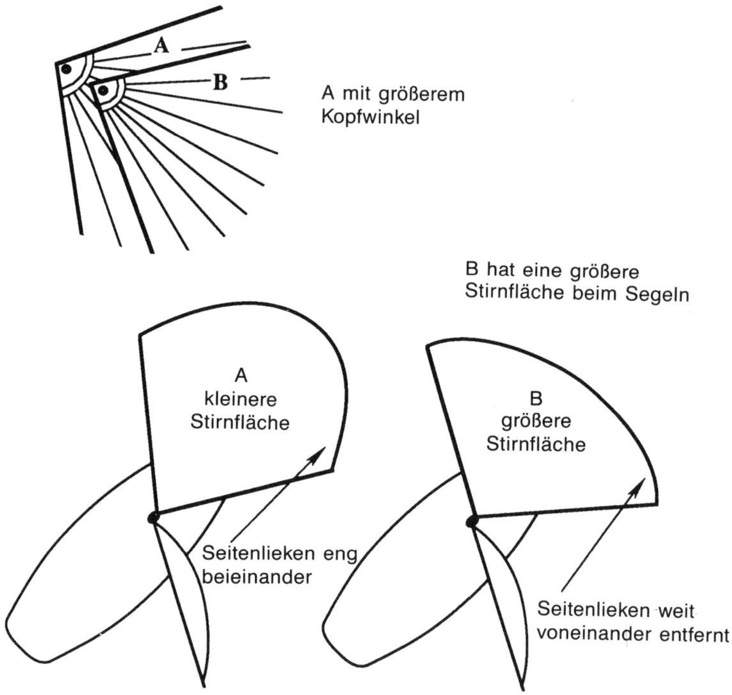

11.2 *Auswirkung des Kopfwinkels auf die Stirnfläche*

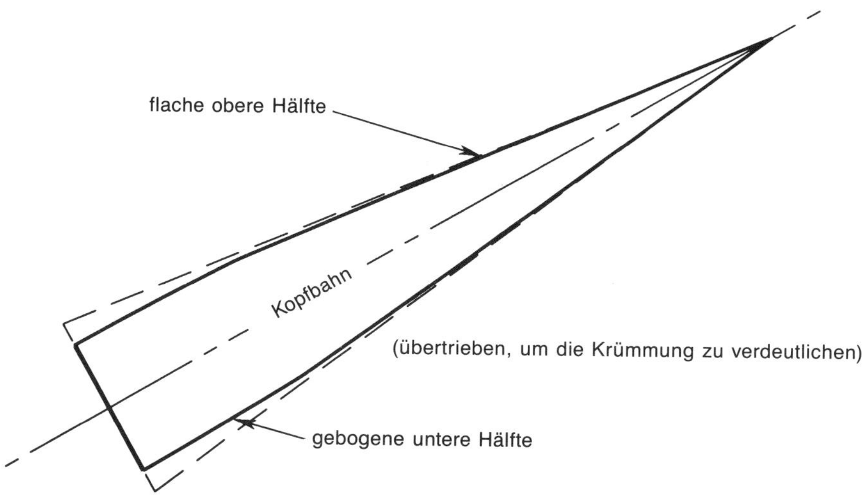

11.3 *Form der Kopfbahnen*

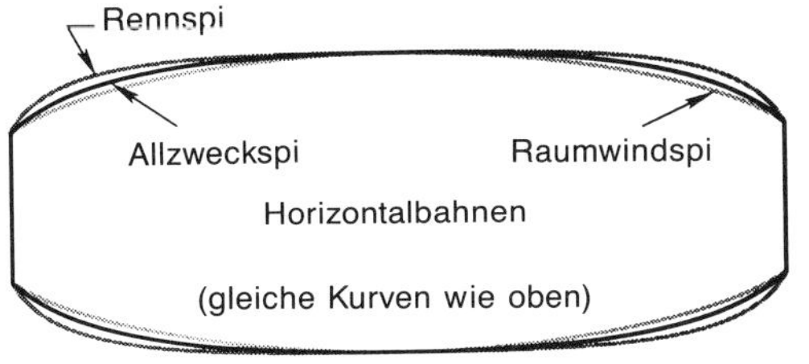

Jede Kurve ist ein wenig elliptischer als die vorherige

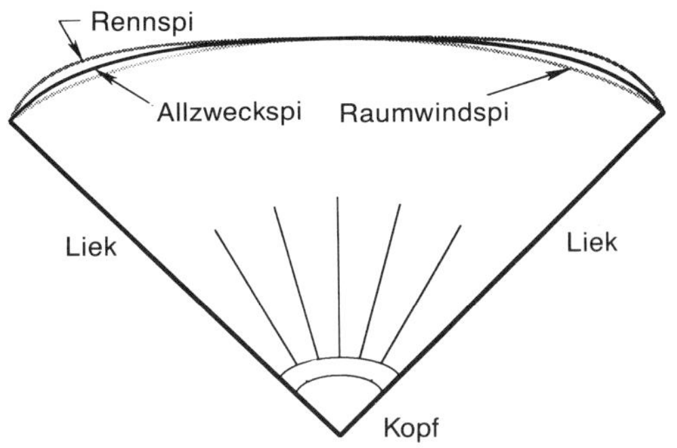

Blick vom Kopf auf die Wölbungen der fliegenden Spinnaker

11.4 *Horizontalbahnen und ihre Form*

Groß durch die Abströmung vom Spi gestört wird, muß es übermäßig getrimmt werden, mit zu starker Krängung als Folge. Wichtiger, dieser Spinnakertyp hat die größte projizierte Fläche. Die Flachform wird durch einen fast geraden Schnitt der Kopfzwickel erreicht (Bild 11.3). Wenn alle Zwickel zusammengenäht sind, entsteht eine relativ flache Fläche, die die Lieken auseinander zwingt.

Füllige Spinnaker mit großem Kopfwinkel sind — platt vorm Wind — dank ihrer großen Tiefe sehr stabil. Aber sobald der Wind etwas vorlicher einfällt, krängen die aufeinander zulaufenden Lieken — ein Markenzeichen dieser Konstruktion — das Boot krängt übermäßig, hat mehr Abdrift und macht weniger Fahrt voraus.

Die Formen der horizontalen Bahnen bestimmen den Mittenquerschnitt des Spinnakers. Diese Bahnen werden mit einheitlichen Kurven gezeichnet. Raumschotspinnaker (Reacher) haben sehr kreisbogenähnlich gesäumte Mittelbahnen (Bild 11.4). Allzweckspinnaker für achterliche bis raum-seitliche Winde

sind nur etwas elliptischer als der Reacher, und der reine Vorm-Wind-Spi ist noch etwas elliptischer als der Allzwecker.
Die Schotecken der meisten Spinnaker reichen etwa ein Viertel der Lieklänge hoch. Das ist hoch genug, bevor die Schotkräfte den Horizontalteil erreichen und verzerren können. Anders als die Kopfzwickel, die weiter unten kurvig geschnitten sind (Bild 11.3), sind die Schotzwickel aus fast geradkantigen Dreiecken mit einer ganz geringen oder gar keinen Kurve.
Um ein schönes und gleichmäßiges Mittelprofil zu erreichen, wird am Stoß der beiden Schotzwickelfelder Tuch zugegeben oder weggenommen. Dadurch wird der Winkel beeinflußt, mit dem das Fußliek ans Boot kommt. Ein Reacher braucht nicht viel Wölbung im mittleren Bereich wegen der stärkeren Schotkraft und der engen Schotbasis. Wenig Wölbung bringt zwangsläufig die Mittelkurve näher ans Boot. Ein Windabspinnaker ist dagegen nicht so stark belastet und braucht deshalb mehr eingebaute Rundung.

Spinnakerentwurf mit Computer

Der Computer ist eine große Hilfe bei der Perfektionierung der Spinnaker, vor allem, weil mit ihm jede Art dreidimensionaler Darstellung, Vermaßung und Ansicht dieses aus lauter räumlichen Kurven bestehenden Segels möglich ist. Und nicht nur das. Das Bild kann geometrisch exakt gespeichert, immer wieder aufgerufen, maßstäblich vergrößert oder verkleinert und dazu passend auf Festigkeit berechnet werden. Das geht atemberaubend schnell. Aber bis der Computer das kann, kostet es den Programmierer viel Zeit.
Das kennzeichnet jede moderne Konstruktion mit Computern (CAD): Zunächst relativ lange Vorbereitungszeit, doch dann arbeitet der Konstrukteur blitzschnell, auch bei Konstruktionsänderungen — und alles wird genauer, glatter, ebenmäßiger. Selbst „radierte" Computerzeichnungen sind wie neu. Jedes Einzelteil läßt sich für die Anfertigung eines Ersatzteils herauszeichnen. Vieles in der Segelfertigung braucht gar nicht vom Plotter gezeichnet zu werden, denn mit denselben Steuersignalen wird auch der Zuschneideautomat (Cutter) gefahren. Das ist teils CAM, computerassistierte Manufaktur, teils schon CIM, Manufaktur mit integriertem Computer.
Der Konstrukteur eines Spinnakers beginnt an seinem 3D-PC so: Er legt den Grundrahmen, das Skelett des Segels fest, dann die Flugform der Mittelgehrung, die Kurven der Lieken und des Unterlieks und die geometrischen Örter

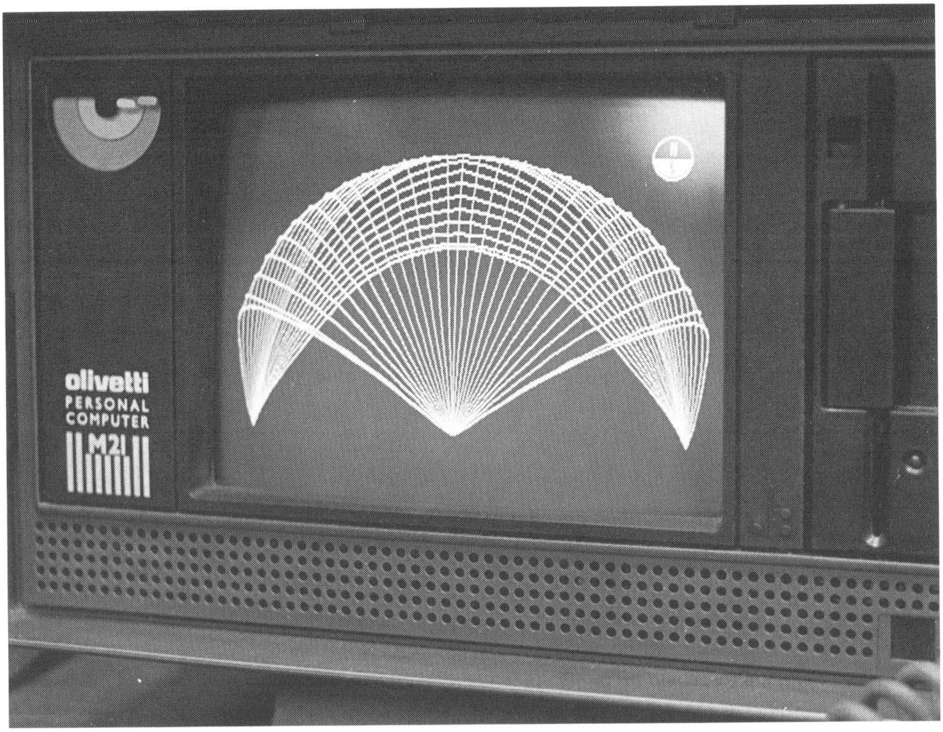

Dreidimensionaler Computer-Entwurf mit gefälliger Form. Die Aufteilung der Bahnen ist mit dem Rechner einfach. Ganz wichtig ist die Reproduzierbarkeit des Entwurfs. (Foto: North Sails, Inc.)

der drei Ecken. Dann werden die Profile in mehreren Segelhöhen von unten bis zum Kopf gezeichnet, und das Programm überdeckt und egalisiert das selbst zu einer glatten, buckelfreien Oberfläche.

Nun geht der Konstrukteur, ohne sich vom Stuhl zu erheben, mal kurz von Bord, um sich seinen neuen Spi von der Seite anzusehen (Lieken in Deckung) und von vorn (Stirnfläche) und von unten (mit der Sehne zwischen den Schothörnern). Er kann sich den Spi als Netz darstellen und durchsichtig machen lassen (siehe Foto). Dabei kann er ihn um verschiedene, auch schräge Achsen drehen und betrachten. Dann kann er das Rechenprogramm einschalten und verschieden starke Winde ins Segel blasen und die äußeren Kräfte an den drei Ecken berechnen und — da wird es ernst — ihre Wege durch das Segel.

So wundervoll Technologie ist, nicht jeder braucht sie. Wenn man Spinnaker für eine Handvoll Jollenklassen zeichnen muß, kann man das auch mit Bleistift

und Papier — und ein kleiner Versuch-und-Irrtum-Test reicht meistens. Sind aber Spinnaker verschiedener Größen, Formen und Streckungen für unterschiedliche Boote zu machen, dann ist so ein 3D-Programm von unschätzbarem Wert, weil man in kurzer Zeit ausprobieren kann, wie sich Änderungen beispielsweise bei den Bahnformen auf Form, Festigkeit und die Druckverteilung am Segel auswirken — letztere ist zum Beispiel bezüglich des Drehmoments um die Schiffsquerachse wichtig. Sitzt das Druckmaximum des Spinnakers zu hoch, drückt das den Bug zu tief ins Wasser, besonders bei Katamaranen.
Oder man hat da einen erfolgreichen 22-g-Spinnaker für einen 12er im Speicher. Kann man den für eine Ultraleichtdeplacement-Maxi vergrößern? Ohne 3D-Programm wäre das eine mühselige, nichtlineare Rechnung und Zeichnung. Am PC tippt der Konstrukteur die neuen Größen für dieselbe Form ein, drückt die Returntaste, tritt zurück, und da ist es.
Dann ist da z.B. die Aufgabe, ganz was Neues zu konstruieren, eine Kreuzung aus Genua und Spinnaker — Gennaker heißt der Bastard — für einen Zwölfer oder einen Katamaran. Jedes 2D-Programm für ein Bahnenlayout oder eine Formel für Versuch und Irrtum wäre nutzlos, weil die vertikalen wie die horizontalen Wölbungen eines solchen Segels ganz anders sind. Mit der 3D-Software kann er das Segel nach Augenschein modellieren und dann im simulierten Windkanal ausprobieren, ob und was bei der Kreuzung zu gewinnen ist oder ob alles nur eine Idee für den Papierkorb war. „Zu Fuß und mit dem Hosenboden“ hätte das mehrere Wochen gedauert, mehrere Versuchssegel wären genäht und probiert worden, und wenn es nicht geklappt hat, wäre man immer noch nicht sicher, ob man nicht vorzeitig die Geduld verloren hätte.
Das ist keine hypothetische Schilderung. In Perth beim America's Cup 1986/87 hatte Tom Schnackenberg als Segelkonstrukteur in Allan Bond's Syndikat insgeheim ein Stell Gennaker (Blister, Biradial) konstruiert, mit dem Bond den Gegner im Rennen überraschen wollte. Das war insofern ein Durchbruch, weil die 12-m-Formel den Spinnaker strikt regelt: Er muß vor allem symmetrisch sein. Eine Genua ist nicht so strikten Regeln unterworfen. Es gibt keine Begrenzung ihrer Vorliekslänge, nur der des Fußlieks. So zeichnete Schnackenberg „Genuas“ mit sehr langem Vorliek, großem Gurt und sehr leistungsfähigen, asymmetrischen Schnitten und setzte sie wie Spinnaker. Die Debatte, ob das ein zu großer asymmetrischer Spinnaker oder eine Genua war, blieb offen — nicht offen blieb: Die Erfindung war schnell, besonders bei scheinbarem Wind von 80 bis 105 Grad.

Natürlich weckte das dic Aufmerksamkeit bei *Stars & Stripes.* Wir hatten ein Video, in dem die *Australia IV* in einem Rennen mit *Kookaburra III* (große australische Eisvogelart) voll am Wind den Gennaker setzt und an dem Vogel vorbeizieht. Schnackenberg hatte da offenbar einen Treffer erzielt. Wir mußten ein paar Segel wie das entwerfen und machen — und zwar ganz schnell. Es war schon Endzeit der Qualifikationsrennen. Unser erster Entwurf mußte ein Ass sein. Wir riefen Mike Schneider herbei, der in San Diego für North Sails arbeitete. Mike, John Marshall, unser Chefkonstrukteur, und ich ließen das Videoband wieder und wieder ablaufen und bekamen eine gute Vorstellung von der Form des Segels und gaben sie dem North-Computer zum Abschmecken. Zu unserem Glück war das Video von einem Hubschrauber aufgenommen worden, und die Kameraperspektiven entsprachen den in unserem Computer benutzten. Nach wenigen Stunden Manipulation mit dem Zahlenfresser hatten wir ein Duplikat des Gennakers auf dem Monitor und konnten ein Segel nähen, das dem Segel auf dem Video glich. Wir machten noch kleine Änderungen an einem zweiten Segel, das erfolgreich war.

Inzwischen kann der Computer nicht nur die Bauform mit der „Flugform“ vergleichen, sondern er kann, wenn die Bauform vorliegt, auch gleich zeigen, wie sie „fliegt“, obwohl der Spinnaker noch gar nicht zusammengenäht ist. Das war früher schwierig gewesen, weil Spinnaker so lebhafte Gebilde sind — aus leichtem dünnen Tuch unter nur geringem Druck. Sie halten nicht lange genug still, um sie zu konzipieren.

Um dieses Problem zu umrunden, wird ein Spinnaker in Hunderten Fotos mit mehreren Schnellkameras fotogrammetrisch synchron aufgenommen, mit Hilfe von Scannern digitalisiert und dem Computer eingegeben, der daraus dann mit den Mitteln der statistischen Mathematik ein anschauliches Mittel bildet. Das sind die ersten stillhaltenden Spinnaker, denen der Konstrukteur ansehen kann, was aus seinem Bauprogramm und -plan geworden ist.

Ein neueres Ergebnis dieser Technologie ist der Tru-Radial (nächstes Foto) — ein Tri-Radial ohne Querbahnen — aber auch kein Stern. Er hat weniger formgebende Bahnen, keine harten Punkte, wo vertikale und horizontale Bahnen aneinanderstoßen, und keine plötzlichen Wölbungsknicke. Die Idee ist, daß der Wind über dieses sanfte Segel fließt wie Wasser über einen ausgestrakten Rumpf. Eine interessante Beobachtung bei diesem Segel ist, daß das Luvliek über seine gesamte Länge die gleiche Orientierung zum Wind hat. Der Topp ist beispielsweise nicht übertrimmt, noch ist das Segel unten untertrimmt. (Wir werden noch darauf eingehen.)

Der Tru-Radial-Spinnaker, ein Computer-Kind, hat keine horizontalen Bahnen, nur eine horizontale Naht (Segelnummer 41500): Ein Spinnaker mit gleichmäßiger Wölbung vom Kopf bis zum Fuß. Vergleichen Sie damit den Spinnaker auf S. 247. (Foto: North Sails, Inc.)

Entwürfe für verschiedene Windstärken und Winkel

Spinnaker sind heute die am meisten spezialisierten Segel eines Bootes geworden. Es gibt sie zum Beispiel in mehreren Tuchgewichten und Größen, mit vollem und reduziertem Gurtmaß, mit verschiedenen Streckungen und für die unterschiedlichsten Verwendungszwecke. Für den Zuschauer mögen die Unterschiede zum Teil nicht erkennbar, unklar, verwirrend oder nur nützlich für den Segelmacher sein. Es wurde aber entdeckt, daß geringe Änderungen in der Geometrie oder Konstruktion eines Spinnakers seinen Einsatzbereich, seine Wirkung und Stabilität immens verändern können.

Tuch

Spinnaker werden seit rund 40 Jahren aus Nylon-Seide (PA-S) gemacht, an der sich nicht soviel geändert hat wie an den anderen Segeltüchern. 1979 wurde ein kettorientiertes Nylon-Tuch hauptsächlich für den Triradial gewoben. Die Zahl der Kettfäden wurde vergrößert, um den Reck zu verringern, so daß die gewünschte Form auch bei stärkerem Wind erhalten bleibt. 1980 bekam das Tuch, jedenfalls in der USA, auch mehr Appretur, was den diagonalen Reck zusätzlich etwas mindert.

Nylon-Tuch wird nicht so fest gewebt wie etwa Dacron. Auch wird es nicht so heiß kalandriert, daß sich die Fäden an den Kreuzpunkten verpressen. Deshalb ist Nylon-Tuch in der Diagonale immer leicht reckbar. Damit müssen Segelmacher immer rechnen, wenn sie Segel aus Nylon oder dem gleichartigen Perlon machen. Große Spinnaker werden deshalb aus einer großen Zahl tortenstückförmiger Bahnen gemacht, die von den Eckpunkten ausgehen, um solche Dehnung zu mildern. Bei dieser Konstruktionsart kommt kaum Diagonalzug ins Tuch, und durch den Einsatz vieler schmaler Bahnen wird die Last auf die kräftigeren Fäden gelegt. Spinnakertuche werden in den üblichen Tuchgewichten 21, 21,5, 32, 65 und 95 g/m^2 gefertigt. Meist ist das Tuch mit Appretur noch etwa 10 g/m^2 schwerer. Das leichteste Tuch wird von einigen Segelmachern an weniger belasteten Stellen genommen, um am Gesamtgewicht des Segels zu sparen.

Segelgröße

Die Größe des Spinnakers ist durch die Größe des Vorsegeldreiecks festgelegt, also das *I*- und das *J*-Maß. Ob Rennyacht oder nicht, Seeboote folgen im allgemeinen den IOR-Limits für die Luvlieklänge *SL* und die maximale Breite *SMW* (Bild 11.5) nach folgenden Formeln:

$$SL = 0{,}95 \cdot (I^2 + J^2)^{0{,}5}; \; SMW = 1{,}8\ J$$

Die Größen *SL* und *SMW* stellen das Höchstmaß für den Spinnaker dar; kleinere sind selbstverständlich erlaubt. Spinnaker folgen denselben Regeln wie Genuas: Wird die Kennwindstärke größer, wird das Segel kleiner und das Tuch schwerer.

Handelt es sich nicht um eine Rennyacht, oder nimmt der Rennskipper oder Yachtkonstrukteur bei einer Rennyacht an, es lohne sich, den in der Regel für die Limitüberschreitung vorgesehenen Punktabzug hinzunehmen, können

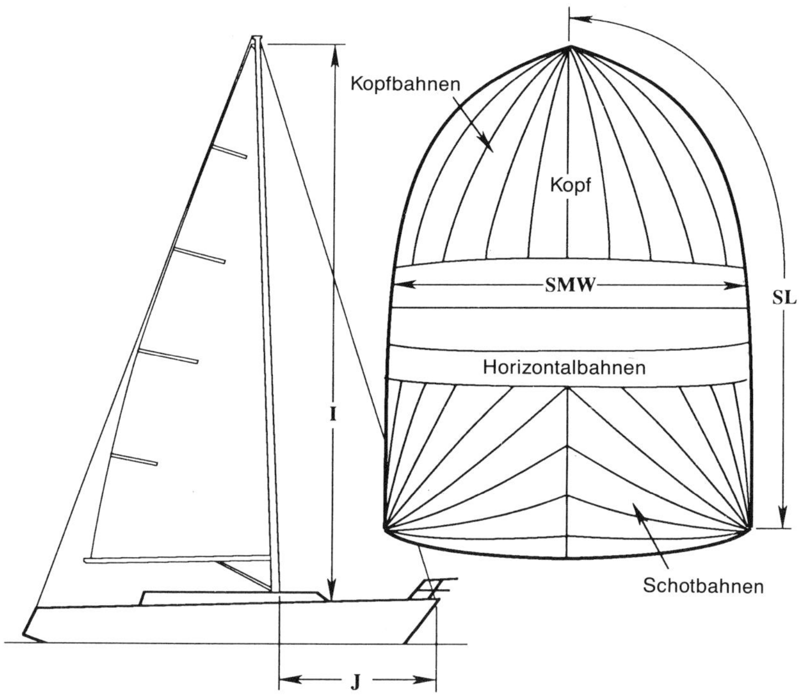

11.5 *Spinnakermaße*

Spinnaker größer sein. Jedoch sind übergroße Spinnaker die Ausnahme. Die meisten Boote sind nicht stabil genug, um von einem übergroßen Spinnaker Gewinn zu haben.

Streckung

Die Streckung eines Spinnakers ist sehr wichtig. Vom Gesichtspunkt des Konstrukteurs ist die Streckung gleich der Luvlieklänge geteilt durch die Breite: *SL/SMW.* Während der letzten zehn Jahre ist die Spinnakerstreckung immer größer geworden. Ende der 70er Jahre hatten die Großsegel der Serienboote 1,75 und Rennyachten 1,8; im Gegensatz dazu haben Serienboote heute Streckungen von 1,83 und Regattaboote um 1,9.
Wie wirkt sich eine größere Streckung bei einem Spinnaker aus? Der höhere und schlankere Spinnaker ist ein besseres Am-Wind-Segel und ein schlechterer Raumwinder. Bei raumen Kursen überdeckt der schlanke Spi das Groß nicht so sehr wie ein kürzerer und breiterer. Es herrscht größerer Abstand zwischen den Abströmkanten beider Segel und folglich weniger gestörte Strömung. Das wiederum macht es überflüssig, das Groß zu überstrimmen, das Boot krängt weniger und segelt schneller. Aber mit achterlichem Wind steckt der schmale nicht soviel Fläche neben dem Windschatten des Groß hinaus, und das Boot ist langsamer.
Mit den wachsenden Streckungen wurden die Spis enger, und die Malus-Spieren zahlreicher. Die IOR gibt Strafe für Spieren (Bäume), die länger als das *J*-Maß sind. Viele Eigner und auch Konstrukteure befürchten, daß mit den schmalen Spinnakern mehr Fahrt vorm Wind verschenkt wird, als das Malus beim Ausbaumen kostet. Meist wird die Länge der Spiere erst bei den Seeversuchen festgesetzt.

Spi im 2D-Aufriß

Streckung ist die wichtigste Berechnung beim Spinnakerentwurf, weil der Konstrukteur mit ihr das Optimum der maximalen Wölbungstiefe, der tiefsten Stelle des Spinnakers, bestimmt. Nach der vielen Rede von 3D-Programmen geht es jetzt um 2D-Entwürfe. Sie sind das Übliche beim Spinnakerentwurf und auch einsichtiger und deshalb einfacher zu verstehen.

Um die Wölbungstiefe zu bestimmen, wird der Spinnaker längs seiner Mittellinie zu zwei Hälften gefaltet — kurz: im Seitenriß gezeichnet mit Bug rechts — wie im Schiffbau üblich (siehe Bild 11.6). Danach wird eine Gerade vom Kopf bis zur Mitte des Unterlieks gezogen, sodann auf dieser Geraden das Lot an der Stelle errichtet, wo der Abstand der Mittellinie von dieser Geraden am größten ist. Dieses Lot stellt die größte Wölbungstiefe des Spinnakers dar. Ist dieses Lot kurz, ist der Spinnaker flach; ist es lang, haben wir einen fülligen Spinnaker.
Sind Streckung und Wölbungstiefe einmal bestimmt, können viele andere Variablen enger gemacht werden. Zu denen gehört der Ort des Maßes *SMW*, das die Fülligkeit des oberen Segels bestimmt. Je höher *SMW* über der maximalen Tiefe im Segel sitzt, um so weiter ist der Kopf und umgekehrt.

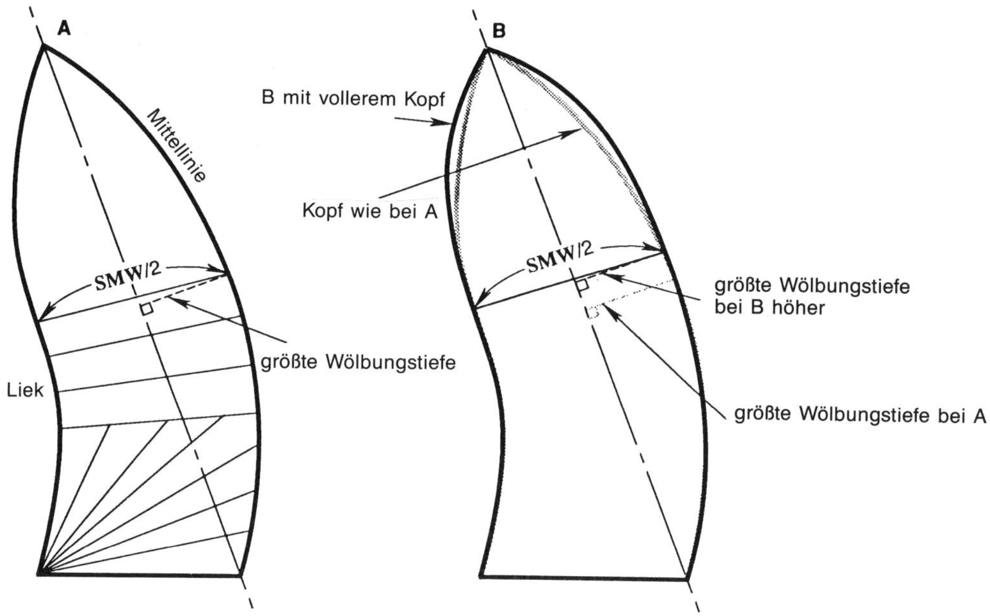

11.6 *Wölbungstiefe*

Der Bezugspunkt für den Ort von *SMW* ist der Spinnakermittelgurt (SMG). Dieses Maß wird bei 50 % der Lieklänge genommen. Im Fall des 0,75-oz-Allzweckspinnakers (32,3 g/m^2) ist *SMW* (größte Breite) sehr nahe der halben Segelhöhe (siehe Bild 7.10, Seite 146). Damit ist eine gute Stirnfläche fürs Platt-vorm-Wind-Segeln zu erreichen, ohne einen fürs Segeln auf raumen Kursen zu tiefen Kopf zu haben, an dem die Strömung nicht anliegen könnte. Wenn dagegen die größte Breite des Spinnakers oberhalb der halben Höhe liegt, ist auch der größte Teil seiner projizierten Fläche (Stirnfläche) weiter oben, was einen guten Renner ergibt. Liegt aber das meiste der Fläche unterhalb des Mittelgurts (SMG), ist das Segel allgemein flacher und ein besserer Reacher für 80 bis 110 Grad am Wind.

Spinnakerarten

Tuchgewicht, Segelfläche, Streckung und Stelle der größten Breite sind nicht allein die Argumente für die große Zahl von Spinnakern in der Last von Regattabooten. Die Windwinkel sind auch Argumente. Das hat, wie schon erwähnt, zu wenigstens 3 Spis im Stell geführt: Allzweck, Reacher und Renner. Die Spezialwünsche der Segler haben dann noch zur vierten Art der asymmetrischen Spis mit den Unterarten genuaähnlich und ballonähnlich geführt.

Allzweckspi ist die bei weitem verbreiteste Gattung, beliebt bei Fahrten- und Regattaskippern. Man sieht sie besonders häufig, wenn der Wind 90 bis 150 Grad von recht voraus an Bord zu kommen scheint, denn dann sind sie sowohl angenehm wie auch schnell. Statt platt vorm Wind zu segeln, wird meist im Zickzack zum Leefaß oder Leeziel gesegelt, weil dann der scheinbare Wind etwas stärker und das Boot etwas schneller ist.
Egal wie stark der Wind ist, der Allzwecker zeigt fast immer maximales *SL, SMG* und *SMW.* Was diesen Spinnaker bei den genannten Windwinkeln so wirksam macht, ist seine ausgeglichene Form von Kopf bis Fuß.
Einige kleinere Anpassungen können mit den drei Tuchgewichten gemacht werden. Während das leichte 22-g-Tuch für Wetter gedacht ist, in dem Schot und Achterholer kaum etwas zu halten haben, kann Kabbelsee die Ruhe in einem so leichten Spi sehr stören. Um dem zu begegnen, wird der 22-g-Spi gewöhnlich etwas fülliger geschnitten als der 32-g- und 65-g-Spi. Aber in schwächerem Wind ist der leichtere immer der standfestere.

Der 32er Allzweckspi ist, wie gesagt, etwas flacher als der 22er und für scheinbaren Wind von 8 bis 15 kn gedacht, und weil er sich leicht füllt, ist sein Stehvermögen kein Thema. Nach allgemeiner Regel ist er der schnellste und am besten voll zu halten, wenn er so flach wie möglich ist, weil dann seine Stirnfläche groß und seine Lieken am offensten sind.
Der 65grammer ist der flachste von den dreien, und seine Stabilität macht noch weniger Besorgnis. Die drei werden um etwa dasselbe Verhältnis flacher und haben von Kopf bis Unterliek schön ebenmäßige Profile. Regattaskipper mit Booten unter 15 m Länge verzichten meist auf den schwersten Allzweckspi, weil Boote bis zu dieser Größe nicht genug Stabilität zum Tragen eines solchen Segels am Wind haben. Auch haben viele dieser Boote Segellimits. Da sind dann Reacher (Raumwindspinnaker) üblicher.

Der Raumwindspinnaker ist für Einfallwinkel von 65 bis 120 Grad des scheinbaren Windes gemacht. Es gibt ihn sozusagen vollschlank (maximale SMW) und schlank. Welchen man braucht, richtet sich nach der Streckung des Großsegels, der Steifigkeit des Bootes, nach dem Wetter und schließlich nach dem Windwinkel, für den er optimiert ist. Das Wetter beeinflußt weiterhin das Tuchgewicht. Leider gibt es keine perfekte Größe oder Wölbungstiefe für all die schlanken Raumwindspinnaker. Allgemein gilt, daß mit kleinerem Gurtmaß (SMG) auch die Wölbung geringer ist und daß man um so höher an den Wind gehen kann, je stärker es weht. Fährt man an Bord nur einen Reacher, dann hat er gewöhnlich ein SMG von 90 bis 95 Prozent — aus dem gleichen Grunde, wie die kleine, schwere und flache Fock das ideale Segel für schlechteres Wetter ist. Ein Schwerwetterreacher von 60-g-Tuch ist kleiner und flacher als ein Spinnaker für leichteres Wetter.
Es sollte nicht übersehen werden, daß das Unterliek des Reachers trotz reduziertem SMG der breiteste Teil des Segels ist, was bedeutet, daß man nicht viel Rundung erkennt, wenn man an deren Lieken emporschaut. Das hält den Kopf sehr offen, vermindert enge Kurven im Spinnaker und krängt nicht so sehr. Die Form der horizontalen Bahnen sind sehr flache Bögen im Vergleich zu den elliptischeren der Allzweckspis. Die Randform der Horizontalbahnen ist bestimmend für die Wölbungstiefe, wie Bild 11.7 zeigt; A-B macht weniger Form als A-C.
In der oberen Skizze von Bild 11.8 sind die Horizontalbahnen von Bild 11.7 vernäht dargestellt. (Alle anderen Variablen sind dieselben.) In der unteren Zeichnung sind die beiden Spinnaker halbiert, um die Wölbungstiefe zu verdeutli-

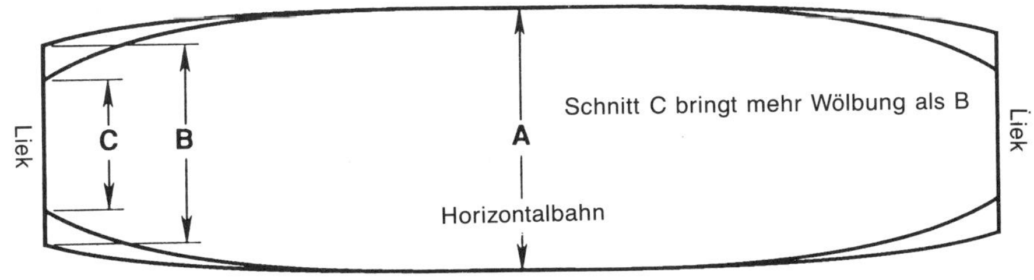

11.7 *Zuschnitt der Horizontalbahnen und die Wölbungstiefe*

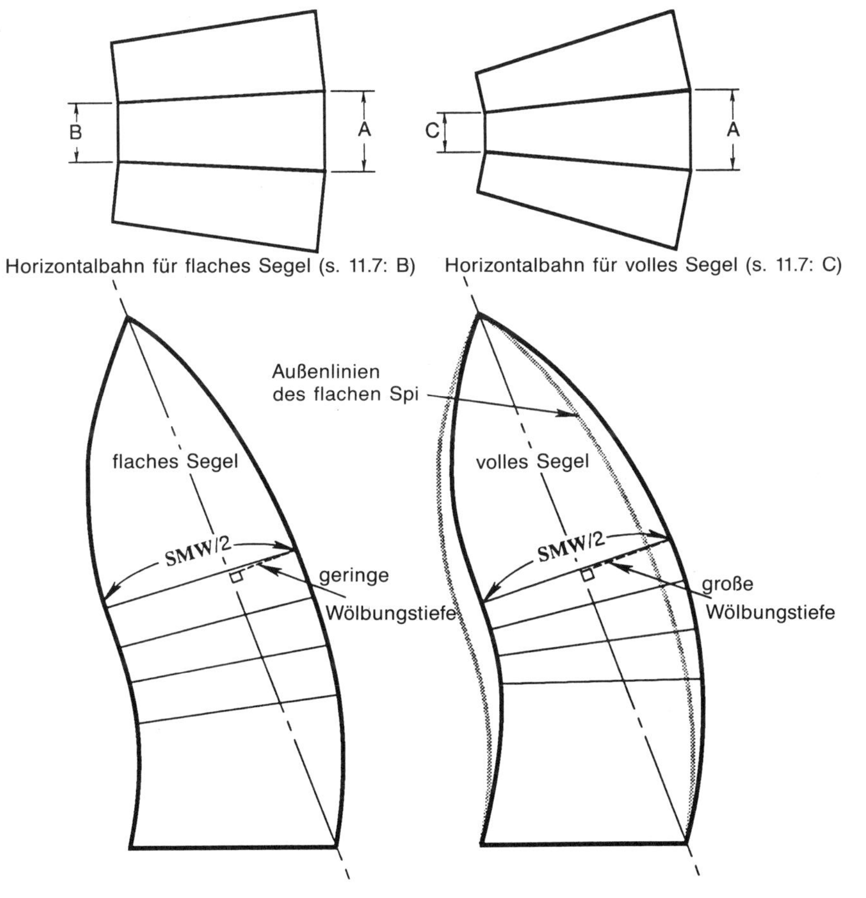

11.8 *Vergleich zwischen zwei Spinnakern aus verschiedenen Horizontalbahnen*

Raumwindspinnaker mit deutlich anliegender Luftströmung, verdeutlicht in einem Strömungsbecken. *(Foto: Arved Gentry)*

chen. Wenn die Kurven der Horizontal-Bahnen flacher sind (A-B), ist die Wölbungstiefe geringer und das Segel flacher. Mit stärkeren Kurven in den Horizontal-Bahnen (A-C) wird die Wölbungstiefe größer und das Segel voller.
Aber trotz der sehr ausgeprägten Kurve des Spinnakers streicht der Wind frei über die Segelfläche und reißt dabei nicht ab. Daß der Strom nicht abreißt, ist sehr wichtig für einen Raumwindspi. Die Photographie oben zeigt den anliegenden Windfluß. Vergleichen Sie damit die gestörte Strömung in Bild S. 246. Dem flacheren Segel mit der weniger ausgeprägten Liekkurve kann die Luftströmung besser und ohne Ablösung folgen, es kann spitzer angeströmt werden, kann an vorlicheren „Bordwind" (J. Schult) gehen.
Die Abbildungen 11.9 machen den Unterschied zwischen einem Raumwindspi mit reduziertem Gurtmaß und einem Allzweckspi deutlich. Eine feine Änderung in der Geometrie oder Konstruktion des Segels kann die Einstellung und die gesamte Leistungsbreite krass ändern.

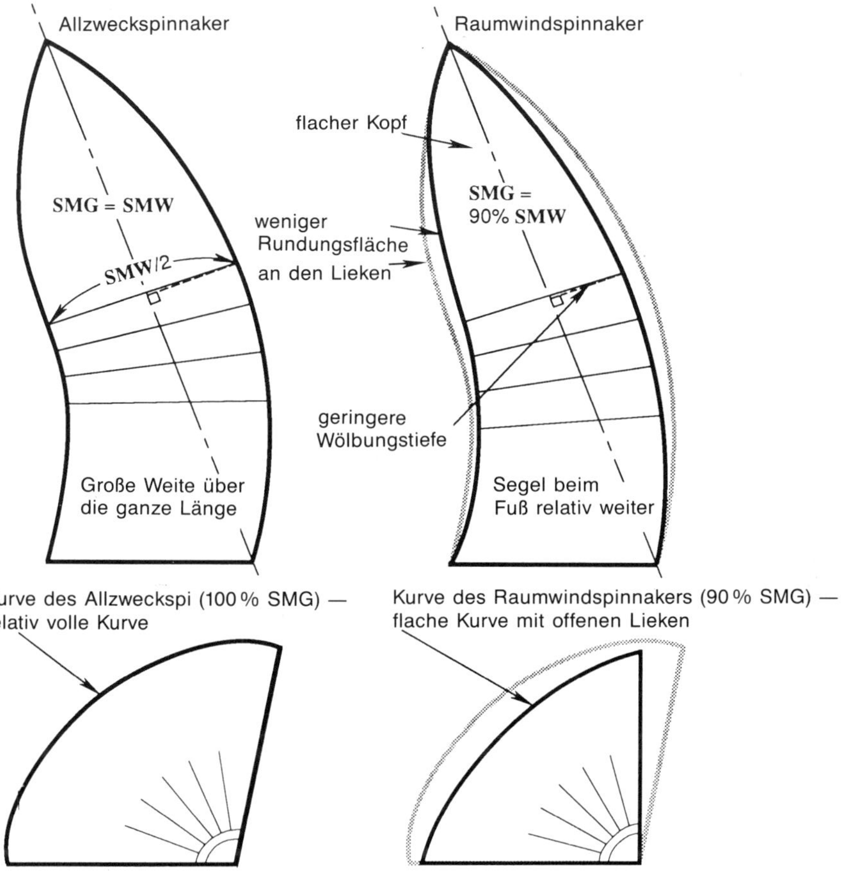

11.9 *Vergleich zwischen einem Allzweck- und einem Raumwindspinnaker mit verringertem Gurtmaß*

Ausgewachsene (100 % SMG) Am-Wind-Spinnaker sind eine Entwicklung der letzten zehn Jahre. Der Raumwindspi von heute ist ein weitaus vielseitigeres Segel. Es hat Größe, um bei raumeren Windwinkeln schnell zu sein, und mit seinem kleineren Kopfwinkel und schlankerem Oberteil kann es ohne viel Schwierigkeit bei 70 bis 80 Grad Bordwind gefahren werden. Zur Zeit ist in der Eintonnerklasse ein Stell von vier Spinnakern erlaubt. Dahinein paßt ausgezeichnet ein ausgewachsener Raumwinder von 0,75 oz (32,2g/m^2) Tuchgewicht.

Was konstruktiv aus einem 100 %-SMG-Spinnaker einen Raumwindspi statt einen Allzweckspi macht, ist die Länge der Kopfzwickel und die Lage der größten Wölbungstiefe. Durch Verlängern der Kopfzwickel, Senken der Gürtellinie und Verflachen des Bauches bekommt man ein Segel mit sehr flachem Kopf und Bauch und sehr offenen Lieken, ein am Wind gutes Segel, das nicht plötzlich zusammenfällt oder das Boot übermäßig krängt, aber vorm Wind leider eine Ungewißheit ist. Der Allzweckspinnaker ist der bessere Kompromiß. Anders als der beschränkt gegurtete, der meist aus 60grammigem oder schwererem Tuch gemacht wird, kann der vollbauchige Raumwindspi aus jedem Tuchgewicht gemacht werden. Einige der Maxis haben Allzwecker und Raumwinder aus allen vier üblichen Tuchgewichten in der Segellast — für alles, was an scheinbarem Wind — von Zephyr bis Sturm — vorkommen kann.

Rennerspi. Als Rennerspi bezeichnen wir die symmetrischen Spinnaker für scheinbaren, achterlichen Wind von 130 bis 180 Grad. Wie schon gesagt, eine Schlüsselgröße des Spinnakers ist seine projizierte Fläche oder Stirnfläche. Diese ist gleich der Schattenfläche, die entsteht, wenn man mit parallelen Lichtstrahlen seine volle Form senkrecht auf eine Fläche abbildet. Lange Zeit glaubten Segelmacher, je größer sie den Kopfwinkel machten, um so größer werde die Stirnfläche und die Fahrt. Eine hübsche Hypothese, aber im Wind eine wackelige Theorie. Die Sonderportion Völligkeit muß ja irgendwo hin, meist geht sie in die Mitte des Segels. Daraus entsteht ein übermäßig U-förmiges Oberteil mit engstehenden Lieken — ein schlechter „Flieger" (siehe Bild 11.2), der immer wieder einfällt. Sollte er selbst die größte projizierte Fläche in den Wind stellen (können), fragt man sich, wie lange. Er ist wie ein Rekordsprinter, der mit einem Höllentempo ein Marathon gewinnen will; unmöglich, weil er alle paar Minuten zusammenklappt. Das Kriterium bei langen Windabstrecken ist Fläche mal Standzeit.
Die heutigen Rennspi sind ein Kompromiß zwischen Stirnfläche für Fahrt und Wölbung für Flugstabilität. Darin liegt der Unterschied zwischen einem guten und einem schlechten Renner.
Rennspi für platt-vorm-Wind sind besonders schwer zu entwerfen, weil das Boot dabei am empfindlichsten für Seegang ist. Vorm Wind stehen die Segel unter meist geringem Druck, und das Boot ist deswegen im Vergleich zu am-Wind recht wenig stabil. Das allein verlangt ein volles Segel, aber nicht das vollste, das man bauen kann. Mit mehr Wölbung wird der Rennspi nicht so leicht einfallen, wenn das Boot rollt. Eine Ausnahme davon ist jedoch, daß in

glattem Wasser, wenn die Stabilität dcs Scgcls cin geringeres Problem ist, ein ziemlich flacher Spinnaker wegen seiner größeren Stirnfläche schneller sein kann. Die horizontalen Bahnen des Rennspis gleichen denen des Allzweckers, sie haben die elliptischste Form von allen Spinnakern (siehe Bild 11.4.). Das macht die Seiten des Spinnakers etwas runder und ist stabilitätsverbessernd.

Kreuzerspinnnaker. Dieser Spinnakertyp wird bei uns auch Tourenspinnaker oder Blister genannt. Weil die Fahrtensegler im letzten Jahrzehnt leistungsbewußter geworden sind, haben die Segelmacher darauf mit vielen Neuerungen reagiert, die schnelleres Segeln mit weniger Hektik und Wuling möglich machen. Zu diesen Errungenschaften gehört der Kreuzerspi. Darunter versteht man jetzt eine große Auswahl von meist aus 32grammigem Nylon, zum Segeln-vor-dem-Wind gemachten Segeln. Man kann sie in zwei Grundformen teilen: jene, die mehr einer Genua gleichen, und die anderen, spinnakerähnlichen. Beide sind asymmetrisch mit klar unterscheidbarem Vor-, Achter- und Fußliek. Der Genuatyp hat einen Radialkopf und kann quer, vertikal oder triradial (Bild 11.10) gebaut sein. Je nach Stagkonstruktion wird das Vorliek dieses Segels mit Legeln an das Vorstag oder die Vorstagvorrichtung angeschlagen, in eine Pro-

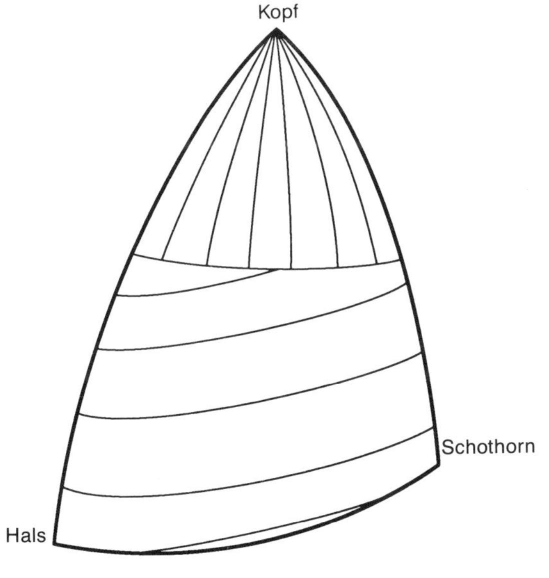

11.10 *Genuaähnlicher Fahrtenspinnaker (Blister)*

filkeep gefädelt, an einem Halsbeschlag gleich hinterm Stag angeschäkelt oder ganz frei vom Stag gefahren. Bei all diesen Möglichkeiten der Vorlieksbefestigung sind diese genuaähnlichen Segel einfacher zu beherrschen als die spinnakerähnlichen. Meist kann einer aus der Crew nach vorn gehen und das Segel am Vorstag entlang herunterholen; ohne daß es — wie gewöhnlich — in den Bach fällt.

Typisch für diese Segel ist der versetzbare Halsbeschlag, mit dem man die Lage des Wölbungsscheitels je nach Windwinkel ändern kann. Weil das Schothorn angehoben ist, kann der Rudergänger unters Segel durch nach Lee sehen. Die Überlappung ist meist groß (170 %) und kann leicht an Deck geschotet werden (Bild 7.4). Hart werden sie nicht getrimmt und auch nicht hoch am Wind benutzt; das heißt, je geringer der Wind, desto höher kann man mit ihnen an den Wind. Aber das ist nicht ihre eigentliche Bestimmung. Je leichter achterlicher der Wind, um so mehr folgt das Schothorn der Schwerkraft. Dem kann man abhelfen durch Verwendung von nur einer Schot, die zudem leicht ist, oder einer Spiere.

Die zweiten Semispinnaker sind wesentlich größer und voller im Kopf und sehen mit ihren langen, schmalen Radialzwickeln am Kopf und den wenigen

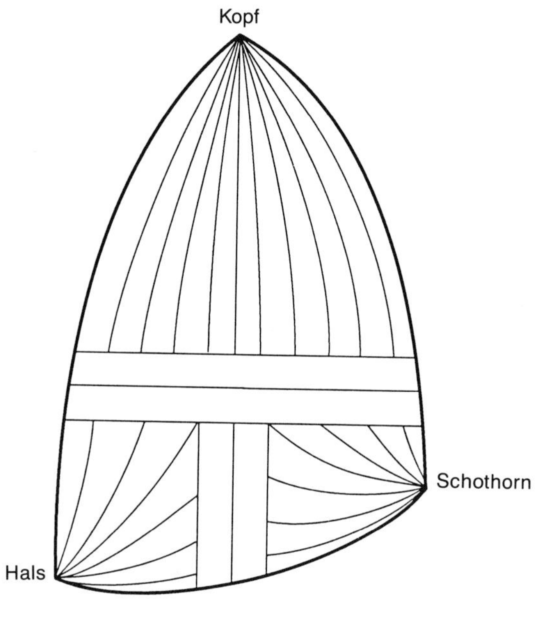

11.11 *Spinnakerähnlicher Fahrtenspinnaker (Blister)*

Horizontalbahnen richtigen Spinnakern ähnlicher. Das Unterteil hat manchmal ein bis zwei Vertikalbahnen und je einen Radialzwickel am Hals und an der Schot (Bild 11.11). Diese Segel werden mit losem Vorliek gesegelt, ausgenommen der auf dem Stag fahrende Hals mit einem zum Cockpit führenden Niederholer, mit dem man seine Wölbung ändern kann. Der Hals ist nicht an Deck befestigt und gewöhnlich etwas niedriger als bei einem normalen Spinnaker mit Baum.
Obgleich der Kopf voller ist und das Segel eine größere Stirnfläche hat, ist die Überlappung der des Genuatyps sehr ähnlich. Weil die Segel an ihrer Vorderkante nicht befestigt sind, sind sie schwieriger zu setzen und wegzunehmen. Wie beim Genuatyp ist unabdingbares Zubehör nur eine Schot, abgesehen vom Niederholer. Eine Ausstellspiere ist wegen des volleren Kopfes selbst vorm Wind nicht nötig.
Aus Konstrukteurssicht sind die Semispinnaker nicht nur am Kopf, sondern auch in der Mitte voller. Das muß sein, damit der Kopf unterstützt wird. Die Formen, die in die Segel geschnitten wurden, sind denen der Kreuzerspinnaker

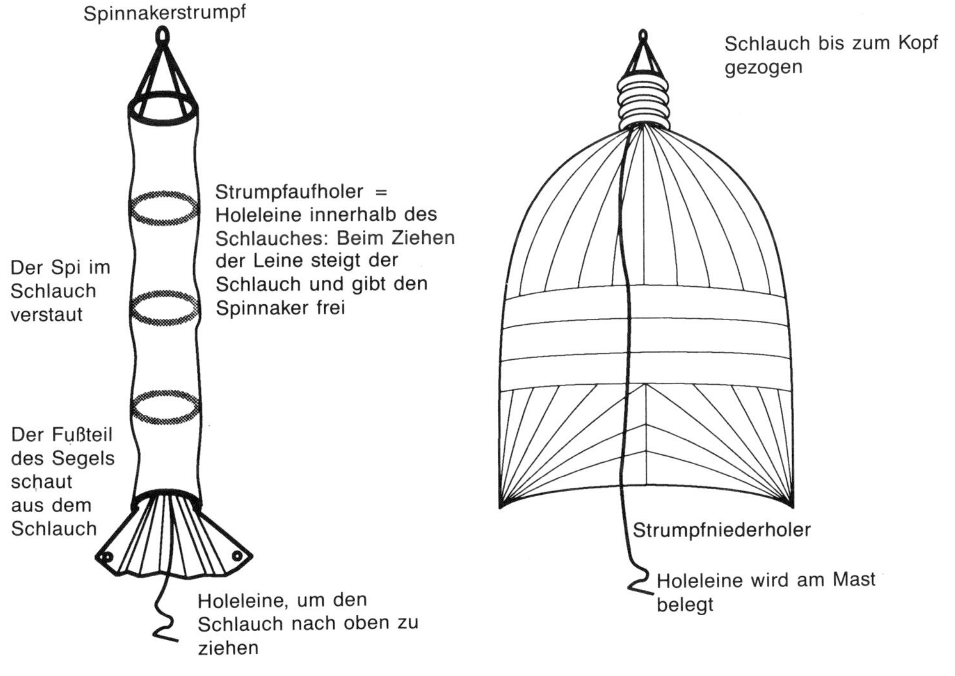

11.12 *Spinnakerstrumpf*

mit reduziertem Gurt sehr ähnlich. Sie haben — anders als bei normalen Spinnakern — ein ausgeprägtes Vor-, Achter- und Fußliek bei asymmetrischer Form zwischen Vor- und Achterliek. Ihre größte Wölbung liegt in der Mitte, anders als bei den genuaähnlichen, die den Scheitel vorlicher haben.
Ein Spinnakerstrumpf oder etwas ähnliches kann am Kopf dieses — und jedes anderen — Spinnakers befestigt werden, um die Probleme beim Setzen und Streichen des Spinnakers zu beenden. Diese Strümpfe sind aus leichtem Zeug mit einigen, gleichmäßig über die Länge verteilten Ringen (Bild 11.12). Eine Leine nahe beim Mast zieht den Strumpf hoch, der den Spinnaker frei zur Entfaltung gibt, während sich der Strumpf auf dem Kopf harmlos zu Ruhe legt. Muß der Spi weg, wird der Strumpf mit einer Leine am unteren Ring über den Spi gezogen, der dann als Wurst kompakt auf Deck geholt werden kann. Der Kampf mit windgeblähtem Tuch ist vorbei.

Mit dem Spinnaker-Strumpf kann man leicht den Spinnaker setzen bzw. streichen. Diese Methode ist bei Fahrtenseglern sehr beliebt. (Foto: North Sails, Inc.)

Spinnakerstell

Für den Fahrtensegler genügt gewöhnlich ein Kreuzer- oder Allzweckspinnaker. Wenn das Boot kürzer als 15 m ist, wird er aus 32grammigem Nylon sein. Regattasegeln ist aber ein ganz anderes Spiel, und wer da mitspielt, weiß, daß Sicherheit sich in Zahlen ausdrückt. Oder anders: Je mehr Spinnaker, desto lustiger. Zum Glück beschränken die Rennformeln zumeist die Anzahl der Segel, um die Kosten niedrig zu halten. Darauf gibt es zwei Antworten für den Eigner. Entweder, er kauft nur die zugelassene Anzahl, oder er kauft mehr, nimmt aber nur die zugelassene Anzahl beim Rennen mit. Im letzteren Fall kann er die Spinnaker mitnehmen, die für das Revier und die Wetterlage am geeignetsten sind.

Wenn nur ein Spinnaker für Regatten zugelassen ist, sollte es ein Allzweck-Spi aus 32grammigem Tuch sein, denn das ist am brauchbarsten für alle Eventualitäten. Sind zwei Spis erlaubt, sollten beide Allzwecker sein. Der zweite wäre ein leichter aus etwa 22 g/m^2. Der wäre relativ schnell bei leichten Winden — aber wann hat Europa Wetter dafür? Für allgemein windige Verhältnisse wäre da ein Allzwecker von 65 g/m^2 wohl sinnvoller.

Bei dreien mag der ganz leichte Allzwecker eine bessere Daseinsberechtigung in Europa haben und auch mal drankommen. Außer dem 32er Allzwecker wäre ein 65grammiger 0,9-SMG-Raumwindspinnaker die dritte Anschaffung. Dieses Stell wird mit allerlei Wind fertig.

Ein Inventar von vier Spinnakern könnte je einen Allzwecker von 22 und 32 Gramm, einen flachen 32-g mit tiefer Gürtellinie und einen 65grammigen Raumwinder mit 90 % SMG enthalten. Dieser Vorschlag gilt für mittlere Winde, in denen der 32grammige Raumwinder das Arbeitspferd wäre.

Im Fünferstell wären der 22er und 32er Allzweck, ein 32er, ein 65er und ein 95er Raumwinder mit 85 % SMG, je nachdem wie steif und groß das Boot und wie gestreckt das Groß ist. Der 85prozenter wird an hoher Kreuz und beim Laufen vor hartem Wind gebraucht.

Bei sechs Spinnakern wird der sechste entweder ein Raumwinder (100 % SMG) aus 65 g/m^2- oder aus 22 g/m^2-Tuch sein — je nach der Häufigkeit starker oder leichter Winde. Wenn man den 65 g/m^2-Spi wählt, sollten die anderen Spinnaker (aus 65 g/m^2- und 95 g/m^2-Tuch) nur 95 und 85 % SMG haben. Das würde die Lücken und die Windbereiche besser abdecken.

Bei noch mehr Spinnakern wird es schwierig, die Zahl der Spinnaker richtig aufzuteilen, weil das Stell sehr abhängig von der Charakteristik des Bootes wird. Was für ein 60 bis 80 Fuß-Schiff richtig ist, muß es nicht für ein anderes sein. Eine Maxi-Yacht (80 Fuß) hat z.B. vier Raumwinder mit 22, 32, 65 und 95 g/m²-Tuch und je einen Allzweckspi mit gleicher Tuchstärke an Bord. Diese Boote sind so steif, daß all diese Segel 100 % SMG haben. Zusätzlich haben sie noch 1 oder 2 Spinnaker mit 65 und 95 g/m²-Tuch mit reduzierter Gurtlänge. Die tragen sie bei besonders schweren Verhältnissen.

SPINNAKERSTELL FÜR RENNBOOTE

Boot-länge (m)	Tuchstärke 22 g/m²	32 g/m²	65 g/m²	95 g/m²
6- 7		AZ 100 %		
7- 9		AZ 100 %		
9-11	AZ 100 %	AZ 100 %	90 % SMG	
11-13	AZ 100 %	AZ 100 %/RE 100 %	100/92 % SMG	
13-15	AZ 100 %	AZ 100 %/RE 100 %	100/92 % SMG	
15-18	AZ 100 %	AZ 100 %/RE 100 %	95/100 % SMG	85 % SMG
18-22	AZ 100 %	AZ 100 %/RE 100 %	95/100 % SMG	100/85 % SMG

AZ Allzweck; RE Reacher (Raumwindspi); SMG Gurtmaß

Spinnaker-Trimm

Vor allem ist ein Spinnaker größer als das Groß und größtes Vorsegel, bei 180 % Überlappung sogar erheblich größer. Zudem ist keine seiner Seiten festgemacht. Er hat nur zwei Festpunkte, das Fall und die Nock des Spinnakerbaums. Damit hat man sehr wenig Gewalt über das Segel und Aussicht auf erstaunliche Formänderungen.

Die Größe und die bescheidenen Mittel ihn zu beherrschen, können einen schon aus der Fassung bringen. Es gibt nur vier Möglichkeiten, seine Form zu beeinflussen:

1. Hebe und senke den Baum zur Änderung der Wölbung, hauptsächlich im oberen Segel.

2. Ebenso hebe und senke den Baum, wenn die Wölbung nicht stimmt.
3. Trimme den Baum (Achterholer) vor oder zurück zur Änderung des Anstellwinkels.
4. Hole und fiere die Schot oder ändere den Leitpunkt zur Änderung des Anstellwinkels und der Leistung, wie auch der Wölbung im unteren Segelteil.

Wölbungstiefe. Zuerst die Faustregel: Je näher die Lieken beisammen stehen, desto tiefer die Wölbung (Bild 11.13). Wird die freie Baumnock gesenkt, werden die Lieken strammer und nähern sich, das Segel wird tiefer — ganz im Gegenteil zur allgemeinen Annahme. Andererseits, stelle den Spibaum höher — und die Lieken werden loser, sie bekommen mehr Abstand — und der Spi wird flacher. Merkspruch:

Baum höher, Segel flacher
Baum tiefer, Segel voller

Wölbungsscheitel. Die Baumhöhe beeinflußt auch die Lage des Wölbungsscheitels, der selten mitten zwischen den Lieken liegt. Wenn wir von der Lage des Scheitels sprechen, reden wir eigentlich vom „Windanschnitt" des Segels, der Form des Segelvorderteils. Es ist sinnvoll, sich die Höhe der Baumnock wie ein Cunningham beim Groß vorzustellen. Dann bewirkt Baum ab oder Cunningham holen: Scheitel geht nach vorn — hier zur Spibaumnock mit Achterholer — zum Luvliek. Und, Baum auf oder Cunningham loser: Scheitel geht (achter) näher zum Leeliek hin.
Schon bei der Genua (Kapitel 9) wurde erklärt, daß man durch Vor- oder Rückwärtsschieben ihres Leitpunktes ihre Luvkante dazu bringt, auf ganzer Länge gleichzeitig den Wind anzuschneiden (Beginn des Killens). Das ist auch beim Spi erwünscht. Die Scheitellage (Funktion der Baumhöhe) entscheidet, ob das Luvliek des Spis auf ganzer Länge gleichzeitig an- oder abschneidet (englisch *luffs* und *breaks*).
Baumhöhe und Anstellwinkel, die wir gleich ansprechen, sind Kriterien für korrekten Spinnakertrimm und sollten nachgerichtet werden, wenn es die Lage jeweils verlangt. Die Hauptsorge ist die richtige Luvkiekkurve. Bei zu tiefem Baum ist das Luvliek zu voll; gleich Ablösung. Ist der Baum zu hoch gesetzt, wird die Luvkante unstabil, das Segel muß übertrimmt werden, damit es nicht zusammenfällt.

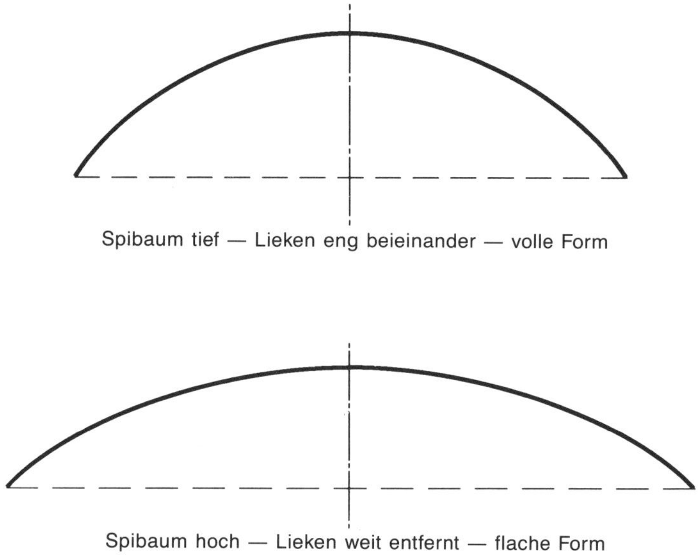

11.13 *Wölbungstiefe und die Höhe des Spinnakerbaumes*

Richtige Baumhöhe vorm Wind wird gewünscht, aber noch kritischer ist sie am Wind. Das ist besonders wichtig bei speziellen Reachern, für die das Rezept lautet: Je flacher das Segel, desto tiefer der Baum. Am Wind, wenn die Strömung noch anliegt, können Windfäden am Spi Auskunft über die richtige Baumhöhe geben. Sie sollten oben und unten gleich aussehen (Bild 11.14). Wenn der Baum am Wind zu hoch ist, flattert der untere Faden zuerst; ist er zu niedrig, der obere, und der Abriß beginnt oben. Ob die Baumhöhe richtig eingestellt ist, zeigen die Windfäden. Sie warnen auch davor, ob sich das Segel einrollen wird oder ob man zu wenig Fahrt macht. Der „traditionelle Einrolltest" macht die Segelfläche kleiner.

Vorm Wind sind die Fäden keine Hilfe, weil die Strömung abreißt. Dann gib dem Spi Lose, bis das Liek einrollt, ohne jedoch das sich einrollende Liekstück zu groß werden zu lassen, weil das Fläche kostet. Zweck der Übung auch hier, daß der Spi auf ganzer Länge der Vorderkante gleichzeitig den Wind annimmt. Steht der Baum zu hoch, geht die Einrollerei unten zuerst los, bzw. umgekehrt.

Statt aber nur ad hoc zu reagieren, wie vorstehend, wird der schnelle Mann mit seinem Boot experimentieren, um festzustellen, welche Einstellungen bei welchem Wetter und welchen Windwinkeln schnell sind, und die im Wiederholungsfall erneut anwenden. Das heißt aber nicht, auf's Feintrimmen zu verzichten oder

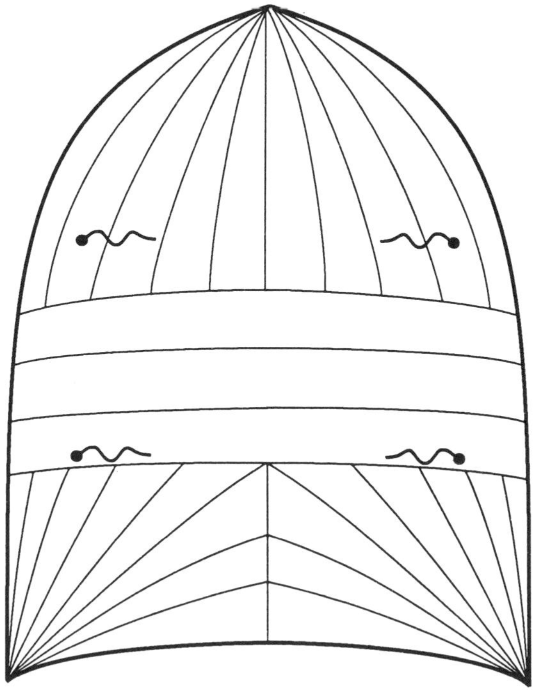

11.14 *Windfäden sind vor dem Wind bei der Bestimmung der Baumhöhe hilfreich*

Einstellungen nicht zu überarbeiten, wenn man plötzlich langsam geworden ist. Doch zuviel Fummelei mit dem Spinnakertrimm kann auch langsam machen.

Anstellwinkel. Den Anstellwinkel ändert man durch Fieren oder Holen des Spibaums mit dem Achterholer. Ist der Windwinkel größer als 120 °, stellt man den Baum so, daß der scheinbare Wind ihn mit 90 ° anbläst (Bild 11.15). Auf diese Weise erreicht man, wie gewünscht, den größten Abstand zum Groß. Ist der Wind vorlicher als 120 °, trimmt man den Baum spitzer zum Wind (Bild 11.16). Damit vermeidet man, daß der Spi am Wind zu voll und leistungsschwach für schnelle Fahrt wird.

Natürlich kann dieses Anspitzen und Querstellen des Baumes auch die Wölbung und ihren Scheitel beeinflussen. Steht der Baum spitz zum Wind, muß die Schot kräftig geholt werden, damit der Spi voll bleibt, und sie zieht das Unterliek flacher. Steht der Baum 90 ° quer, kann die Schot loser, das Segel voller gefahren werden.

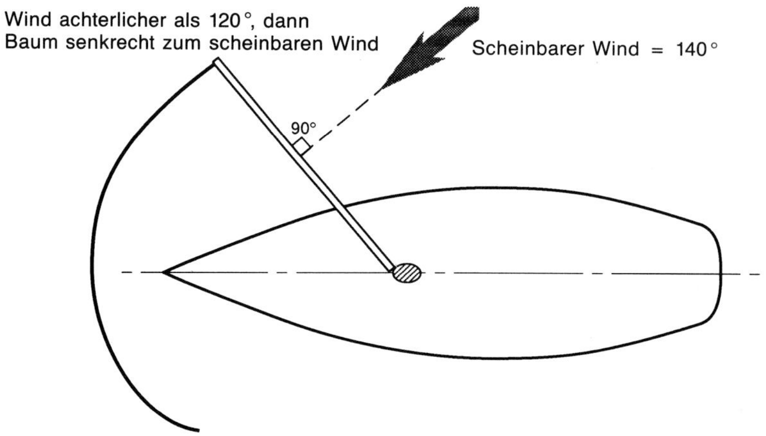

11.15 *Anstellwinkel des Spibaumes bei raumen Kursen*

Die Höhe des Baumes am Mast ist leichter anzusprechen. Generell sollte die Höhe der Innennock gleich der der Außennock sein. Das sorgt auch dafür, daß das Groß dem Spi nicht zu nahekommt. Dann braucht das Groß auch nicht übertrimmt und dadurch das Boot nicht zu sehr gekrängt zu werden.

Schot. Zusammen mit dem Baum kontrolliert sie den Anstellwinkel. Weniger bekannt ist, daß auch die Leistung des Spis durch die Kontrolle der Leeliekverwindung gesteuert wird. Zwar scheren die meisten Segler die Schot um die Umlenkrolle achtern zur Winsch, vergessen aber den Schotleitpunkt. Dieser sollte allein unter dem Gesichtspunkt der Leistungsmaximierung nach Windwinkel und -stärke eingerichtet werden, ohne dabei die Stabilität der Yacht zu vergewaltigen — sie mag am Wind nicht weiter als 25 ° bis 28 ° gekrängt werden.

Am leichten Wind sollte der Schotleitpunkt nach vorn gestellt werden, um wenig Verwindung und annehmbare Leistung zu erzielen. Bei mittlerem Wind muß der Leitpunkt zurück, um das Leeliek zu befreien und Strömungsablösung zu vermeiden. In härterem Wind muß der Leitpunkt ans Ende des Bootes, damit das Unterteil des Spis flach und das obere Leeliek sehr offen und verwunden ist.

Beim Laufen vor leichten Winden sollte der Leitpunkt genau unter dem Großbaum liegen. Das strammt die Lieken und macht das Segel kurviger, womit es stabiler wird. (Das einzige Mal, den Leitpunkt in leichtem Wind noch vorli-

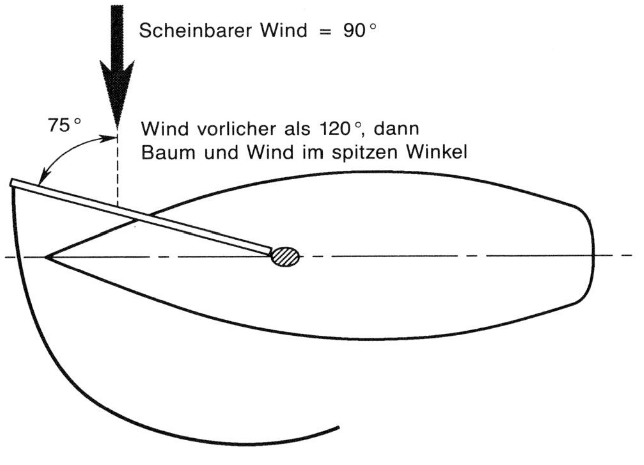

11.16 *Anstellwinkel des Spibaumes bei halbem Wind*

cher zu setzen, ist bei zusätzlicher, besonders unruhiger Kabbelsee.) Der Leitpunkt gehört auch beim Laufen vor mittlerem Wind unter den Großbaum, denn das Segel soll ohne verwundenes Leeliek so hoch wie möglich gezogen werden. Laufen in schwerem Wind verlangt den Schotleitpunkt vor dem Baum, damit die Schot nicht am Baum schamfilt und der Spi nicht geigt. Damit kommt dann auch das Boot unter Kontrolle.
Nun haben nicht viele Boote einen verschiebbaren Holepunkt für die Spinnakerschot. In dem Falle benutzt man einen Barberhauler, einen Beiholer, der durch einen überall an der Fußreling oder Seereling einpickbaren Block geschoren wird. Der ist auch leichter beweglich als ein geschienter Leitblock. Die Spischot geht dann immer um die Umlenkrolle achtern.

Stagsegel

Es wird auch „Betrüger“ genannt und kann ein 9-m-Boot am Wind 0,2 kn schneller machen. Das ist für Regattaskipper die Mühe wert, noch ein Segel mehr zu fahren, ein zudem so unscheinbares, aber komplexes. Den Fahrtensegler wird's kaum reizen. Zudem braucht es anliegende Strömung, ist also nur bei 75 bis 120 Grad Windwinkel und günstigen Bedingungen — halbstarke bis frische Brise und ruhige See — wirksam. Selbst dann sind die Zahlen nicht in

Stein gemeißelt. Da ist eine 1 mehr auf dem Speedometer schon ganz eindrucksvoll. Lies es eine Minute vor dem Vorheißen ab, dann zwei Minuten danach. Und wenn das Segel nichts zu bewirken scheint, nimm es wieder weg. Es gibt drei Grundarten Stagsegel. Das Dazy-Stagsegel hat volle Heiß und „Überlappung" von 80 bis 85 Prozent. Das Schothorn liegt hoch und kann zur Baumnock oder einer breiten Bootstelle geschotet werden. Es wird aus leichtem Mylar gemacht und ist gewöhnlich recht voll geschnitten. Es kann als Drifter und Windsucher benutzt werden. Eine kleinere Ausgabe, 70 % groß, ist für Fraktionsriggs. Als letztes ist das weniger übliche Spinnaker-Stagsegel zu nennen. Es hat volle Heiß und 90 bis 110 Prozent Überlappung. Es soll statt des Dazy in steiferem Wind gesetzt werden. Es ist mäßig voll für nicht so spitzen Wind, ohne für mehr Höhe zu voll zu sein. Es kann zur Baumnock geschotet werden, wird aber bei den heute gestreckteren Riggs seltener gefahren.

Den Hals des Betrügers kann man mittschiffs oder luv davon anschäkeln, außerdem vorlicher oder achterlicher, je nachdem wieviel Fläche man freistellen will oder nach den Regeln darf. Da das aber meist auf Kosten des Spis geht, frage man auch hier das Log. Ziel dieser Übung ist, die Fahrt zu maximieren und nicht ein perfekt stehendes Stagsegel zu zeigen. Wenn der Wind halb oder vorlicher kommt, gehört der Hals auf die Schiffsachse; etwas abgefallen, kommt der Spibaum achterlicher, und der Stagsegelhals kann weiter luvwärts. Bei Idealbedingungen (dicht am Wind, frische Brise, ruhiges Wasser) kann der Hals weit nach vorn. In leichterem Wind mehr zurück, damit der Spi Luft holen kann.

Wenn die Großbaumnock über Deck steht, wird das Stagsegel gewöhnlich an die leewärtige Seereling geschotet. Ist die Baumnock außerhalb der Reling, ist sie die Schotbasis für den Betrüger. Bringt das aber die Schot zu weit nach achtern (zuviel Verwindung, zu wenig Unterliekwölbung), dann lege man den Hals an einem Stropp höher über Deck oder suche einen vorlicheren Holepunkt für die Stagsegelschot.

Auch das Stagsegel sollte ein oder zwei Dezimeter hinter der Luvkante Windfäden haben, die alle gleichzeitig dasselbe tun. Eine kleine Ausnahme ist oben erlaubt, das heißt, da darf es etwas früher killen, beziehungsweise der Leitpunkt darf etwas achterlicher als optimal stehen. Steht der Leitpunkt zu weit vorn und das Achterliek ist oben zu dicht, dann leitet der Betrüger gestörten Wind in den Spi, was nicht gut tut. Das Stagsegel kann den Spi so sehr stören, daß er einfällt und die Stagschot losgeworfen werden muß. Das hilft manchmal auch nicht, und das Stag muß gestrichen werden.

Blooper

Regattasegler haben noch ein Tricksegel mehr in der Last, den Blooper. Da der Spinnaker heute so groß geworden ist, das weitaus größte Segel auf toppgetakelten Booten, wird, wenn es weht, oft ein weiteres Segel als Balance zum Spi benötigt. Der Blooper, ein Dreiecksegel, wird lee vom Spi an einem weit gefierten Spifall gesetzt und durch einen Block an der Großbaumnock geschotet, damit die Schot nicht am Groß schamfilt. So balanciert er das Rigg und dämpft die Rollschwingungen.

Ohne Blooper erzeugt ein großer Spi in frischem bis starkem Wind Rollbewegungen zur luvwärtigen Seite. Dabei steuert das Boot leewärts, was schnell zu einer unerwünschten Halse führen kann. Ein Blooper kann die Rollerei mildern.

Ein Blooper kann das Rollen in mäßigen und frischen Winden dämpfen. Bei starken Winden ist zusätzliche Segelfläche nicht gefragt. (Foto: Michael Levitt)

Ein Blooper kann ein Boot stabilisieren, aber auch eine Mordswuhling machen, wenn es mit 25 kn oder mehr weht. In solchen Windstärken ist mehr Segelfläche eindeutig nicht die Problemlösung.
In frischer Brise kann man den Halsstropp am Bug etwas heißen, damit das Unterliek nicht eintaucht, bremst oder vom Boot überfahren wird.
Eine mittschiffs getrimmte Arbeitsfock oder ein Stagsegel (Bild 11.17) kann ebenfalls das Rollen dämpfen, ebenso strammes Niederholen des Groß, bis die Verwindung raus ist. Generell ist Verwindung ein Alliierter an der Kreuz in starkem Wind. In hartem Raumwind entmachtet Verwindung das Großsegel zusätzlich. Das gibt dem Spi noch größere Dominanz. Der Niederholer, der die Verwindung im Groß steuert, muß blitzschnell zusammen mit der Schot lösbar sein, wenn eine Bö einfällt, damit der obere Teil des Groß mehr verwindet, was den Baum anhebt und ihn davor bewahrt, durchs Wasser zu ziehen. Ein eintauchender Baum kann ein Boot flugs „in die Sonne" steuern, will sagen: querschlagen.

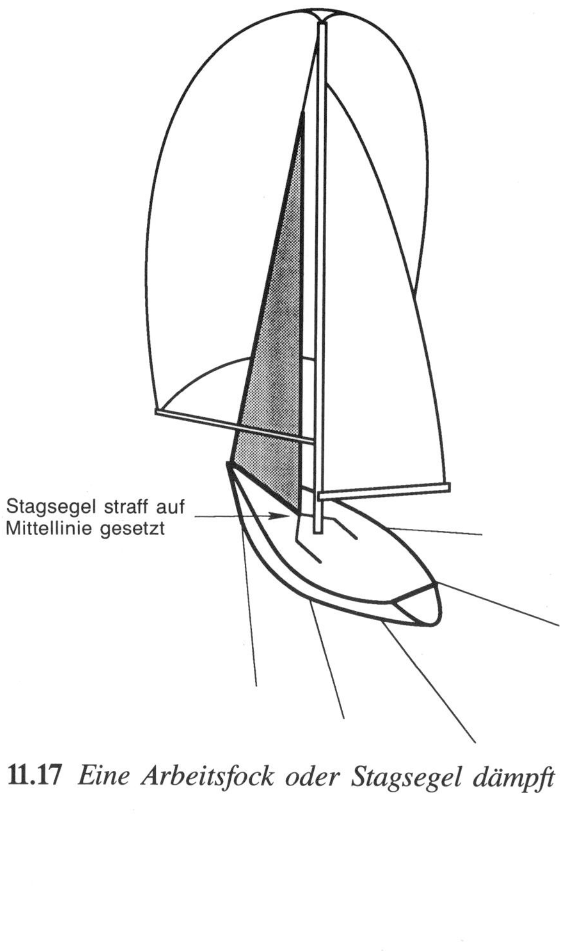

11.17 *Eine Arbeitsfock oder Stagsegel dämpft das Rollen*

Querschlagen

Mit dem Ruder steuert man das Boot, klar. Aber Segel können es auch, wie schon gesagt. Zuweilen, besonders mit dem Spi am starken Wind, übernehmen die Segel die Steuerung — bis zum drohenden Querschlag, was nicht wenige Segler schon erlebt haben. Das Boot schießt unkontrolliert wild herum nach Luv. Die Wirkung reicht von unbequem über entsetzlich bis fatal (tödlich!) und, was das Materielle angeht, von gutgegangen bis untergegangen. Keine Auswahl! Aber eine koordinierte Crew kann kurz davor noch eine Menge tun, um es weniger schlimm zu machen. Sie sollte sich mit den Abwehrmitteln und -möglichkeiten vertraut machen, ehe sie gebraucht werden. Wenn der Querschlag kommt, reicht die Zeit zum Lernen nicht mehr, meist nicht mal, um den Kopf einzuziehen und sich festzukrallen.
Wenn der Querschlag kommt, mache folgendes:
1. Großschot fieren.
2. Niederholer loswerfen.
3. Stagsegelschot loswerfen.
4. Schnell und gründlich Spischot los, um das Ruder zu entlasten.
5. Wenn das alles nicht hilft, steuere in den Querschlag, damit der Spi zusammenfällt.

Minderung von Querschlagfolgen. Wenn trotz bester Anstrengungen ein Querschlag unvermeidlich ist, kann man noch etwas tun, damit es nicht so schlimm wird. Fahrt ist gewöhnlich ein Guthaben, denn je geringer die Fahrt, um so weiter geht der scheinbare Wind nach achtern und krängt das Boot noch mehr. Auf der anderen Seite sind Ruderwiderstand und Krängung momentan kaum ausgleichbare Passivposten. Folgende Handlungen mildern die Not:
1. Am Beginn des Querschlags ist instinktiv das Ruder zu hart gelegt und trudelt ohne Wirkung. *Sofort gerade legen*, damit die Strömung wieder anlegt.
2. „Entmachte" die Segel von achtern nach vorn, wie beschrieben. Wenn das Boot hochkommt, sollte die meiste Fahrt noch vorhanden sein.
3. Dann falle scharf zu einem raumeren Kurs ab. Das muß gemacht werden, um einen zweiten Querschlag zu verhüten, der leicht passiert, wenn der Spi sich wieder füllt. Aus dem zweiten ist schwer herauskommen, weil das Boot zu langsam geworden ist.
4. Wenn Du gut abgefallen bist, trimme die Segel wieder — nun von vorn nach achtern. Dann nimm Fahrt auf, ehe Du es wieder hoch am Wind versuchst.

Die Patenthalse

Spinnakerfahrt in leichtem und mittlerem Wind kann ein athletischer Spaß sein, in frischer bis starker Brise ist's nichts für Ängstliche. Wenn ein Querschlag nach Luv lauert, dann kann das Boot ebenso eine plötzliche Patenthalse nach Lee machen. Einer Patenhalse folgt häufig wieder ein Querschlag, da nun das Boot ohne Ruderwirkung seinen zuvor unkontrollierten, luvwärtigen Dreher fortsetzt. Für die Regattacrew und ihren Skip sind starker Wind und Spi ein ständiges Abwägen von Mut und Fähigkeit gegen die Stabilität des Bootes. Der Fahrtenskipper vermeidet wohl besser solche Herausforderungen des Schicksals. Patenthalsen ohne Spi sind schon schlimm genug.

Bullentalje riggen oder nicht riggen

Auf kleineren Booten kann es auch eine Leine (Stander) sein, die auf Vormwindkursen den Baum daran hindert, durch Seegang oder schlechtes Steuern zurückzupendeln, mit dem Segel den Wind von der anderen Seite einzufangen und eine Patenthalse zu bauen. In leichterem Wetter sicher eine gute Sache, die in härterem Wetter aber Diskussionsstoff ist. Nach einer leichten Patenthalse, die das Boot nicht sonderlich krängt, kann der Rudersmann auf dem neuen Bug gleich weitermachen. Offensichtlich ist es aber heikel, in rauhem Wetter ohne Bullentalje zu segeln. Wenn der Baum mit gewaltigem Schwung und Krach herumschlägt, kann er nicht nur Leute über Bord fegen, sondern auch erschlagen. Solche Unfälle mit tödlichem Ausgang sind schon vorgekommen.
Es gibt keine glasklaren Antworten für jede Situation. Eine Bullentalje hat auch Nachteile. Ist eine geriggt und das Boot schießt quer, fängt das Groß den Wind von der falschen Seite und kann das Boot niederdrücken, selbst wenn der Spi losgeworfen wird. Ähnliches kann beim Fraktionsrigg passieren, wenn bei einer Patenthalse die Backstagen den Baum und das Groß festhalten, selbst wenn kein Bullenstander gesetzt ist. Das ist ein besonders umständlicher Fall, weil der Baum nun unter ein Backstag hindurch wieder zurückgeführt werden muß. — Wer einen Bullenstander setzt, sollte ihn zu einer Winsch achtern fahren, so daß man ihn kontrolliert lösen kann. Es ist wichtig, daß die Talje — oder ein Niederholer, wenn er die Aufgabe stellvertretend übernehmen soll — genug holende Part hat, um die Winsch nicht verlassen zu müssen, wenn der Baum auf die andere Seite geht. Das Babystag sollte zur Masterleichterung auch gesetzt sein.

Kreuzerspi-Handling

Genuaähnliche Kreuzerspinnaker werden ähnlich wie normale Vorsegel behandelt. Die wichtigste Sorge ist, daß sie beim Setzen und Wegnehmen nicht ins Wasser geweht werden. Wenn diese Segel kein angeschlagenes Luvliek haben, ist eine weniger lässige Routine beim Heißen, Schiften und Streichen zulässig. Ein Spinnakerstrumpf sei dann sehr empfohlen — ob der von North Sails vertriebene „Snuffer" oder andere Fabrikate.

Riggen. Anders als bei normalen Spinnakern, deren Seitenlieken abwechselnd Luv- und Leeliek sind, ist beim Kreuzerspi immer dasselbe Liek Luvliek und das andere immer Leeliek. Das Leeliek ist kürzer als das Luvliek, und das ist typisch, weshalb das Schothorn mit einem 1,5 bis 2,5 m langen Stropp geschmückt ist, mit dem man das Horn im Socken leichter findet. An seinem Ende mache einen Pahlstek zum Anstecken der Schot. Alternativ kann auch die Schot direkt angesteckt werden, falls sie immer dranbleibt.

Setzen.

1. Zuvor sorge, daß das Segel nirgends vertörnt ist. Dazu wird der Spi zum Setzen aus dem Sack „genudelt". Das geht so: Zuerst wird der Kopf festgehalten. Dann der Rest des Segels aus dem Sack und beide Lieken nebeneinanderlegen. Dann werden sie vom Fuß aus in den Sack gestaut. Kopf, Hals und Schothorn bleiben draußen, damit man sie leicht findet und befestigen kann!
   Mache den Hals beim Vorstag fest, damit er unter Kontrolle bleibt. Der Halsstander, der ähnlich dem Spibaum die Höhe des Halses festlegt, wird an der Bugklampe belegt oder bei der aufwendigeren Luxusausführung durch einen Block am Bug zum Cockpit geführt, damit sich keiner vorn den Schlips naßmacht. Die Schot wird außen um alles stehende Gut und die Relingsstützen herum zu einem Knarrblock auf dem Cockpitsüll geführt. Nichts verschandelt Spinnakerfotos so sehr wie eine Schot unter Relingsdurchzügen hindurch.
2. Das Setzen des Spinnakers mit einem Strumpf verläuft so: Heiße den Spi vor und sorge dafür, daß die Außenleine und die Austrittsöffnung des Strumpfes nach achtern zeigen. Je weniger der Strumpf gekrümmt ist, um so leichter rutschen die Ringe auf oder nieder. Wichtig ist auch, daß am Masttopp genug Platz für die versammelten Ringe und Strumpffalten ist.

3. Falle bis raumschots (140 °) ab. (Bei raumschots und ohne Strumpf ist der Spi etwa zur Hälfte vom Groß abgedeckt. Das Fall zügig und schnell holen. Die Spischot erst anholen, wenn der Spikopf oben ist, sonst füllt sich das Segel zu früh).
4. Wenn alles zum Setzen bereit ist, ziehe den Strumpfaufholer (Bild 11.12). Verfängt sich der Unterring am Schothorn, muß man ihn mit Hand darüber hinwegheben, bevor am Aufholer weiter geholt wird.
5. Allmählich die Schot anholen, wie der Spi aus dem Strumpf kommt und sich zu füllen beginnt, was gleichzeitig hilft, die Ringe nach oben zu drücken. Weil der Aufholer mit rauskommt, kann die Crew beim Heißen mit ihm achtern zum Mast gehen und dort belegen, wenn der Spi steht.
6. Streikt der Strumpf beim Setzen, sieh nach, ob die Aufholleine nach hinten zeigt und nicht um die Segelwurst innen gewickelt ist; wenn doch, mache ihren Klip am Unterring los, drehe den Törn heraus und mache den Klip wieder fest.
   Streikt der Strumpf immer noch, laß den Spi wieder runter und sieh nach, ob der Aufholer um den Kopfstander oder Wirbel getörnt ist. (Mache das schon nach dem ersten Einpacken!) Wenn ja, lange von oben in den Strumpf, löse den Stander vom Wirbel und befreie die Leine.

Den Kreuzerspi trimmen. Am Wind sollte der Halsstander so gestellt sein, daß der Spihals auf Höhe Bugkorb steht. Die Schot sollte Lose bekommen, bis das Vorliek sich einzurollen beginnt. Das ist wichtig, weil die über die Fläche strömende Luft sich ablöst, wenn übertrimmt wird. Übertrimmen macht auch das Boot zickig und schwer steuerbar. Wollfäden in halber Höhe 25 cm hinterm Vorliek, schützen bei Wind von 50 bis 80 Grad gegen Übertrimmen. Beobachte den Leefaden, schricke die Schot so weit, daß er zu strömen beginnt. An diesem Punkt ist zu sehen, daß die Luvkante sich leicht einzurollen beginnt; ein Zeichen für korrekten Trimm. (Ab halbem Wind taugen die Fäden nichts, weil man mit Nutz-Widerstand segelt.)
Ab halbem Wind sollte man den Halsstander fieren, bis der Hals etwa die Höhe des Baumlümmels hat. Das macht die Stirnfläche des Spis größer, und er fliegt besser. Die Schot sollte auch hier so getrimmt sein, daß das Vorliek leicht und ständig killt. Wenn der Wind achterlicher geht, gibt man dem Halsstander Lose, damit der Spi steigt und freier vom Groß kommt. Auf Raumschotkursen steht der Blisterhals am besten auf halber Höhe zwischen Baumlümmel und erstem Reff.

Recht vor leichter Brisc könncn Krcuzcrspis oft schneller und einfacher sein, wenn das Groß einmal gerefft oder sogar ganz weggenommen ist. Wenn das Groß den Wind für den Spi nicht verwirbeln kann, was es abwind unvermeidlich tut und ihm damit Energie entzieht, kann das bei dem großen Spi mehr bringen, als der Verlust an Segelfläche ausmacht. In stärkeren Brisen ist es aber vernünftig, das Groß stehenzulassen, um Windschatten zu geben, wenn es Zeit ist, die Blase wegzunehmen. Falle dann nicht zu weit ab, sonst wickelt sich der Spi beim Niedergehen ums Vorstag.

Schiften. Dazu fährt man immer (!) eine Halse, läßt Reacher oder Blister auswehen, trägt die Schot um den Bug herum auf die andere Seite und nach achtern zum Umlenkblock und holt sie mit dem auf die neue Seite wehenden Spi an. Reacher und Blister werden nie gewendet.

Niederholen. Fiere die Schot, damit er einfällt. Mache den Strumpfaufholer los. Hole am Strumpfniederholer und ziehe den Strumpf über das Segel. Je weniger krumm das Segel ist, je leichter ist der Strumpf anzuziehen. Fiere das Fall und berge den eingezogenen Spi. (Ohne Strumpf muß einer in den Bugkorb zum Einsammeln des Vorlieks und Tuchs. Das Fall wird entsprechend gefiert, soll aber mit einem Törn um die Fallwinsch gelegt sein, damit das Fall nicht aus der Hand gerissen wird, wenn der Spi Wind fängt. Berge beim Raumwindkurs, damit das Groß Windschatten gibt).

Rennspi-Handling

Setzen, Schiften und Streichen des Rennspinakers ist typischer Mannschaftssport, aber nicht immer. Gewöhnlich sind mehrere Decksleute mit klar zugeteilten Aufgaben damit beschäftigt. Der wahrscheinlich beste Weg ist, mit Zeit und Bewegungsstudien diese komplexen Aufgaben zusammenzufassen — um zu zeigen, wer was wann tut. Es kann sich zwar nicht jedes Boot den Luxus eines Bugmanns, Segellastmanns, Mastmanns und weiterer leisten. Die Aufgaben ändern sich nicht. Aber was sich ändert, ist, wieviel Aufgaben der einzelne zu machen hat.

SPINNAKER SETZEN

	15 Längen	2–3 Längen	An der Boje	Nach der Boje
Steuermann	Entfernung und Zeit bis zur Marke ausrufen	Toppnant aufholen lassen	„Spi auf!“ Großschot fieren	Gut steuern
Cockpit Nr. 1	Achterholer auf die Winsch legen	Spihals zum Baum vorholen	Achterholer trimmen	Achterholer einstellen
Cockpit Nr. 2	Leeschot vorbereiten	Lose in Spischot	Wenn Achterholer dicht ist und Spifall oben, Spitschot trimmen	Schot trimmen
Cockpit Nr. 3		Großschot fieren	Achterholer holen	Achterholer winschen
Pitmann	Fockfall und Toppnant, wo notwendig, vorbereiten	Toppnant setzen, Spifall vorbereiten	Spifall ziehen	Einstellen
Mastmann	Cunningham und Unterliek einstellen	Spibaum-niederholer ansetzen, je nach Kurs	Spifall zum Mast ziehen	Helfen beim Streichen der Fock
Vordeck	Spi-Geschirr und Toppnant einhängen	Spibaum am vorderen Ende hochheben	Spi aus Sack ziehen, wenn notwendig	„Fock runter!“ und verstauen

SCHLÜSSELPUNKTE:

A) Die Spinnaker-Tasche wird an der Reling ungefähr halbwegs zwischen Mast und Bugbeschlag befestigt.
Das vorzeitige Rauskriechen des Spis aus der Tasche ist zu vermeiden.

B) Wenn das Boot um die Marke dreht, ist das Vorsegel nur so viel gefiert (ungefähr bis zur Reling), um abfallen zu können. Wenn das Segel zu viel gefiert wird, steht es dem Spinnaker im Wege.

C) Bevor der Spi zum Stehen kommt, müssen Achterholer und Spifall dicht sein.

D) Den Spibaum schnell auf 90 Grad zum Wind trimmen, um den Spi vom Fuß her mit Wind zu füllen.

HALSEN

	VORHER	WÄHREND	NACHHER
Steuermann	„Klar zur Halse“	„Rund achtern“	Zielgeschwindigkeit anstreben
Cockpit Nr. 1	Neuen Achterholer klarmachen	Spibaumniederholer lösen, beide Achterholer dichtnehmen	Neuen Achterholer trimmen, Spibaumniederholer einstellen
Cockpit Nr. 2	Neue Spischot klarmachen	Beide Spischoten belegen	Spischot trimmen
Cockpit Nr. 3		Groß durchhalsen bei Ruf: „Rund achtern“	Spischot/Achterholer winschen
Pitmann	Toppnant vorbereiten	Toppnant lösen	Toppnant einstellen
Mastmann	Spibaum am Mast nach oben ziehen	Spibaum halsen und zum Bug schwingen	Spibaumende am Mast wieder auf gewünschte Höhe bringen
Vordeck	Lose in neuen Achterholer geben, Fallen checken	Neuen Achterholer am Spibaumende einhängen, laut „Erledigt“ rufen	Vordeck, Fallen und Schoten klarieren

SCHLÜSSELPUNKTE:

A) Steuermann muß das Boot unter Spinnaker steuern; hier kann ein „S-Kurs“ notwendig sein.

B) Bei Starkwindhalsen, Swatchblöcke (Fußblöcke an den Püttings) benutzen.

C) Bei einer Halse sollte der Mastmann dem Vordeckmann mit dem Spibaum helfen.

D) Vor dem Halsen den Spibaum nach achtern brassen und dann „Rund achtern“ rufen.

E) Bei der Spibaumabsenkhalse, nur mit einem Paar Schoten durchgeführt, sollte der Bugmann am neuen Achterholer eine kurze Leine festmachen und nach vorne ziehen, um während des Manövers diesen neuen Achterholer greifen zu können.

SPINNAKER BERGEN

	10 LÄNGEN VOR DER MARKE	2–5 LÄNGEN	AN DER MARKE
Steuermann	Art des Bergens festlegen „Genua aufholen“	„Spi runter“ rufen	Auf ein gutes Rundungsmanöver konzentrieren
Cockpit Nr. 1	Backstag/Achterstag auf Amwind-stellung	Genuaschot auf Winsch legen, langsam dichtholen	Genua trimmen
Cockpit Nr. 2	Spischot trimmen	Spischot loswerfen, Spi bergen helfen	Genuaschot winschen
Cockpit Nr. 3	Spischot winschen, Großtraveller und Backstagen auf Grundstellung	Achterholer loswerfen, um den Spi im Unterliek sammeln zu können	Groß trimmen
Pitmann	Spifall und Topp-nant vorbereiten und Genuafall einhaken	Spifall vor dem Achterholer loswerfen	Toppnant für Vor-deckmann fieren
Mastmann	Genuafall am Mast hochreißen, Unterliek und Cunningham für Amwindkurs einstellen	Spi bergen	Spi verstauen
Vordeck	Fock über Spibaum? Genuaschot und -fall anschlagen, ggf. Genuafall ins Profilstag einführen	Spi bergen	Spibaum verstauen. Rufen: „Klar zu Wende“

SCHLÜSSELPUNKTE:

A) Sicherstellen, daß das Spifall als erstes losgeworfen wird. Achterholer loswerfen, wenn Spi unter Kontrolle.

B) Luvbergung: abschlagen und stauen, ca. fünf Längen vor Marke. Zuerst die Spischot und dann das Fall loswerfen. Vermeide, daß Vorsegel-Stagreiter in Spi hängenbleiben und die Genuaschot vom Spibaum freilaufen kann.

C) In Luken hinein bergen: Der Spi-Bergemann zieht — bei Booten über 32 Fuß — die Sorgeleine des Spis von der vorderen Luke aus. Dies funktioniert am besten, wenn der Spi zusammenfällt, bevor das Spifall gelöst wird. Erst den Achterholer lösen, dann das Fall!

KAPITEL 12

Das Segelstell

An dieser Stelle des Buches dürfte klar sein, daß man doch viel zu überlegen und zu entscheiden hat, um seinem Boot ein Stell Segel oder, wie manche Segler sagen, eine „Garderobe" zusammenzustellen. Welche Stoffe kleiden die Yacht am besten? Nylon, Dacron, Polyester-, Kevlar- oder Spectra-Mylar und alle möglichen Kombinationen davon, vom hauchdünnen Spi aus 15-g-Nylon bis zum „kugelsicheren" doppelten Dacron von 775 g/m^2? Und dann der Schnitt, die *couture*, gestreckt, überlappt, kurze oder lange Korsettlatten? Was ist nötig? Nicht alles! Wir können beruhigt sein. Man kann auch mit einer Arbeitsfock und einem Großsegel — einem einfachen Arbeitsanzug — segeln und Spaß daran haben.
Damit keiner den Wald vor lauter Bäumen nicht sieht, da gibt es drei beherrschende Auswahlkriterien: 1. Welche Segelei betreiben Sie? 2. Welche Art Boot segeln Sie? 3. Eine feste Entschlossenheit, nichts zu komplizieren.

Art des Segelns

Vor allem muß man sich klar werden, weshalb man *hauptsächlich* segelt oder segeln will, und das schließt auch ein *wo hauptsächlich*. Allgemein gesehen benützen Leute Segelboote auf fünf verschiedene Weisen: 1. Grand-Prix-Regatten, 2. One-Design-Regatten, 3. Familie und Sport oder umgekehrt, 4. Seetörns, 5. Freizeit binnen.
Den Grand-Prix-Menschen geht es um Leistung und Wettkampfsport: Wer unter den Könnern der Beste ist, leistet sich das beste Gerät: Eintonner, Maxis, Admiral's Cupper und ähnliches. Für die sind Preis, Haltbarkeit, und, in Grenzen, Annehmlichkeit zweitrangige Überlegungen. Was Segel betrifft, ist mit Haltbarkeit die fürs Rennen effektiv brauchbare gemeint.
Bei den Ein-Typ-Klassen, den Olympiabooten, Werft- und Nationalklassen usw. ist es ganz ähnlich — Leistung vor allem. Für solche ist das Segelstell vor-

geschrieben, wie auch das meiste andere, um die Boote gleichwertig und die Kosten in Grenzen zu halten. Aber auch im weniger ehrgeizigen Wettstreit geht es um das Interesse, schneller als die anderen zu segeln, im Rahmen der Vorschrift das schnellere Segel zu finden.

Der Rennkreuzer ist ein Zweizweckboot. Sein Eigner mag dieselben Interessen haben wie die Vollblutrenner. Aus einem Grunde muß er das dämpfen. Boot und Segel sind gewiß sportlicher als bei einem Kreuzerrenner. Im Vergleich mit den reinen Regattabooten wird sein Interesse an Geschwindigkeit durch den Wunsch nach Haltbarkeit und durch die Kosten gedämpft. Er fragt sich: Wie lange bleibt das Segel schnell, wie breit ist sein Anwendungsbereich und was macht ein weiteres Segel nötig oder nicht so wichtig?

Der Fahrtensegler hat die gleichen Belange wie der Grand-Prix-Mann, er muß für alles gerüstet sein, nur hat er es nicht ganz so eilig. Trotzdem weiß er eine schnelle Reise zu schätzen, nur placken will er sich nicht dafür. Zuverlässigkeit ist ihm wichtig.

Küstensegler befahren relativ geschützte Reviere mit in wenigen Stunden erreichbaren Häfen, sicheren Buchten oder Förden. So können sie in Landnähe mit einer einfachen, begrenzten und preiswerten Segelausstattung komfortabel segeln.

Bootstyp

Das erste und wichtigste Kriterium bei jedem Boot, auch bei Einbäumen, ist Größe, speziell die Länge. Die bestimmt, wieviel Segel draufpassen, von welcher Art, Konstruktion und welchen Gewichts. Dann sind da noch weitere Gesichtspunkte für die Ausrüstung mit Segeln: Typ des Riggs, Verdrängung, Stabilität und Decksmaschinerie.

Halte es einfach

Ob Regatten oder Törns, ob kleine oder große Boote, es ist am besten, mit der geringsten, für den Zweck ausreichenden Anzahl Segel zu fahren — also Vorsegel für jeweils ein breites Spektrum von Windgeschwindigkeiten. Wenn Einfachheit nicht Ihr Leitmotiv ist, werden Sie sehr schnell eine unübersichtliche Segellast haben.

Segelstell für Regatten

Das einhellige Thema über Segel von Regattayachten ist höchste Leistung. Die Geschwindigkeitsunterschiede von Segelbooten sind oft sehr gering, und so sind die Sportfreunde in diesem Spiel auf jede Wattsekunde Vorteil versessen. Die kommt aus der Windmaschine, dem Triebwerk des Seglers.

Ein Segel für eine Regattayacht wird, nach Wichtigkeit geordnet, beurteilt nach Form, Formbeständigkeit und, letztlich, Gewicht. Die Segelform, das wichtigste Kriterium, ist eine inverse Funktion der Tuchdehnbarkeit, und gering dehnbares Tuch ermöglicht präziseres Konstruieren. Formhaltung hat natürlich dieselbe Voraussetzung. Ein Nebenvorteil geringer Dehnbarkeit ist ein breiteres Windspektrum für den Einsatz des Segels.

Das bringt uns auf's Gewicht. Grand-Prix-Skipper achten darauf. In leichtem Wind brauchen sie leichte Segel, die nicht soviel Wind verbrauchen, um in die richtige Form gedrückt zu werden, und weniger Topplast bringen, weniger stampfen und krängen. Nicht zu vergessen, leichtere Segel bedeuten auch weniger Verdrängung, weniger Masse bei rascher Beschleunigung. Zum Beispiel wiegt das Segelstell eines Eintonner 90,8 kg, wenn Groß und Genuas aus Kevlar-Mylar sind, und 158,9 kg aus Dacron oder Diolen. Natürlich arbeitet auch die Crew schneller mit leichteren Massen, egal von was. Aber Formhaltung ist wichtiger, als Masse zu sparen.

Was Segeltuch betrifft, gibt es zwei Regattabootsorten: Boote für die offene See und Einheitsklassen. Für erstere ist das Segeltuch selten vorgeschrieben; für die Einheitsklassen gewöhnlich doch. Die Hochseerenner haben seit Anbeginn nach wenig reckbarem Tuch gesucht, und in Dehnfestigkeit pro Gewicht ist Kevlar-Mylar derzeit das beste Tuch.

Kevlar-Mylar. Die Segelmacher experimentieren ständig mit dem Gewicht dieser Segel, und das ist nicht ganz einfach, weil ein zu schwaches Tuch erst einmal so tut wie ausreichend starkes. Wird die Form eines solchen Segels vertikal (längs dem Achterliek) gut gehalten, dann können Quer- und Diagonallasten gewöhnlich mit dicht gewebtem Kevlar- und Sandwich-Mylar-Tuch aufgefangen werden. Nimmt man aber etwas von der vertikalen Dehnfestigkeit in jenem Teil weg — zum Beispiel mit leichterem Tuch —, wächst die Horizontal- und Diagonalspannung im Tuch. Da Segelmacher diese Belastungen in wenig dehnbaren Tuchen, wie Kevlar-Mylar, weniger gut beherrschen, kann das zu einem überlasteten Segel, zu Formverlust und schließlich Segelbruch führen. Kevlar-Mylar-Segel haben viele Vorteile, sind aber teuer: ein gut gemachtes kann 30 bis 100 Prozent mehr als ein gleichwertiges Sandwich-Mylar kosten. Ein weitere pekuniäre Tatsache ist zur Zeit, daß Kevlar-Mylar nicht so haltbar wie ein Dacron- oder Sandwich-Mylar ist. Es muß schneller abgeschrieben werden. Gewöhnlich verliert Kevlar-Mylar in der zweiten Saison die From durch Killen, Falten, Überlasten und rauhe Behandlung.

Sandwich-Mylar. Für Leute mit mäßigerem Budget oder in weniger ehrgeizigen Renngemeinschaften bietet Sandwich-Mylar viele Vorteile des Kevlar-Mylar zu wesentlich weniger schrecklichem Preis. Kleine Segel für kleinere Boote, leichtere Segel für viele Boote und Stagsegel für beinahe alle brauchen gar keine Dehnfestigkeit. Sandwich-Mylar ist recht gut und preiswert.

Sandwich-Mylar ist in Kettrichtung des Gewebes fester als in Schußrichtung, weil die Kette im Herstellungsprozeß geradegezogen wird und keine nachgiebige Kräuselung mehr hat. Kettorientierte Segelkonstruktionen sind den schußorientierten überlegen. Man erkennt sie am Bahnenlayout; am konsequesten sind radial konstruierte Segel.

TUCHGEWICHT FÜR RADIALSEGEL AUS SANDWICH-MYLAR
g/m^2

Bootslänge üa (m)	6	7	9
Groß (Topptakelung)	215	236	280
Groß (verkürzt. Vorsegeldr.)	194	215	258
Fock 1 leicht	86	108	108
mittel	—	—	150
schwer	129	151	172
Fock 3	215	258	301
Spi-Stagsegel	108	108	129
Dazy-Stagsegel	43	43	65
Bootslänge üa (m)	**10**	**12**	**13**
Groß (Topptakelung)	301	344	387
Groß (verkürzt. Vorsegeldr.)280	323	366	
Fock 1 leicht	129	163	163
mittel	172	194	237
schwer	194	237	280
Fock 3	344	387	—
Spi-Stagsegel	129	151	151
Dazy-Stagsegel	65	65	65

Spinnaker für Regattaboote. Für Spinnaker gelten andere Forderungen als für Vorsegel und Groß. Der größte Augenmerk liegt auf dem Tuchgewicht, das so gering wie möglich sein muß, damit der Spi auch in leichtem Wind steht. Deshalb der Einsatz von Nylon, dessen Eigenschaften, wie in Kapitel 3 erwähnt, Zugfestigkeit, Reißfestigkeit, Dehnwiederstand und geringe Durchlässigkeit sind.

Das Normtuchgewicht für den Allzweckspi ist 32 g/m², und wird immer genommen, wenn nur ein Spi an Bord ist. Einige Tücher haben Urethanappretur (gestrichen), um sie weniger porös und weniger dehnbar zu machen. Geharzte Tücher sind noch weniger dehnbar und fast dicht. Einen klaren Sieger scheint es unter den Spi-Tüchern nicht zu geben. Die Appreturen machen das Tuchgewicht etwa 11 g/m² schwerer.

Für ganz leichten Wind ist Nylon von 22 g/m² üblich, aber das ist kein Tuch für nur einen Spi, außer bei winzigen Booten. Für Starkwind werden noch Spi-Tücher von 65 g/m² und 95 g/m² angeboten. Versuche mit Sandwich-Mylar haben sich bei Raumwindspinnakern bewährt, weil bei ihrer geringen Dehnbarkeit der Wölbungsscheitel auf derselben Stelle bleibt.

STELL FÜR SEEREGATTENBOOTE

LÄNGE	22–27′	28–32′	33–38′	39–45′	46–55′	Bemerkungen
Groß	X	X	X	X	X	aus Kevlar; durchgelattet
Fock 1						
leicht		X	X	X	X	bei Stell 1 oder 2 Genuas einfache Form und Tuch
mittel	X	X	X	X	X	
schwer				X	X	voll geschnitten; dadurch speziellere Fockauswahl
Fock 2	X	X	X	X	X	bei über 38′
Fock 3	X	X	X	X	X	Kevlar in Kopf und Hals
Fock 4				X	X	in wenig geschütztem Wasser
Daizy-Stag	X	X	X	X	X	Form und Material nach Geschmack
Spi, leicht	X	X	X	X	X	22 g/m² Nylon
Spi, mittel		X	X	X	X	32 g/m² Nylon

LÄNGE	22–27′	28–32′	33–38′	39–45′	46–55′	Bemerkungen
Spi, schwer				X	X	65 g/m^2 Nylon
Raumwinder	X	X	X	X	X	flach, geringe Dehnung
Summe	7	9	9	12	12	Bei kleineren Booten kann der mittlere Spi entfallen.

Segelstell für Klassenboote

Zahlreich sind die Klassen, auch die internationalen. Was in den USA „One Design" (Einheitstyp oder- konstruktion) heißt, ist beim Deutschen Segler-Verband (DSV) nicht dasselbe. Hier werden einige in Deutschland bekannte Boote der IYRU-Klassen vorgestellt; sozusagen „Internationale Klassen" nach DSV-Nomenklatur. Die besten Segel für diese Boote sind aus gewebtem Polyestertuch. Die Ausrüstung richtet sich nach Art des Riggs und der Art, wie die Crew segelt. Das heißt — sicherlich überraschend — nicht immer geringe Dehnbarkeit, sondern bei Einhandjollen, wie Finn und Laser, das Gegenteil. Beide haben einen biegsamen, unverstagten Mast, und die Dehnbarkeit des Tuchs erlaubt dem Segler, zuviel Kraft aus dem Segel zu schütten.
Ähnlich die olympische Soling, die keine Backstagen zum Spannen des Vorstags hat. Das wird mit hartem Schoten des Groß gemacht — härter als für das Segel aerodynamisch sinnvoll wäre. Das Groß für die Soling braucht im Achterteil einige Dehnbarkeit, damit beim harten Trimm das Achterliek nicht überspannt wird. Ein Star-Boot hat im Gegensatz dazu ein vollkommen frei einstellbares Rigg. Solche Boote sind schneller und haben gering dehnbare Tücher, wie die Hochseeyachten.
Kevlar und Mylar sind für die meisten dieser Boote verboten. Reckfestes Polyester ist daher die Wahl, fast immer kräftig geharzt, und hat dann je nach Hersteller schöne Namen wie Yarn-Tempered, Duroperm, HTP, Polyant. Es ist besser, diese Tücher nicht zu falten, sondern zu rollen, weil das Harz brüchig ist oder wird. Die Reißfestigkeit ist nicht besonders groß, drum bewahre man sie vor offenen Splinten und anderem spitzem oder scharfem Zeug.
Die Harzappretur macht das Tuch dehnfest. Ist sie abgeschüttelt und zerbröckelt, kommt das Ursprungsgewebe wieder zum Vorschein, das der Auf-

gabe gewachsen sein sollte. Das Segelstell ist meist von der Klassenvereinigung vorgeschrieben, siehe nachstehende Beispiele:

STELL EINIGER EINHEITSKLASSEN

Boot	Groß	Fock	Bemerkungen
Star	193,5 H	193,5 H	sehr leicht, begrenzt haltbar
Soling	215,0 W	193,5 H	Großschot spannt Vorstag
”	215,0 H		Leichtwetter-Segel
FD	193,5 H	193,5 H	große Focküberlappung
Finn	163,4 W		stagloser, biegsamer Mast
Laser	163,4 W		siehe Finn
Hobie 16	227,9 W	227,9 W	Firmendiktat, Werksregel

Anmerkung: H bedeutet: Geharzt, dehnfestes Segel
W bedeutet: weich, dehnbares Segel

Segelstell für Rennkreuzer

Viele Segler nehmen gelegentlich an Regatten im Yachtclub, bei örtlichen Regattaveranstaltungen oder bei Regattawochen teil. Ansonsten segeln sie an Wochenenden und in den Ferien. Sie legen Wert auf gute Leistung mit handigen, robusten und haltbaren Segeln. Zwischen robust und haltbar besteht ein Unterschied. Ein robustes Segel kann gelegentliche, rauhe Behandlung und Überbeanspruchung vertragen, ohne zu brechen. Ein haltbares Segel zeichnet sich dadurch aus, daß es über eine lange Zeit seine Form behält. Wegen der schnellen Änderungen in der Textiltechnik mögen solche Segel vor ein paar Jahren als High-Tech-Entwicklungen nur auf Rennziegen zu sehen gewesen sein.

Während neue Tücher erschienen sind, sind alte Tücher auch nicht dieselben geblieben. Dacron gibt's gut 40 Jahre, aber Dacron von heute schlägt Dacron von damals, und das gilt für alle Polyester-Segeltücher. Neue Webtechnik, neue Ausrüstung haben diese Tücher an Bord gehalten. Zum Beispiel sind Großsegel für Topptakelung, bei der das Rigg verstellbar ist und bei der die Segel eine Streckung von mehr als 3 : 1 haben, am besten aus Tuch mit sehr

geringer Schußdehnung und mittlerem Diagonalreck. Diese Eigenschaft wird durch Weben dicker Schußfäden durch dünne Kettfäden erreicht. Mit diesem Tuch öffnet sich das Achterliek bei einem Windstoß, macht dem Mann an der Schot aber keinen Kummer mit falschen Hinterkanten.
Spectra-Mylar ist derzeit in mancher Segellast von Rennkreuzern hinzugekommen. Es hat wenig Dehnung und Reck und ist nicht so empfindlich gegen Killen wie Kevlar-Mylar, hat aber leider eine Tendenz, allmählich auszuleiern. Weil es aber leichter ist, wird es „nur für Regatten" ins Stell einiger größerer Rennkreuzer übernommen.

STELL FÜR RENNKREUZER

Länge in dm	67–82	83–98	101–116	119–137	149–168	Bemerkungen
Großsegel	X	X	X	X	X	Meist aus Polyester; langlebig mit Latten, wenn IYRU erlaubt
Fock 1 leicht			X	X	X	Größerer Windbereich als Rennsegel
1 mittel	X	X	X	X	X	Windüberlappung wichtig
1 schwer					X	
Fock 2		X	X	X	X	
Fock 3	X	X	X	X	X	Kevlar-Blatt; füllt Vorsegeldreieck
Fock 4					X	nur bei absoluten Rennziegen
Daizy-Stag		X	X	X	X	
Spi, leicht	X	X	X	X	X	22 g/m^2 Nylon
Spi, mittel	X	X	X	X	X	32 g/m^2 Nylon. bei kleinen Booten als Raumwinder
Spi, schwer				X	X	65 g/m^2 Nylon, 73 g Mylar, als Raumwinder
Summe	5	7	8	9	11	

Stell für Hochseeyachten

Was deren Tuch betrifft, muß man sich anders entscheiden als die Regattasegler. Die Segel müssen stark, haltbar und handig sein. Sie müssen killen dürfen und gelegentliche, mäßige Überlastungen viele Jahre aushalten können. Leistung ist wichtig, aber Formfestigkeit noch wichtiger. Mit solchen Eigenschaften lassen sich die Segel leichter händeln — und die Passagen auf den Seetörns oder Oceanreisen lassen sich sicherer, schneller und zufriedener segeln. Solche Segel sollten auch schmuck aussehen, denn ausgebeutelt und faltig sind sie keine Zier.

Dicht gewebtes Polyester-Tuch mit mäßig weicher Appretur ist gewöhnlich die richtige Entscheidung für solche Segel. Feste, dichte Webart bewahrt Schönheit, Form und Leistung auch dann noch zufriedenstellend, wenn die Appretur zu Staub zerfallen und davon ist.

SEGELTUCHGEWICHT FÜR HOCHSEEYACHTEN

g/m^2

Bootslänge üa (m)	6	7	9	10	12	15	18	21
Groß	193	215	280	301	344	430	516	688
Allzweckgenua	163	163	193	236	301	344	387	430
Arbeitsfock	215	236	301	323	366	430	516	774

Einige Laminattücher sind jüngst für Fahrtensegel entwickelt worden. Eins ist ein doppeltes Sandwich-Mylar-Tuch (Siehe Foto S. 67). Diese Kombination hat die geringe Dehnbarkeit und Kettorientierung von Polyester-Mylar (geeignet für Radialsegel) und die Festig- und Haltbarkeit von Dacron oder Polyant. Die heutige Klebetechnik hat die früheren Probleme der Schichtablösungen hinter sich gelassen. Ein weiterer Vorzug des Laminats ist der weiche, biegsame Griff. Ein anderes Hi-Tech-Produkt ist Du Ponts Kombination von leichtem, offen gewebtem Polyester-Tuch mit Tedlar, einem Filmmaterial des Chemiegiganten. Es soll UV-beständiger sein als Sandwich-Mylar, aber nicht so fest. Wir sind da zur Zeit noch skeptisch, weil das Ziel von Hi-Tech geringes Gewicht ist, weniger die Ewigkeit.

STELL FÜR HOCHSEEYACHTEN

Länge	22–27′	28–32′	33–38′	39–45′	46–55′	Bemerkungen
Großsegel	X	X	X	X	X	Latten, evtl. Langlatten
Sturm-Try				X	X	Empfehlenswert, effektiv auch unter Schwerwetter-bedingungen
Rollfock 1	X	X	X	X	X	Gutwetter-Segel; in gerefftem Zustand wenig wirksam auf großen und schweren Masten
Rollfock 2			X	X	X	reduzierte Streckung; evtl. mit Yankee, teilreffbar
Roll-fock 3 + 4	X	X	X	X	X	Schwerwetter-Pferd
Sturmfock		X	X	X	X	Möglichst am Innenstag
Fahrten-Spi	X	X	X	X	X	— oder Allzweckspi
Symmetrik-Spi		X	X	X	X	Stetig stabil vorm Wind und für lange Strecken
Summe	4	6	7	8	8	

Stell für Binnenkreuzer

Viele Segel werden nur an Wochenenden, Feiertagen oder auch mal an schönen, langen Sommerabenden benutzt. Dazu ist ein preiswertes, nicht besonders dicht gewebtes Polyester-Tuch mit etwas mehr Harz zur Stabilisierung der Diagonale meist alles, was man anlegen will und muß.

STELL FÜR BINNENKREUZER

Länge in dm	67–82	83–98	101–116	119–137	Bemerkungen
Großsegel	X	X	X	X	Meist mit Latten
Rollfock 1	X	X	X	X	Teilgerefft segelbar
Rollfock 3 + 4	X	X	X	X	Schot inner- oder außerhalb der Wanten, mit Teilreff segelbar
Fahrten-Spi	X	X	X	X	Mit Bergesocken
Summe	4	4	4	4	

KAPITEL 13

Surfer-Segel

Windsurfen oder Brettsegeln, wie es korrekter genannt wird, hat in den rund zehn letzten Jahren erheblich den Segelsport beeinflußt. Es hat nicht nur eine neue Generation an den Segelsport herangeführt, sondern in seiner kurzen Geschichte so schnell wie keine Sportart zuvor Eingang in die Olympischen Spiele gefunden (seit 1984) und den Geschwindigkeitsrekord für Segelboote errungen. Der Franzose Pascal Maka segelte 1990 mit seinem Brett eine offiziell gemessene Fahrt von 42,9 kn (91,1 km/h). Bevor die Brettsegler sich der Sache annahmen, gehörte der Rekord viele Jahre lang der Proa *Crossbow*, die 36 kn (66,7 km/h) segelte. Diesen Rekord brach derselbe Pascal Maka bereits 1986 mit 38,6 kn.
Begonnen hat der Sport Brettsegeln 1967 mit Hoyle Schweitzer, einem Brandungssurfer, und Jim Drake, einem Segler und Aerodynamiker, die ihre Sportarten kombinierten und den Windsurfer erfanden. Die umwerfende Idee, ein Segel auf ein Surfbrett zu montieren und das Rigg von einem stehenden Segler halten zu lassen, wurde einer Legende zufolge bei einer Cocktailparty entwickelt. Wie so häufig sind die Prinzipien bekannt, kommen aber nicht zueinander. Diese beiden erfanden eine neue Sportart, in der die Prinzipien zusammenflossen — und zwar stärker, als sie in den Einzelprinzipien vorlagen.

Das Windsurfer-Segel

Die ersten Segel waren simpel, nach heutigem Stande primitiv; horizontal geschnitten und mit einem Ärmel über den biegsamen Gelenkfuß-Pfahlmast gestreift. Ein neuartiger Baum in Wishbonemanier aus schwerem Teak mit einem Lümmel in etwa 1,20 m Höhe über dem Brett erlaubt dem Segler, sich und das Segel daran festzuhalten und letzteres recht freizügig nach dem Winde zu richten, wobei er zwar erst viele Male ins Wasser fällt, bis er das richtige Gefühl hat, um mit dem Körpergewicht die Segelkraft ausbalancieren und bei Wenden elegant und geschwind auf die andere Seite von Brett und Segel tanzen zu können.

Ein Ruder hat das Brett nicht. Es wird mit dem Segel gesteuert. Neigt man das Rigg nach vorn, wandert der Segeldruckpunkt vor den Lateraldruckpunkt — und das Brett fällt vom Wind ab. Neigt man das Rigg nach achtern, dreht das Brett nach Luv. Diese Idee war so originell, daß ihre Grundlagen, das vielseitige Gelenkverbindungsstück und das Wishbone-Rigg, 1970 in vielen Ländern patentiert wurden.

Anfangs wurden die Segel aus 180grammigem Polyester gemacht und waren, milde beurteilt, voll bis beutelig. Das kam den Pionieren zustatten, die vor Santa Monica, Californien, und Port Camargue, Frankreich, bei leichtem Wind übten, um nicht vom Brett zu fallen. Leistung war noch kein Thema, wohl aber das Geld und sein Mangel daran. Das Gerät durfte, wie beim Wellenreiten, nicht teuer sein. Es sollte Sport für die sein, denen die Lust an oder die Mittel für die feineren Sachen im Leben fehlte. „Einfach" hieß die Parole.

Und heute? Das Segelbrett gehört zu den technisch ausgekochtesten Produkten und ist — in D-Mark pro Quadratzentimeter gerechnet — das teuerste Segelschiff aller Zeiten. Eine verblüffende Entwicklung — gemacht für Barfüßige.

Als Mitte der siebziger Jahre die Europäer Geschmack am Windsurfen fanden, änderten sich die Bretter und die Segel bald. Sie paßten sich den stärkeren Winden an der Nordsee, der Atlantikküste und auf den Kanaren an. Die Segel wurden kleiner, flacher und trimmbarer.

Der große Schritt von dem Leichtwindgebiet Südkaliforniens zu den windreichen Gegenden Europas und Hawaiis leitete in eine uneingeschränkte Art des Brettsegelns über. In den starken Winden zeigten die Bretter erst ihre wahren Farben. Das freistehende Segel wird gegen den Wind geneigt und nutzt den Aufwind ideal. Ein normales Segelboot krängt unter den gleichen Bedingungen vom Wind weg, und das Rigg weicht mehr und mehr aus und wird ineffektiv. Gleichzeitig wird die Unterwasserfläche immer größer. Der Windsurfer dagegen wird in starkem Wind immer leichter und hat immer weniger benetzte Fläche im Wasser. Ein 42 kn schnelles Segelbrett hat nur noch die benetzte Fläche eines Turnschuhes von der Größe 47. Zu der Geschwindigkeit trägt weiterhin die Tatsache bei, daß es kein Ruder hat, sondern nur ein kleines Skeg für den Lateralwiderstand. Diese Unterschiede sind das Geheimnis für den ungestümen Aufschwung des Windsurfens.

Hawaiischer Einfluß

Anfang der 1980er wurden auf den Hawaii-Inseln fortschrittlichere Entwicklungen in der Windsurferei gemacht. Sie segelten im Passat mit kleineren, selbstgemachten Kunststoffbrettern, die nach Länge, Breite und Form mehr den Wellenreitbrettern glichen. Auch die Segel waren selbstgemacht. Da sie das ganze Jahr in starkem Wind segeln konnten, hatten sie ein eigentümliches Gerät geschaffen, bei dem alles kräftig verstärkt war. Was sie entwickelten, war weder Segeln noch Wellenreiten, vielmehr eine fremde, aber tolle Zwischenstufe.

RAF-Segel

Auf der Suche nach steiferer Konstruktion und damit eindeutigerer Steuerbarkeit machten die Segelmacher Anleihen bei Hanggleitern (Flieger) und Hochleistungskatamaranen, indem sie die Segel durchlatteten. Das erlaubte vorzügliche Beherrschung des Segels, aber immer noch hatte es keine aerodynamisch saubere Vorderkante. Das wurde dadurch verschlimmert, daß die Latten nicht exakt im Segel saßen und dazu neigten, in den Windschatten des Mastes zu wandern, womit der Vorderteil des Segels wirkunglos blieb. 1983 kamen die Segelmacher zu dem Schluß, daß, wenn sie den Segelschnitt der Mastbiegung anpassen, dort Form zugeben, die Vollatten vor die Ärmellinie vordringen und dort lassen würden, es zu einer besseren Vorderkantenform führen müßte. Die Latten überrotieren die Ärmelnaht und schmiegen sich lee an den Mast und machen eine glatte Saugseite ohne Windschatten (Bild 13.1). Das brachte eine enorme Verbesserung der aerodynamischen Leistung. Es wurde RAF getauft, hat mit der britischen Luftwaffe aber nichts zu tun, sondern steht für *rotating asymmetrical foil* (asymmetrisch rotierendes Blatt). Fast alle einschlägig tätigen Segelmacher wenden diese Bauart an.

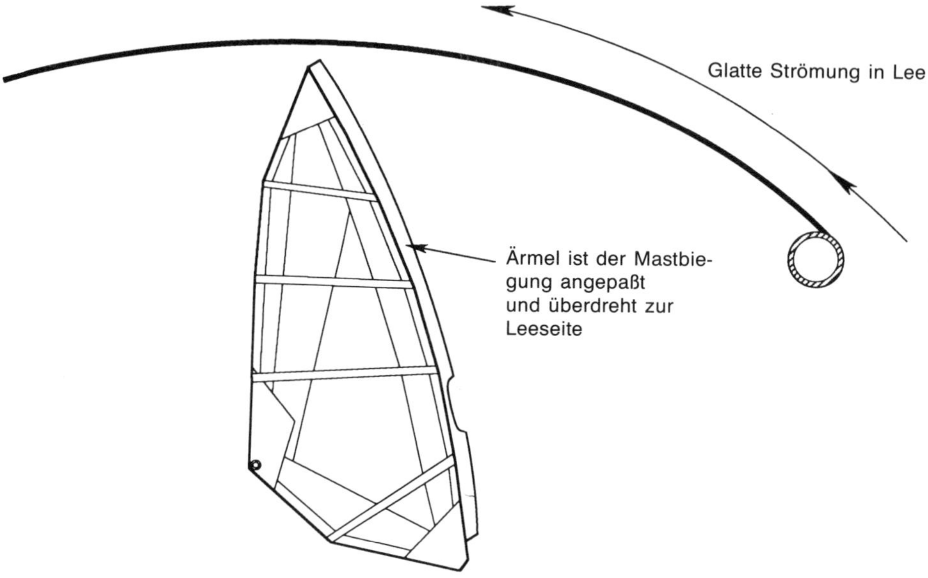

13.1 *Lattenanschmiegung am Mast beim RAF-Segel*

Vorgespannte Wölbung

Ein Jahr später wurde der RAF-Fortschritt weiter verbessert. Wenn die Verbesserung der einen Seite der Segelanströmung soviel gebracht hatte, dann mußte die Glättung der anderen Seite auch noch was bringen, dachte man sich. So wie die Flügelnase von Fluzeugen. Also konstruierte man einen weiteren Ärmel und steckte die Latten in am Mast abgestützte Federvorspanner (Plastik), die im Flip-Flop die Wölbung für die eine oder andere Seite bestimmen und halten. Die eigentliche Vorspannung sitzt in der gewissen Überlänge der Latte selbst (Bild 13.2). Nachteile dieser aerodynamisch noch besseren Lösung sind umständlicheres Segelriggen und -abschlagen und größeres Segelgewicht, besonders durch Wasser im weiteren Ärmel beim Wasserstart, und natürlich höherer Preis und schnellerer Verschleiß. Die Vorteile sind aber vielen Sportlern groß genug, so daß auch diese Konstruktion sich zu einer Norm entwickelt hat. Eine billigere Lösung ist die mit nur einem Flip-Flop oberhalb des Baums und RAF-Latten in den oberen Etagen.

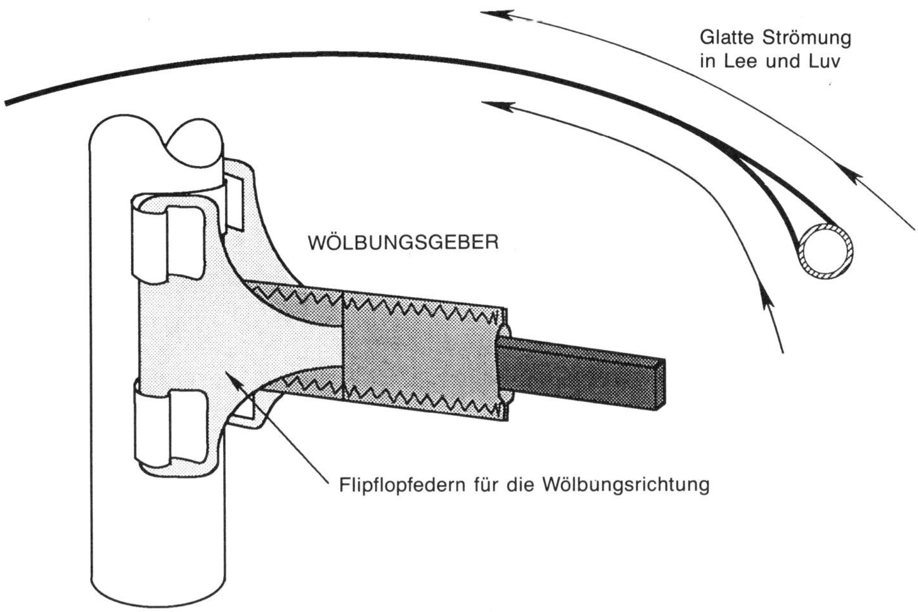

13.2 *Der Flip-Flop Lattenvorspanner für die Wölbung*

Latten

Die Latten haben die wichtige Aufgabe, die Wölbung in diesen Segeln zu lokalisieren und zu stabilisieren. Vollatten unterstützen wie die Rippen unseres Brutkastens die hineinkonstruierte Form. Damit sie eine gute Flügelform im Segel schaffen, sind sie verjüngt. Es gilt: Je steifer die Latten — und damit das Gerippe — desto schneller das Segel. Je weicher die Latten, desto leichter kann das Segel „atmen“, d.h. sich von Belastung auf Entlastung umstellen. Deshalb werden steife Latten für Geschwindigkeit und Slalom eingesetzt, weiche Latten beim Wellensegeln.

Heute hat sich der Windsurfmarkt so vielgestaltig entwickelt wie der Sport selbst — Rekordsurfen, Regattasurfen, Wellensurfen, Slalomsurfen, Freizeitsurfen, selbst Fahrten- und Navigationssurfen auf Brettern und, nicht zu vergessen, Schausurfen. Und für alle Disziplinen und alle Windbereiche werden spezielle Segel angeboten.

Eine Segelyacht hat ein einziges Großsegel für alles, von Flaute bis Orkan.

Nichts dergleichen bei Surfsegeln, jedes ist ein Spezialsegel. Slalomsegel gibt es von 3,2 m^2 bis 9,0 m^2 (und mehr) in Abstufungen von 0,5 m^2. Da braucht man schon zehn Segel für den Windbereich eines einzigen Großsegels. Bei dieser Vielseitigkeit haben die Segelmacher größte Freiheit zur Optimierung der Segel und ihrer Form, und deren Kunden die Qual der Wahl. Vielleicht kann ich da etwas helfen.

Wellensegel

Das mit Wave Sail bezeichnete Segel hat große Streckung und ein hochliegendes Schothorn, mit dem es besser durch die kritischen Wellen kommt (Bild 13.3) und den Seen ein kleineres Ziel bietet. Ein solches Segel ist zwar leicht zu übertrimmen (analog zum Überziehen beim Flugzeug), was hier aber nur „langsamer", nicht Absturz bedeutet. Das Wellensegel mit seiner hohen Streckung reagiert schneller als ein Slalomsegel mit geringer Streckung — besonders in Böen, aber es stirbt in Flauten. Zur besseren Regierbarkeit ist es ziemlich flach, und sein Wölbungsscheitel liegt von den vier hier behandelten Segeln am weitesten vorn, bei etwa 35 % Sehnenlänge. Es hat auch weniger Latten als die anderen, um leichter und ausgewogener zu sein. Außerdem hat es Voll- und Kurzlatten oder solche, die der Segler mal als volle mal als kurze einsetzen kann.

Die Fenster dieser Segel liegen höher und sind größer als bei den anderen Segeln, damit der Segler die See gut beobachten kann. Die ideale Segelform ist RAF, weil sie leichter, handiger und vielseitiger ist. Mit ihrem engeren Mastärmel sind sie beim Wasserstart leichter hochzuholen; wichtig, wenn man in die Brandung fällt. Wegen besserer Haltbarkeit werden sie an Epoxid-Masten gefahren.

Slalomsegel

Slalomkurse verlaufen mit dem Wind. Vor dem Wind ist geringere Streckung von Vorteil (Bild 13.4). Außer einem längeren Unterliek haben sie auch ein tieferes Schothorn. Ihr Profil reagiert willig auf Pumpen zur Beschleunigung nach dem Runden der Marke und hilft in Windlöchern weiter. Das niedrige Schothorn hält den Segelfuß dicht überm Brett und den induzierten Widerstand gering.

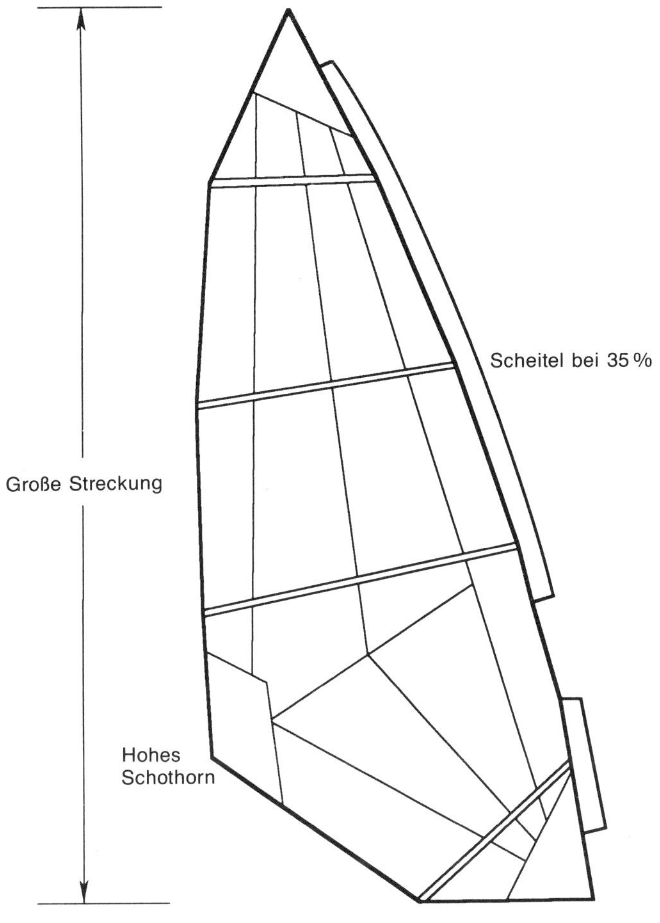

13.3 *Typisches Wellensegel*

Weil es bei diesen Segeln mehr um Tempo und Beschleunigung geht als um Handig- und Beweglichkeit, haben sie lange Latten. Schwerere, aber effektivere Vorspannlatten und leichtere RAF-Segel oder Kombinationen von beidem sind etwa gleichermaßen verbreitet.
Im Vergleich zum Wellensegel liegt der Wölbungsscheitel achtern bei 40 % bis 45 % der Sehnenlänge. Das begünstigt gutes Anliegen der Strömung. Mit gerader Vorderkante bei mehr Achterfläche haben sie mehr Verwindung (Twist) und größeren Windbereich. Das längere Fußliek verkleinert die Lücke zwischen Segel und Brett, die außerdem mit dem beweglichen Mastfall veränderlich ist. Damit kann man die Schnelligkeit der Brettsegler verbessern. Das

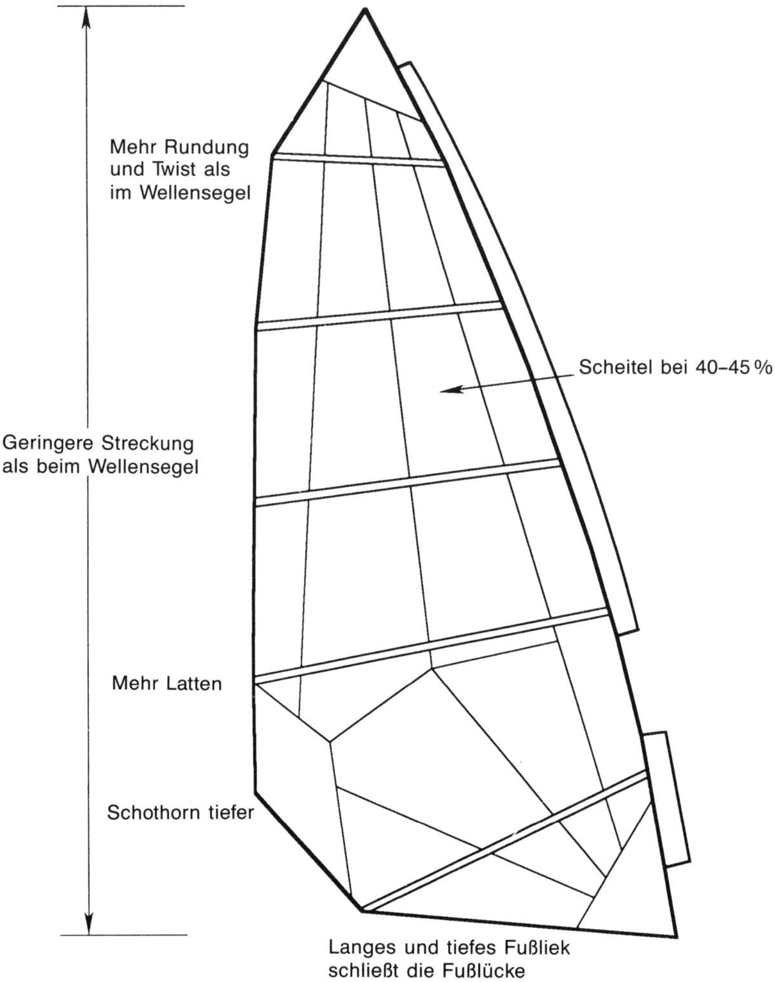

13.4 *Typisches Slalomsegel*

Brett hat Endplatteneffekt und reduziert den induzierten Widerstand (Kapitel 6). Diese Wirkung ist regulierbar, weil der Mastfall von achter- bis vorlich veränderbar ist, und damit auch die Spaltbreite zwischen Fußliek und Brett. Damit ist die Lage des Segeldruckpunkts zum Brettdruckpunkt (Bild 6.4) schnell veränderbar, weshalb Surfbretter so schnell und mühelos geradeaus bei schneller Fahrt zu steuern sind. Bretter haben auch keinen Riggwiderstand.

Der Franzose Pascal Maca brach als erster Windsurfer den Geschwindigkeitsrekord von Crossbow. *1986 segelte Maca mit 38,6 kn. Sein neuer Rekord steht bei 42,91 kn, aufgestellt am 27. Febr. 1990.* (*Foto: Fanatic A.R.T.*)

Schnellsegel

Als 1986 Pascal Maka mit 38,6 kn seinen Rekord für Segelwasserfahrzeuge aufstellte, war die Sportsegelei elektrisiert. 40 Knoten schienen eine erreichbare „Mauer“ (analog der Schallmauer der Luftfahrt). Es herrschte kein Mangel an Brettseglern, die in sich das Zeug zum Mauerbrecher fühlten. Erik Beale hatte es und segelte im November 1988 sein Brett mit 40,3 kn. Aber, wie gesagt, Pascal Maka konnte es noch 2,6 kn besser, und weil es einfach toll ist, mit fast 80 Sachen ohne Motor übers Wasser zu flitzen, wird das ein immer bedeutenderer Sport.

Segel für diesen Sport sind selbstverständlich besonders für überbelasteten Antrieb konstruiert. Sie sind flacher, im Anströmbereich viel flacher als Slalomsegel (Bild 13.5) und haben weniger achterliche Mastbiegung. Sie sind gestreckt, aber weniger als die Wellensegel, weil sie bei halbem bis wenig raumem Wind gesegelt werden. Sie haben durchgehende Latten, ob vorgespannte oder RAF ist Geschmacksache des Seglers, wichtig ist die steife Konstruktion, die wenig Druckpunktwanderung und Formänderung zuläßt.
Die Segel werden für sehr starre Masten mit einem etwas biegsameren Topp gemacht. Sogenannte *double-surfaced-Segel* (Bild 13.6) haben bei einigen

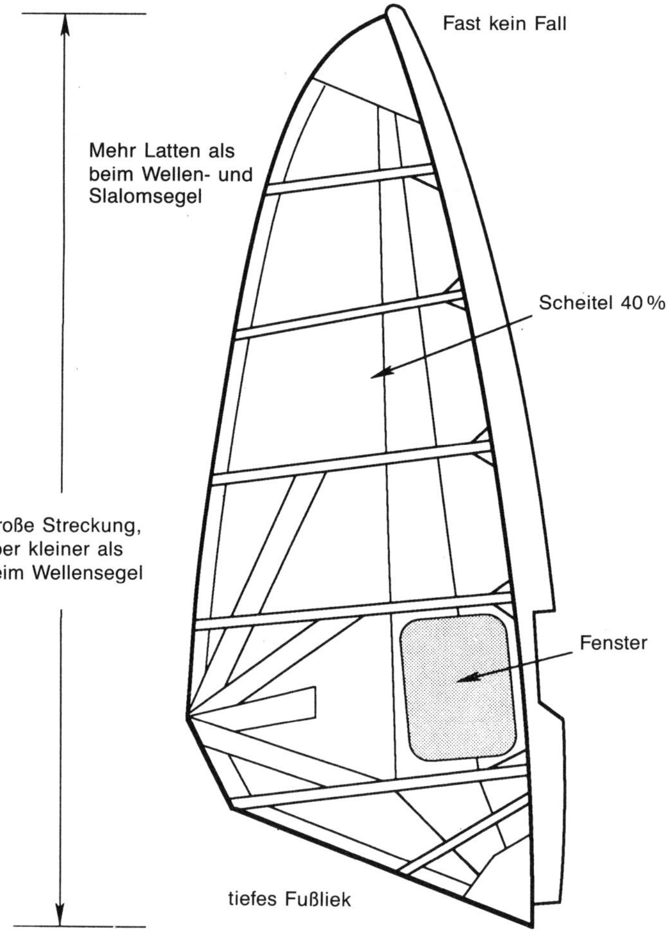

13.5 *Typisches Schnellsegel*

Anwendungen bessere Wirkung gezeigt. (Es ist vermutlich ein vor dem Mast doppelwandiger, hart ausgeschäumter Mastärmel.) Die Fenster der Schnellsegel sind gewöhnlich aus klar extrudiertem Mylar (Monofilm) von 0,125 mm Dicke gemacht. Die Fenster sind so klein wie möglich, weil die Kurse von den Organisatoren frei von anderen und anderem gehalten werden.
Starre Flügelmasten sind einige Mal der besseren Vorderkante wegen versucht worden. Senkrecht stehend, erzeugen sie mehr Auftrieb. Der Spalt zwischen Flügel und Brett wurde mit einem tiefen Fußliek geschlossen gehalten. Der Wölbungsscheitel liegt bei solch flachen „Tragflächen" bei 40 % der Sehnenlänge.

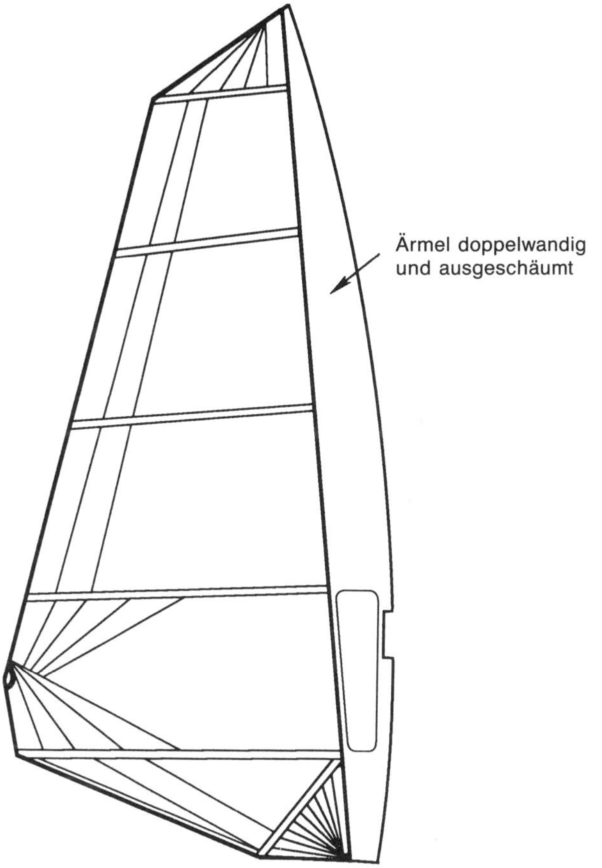

13.6 *Doppelvorderkante*

Regatta-Segel

Segel für Regattabahnen, wie bei der Olympiade, sind den Slalomsegeln sehr ähnlich, vor allem in der Streckung, Wölbung und Scheitellage. Eine Fußkontur, die kleine Abstände zum Brett erlaubt, wäre schön. Aber ungehinderte Beweglichkeit beim Wenden und Halsen in dichten Bootsfeldern ist sicher wichtiger. Für die Olympiaden werden die Bretter, Segel und Masten durch ein Auswahlkomitee bestimmt, so daß es sich um eine Einheitsklassen-Veranstaltung handelt.
Auch die meisten anderen Regatten sind Einheitsklassen-Veranstaltungen durch die Kontrolle der Segel von Seiten der Bretthersteller oder der Klassenvereinigungen.

Werkstoffe

Segeltuch-Technologie — ausgiebig besprochen in den Kapiteln 3 und 4 — hat in den zurückliegenden Jahren riesige Sprünge gemacht. Bei den Segeln für Windsurfer werden Tuche aus Polyester, Polyester mit Mylar, Kevlar mit Mylar, Spectra mit Mylar und anderen Kombinationen verwendet. Polyester findet man hauptsächlich an der Segelvorderkante wegen der stoßdämpfenden Eigenschaft. Mylar in Verbindung mit anderen Tuchen wird im Hauptbereich eingesetzt wegen der geringen Dehnbarkeit, des geringen Gewichts und der Haltbarkeit. Kevlar mit Mylar und Spectra mit Mylar wird in Bereichen gebraucht, die verstärkt werden müssen.
Bild 13.7 zeigt, wie komplex ein „Tuch" für ein Surfsegel aufgebaut sein kann. Beachte, daß die Hauptfäden, Kette und Schuß, nur aufeinanderliegen, nicht verwoben sind und von einem dünnen und kreuzweise geflochtenen Faden zusammengehalten werden. Dieses Geflecht hat gute Reiß- und Nahtfestigkeit und ist zum Schutz von beiden Seiten Mylar-beschichtet, wobei sich die Mylarschichten in den Geflechtlücken treffen und verkleben, was die Formsteifigkeit verbessert. Außerdem sind Rißstoppbänder eingearbeitet, um Weiterrisse zu stoppen. Das ist auch nötig, weil die Segel oft auf einem Strand mit Kies und Steinen herumliegen oder mit Autogeschwindigkeit in eine Welle knallen.

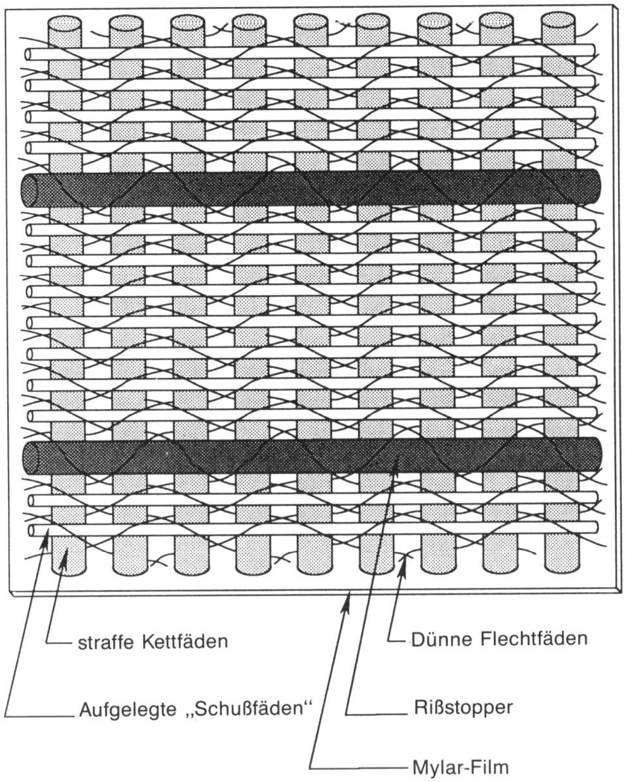

13.7 *Sandwich-Mylar-Tuch für Windsurfer*

Monofilm

Eine vollständige Beschreibung der Segeltücher steht in den Kapiteln 3 und 4. Hier ist aber noch ein Material zu erwähnen, das es nur bei Surfsegeln gibt — jedenfalls zur Zeit — und das ist Monofil aus 0,1 bis 0,125 mm dickem Mylar. Da es kein Gewebe oder Geflecht enthält, ist es durchsichtig. Es wurde zuerst nur für Segelfenster verwendet, aber nun schon für vollständige Segel, speziell für Geschwindigkeits- und Slalomsegeln. Es macht hochtechnischen, ja glänzenden Eindruck und ist zudem leichter und glatter und auch weniger dehnbar als die älteren Tuche. Monofil ist ziemlich reißfest, aber einmal eingerissen, reißt es unheilbar weiter. Einige schwören zwar auf klares Verpackungsband als Reparaturmaterial. Aber das könnte schiefgehen, wenn man's am wenigsten brauchen kann.

Fenster

Des Surfseglers Aussicht wird immer durch das Segel behindert. Er braucht deswegen Segelfenster zur Beobachtung von Wind, Wellen und sonstigem, denn ohne sie wäre es wie bei einer Blindskiabfahrt über eine Höckerpiste. Zuerst waren die Fenster aus klarem PVC. Dieses Material ist ausreichend haltbar, widerstandsfähig gegen Kratzer und Stöße und leicht dehnbar. Nachteile sind: Hohes Gewicht, Verformung des Segelprofils bei böigen Winden und Erblindung, wenn das Segel naß eingepackt wird. Da hilft ihm auch sein günstiger Preis nicht mehr, es ist veraltet. Für Fenster verwendet man heute Mylar.

Segeltucheinsatz

Allgemeine Richtlinie für Surfsegel sind kettorientierte Bahnen in eindirektional belasteten Partien wie beim Achter- und Unterliek, das meist verstärkt wird. In multidirektional belasteten Partien, wie dem Hauptteil des Segels, werden heute meist mylarkaschierte Geflechte und das reckbare Polyester beim Mastärmel für den kräftigen Niederholer und beim Vorliek für die Stoßbelastung beim „Pumpen“ genommen.
Etwas spezifischer:

Wellensegel
Fläche: Sandwich-Mylar; Mylar meist einseitig.
Vorderkante: Polyester 215 g/m^2 zur Dämpfung von Stößen, Mastpumpen und Seeschlag.
Ärmel: Polyester 300 g/m^2

Slalomsegel
Fläche: Sandwich-Mylar, klares Mylar oder Monofil
Vorderkante: Sandwich-Mylar, einseitig kaschiert
Ärmel: Polyester

Schnellsegel
Fläche: Sandwich- oder Kevlar-Mylar klar, Monofilm oder Spectra-Mylar
Vorderkante: Sandwich-Mylar, einseitig kaschiert
Ärmel: Sandwich-Mylar, einseitig kaschiert

Regatta-Segel
Fläche: Sandwich-Mylar, einseitig kaschiert
Vorderkante: Sandwich-Mylar, einseitig kaschiert
Ärmel: Polyester-Tuch

Bahnenorientierung

Die optimale Bahnenorientierung eines Surfsegels ist ein umstrittenes Thema. Einige Segelmacher bevorzugen die Radialkonstruktion (Bild 13.8), andere Vertikalbahnen. Wie auch immer, wichtig ist, daß der Druckpunkt an der richtigen Stelle — und dort möglichst stabil — liegt, damit das Segel handig ist. Das Segel muß makellos gefertigt sein, soll es ein paar Saisons halten. Der Segelmacher muß sehen, daß die Tuchbahn gut ausgenutzt wird — und chic

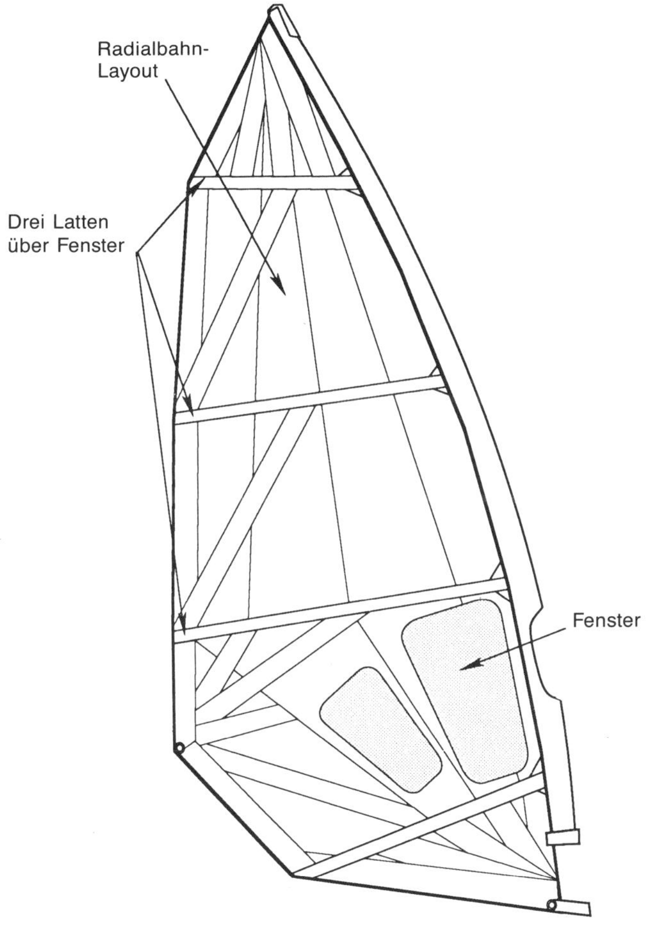

13.8 *Radial-Wellensegel*

muß das Segel auch sein. Der Windsurfer-Markt ist extrem modisch orientiert. Deshalb muß der Segelmacher kreativ sein und immer wieder neue und ästhetisch schöne Segel entwerfen.

Segelgewicht

Der kluge Segelmacher nimmt stets geringstes Tuchgewicht für jede Bahn. Alles andere ist Ressourcenverschwendung und unnötig schwer für den Segler, der mit dem Rigg ringen muß. Um so wichtiger sind die hoch belasteten Stellen im Segel und deren intelligente Verstärkung: Leichtfachwerk mit Dünnhautauskleidung aus Mylar.
Wo der Gewichtsschwerpunkt des Segels liegt, ist auch für des Seglers Wohlbefinden und Ausdauer wichtig. Wie das Segel in der Hand liegt, ist abhängig von dem Gewicht des Riggs, von der Lage und der Stabilität der Segelwölbung und von dem zentralen Druckpunkt. Wenn dieser Punkt zu hoch liegt, bekommt der Brettsegler besonders bei böigem Wind viel Druck und wünscht sich einen besseren Hebelarm, um das Segel unter Kontrolle zu halten. Bei einem niedrigen Druckpunkt — z.B. in Schulterhöhe — ist die Kraftlinie direkt vor dem Segler — und alles ist leichter zu managen.
Einen wesentlichen Gewichtsanteil nehmen die Latten ein. Erstens ihre Gesamtzahl, zweitens die Zahl derer, die oberhalb des Fensters liegen und drittens ihre Länge. Dies alles hat einen nicht unwesentlichen Einfluß auf die schwingende Masse und die Handlichkeit des Segels. Deswegen haben die gestreckten Wellensegel, bei denen Handigkeit so wesentlich ist, normalerweise nur drei Latten oberhalb des Fensters (Bild 13.8). Die weniger gestreckten Slalom- und Schnellsegel (Bild 13.4 und 13.5), bei denen es auf Formhaltung und gute Vorderkante ankommt, haben vier oder fünf, oft vorgespannte, bis zu 60 cm lange Latten.

Verwindung, Twist

Achterliekverwindung ist in Brettseglerkreisen ein heißes, oft diskutiertes Thema. Verwindung dient oder paßt zu drei Zwecken: (1) Sie paßt sich der Änderung des Windeinfalls und der Windgeschwindigkeitszunahme vom Fuß bis zur Mastspitze an. (2) Es ist eine gute Methode, die Segelform dem Wind anzupassen (eine verwindbare Achterkante ist bei raumen Winden schnell, wogegen weniger Verwindung hoch am Wind schnell ist). (3) Da Verwindung den Anstellwinkel verkleinert, kann man sie einsetzen, wenn der Wind zu stark für das Segel ist; besonders eine Hilfe in bockigem Wind. Etwas, wenn auch nicht viel anders als bei Segelyachten, ist es schon mit der Verwindung, denn die Segel der Surfer arbeiten ganz in der turbulenten Grenzschicht, und Verwindung ist notwendiger Notbehelf wegen der Unmöglichkeit, unterwegs zu reffen oder Segel zu wechseln.

Der Brettsegler muß sich in erster Linie auf die Steifigkeit des Mastes, den Segelschnitt und die Abstimmung seines Antriebs (Ausholer, Vorliekstrecker, Twistkontroller, falls vorhanden, und Lattenspannung) stützen, um die Achterliekspannung und damit die Verwindung zu beeinflussen.

Haben wir beispielsweise zwei gleiche Segel mit gleicher Vorliekspannung, aber an verschieden steifen Masten, dann hat das am steiferen Mast im gleichen Wind weniger Twist. Achterliekverwindung wird weiter durch die Größe und Lage der Rundungsfläche (Bild 13.9) und die Lattenabstände bestimmt. Die Lattenüberlänge über die Dreieckkontur hinaus bestimmt die Lage des Twistmaximums. Ein runderes Achterliek ist symmetrisch und mehr verwindbar. Für Twist oben haben die Oberlatten Überlänge, und das untere Achterliek ist gelattet und straff.

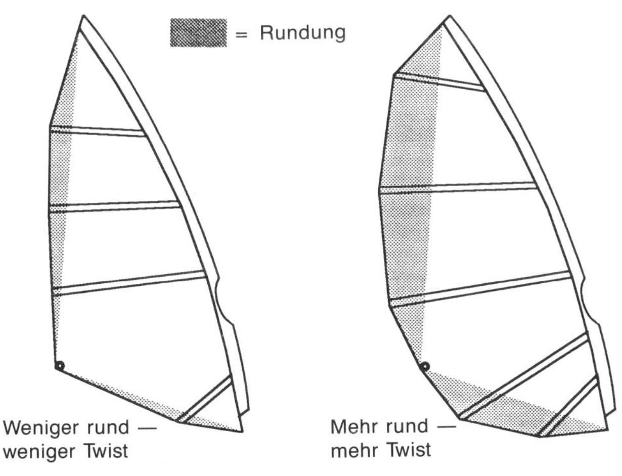

13.9 *Zusammenhang zwischen Rundung und Twist*

Wichtig ist auch, ob die Rundungsfläche hoch oder tief liegt. Ein Überblick über das Segelangebot zeigt, worum es geht. Manche haben tiefliegende Rundung, andere hochliegende. Das Spitzkopfsegel in Bild 13.10 hat die größte Rundung weiter unten, das Breitkopfsegel hat sie oben und dort maximalen Twist. Gleiche Maststeifigkeit ist vorausgesetzt.
Klar, daß die Zahl der Latten und ihre Abstände auch Einfluß auf die Verwindbarkeit haben — je mehr es sind, desto unverwindbarer. Da aber viele Latten auch bei verwindbaren Segeln Vorteile für Form und Druckpunktstabilität haben, kamen einige Segelmacher auf die Idee, eine Macke ins Achterliek zu schneiden (Bild 13.11), um so die gewünschte Verwindung zu erreichen. Sehr beliebt scheint diese Konstruktion jedoch nicht zu sein.
Schließlich hat auch die Vorderkante, also Mastbiegung Einfluß auf den Twist. Wie beim Flitzebogen, je mehr die Sehne gespannt wird, um so krummer wird der Bogen. Beim Segel ist der Mast der Bogen, und die Sehne besteht aus Achter- und Unterliek nebst Bahnen. Bei zwei gleichen Achterliekkurven ist das Segel am gebogeneren Mast das weniger verwindbare. Was außerdem mit den Trimmhilfen zu machen ist, wird ein paar Seiten weiter angesprochen.

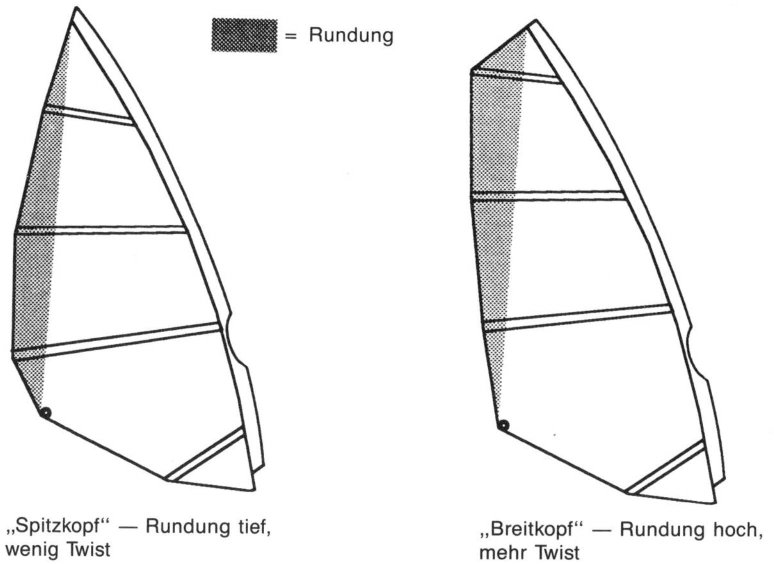

13.10 *Rundungslage bestimmt Twist*

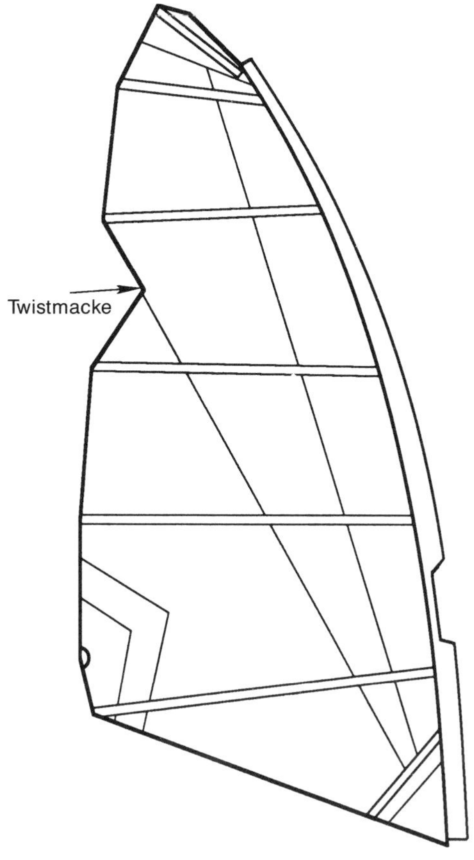

13.11 *Weggeschnittenes Achterliek zur Twiststeigerung*

Masten und Bäume

Wie im vorigen Absatz ersichtlich, hat der Mast wesentliche Bedeutung für die Segelleistung. Zum Glück ist der Brettsegelmarkt mit schätzungsweise zehn Millionen Brettseglern groß genug, viele Fabrikanten von Hochtechnologie zu interessieren, und deren verschiedene Produkte sind gut. Die meisten Masten sind aus Epoxid/Glas, Aluminium und Epoxid/Karbon.
Epoxid/Glas-Masten zeichnen sich durch ihre Haltbarkeit in allen Wind- und Seebedingungen aus. Sie sind außerordentlich vielgestaltig und relativ billig herzustellen. Eine Zeitlang schienen sie die Aluminiummasten auf's Altenteil

zu verdrängen, aber dann war es doch nicht so. Die Blechbieger wissen das günstige Verhältnis von Festigkeit zu Gewicht ihres Werkstoffs mit großem technologischen Geschick in die Konkurrenzschlacht zu werfen. Mit Walzaluminium und verjüngten Querschnitten wissen sie aus langer Metallererfahrung umzugehen. Der derzeitige Trend bei Hochleistungsmasten ist ein steifes Unter- und Mittelteil mit flexiblem Obermast (Mast C in Bild 13.12). Damit wird günstige Scheitel- und Druckpunktlage im unteren Segel und gute Verwindung im oberen Segel erreicht. Die meisten Rennmasten sind aus sorgfältig anodisiertem Aluminium. Ohne Anodisierung werden die Masten schnell zu rauh für die Segeltasche, und einen angeknickten oder angebeulten Mast kann man auch wegwerfen.
Heute steht Kohlefaser als neue Armierung für polykondensierende Harze in vielerlei Konfektion zur Verfügung. Sie ist leicht, sehr fest und zusammen mit Epoxidharz zu extrem leichten und steifen Masten bei freier Formgestaltung zu verarbeiten. Leider aber sind solche Masten teuer und im Seegang nicht sehr dauerhaft. Trotzdem haben sie, wie auch Segelbäume, aufgrund ihres günstigen Verhältnisses von Festigkeit zu Masse eine Zukunft in der Brettsegelei.

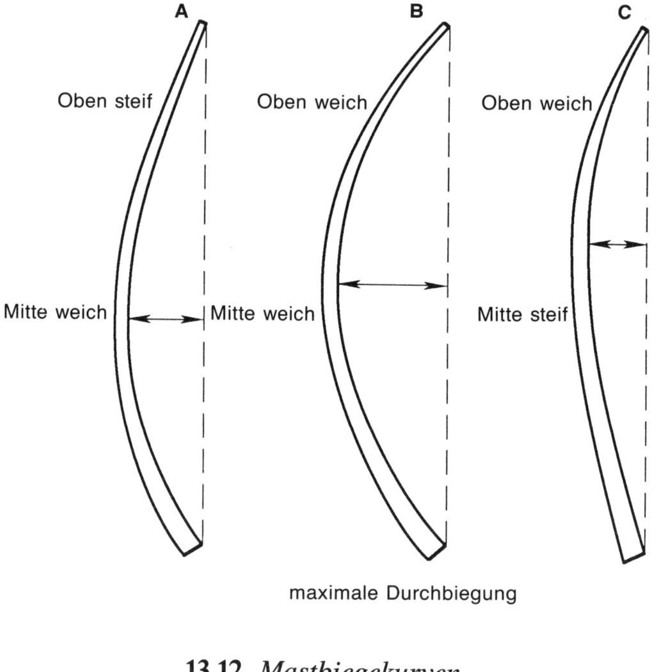

13.12 *Mastbiegekurven*

Zweitwichtigstes Ding zur Scgclführung ist dcr Gabclbaum. Wenn er sich im Windstoß biegt, hat das dieselbe Wirkung wie Lockern des Ausholers, und das ist nicht im Sinne des Seglers, dem an direkter Übertragung der Segelkraft via Körper auf das Brett gelegen ist.
Die ersten Gabelbäume waren eng, denn die Vor-RAF-Segel waren ziemlich platt. Auch hielt man geringer gebogene Holme für exakter. Dann schlug die Raserei zu weit gespreizten Bäumen um, die dem Segler das Ausreiten mit senkrecht gehaltenem Segel erlaubten. Während dieser Periode war der vordere Baumwinkel, der die Gesamtbreite bestimmt, 100 ° und größer. Derzeit sind zwei Baumwinkel üblich (Bild 13.13) — für Welle und Slalom. Der erste ist schmaler (65–75 °), damit Segler und Seglerin beim Tanz mit den Wellen ihren Körper über dem Brett halten können. Die größte Baumbreite korrenspondiert mit dem Wölbungsscheitel des Segels.
Der Winkel für den Slalombaum ist größer (80–90 °), weil der Wölbungsscheitel weiter achtern und tiefer ist. Der Segler kann damit weit auslegen und das Segel über dem Brett halten. Steife Holme sind bei allen Gabelbäumen wichtig, denn Biegsamkeit macht das Segel voller — und das ist unannehmbar.

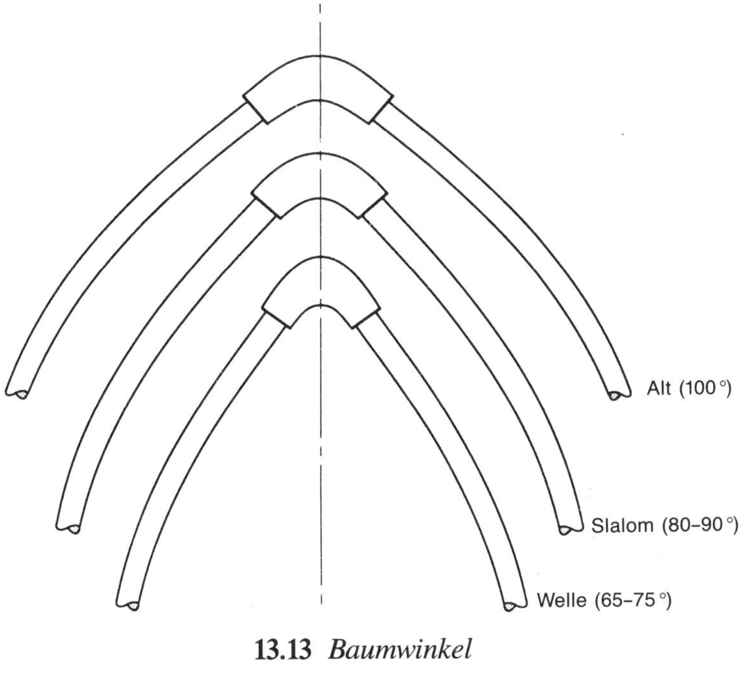

13.13 *Baumwinkel*

Formen der Surfsegelform

Ein Großteil der Begeisterung für's Brettsegeln hat mit dem einfachen Rigg zu tun. Aber bei aller Einfachheit werden die meisten Segel ihr ganzes Leben lang falsch eingestellt. Richtig trimmt man sie mit Vorliekstrecker, Ausholer und, wenn vorhanden, Twiststropp, ferner Lattenspannung.
Die ersten drei Vorrichtungen wirken auf die Mastbiegung. Zwei Beispiele sollen den Einfluß der Mastbiegung auf das Segel zeigen. Um die Betrachtung zu vereinfachen, nehmen wir an, daß das Segel nicht durch die Nähte geformt ist. Weiterhin betrachten wir einen Mast, der weniger gebogen ist als die Vorliekkurve des Segels. Die Folge ist eine Falte überschüssigen Tuchs beim Vorliek, die zu einem vollen Segel gehört. Das ist analog der Begradigung des Mastes auf einem Segelboot, um dem Segel in leichtem Wind oder Raumwind mehr Bauch zu geben.
Im zweiten Exempel sei es dasselbe Segel, aber der Mast ist nun exakt der Vorliekkurve angepaßt. Ergebnis: ein flaches Segel. Der Knackpunkt ist: Je mehr Mastbiegung, desto flacher das Segel.

Vorliekstrecker und Ausholer. Mit diesen beiden biegt man den Mast. Um das Gleichnis vom Flitzebogen noch mal zu bemühen: Anholen eines der beiden entspricht dem Bogenspannen; der Mast nimmt eine gespannte Kurve an.
Zunehmende Streckerspannung lockert Achterliek und Fußliek mit der Folge von mehr Twist. Dazu ist ziemlich viel Kraft nötig.
Umgekehrt beim Ausholen. Je mehr das Segel ausgeholt wird, um so geringer wird die Spannung im Vorliek — bei gleichzeitiger Zunahme im Achterliek. Und das kann nur zu weniger Twist im Achterliek führen.
Fassen wir die Betrachtungen zusammen:

1. Vorliekstrecker holen biegt den Mast, flacht das Segel ab.
2. Stärkeres Spannen des Vorlieks mindert Achterliekspannung, vergrößert den Twist.
3. Holen des Ausholers biegt den Mast, flacht das Segel ab, spannt Achter- und Unterliek.
4. Stärkeres Ausholen spannt das Achterliek, mindert den Twist.

Bevor wir weitermachen, ist zu klären, daß die in Kapitel 10 zum Großsegel gemachte Bemerkung, der Vorliekstrecker hole den Wölbungsscheitel nach vorn, für das unverstagte Brettrigg nur zum Teil stimmt. Anfangs wandert der Scheitel auch beim Surfsegel nach vorn. Kommt dann aber Spannung auf den

Ein Segel mit zu geringer Vorliek-streckerspannung zeigt horizontale Falten am Vorliek (Foto: Eric Aeder)

Ausholer, wandert der Scheitel wieder zurück, weil kein Extratuch vorn im Segel vorhanden ist, um einen Scheitel vorn zu bilden.
Wenn wir unsere Kenntnis über Strecker und Ausholer mit etwas Kenntnis über die gewünschte, aerodynamische Segelform kombinieren, können wir unser Segel jeder Windstärke richtig anpassen. Eigentlich müssen wir nur wissen, daß große Windgeschwindigkeit flachere Segel braucht und leichte Winde füllige.

Feinabstimmung. Angenommen, es weht kräftig. Um das Segel flach zu trimmen, müssen wir den Mast biegen, was wir mit Ausholer und Vorliekstrecker machen können. Beginnen wir mit dem Ausholer. Wieviel holen wir ihn? Noch komplizierter: Und wieviel den Strecker? Das sind grundsätzliche, und wie sich zeigt, wohl auch zusammenhängende Fragen.
Die Streckerspannung ist am schwierigsten zu schätzen. Sehen wir uns an, woran man unkorrekte Spannung erkennt. Zu geringe Vorliekstreckung ist an Horizontalfältchen bei der Vorderkante zu erkennen (siehe Foto S. 321). Ein überstrecktes Vorliek ist an einer, zwei oder den drei folgenden Erscheinungen zu erkennen: Schlappes Achterliek oben, schlappes Unterliek und/oder zu flaches Vordersegel.
Die ersten Einstellungen nimmt man auf dem Trockenen vor und prüft sie bei aufgestelltem Segel, denn zur Bestimmung der Streckerspannung muß das Segel unter Winddruck stehen. Das klappt wohl nicht mit einem Mal.
Weil Strecker und Ausholer ein gegensätzliches Verhältnis haben, können die Zeichen für überstrecktes Vorliek vom zu wenig geholten Ausholer stammen. Am besten achtet man auf die Streckzeichen und die Wölbungstiefe in der Baumebene, die ist vom Segelfabrikat und -typ her verschieden empfohlen und zusätzlich je nach Windstärke zu trimmen.

Twisttrimmer. Diesen Stropp haben viele, aber nicht alle Surfsegel. Er ist am Fußliek (= Unterliek) beim Hals zu finden (Bild 13.14). Auch er biegt den Mast und ändert die Form des Segels. Bei Spannung zieht der Stropp das Fußliek zum Mast und spannt gleichzeitig das Achterliek, was den Twist verkleinert. Die Wirkung auf das Achterliek ist ähnlich der eines Baumniederholers auf das Achterliek des Großsegels bei Yachten. Das Schothorn wird gesenkt, das Achterliek gespannt, der Masttopp nach achtern gebogen, die Verwindung geringer, das Segel oben flacher. Lösen der Trimmers bewirkt das Umgekehrte.

Masteinfluß. Masten unterschiedlicher Charakteristik brauchen unterschiedliche Spannungen von Strecker, Ausholer und Twiststropp. Wenn wir zwei identische Segel an einem steifen Mast (C in Bild 13.12) oder einem weichen (weniger steifen, wie Mast B) riggen, wenden wir mehr Spannung beim steifen an, weil er schwerer zu biegen ist. Damit wachsen die Spannungen im ganzen Rigg, besonders im Ausholer, mit folglich gespannterem Fuß- und Achterliek und weniger Twist. Daraus ist zu schließen, daß ein weicherer Mast mehr Ver-

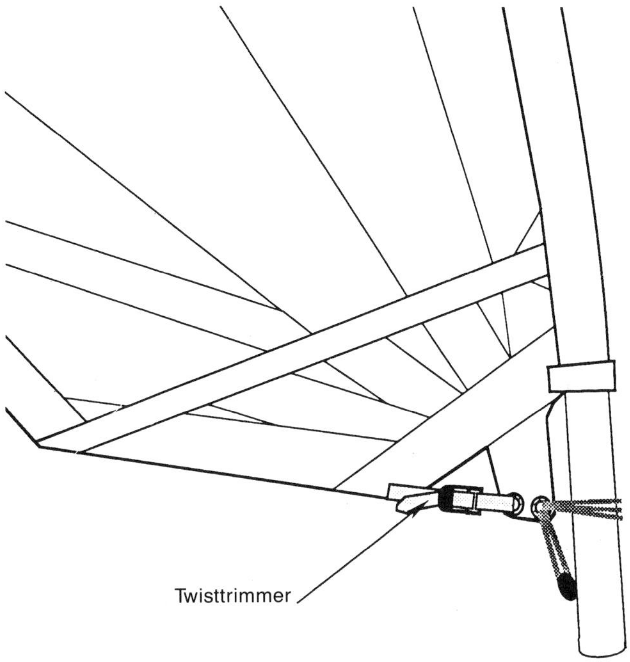

13.14 *Twisttrimmer*

windung zuläßt. Ein härter verträgt mehr Vorliekspannung für gleichviel Verwindung, aber das Segel wird dabei flacher.

Lattenspannung. Die korrekte Lattenspannung ist Sache der Segelmacherei und der richtigen vom Konstrukteur vorgesehenen Lattenform und -länge. Idealerweise stimmt die Lattenkruve genau mit der Wölbungkurve des Segels überein. Und die Form der Lattenkurve hängt weniger von der Lattenspannung als vom Lattenquerschnitt ab, der nicht über die ganze Länge gleich ist. Dünne Querschnitte haben ein geringeres Widerstandsmoment und biegen sich stärker als dicke. Natürlich muß eine gewisse Spannung vorhanden sein, damit sich überhaupt was biegt, aber das ist eine Konstruktionsberechnung. Bei zu wenig Spannung bilden sich senkrechte Falten im Segel und an der Lattentasche (siehe Foto S. 324). Verursacht die Latte einen S-Schlag, meistens vorn, ist sie überspannt und gehört zu einem anderen Segel.

Vertikale Falten oder Kräusel am Achterliek wegen zu geringer Lattenspannung
(Foto: Eric Aeder)

Richtige Lattenspannung *(Foto: Eric Aeder)*

Richtig eingestelltes Segel. Man kann das Segel leicht und korrekt trimmen, wenn man es an Land aufriggt und in den Wind stellt. (Foto: Eric Aeder)

Riggen

1. Um Überstreckung des Vorlieks und Segelschaden zu vermeiden, immer zuerst ausholen.
2. Lasse das Segel nicht killen, ohne es vorn und achtern festgemacht zu haben. (Siehe nächstes Kapitel „Tuchschäden")

3. Der Baum muß zwischen Brust- und Augeshöhe am Mast festgemacht werden.
4. Latten mit vorgesehener Spannung in den Taschen sichern.
5. Stelle die Höhe des Mastfußes immer so ein, daß der Hals nicht höher als 10 bis 15 cm über dem Brett steht. Das schließt den Spalt zwischen Fußliek und Brett, was beim Slalom- und Speed-Segeln so wichtig ist.
6. Prüfe den Trimm immer im Wind an Land, ehe es aufs Wasser geht, damit alles für die Windstärke richtig ist.

Abtakeln

1. Um das Segel nicht zu überdehnen, zuerst den Strecker lösen, dann den Ausholer.
2. Latten entspannen.
3. Sandwich-Mylar-Segel immer rollen. Falten sind nicht mehr wegzumachen.
4. Verwahre das Segel an kühlem und trockenem Ort.

FEHLERANALYSE

Beobachtung	Lösung
Horizontale Falten am Vorliek	Vorliekstrecker spannen und/oder Ausholer lösen
Vorliek ist zu flach, und das Segel schwingt nicht leicht herum	Vorliekstrecker und/oder Ausholer lösen
Achter- und Unterliek sind zu lose	Vorliekstrecker lösen und/oder Ausholer spannen
Segel ruckt und reißt beim Surfen	Vorliekstrecker spannen für mehr Twist
Segel geht nicht hoch genug an den Wind	Vorliekstrecker lösen für weniger Twist. Spannung durch Twisttrimmer erhöhen
Segel ist überbelastet und nicht beherrschbar	Abflachen des Segels durch mehr Spannung auf Vorliekstrecker und Ausholer. Auf kleineres Segel umwechseln

KAPITEL 14

Pflege und Reparatur von Segeln

Vielfach werden Segelmacher gefragt, wie lange das Segel halten wird. Fahrtensegler meinen damit die Lebensdauer, Regattasegler die Dauer der Hochleistungsfähigkeit oder: wie lange ist das Segel schnell? Beides hängt von dessen Natur und Aufzucht ab. Die Natur kann man sich als Abstammung oder Stammbaum vorstellen. Von der Wahl des Tuchs zum Entwurf, dem Bahnenlayout, den Details der Herstellung — Natur sind all die vielen, kleinen Dinge, die der Segelmacher einem Segel gibt, bevor es die Werkstatt verläßt. Diese Natur war das Hauptthema dieses Buchs. Als Aufzucht eines Segels kann man Pflege und Umgang mit ihm nach Verlassen der Segelmacherei ansehen. Das ist hauptsächlich Sache des Seglers und letztes Thema dieses Buches.

Seit die hochtechnischen Tuche für Regatta- und Fahrtensegeln verwendet werden, ist's wichtiger denn je, Segel mit großer Sorgfalt zu behandeln. Die sorglose Zeit, in der man eine Regattagenua aus Dacron in einen etwas zu knappen Sack stopfte oder das Groß nach dem Zufallsprinzip auftuchte oder um den Baum wickelte und bis morgen, nächste Woche oder nächste Saison vergaß, sind lange vorbei.

Dieses „aus den Augen, aus dem Sinn“ funktioniert nicht mehr, falls jemals zuvor. Mit ein bißchen Sorgfalt halten moderne Segel, zumindest die aus Sandwich-Mylar ebenso lange wie solche aus Polyester (Dacron, Diolen, Terylene, Trevira). Kevlar-Mylar und stark geharztes Polyester in Regattasegeln verlangen größere Sorgfalt zur Verlängerung ihre sportlichen Karriere. „Größer“ soll aber nicht mit Intensivpflege übersetzt werden.

Lebensdauer ist zwar nicht alles, man pflegt auch, um gut auszusehen. Die meisten werden wohl zustimmen, daß ein schmuckes Boot und fleckige, zerknitterte Segel nicht zusammenpassen.

Was Segel ruiniert

Segelschäden und -verfall entstehen gewöhnlich durch eine oder mehrere folgender Ursachen: Killen, Schamfilen (Scheuern), falsche Behandlung, Feuchtigkeit, Sonnenlicht. Es ist schwierig, im folgenden den Apostelton „Du sollst nicht" zu unterdrücken, zumal die Segler an das Gebot glauben: „Du sollst nicht unnötig Geld ausgeben!"

Killen. Es ist jammerschade, daß Kevlar-Mylar, das bei seinem Leichtgewicht so überirdisch dehnfest ist, so leicht unter Wechselbiegungen zusammenbricht. Jahrelang hatte man geglaubt, es sei empfindlicher für Sonnenlicht als Dacron und Sandwich-Mylar, aber jetzt steht fest: Flattern oder, wie der Segler sagt, Killen bringt es um.

1986/87 beim America's Cup in Westaustraliens launischen Winden und allem Anluven, Wenden, Driften, Starten, das so typisch für Matchrennen ist, wurde deutlich und klar, wie sehr das an der Sportkarriere eines Kevlar-Mylar-Segels zehrt. Eine Fock 4 oder 5 auf einem Zwölfer war da nicht selten nach fünf Rennen erledigt. Angesichts eines Preisschildes von 15.000 US-Dollar für ein Segel scheint das unglaublich zu sein. Aber da kommen mit vier Bahnen am Wind und der Kurbelei vor dem Startschuß um die bessere Position oder die möglichst schlechte für den Gegener 100 und mehr Wenden je Lauf zusammen. Als unsere *Stars & Stripes* im dritten Rennen gegen *Kiwi Magic* segelte, wendeten wir etwa 140 mal. Das entspricht einer ganzen Rennsaison nach IOR-Regeln.

Killen tut keinem Segel gut. Für Kevlar-Mylar-Segel ist es fast Totschlag. Deshalb soll man nicht mit gesetztem Kevlar-Mylar-Groß zum Start motoren oder sich schleppen lassen. Selbst wenn das Wetter leicht ist, scheppern dabei die Latten um ihr Vorderende als Drehpunkt und machen das Kevlar mürbe. Auch nicht mit Vollgas in den Wind motoren, um Segel zu setzen. Und schlage das Kevlar-Mylar-Segel nach jeder Fahrt vom Baum ab, denn auch die Windrüttelei unter der Baumpersenning macht Kevlar mürbe. Denke daran, die Latten herauszunehmen und das Segel nur zu rollen, nie zu falten. Auch Spectra sollte nur gerollt in den Sack, denn hier bewirken Knitter Segelflächenverkleinerung. Bei Vorsegeln läßt sich Killen weniger vermeiden, weshalb man Kevlar-Vorsegel nur für die Regatta setzen soll. Auch hier nicht motoren. Am Wind die vordere Genua möglichst richtig im Wind halten, so daß sie oben nicht killt. Werfe bei den Wenden die Schot rechtzeitig los und achte drauf, daß die andere Schot

nicht übertrimmt wird. Nimm nach dem Rennen die Segel weg und motore zum Hafen.
Untersuchungen haben gezeigt, daß auch Sandwich-Mylar an Killophobie wie Kevlar-Mylar leidet, aber der Verlauf ist nicht so schnell tödlich. Nach zwei Jahren schweren Gebrauchs hat seine Figur gelitten, aber noch bricht es nicht zusammen wie ein Kevlar-Mylar-Segel in solchem Alter.
Dacron ist nicht so empflindlich für Mißbrauch nach Flaggenmanier, aber „nicht so“ steht nicht für „un“. Wenn auch das Polyester-Garn und Gewebe eine Menge verträgt, die Appretur, besonders die harte, gibt unter solchen Wechselbeanspruchungen schneller auf. Das Segel geht mehr oder minder wörtlich aus dem neuzeitlichen Leim.

Schamfilen. Das ist wie Killen auch eine Zugabe, aber keine Segnung bei Wenden mit überlappenden Vorsegeln. Beim Übergehen schamfilen sie an den Wanten, den Salingen, den Relingsstützen, dem Mast oder dem Babystag. Ein guter Segelmacher kennt die strapazierten Stellen und verstärkt sie mit Flecken aus Kevlar-Mylar, Sandwich-Mylar oder Dacron.
Das ist des Segelmachers Job. Job der Crew ist es, alle scharfen und spitzen Ecken und Kanten, Fleischhaken und Splinte zu entschärfen. Auch Sicherungsringe gehören unter Klebeband, und die Verbindungsbolzen der Salinge mit dem Mast gehören unter Silikon, und die Salingsnocken sollen nicht zu weit über die Wanten hinausstehen.
Besonders empfindlich sind auch die Nähte der Segel, genauer: die Nähfäden, die auf dem Tuch aufliegen. Deswegen soll man Segel nie über ein Deck mit Antirutschstruktur oder über Kai- oder Steganlagen zerren, erst recht nicht über Parkplätze.
Es gibt verschiedene Mittel, mit denen man verletzliche Stellen einpinseln kann. Das mag sich besonders am Achterliek des Großsegels lohnen, das öfter an der Dirk schamfilt, und an den Fußlieken der größeren Vorsegel. Verletzlich sind auch die an Wanten und Spreizen anliegenden Nähte und Lattentaschen des Groß. Eine Warnung ist jedoch vor dem Lösungsmittel jener Schutzanstriche nötig; man kann nicht nur ohnmächtig durch diese Dämpfe werden, sondern bei fortgesetztem und häufigem Gebrauch auch Krebs davon bekommen. Lese die Anweisungen des Herstellers!
Durchgelattete Segel schamfilen an Wanten und Lazy Jacks besonders leicht. Der Segelmacher kann dem abhelfen, wenn er Nylongurtband auf die Lattentaschen näht. Das schimmert und ist sehr widerstandsfähig gegen Reibung.

Fehlbehandlungen. Genuas sollten die Segelmacherei mit am Schothorn aufgestempelter maximaler Windgeschwindigkeit verlassen. Wird nämlich die Elastizitätsgrenze überschritten, bildet sich die Dehnung oder Verformung bei Entlastung nicht mehr zurück, sondern bleibt und wird bei jeder neuerlichen Belastung noch ein Stück größer — plastische Verformung. Ihr Beginn wird für größte Beanspruchung am Wind berechnet und davon ein Sicherheitsfaktor von 30 % abgezogen. Die Überschreitung dieser gestempelten Windgeschwindigkeit ist ein Rezept für einen ungeplanten Besuch beim Segelmacher, der da aber nicht mehr viel machen kann. Er kann dem Segel einen Stempel „behindert" oder sowas aufdrücken und ein paar Verstärkungen einbauen, von denen es schwerer, aber nicht mehr gesund wird.

Wenn eine Segelmacherei ordentliche Arbeit für eine bestimmte Windstärke gemacht hat, verwendete sie nur bestes Material. Behutsamkeit ist dennoch wichtig. Der Regattasegler sollte reffen oder Segel wechseln, wenn's an der Zeit ist. Der Erfolg hängt oft genau davon ab. Der mit Spectra-Mylar muß da besonders vorsichtig sein. Dieses Segel aus gekräuseltem Tuch sollte schon bei 30 % der Bruchbelastung ausgewechselt werden. Fahrtensegel sollten noch früher gerefft werden, wenn es sich rechnen soll.

Noch mal wiederholt: Alles mit Mylar sollte gerollt in den Sack, nicht gefaltet. Das ist überhaupt für alle Dreieckssegel am besten und bei den stark harzimprägnierten IOR-Segeln jetzt Sitte. Nur, wo Rollen unpraktisch ist, also auf Hochseeyachten oder Weltrennern, sollte man die Segel falten und in langen Wurstsäcken stauen, um sie nicht überkreuz zu falten. Es ist auch zu empfehlen, sie dann nicht immer an denselben Stellen zu falten; besonders nicht bei Kevlar-Mylar.

Die Vorlieken von Kevlar-Mylar- und Sandwich-Mylar-Segeln sollten nicht überdehnt werden. Fall, Cunningham und Strecker nur so weit spannen, daß die Horizontalfältchen verschwinden. Auch ist eine Markierung am Genuafall zu machen, damit es nach dem Runden der Bahntonne nicht zu steifgeholt wird.

Sandwich-Mylar ist besonders hitzeempfindlich, darum backe solche Segel nicht im Cockpit, Autokoffer oder auf der Pritsche des Pick-up. Natürlich sind auch Auspuffleitungen und Deckenlichter und Kojenlampen keine Stützpunkte für wachfreie Segel.

Feuchtigkeit. Moderne Segeltücher werden nicht von Schimmelpilzen befallen, aber von Staub, von den öligen Fingerabdrücken seemännischer Tampen

drücker oder derlei kaum sichtbaren, organischen Spuren. Schimmel hat keine Chance, wenn die modernen Segel erst getrocknet und dann an einem trockenen, luftigen Ort weggestaut werden. Haushalt-Schimmelentferner tun es auch auf Segeln. Wer auf Salzwasser gesegelt hat, sollte mit Süßwasser die Segel abspülen und dann trocknen, ehe sie für längere Zeit zur Ruhe gesetzt werden. Salz scheuert und korrodiert alle Metallteile am Segel. Ideal fürs Trocknen sind Wäscheleinen über ordentlichem Rasen (staubfrei) bei leichter Brise. Weniger gut ist das Ausbreiten auf dem Rasen, denn es dauert länger. Bei steiferem Wind wiederum ist es besser, denn siehe „Killen."
Nylonsegel sind die wasserscheuesten. In Tests zeigte sich, daß nasse Nylonsegel je nach Tuchgewicht um bis zu 2 % wachsen. Noch überraschender, ein nasses Segel mindert seine Festigkeit um 15 %, und es wird dreimal dehnbarer. Das erklärt, warum nasse Spinnaker und Blooper aus den Lieken fliegen, wenn's keiner erwartet hat. Aber das alles wendet sich wieder zum Besten, wenn das Nylon bei gelegentlich leichter Bewegung wieder trocknet. Ohne Bewegung dauert es etwas länger. Auch aus Nylon muß das Salz gründlich ausgewaschen werden, denn es sitzt auch in den „Poren", und da Meersalz hygroskopisch ist, zieht es Wasser aus der Luft an. In feuchtem Nylon können dunklere Farben auch in hellere diffundieren.

Sonnenschein, so sehr wir ihn schätzen, ist mit ultravioletter Strahlung verbunden, ist agressiv — an uns selbst vom Sonnenbrand bis zum Hautkrebs. Segel werden auch von UV-Licht angegriffen. Ted Hood hatte, wie gesagt, Kevlar einmal als besonders UV-empfindlich in Verdacht und malte es zum Schutz vor Sonne schwarz an. Lange Tests unter Floridas Sonne haben jedoch gezeigt daß die vier üblichen Segeltuche Kevlar-Mylar, Sandwich-Mylar, Spectra-Mylar und Polyester (Dacron) im nahezu gleichen Maß Festigkeit verlieren: um rund 40 Prozent. Sandwich-Mylar hat im praktischen Gebrauch eine etwas längere „Lebens"-Erwartung.
Nylon ist zufolge dieses Tests am lichtempfindlichsten. Es verlor schon binnen eines Monats 40 % Festigkeit. Dagegen ist nichts zu machen. Man kann sich vorstellen, wie der Spinnaker nach einer Passatpassage über einen Ozean aussieht, während der er ununterbrochen gezogen hat.

Behandlung von Rollreff-Segeln

Nachdem die Rollrefferei der Vorsegel die meisten Kinderkrankheiten hinter sich zu haben scheint, verlangen die Fahrtenskipper nach einem einzigen Vorsegel, natürlich genuagroß, wenn es ausgerefft ist, das wie das Groß bei allen Windstärken außer schwerem Sturm gefahren werden kann, nach Bedarf gerefft natürlich.

Das ist keine leichte Aufgabe, sollten Sie wissen. Allein das Reffen beansprucht ein Vorsegel für beinahe alle Windstärken ganz außerordentlich, gegen das der Segelmacher einiges tun muß, damit das Segel eine Zeitlang übersteht. So müssen Achter- und Unterliek verstärkt werden, denn sie tragen die Hauptlast bei der Rollrefferei. Vor dem Vorliek ist gewöhnlich in einen Ärmel eingenähter Schaum oder ein in die Profilkeep passendes Ende von etwa halber Staglänge, an denen beim Einrollen die Mitte der Genua zuerst gepackt wird, sozusagen der Bauchzuschlag. Bei ganz aufgewickeltem Segel hat das Vorstag dann den einen Bauch, dessen Luftwiderstand dem Fahrtenskipper egal sein mag, weil er nichts außer dem Hafen gewinnen will. Aber beim Ankern und am Liegeplatz kann so ein Bauchwickel lästig sein.

Dennoch, ein reffbares Vorsegel ist eine Arbeitserleichterung und halbiert die Crew. Der Leitpunkt muß dem Reff entsprechend verstellt werden, sonst weht das obere Segelteil aus und killt, bis Achterliek und Segel sich trennen. Und das geschieht meistens so, daß der Steuermann es nicht sieht. Nicht zentimeterweise reffen, obgleich es möglich ist. Reffpunkte am Fußliek markieren, dazu auf Deck die passenden Leitpunkte. Dann braucht man sich auch im Sauwetter den Kopf mit dieser Sache nicht zu zerbrechen.

Da nach der Segelei das Segel oben bleibt, Vorsegelfall schricken, um ganz sicher zu gehen, daß sich da nichts unter Dauerlast verlängert. Das andere Problem der dauernden Betriebsbereitschaft, die UV-Sicherheit, wird zur Zeit hauptsächlich mit Acrylanbahnen am Unter- und Achterliek gelöst. Leider nicht zufriedenstellend, weil der Stoff schwer und schwach ist. Spezielles, UV-geschütztes Polyester-Tuch wird immer beliebter. Aber dessen UV-Schutz ist nicht so haltbar wie das Segeltuch, was leider nur schwer und meist zu spät erkennbar ist, im Gegensatz zu Acrylan. Das Du-Pont-Produkt Tedlar(film) mit Polyester ist leichter als Acrylan, ausgezeichnet UV-fest, aber nicht so fest wie Sandwich-Mylar; wenn doch, ist es so schwer wie Dacron.

Beurteilung des Segelzustands

Für die meisten von uns ist die Segelei kein endloser Sommer. Mit dem Winterloch müssen wir leben. Das ist die ideale Zeit, des Segelmachers ungeteilte Aufmerksamkeit auf sich zu lenken, denn er hat Zeit und Ruhe dazu. Bringen Sie ihm ihre Segel zur Inspektion, Reparatur oder Änderung, Reinigung und, wenn nötig, Herstellung von Ersatz. Ein Segelmacher, der die Winterruhe für solchen Kundendienst nicht nutzt, ist nicht wert, daß Sie sein Kunde sind. Am besten macht man sich oder seinem Segelmacher eine Checkliste, worauf bei der Inspektion zu achten ist. Eine solche Prüfliste sollte auch der Käufer eines gebrauchten Bootes machen, denn immerhin stellen die Segel 20 % des Bootswertes dar, wenn sie intakt sind.

Großsegel

1. Prüfe die Mast- und Baumrutscher oder entsprechenden, anderen Befestigungsarten, ob verschlissen oder locker, ebenso die Lieken und Kopfbrettnieten, die oft erneuerungsbedürftig sind. Die Kopfbrettgleiter unterliegen der stärksten Beanspruchung und haben oft Brüche oder Anrisse, die in der nächsten Saison brechen. Gewisse Rutscher am Vor- und Fußliek haben auch mehr zu tun als die anderen und sollten gecheckt werden; meist sind es die eckennächsten und die bei den Reffkauschen.
2. Achte auf Schamfil und Reck an Nähten und Nähgarn. Ovale Nadellöcher gehören zu geschädigten Nähten, und durch Nähte sichtbares Tageslicht ist ein Zeichen für baldigen Ärger, ebenso beim Schothornflecken. Achte auf schamfilte Reffbändsel und Reihleinen, korrodierte oder angeknackste Aug- und Gatringe. Checke die Plastikklampen an den Liekleinen. Prüfe bei den größeren Großsegeln die Liekbänder, vor allem die an den Ecken, ob die Näherei noch gut ist.
3. Prüfe den Tuchzustand. Segelmacher machen das mit dem Gefühl der Fingerspitzen und dem Griff. Die ersten Bruchstellen im Tuch treten vorne an den Lattentaschen auf. Heutzutage sind die Segel in diesem Bereich verstärkt, auch um den Lattendruck besser zu verteilen. Mit längeren Latten oder Vollatten ist dies Problem geringer, aber die IOR weiß das noch nicht.
4. Wer viel vor dem Wind gesegelt und bis an die Wanten und Leebackstagen aufgefiert hat, muß die Nähte an den Kontaktstellen kritisch prüfen. Nachnä-

hen ist gut, danach verstärken noch besser. Die Verletzlichkeit der Nähte spricht dagegen, sie mit Weißgarn zu nähen, weil damit die Schwachstellen kaum sichtbar werden. Wenn Sie ein Segel mit weißem oder hellfarbigem Garn haben, sagen Sie's dem Segelmacher, damit er besonders pingelig prüft.

5. Wenn Sie Backstagen und Dirk fahren, achten Sie auf die Stellen, an denen sie Kontakte mit dem Segeltuch bekommen (könnten). Es ist keine übertriebene Vorsicht, solche Stellen mit Leder verstärken zu lassen.

Genuas

1. Inspiziere alle Legel und ihre Befestigungen, die Vorlieksbänder und was sonst noch da vorne. Aufgepreßte Legel können verbogen oder im Preßsitz gelockert sein; dann müssen neue her. Schamfil könnte an den Kontaktstellen mit Reling, Stagen, Wanten und Salingen sein. Auch da können die Nähte besonders beansprucht worden sein. Prüfe die drei Befestigungspunkte, ihre Augringe, Bretter, Verstärkungen. Die Plastikklampen der Liekleinen sind einen Blick wert. Die Ränder der Verstärker- und Verteilerflicken, die sich so leicht an etwas festhaken, prüfen. Manche Segelmacher machen dort gestufte Übergänge, aber die können auch haken, manchmal sogar noch besser.

2. Wenn Ihre Rollreff-Genua ein paar Saisons alt ist, wäre es gut, das UV-Schutzmaterial auswechseln zu lassen. Auch die ganze Rollmechanik unterzieht man einer gründlichen Jahresinspektion. Sie ist wichtiger als die beim Auto, denn den Ärger, wenn in der Saison nichts funktioniert, haben *Sie*.

Windabsegel

1. Weil das Nylon dieser Segel (Spinnaker, Blister, Blooper) so viel leichter als das Tuch anderer Segel ist, sind Schäden und Schwächen sehr schwer zu finden für den, der dafür kein Auge — und keinen Leuchttisch — hat. Wer nach „Erlebnissen" mit diesen Segeln Sorgen hat, geht besser gleich zum

Segelmacher. Andere Prüfstellen: die Aluminiumpreßringe an den Hörnern der Spis, Reachers usw. Auch wenn sie „eloxiert" (oft ist es ein anderes Verfahren) sind, ist nicht sicher, daß sie es noch sind. Dann haben sie eine natürliche, aber rauhe Schutzschicht. Oder sie sind einfach verbogen. Für Nahtsschäden und ihre Entdeckung gilt das für andere Nähte schon Gesagte.
2. Wenn der Segelmacher das nächste Mal die Bahn eines Vorwindsegels auswechselt, soll er die Kett- und Schußreißfestigkeit des ausgeschnittenen Stücks prüfen. Das gibt einen guten Anhalt für die Gesamtfestigkeit und den Zustand des Segels.
Und was Sie nicht selber suchen, finden und aufschreiben, muß der Segelmacher suchen. Das kostet mehr, auch wenn er nicht repariert.

Waschtag

Allein schon wegen der Ästhetik sind fleckige, schmutzige Segel den meisten von uns zuwider. Wer aber nicht mit großen, ungefügen Lappen durch die Badewanne waten mag — in die Waschmaschine paßt höchstens 'ne Sturmfock für'n Jollenkreuzer, aber der hat keine — bringt die Garderobe seiner Yacht am besten zum Segelmacher. Der kennt auch die richtigen Waschmittel und die Umweltstrafen für die falschen. So mancher gute Rat für kompliziertere Fälle, wie das Beseitigen von Klebern und Klebebädern in und neben den Nähten, ist schon oft abgeschrieben worden. Er stimmt aber nicht mehr. Zum Beispiel wird immer noch Styrol statt des „scharfen" Aceton empfohlen. Aceton erregt keinen Krebs; wohl Styrol, und sogar sehr. Viele Chemikalien sind so giftig oder gefährlich, daß der Laie damit nicht umgehen sollte. Diese Stoffe gehören nur in die Hand eines Fachmannes.
Soweit, was man „chemische Reinigung" nennt. Keiner hat was dagegen, wenn man mal ein Segel mit Kernseife oder grüner Seife waschen will. Dem Abwasser ist solche Seife lieber als Waschpulver trocken oder flüssig. Wenn an Bord fett gelebt und das auf den Segeln fleckenweise sichtbar wird, dann hilft K2r, besonders auf Polyester-Tuch. Aber niemals Haushaltmittel mit Scheuermitteln, auch nicht solche mit besonders feinem Wiener Kalk, wie Viss, verwenden.

Winterlager

Vor dem Wegpacken für eine längere Zeit sollten Segel gewaschen und gründlich getrocknet werden. Hi-Tech, wie Sandwich- und Kevlar-Mylar, sollte aber nie in überhitzten Räumen und nie gefaltet gelagert werden, sondern gerollt. Nylon ist, wie gesagt, wasserscheu und sollte, wie andere Segel auch, trocken und luftig gelagert werden. Ungeheizte und feuchte (im Sommer von Hausfrauen „gelüftete") Keller sind ungeeignet; zugige, trockene Speicher dagegen sehr, solange kein strenger Frost herrscht. Trockene Keller erreicht man dagegen, wenn man in Frost und Kälte lüftet und im Sommer die Fenster dicht hält. Alles Metallische an den Segeln wird besser nicht innerhalb des Segels eingewickelt — ein wohlfeiler Rat — aber, wo das nicht zu machen ist, hilft das wasserabweisende Silikonpapier. Die Drahtstander von Stagsegeln, auch solche aus V4A, sollten nicht ins Segel eingewickelt und in die Segelsäcke gestopft werden, denn vielleicht ist der Edelstahl doch nicht so gut.

Wenn Sie oder Ihr Segelclub keine geeigneten Möglichkeiten fürs Winterlager haben, dann vielleicht ein Segelmacher, der dafür Geld nimmt. Aber das kann auf die Dauer weniger kosten als ungeeignete Winterlager.

Segelreparaturkiste

Das zu guter Letzt: Wenn Segel reißen oder auf See defekt werden — trotz guter Natur und Abstammung — dann weitab von jeder Küste — muß der Kleibüdel (waterkantisch, für: Takelbeutel) her — und selbst ist die Frau oder der Mann. Hier eine Liste, was darin sein sollte:

Werkzeug	**Ersatzteile**	**Materialien**
Schere	Edelstahl O-Ringe	1 m^2 von jedem Segeltuch an Bord
Segelhandschuh	Bindedraht	Nylongurtband
Diverse Nadeln	Ersatzlegel	Isolierband
Ahle	Ersatzrutscher	5 cm Polyester-Band 120 g
Marlspieker	Grummetringe	

Kombizange
Hammer
Glühmesser*
Nahttrenner
Rasiermesser
Gatchensatz
Faserschreiber
Durchschlag
Schraubendreher
Bolzenschneider

Splinte, Bolzenringe
Maschinenschrauben
Schneidschrauben

Segelzeichentuch 2 m
Nahtklebeband 10 mm
Nahtklebeband 15 mm
Segelgarn
Takelgarn
Gewachstes Garn
Bienenwachs

* Dieses „Messer“, ein batteriebetriebener Glühdraht, ist ein sehr zu empfehlendes Werkzeug, um Leinen zu trennen, die Tampen zu siegeln — was den Takling aber nicht ersetzt — und Segel zu reparieren. Garn, Leinen und die meisten Segelmaterialien schmelzen wie Polyester-Tuch und Nylon, nur Kevlar-Mylar nicht.

Allgemeine Hinweise

Bevor wir die üblichen Segelreparaturen Schritt für Schritt beschreiben, sind vielleicht folgende Hinweise nützlich:

* Halte die Reparaturstelle so trocken wie möglich.
* Lege die Stelle mit Nadeln flach, bevor Klebetuch aufgebracht oder geschnitten wird.
* Benutze immer die richtige Nadelgröße. Zu große Löcher schwächen Naht und Tuch.
* Kaufe den besseren Segelhandschuh, denn Kevlar ist schußsicher. Billighandschuhe sind unsicher.
* Entferne alle gerissenen und losen Fäden aus Säumen und Rissen, ehe Klebeband oder -tuch aufgebracht wird.
* Für kleine Risse in leichtem Tuch genügt Klebeband statt Nähen völlig. Zuviel repariert, ist ebenso schlecht wie zuwenig.
* Verlaß dich nicht auf Isolierband bis Saisonende, es hält nur vorübergehend.
* Verstecke den Werkzeugkasten nicht unterm Proviant.

Segelreparaturtechnik

Segelreparaturen sind mit etwas gesundem Menschenverstand und dem genannten Werkzeug und Material kaum schwieriger, als Vergaser einzustellen am Rasenmähermotor. Geringe Kenntnis über Segelkonstruktion hat jeder vom Umgang mit Segeln. Das und ein wenig Geduld genügen, um an Bord oder daheim zu reparieren. Einen gebrochenen Rutscher ersetzen und einen kleinen Riß zukleben, kann gewiß jeder. Eine verbogene Ringkauch erneuern, ist schon etwas schwieriger; es wird hier beschrieben. Dies ist aber kein vollständiger Reparaturkursus, nur einer für den dringenden Bedarf.

Entmystifizierung

Wenn Sie keine schwere Berufsnähmaschine haben, muß Ihre Segelnäherei Handarbeit sein. Haushaltnähmaschinen werden bestenfalls mit Spinnakern und zwei, drei Lagen 255grammigem Polyester- oder Sandwich-Mylar-Tuch fertig, aber nicht mit Segelecken. Um ein Segel auf der Maschine zu nähen, braucht man zum Beispiel eine Spule V-69-Dacron und muß die richtige Fadenspannung an der Maschine einstellen können. Die Nadel muß dicker sein, und, wie und ob überhaupt, das versucht man am besten an Tuchabfällen, die man bei jedem Segelmacher bekommen kann.
Expertise ist nicht so wichtig wie praktischer Verstand. Man sehe sich an einer heilen Stelle an, wie der Segelmacher das gemacht hat, und imitiere das nach bestem Können.

Kleine Löcher und Risse. Wenn ein Segel gut konstruiert und gefertigt ist und sorfältig behandelt wird, sollte es keine katastrophalen Schäden erleiden. Zwar kommen kleine Löcher und Risse trotz aller Sorgfalt vor. Klein sind Löcher bis zu etwa 50 mm und Risse bis etwa 200 mm Länge. Kümmert man sich gleich um sie, werden sie nicht größer.
Löcher findet man am besten, wenn man das Boot so zur Sonne dreht, daß man selbst, im Segelschatten stehend, die Segelfläche absuchen kann; vor allem die Stellen, die öfter Kontakt mit dem Rigg bekommen. Auch leicht bedeckte Sonne scheint deutlich durch Löcher. Man nimmt das Segel dann am besten gleich zur Reparatur weg, denn Schäden können schnell größer werden.
Kleine Löcher und Risse repariert man mit Nummerntuch. Entsalze und trockne die Stelle. Für die Löcher schneide zwei Kreisflicken von etwa vierfa-

chem Lochdurchmesser aus dem Nummerntuch aus; für Risse Streifen, die 200 mm länger als der Riß und 100 bis 130 mm breiter sind. Lege die Schadstelle flach auf Tisch, Kajüt oder Plichtboden und klebe den Flicken auf. Dann das Segel wenden und den anderen Klebflecken aufdrücken. Kräftig mit der Hand andrücken.

Legelbruch. Bronzelegel, die der Segelmacher ans Vorliek eines Vorsegels näht, müssen nur gelegentlich mit Süßwasser abgespült und zweimal in der Saison mit WD-40 Kriechöl oder ähnlichem eingesprüht werden. Wird das nicht gemacht, korrodiert und klemmt der Federbolzen. Ein kurzer Sprüh des Kriechöls und etwas Drehen und Schieben sollten ihn nach spätestens 10 Minuten wieder lösen; wenn nicht, muß der Legel ausgewechselt werden.
Zwei Arten Legel sind heute üblich. Meist ist es der angequetschte, dessen offenes Ohr durch ein Grummet gesteckt und dann mit Presse oder Hammer zum Ring geschlossen wird. Den Ring des schadhaften Legels biegt man mit einem großen Schraubendreher auf, und zwar so, daß weder das Segel noch man selbst verletzt wird, oder benutzt den Bolzenschneider. Prüfe, ob das Grummet sich aus dem Segel zu reißen beginnt. Wenn ja, muß es mit Nylonband verstärkt werden — lies im letzten Absatz dieses Buches. Den neuen Legel setzte so ein, daß der Federbolzen zur selben Seite liegt wie bei den anderen. Das Ohr im Grummet wird mit dem Hammer zugeklopft. Ein Stück Hartkantholz unterlegen.
Der andere Legeltyp ist um das Vorliek von Hand angenäht. Wir scheiden ihn mit Schere oder Segelmesser ab und entfernen die Fäden. Mit zwei Halbschlägen machen wir das Ende eines 90 cm langen, gewachsten Takelgarns an einem Auge des neuen Bindelegels fest und scheren nun das Garn zwischen den beiden Löcher hin und her und binden nach jeweils fünf Törns mit zwei halben Schlägen ab; das so lange, bis kein Garn mehr durch die Augen geht. Der letzte Törn wird mit zwei zusätzlichen, halben Schlägen abgebunden und der Garnrest abgeschnitten.

Beschädigte Mastrutscher. Sie brauchen so wenig Wartung wie die Focklegel, nur werden sie nicht mit Öl, sondern einem Trockenschmiermittel auf Teflon- oder einer ähnlichen Basis gelegentlich geschmiert und mit Frischwasser vom Salz befreit. Öl oder Fett könnte die Plastikrutscher zum Quellen bringen und die Segel einsauen. Die Rutschversager kommen meist vom UV-Licht. Achte auf Verfärbung der Rutscher oder Brüchigkeit der Bandstropps, um sie zu ent-

decken, ehe sie blockierende Bruchstücke machen. Angeschäkelte Rutscher sind relativ leicht auszuwechseln.
Mehr Arbeit machen die angenähten. Man braucht Schere, Segelhandschuh, schwere Nadel, Ahle, Zange, gewachstes Garn, 25 cm Nylonband (schmaler als Gleiterschlitz) und das Glühmesser.
Schneide den schadhaften Rutscher ab und entferne alle Bandreste. Führe 40 mm Nylonband durch den Schlitz des neuen Rutschers und biege es zurück gegen das längere Bandstück und halte beides mit einer Hand zusammen. Führe mit der anderen Hand das glühende Glühmesser eine halbe Sekunde lang gleitend zwischen beiden Stücken durch und drücke sie fest zusammen, damit sich die angeschmolzenen Flächen verbinden. Wer es vorzieht, kann die Bucht auch mit Handschuh, Ahle, Nadel, Wachsgarn und Zange (Nadel durchziehen) zusammennähen.
Nun, wo das Band am Rutscher fest ist, wird das Band durch Gat und Rutscher geschoren. Achte darauf, daß der Rutscher gleichen Abstand vom Vorliek hat wie die anderen. Wenn das Band vier- oder fünfmal durchgezogen ist (zwei oder drei auf jeder Seite), fädele 60 cm gewachstes Garn ein, ziehe den Segelhandschuh an und nähe das Band zusammen, wenn möglich zwischen Rutscher und Segel. Zum Schluß zwei halbe Schläge, und Garn und überschüssiges Band mit dem Glühmesser absiegeln.

Nahtreparatur. Wenn der Faden in einer Naht schamfilt oder gerissen ist, kommt es auf schnelle Reparatur an, bevor die Naht aufgeht und das Segel neben der Naht reißt. Sie wissen inzwischen, daß Nähfäden wegen Schamfilen und UV-Licht versagen können. Deshalb prüft man diese Stellen regelmäßig und näht sie mit Hand oder Maschine gleich wieder zusammen.
Man braucht dazu Schere, Trennmesser, zweiseitig klebendes Band, Markierungsnadeln, eine dünne Segelnadel, Segelgarn und Nummernband.
Markiere das zu nähende Nahtstück mit Filzschreiber, weichem Bleistift oder zwei Klebstückchen, trockne die Reparaturstelle und suche eine flache Arbeitsfläche. Entferne alle verschlissenen Fäden mit dem Trennmesser und öffne vorsichtig die Naht. Halte den einen Teil der Naht mit Markierungsnadeln auf der Fläche gespannt und faltenfrei. Ziehe ein kurzes Stück des Schutzpapiers von einer Seite des Klebebandes ab und klebe das freie Stück am Anfang an. Das Papier wird dann nach und nach weiter abgezogen und die freiwerdende Klebschicht mit der anderen Hand leicht angeklopft. Dann das Papier der oberen Klebschicht entfernen und das Tuch der anderen Bahn nach

Entfernen der Nadeln von der Mitte bis zum Ende der Reparaturnaht andrücken. Sodann kann mit Zickzackstich von Hand oder mit Maschine zusammengenäht werden. Dabei beginnt man 5 cm vor dem nachzunähenden Stück und näht 5 cm weit über das Ende hinaus.
Ist die Näherei vollendet, klebt man Nummernband über die neue Naht, damit sie sich einrichten kann und nicht aufs neue schamfilt.

Gerissenes Segel. Nichts geht einem Segler so ans Herz wie ein reißendes Segel. Ob dem Spinnaker sein Kopf davonfliegt oder eine Genua vom Stag bis zum Achterliek aufreißt — es ist ein Moment der Verzweiflung. Ehe es noch schlimmer wird, sammle behutsam das Segel und seine Reste ein.
Dann wird aus der Kleikiste gebraucht: Schere, Nummernband, Doppelklebeband, Segelgarn, Nadel, Handschuh, Glühmesser, gewachstes Garn und genug vom gleichen Tuch, um den Schaden reparieren zu können.
Ehe man gleich loslegt, soll man sich klar werden, was zu erreichen ist. Man wird das Segel nur soweit zusammenflicken, daß man damit den Törn oder die Regatta nach Hause segeln kann. Eine perfekte Reparatur ist nicht möglich. Man stelle sich den Schaden als Serie gerader Kanten vor, denn Tuch reißt meistens parallel zu den Fadenrichtungen. Man muß einen Tuchstreifen mit Doppelklebeband auf beiden Seiten des Segels befestigen und dann zusammennähen. In mehrere Richtungen gerissene Segel behandele man wie zwei gradlinige Fälle. Am schwierigsten ist es, wenn ein Stück Segel fehlt. In dem Fall muß man ein Stück Tuch von ungefähr der Größe einnähen und dann weiter reparieren. Genäht wird wie bei Nahtreparaturen. Erst trocknen, dann mit Nadeln auf eine Fläche fixieren, dann...
Bei Spinnaker- und anderen Leichttüchern verwende Nummernband. Für Groß- und Vorsegel muß man 50 bis 75 mm breite Streifen aus gleichem Tuch schneiden und deren Kanten mit dem Glühmesser versiegeln. Die Flicken werden mit Doppelklebeband fixiert und vernäht. Aber zuvor müssen die Rißkanten aneinanderstoßend mit Nadeln auf der Fläche faltenlos fixiert werden, geduldig und wiederholt, wenn's nicht gleich klappt. Es ist der wichtigste Schritt.
Doppelklebeband und Reparaturstreifen werden fest mit der Hand an das Segel gedrückt. Es werden wohl mehrere aneinandergereihte Reparaturstreifen nötig sein, die sich an den Verbindungsstellen 12 bis 15 mm überlappen müssen. Dann sichert man die andere Seite des Risses provisorisch mit Nummernband, dreht das Segel um, pinnt es fest und macht die ganze Kleberei mit Reparaturstreifen noch mal und flächengleich zur ersten Maßnahme.

Dann beginnt die mühsame Arbeit des Vernähens mit zwei Zickzacknähten; die eine von dieser, die zweite daneben von der anderen Seite. Abstände der Nähte und die zwischen den Zicken und Zacken sind nicht so wichtig, auch schön muß es nicht sein. Aber dran denken: die Überlappungen der Flicken müssen vernäht werden.

Eckringfehler. Der Spi, der hat drei Ecken und in jeder einen Ring, der sich bei Überlastung langsam durchs Tuch in Zugrichtung vorarbeitet und eines Tages ausreißt, wenn man bei solcher Entdeckung nichts dagegen tut. Bei allzu starker Überlast verbiegt sich auch der Ring. Sauber abhelfen kann nur ein Segelmacher. Das Schlimmste verindern kann man selbst. Das trifft mehr oder minder auch auf Schothörner von Vor- und Stagsegeln und Rutscher- und Reffgatchen zu. Die Behandlung ist im Grunde immer dieselbe.
Zeigen sich Spuren solcher Auslaibungen, braucht man Doppelklebeband, 36 cm Nylonband von 25 mm Breite, Handschuh, dicke Nähnadel, gewachstes Garn, Ahle und Kombizange. 18 cm des Nylonbandes beklebt man mit Doppelband, klebt das Stück entgegen der Zugrichtung über die Auslaibung auf das Segel bis an den Ring heran, steckt die andere Bandhälfte durch den Ring und klebt sie dort mit etwas Spannung in gleicher Richtung fest. Sodann fädelt man 90 bis 120 cm Takelgarn ein und beginnt mit Handschuh, Ahle, Zange und Wachs die Nadel durch das Webband zu zwei geraden Nähten vom Bandende zum Ring zu treiben. Stichweite circa 1 cm. Wird das Nylonband ohne Spannung durch den Ring geschoren, dann trägt es nicht.
Ist der Ring ausgerissen, muß man ein neues passendes Loch anzeichnen, mit der Schere ausschneiden, störende Fransen und Fetzen vom Riß wegschneiden, zwei bis drei Nylonbänder von 35 bis 40 cm Länge fächerförmig durch das Stoffloch (!) — wie vorstehend — einkleben, denn sie müssen die Last des nachher einzusetzenden Rings auf die Segelfläche verteilen. Beim Schotring eines Vorsegels beispielsweise ein Band längs des Achterlieks, ein anderes längs des Unterlieks und das dritte in Richtung Mitte Vorliek. Beim Spi genügen gewöhnlich zwei parallel zu den Lieken an der Ecke, ebenso am Kopf der Fock. Auch hier muß das Band Spannung haben. Genäht wird wie zuvor; geht die Nadel zu mühsam durch, sticht man die Löcher mit der Ahle vor.
Die geschilderten Reparaturen machen, wenn sie ordentlich durchgeführt werden, das Segel wieder brauchbar. Aber bei nächster Gelegenheit sollte das Segel zu einem Segelmacher in die Werkstatt; nicht so dringend bei ausgewechselten Stagreitern und Rutschern.

Danksagung

Viele Leute waren bei der Abfassung und Herstellung dieses Buches behilflich. Allererster unter ihnen ist Arvel Gentry von Boeing Commercial Airplane, der die aerodynamischen Grundlagen für vieles in diesem Buch beisteuerte. Was Gentry vor 17 Jahren mit einfachsten Geräten machte, wird erst jüngst verstanden und anerkannt. Auch das Magazin *Sail* verdient Anerkennung, weil es schon 1973 Gentrys Ideen veröffentlichte. Die Aufsätze C. A. Marchajs in seinen Büchern „Sailing Theory and Practice" und „Aerodynamik und Hydrodynamik des Segelns" waren unschätzbar. Auch Bill Bergantz, dessen Wissen über Segel und Segeln allumfassend ist, wie auch Brian Doyle, Jay Hansen, Burns Fallow und John Gladstone, alle bei North Sails, weiter Bill Whidden von Freedom Sails und Peter Wheeler von Halsey Sails danken wir ebenso wie Jay Goebel, der die Computerillustrationen schuf und seine beachtlichen technischen Kenntnisse beisteuerte. Überdies Michael Sagalyn, Seniorredakteur von St. Martin's Press, wegen seiner Energie, Begeisterung und Treue.
Die Autoren möchten auch Lowell North, dem Gründer von North Sails, und Ted Hood, dem Gründer von Hood Sails, danken. Außerdem Peter Mahr von North Sails Cloth, Mike Schreiber, Al Gooch, David Hirsch und Blake Marriner von North Sails; Phil Marriner von Marriner Associates; Duncan Skinner und Richard Pierce von Bainbridge/Aquabatten; Jack Sutphen und John Sparkman jr. Auch Dave Ezzy von North Sails Windsurfing für seine Tips zum Wenden von Surfsegeln, ferner Jim Marshall für seine Artikel über Zielfahrt und Segelkonstruktion. Die Fotos zum Bordsegeltrimm machte Eric Aeder. Milliken & Company stellten Elektronen-Mikrofotos von Segeltuch zur Verfügung, und Fanatic A.R.T. das Foto von Pascal Maka. *Sailing World* danken wir für einige Zeichnungen in Kapitel 11.
Auch danken wir John Marshall und Robert Hopkins, die das erste „North U. Fast Course" schrieben, und David Dellenbaugh, der die zweite Version schrieb. Ferner Sohei Hohri, dem Bibliothekar des New York Yacht Club, für seine Auskunft über die Herkunft des Begriffs „Spinnaker" und Platt Johnson, dem Eigentümer von Island Windsurfing in Middleton, Rhode Island, für seine Bemerkungen übers Windsurfen in Kapitel 13.
Und schließlich und besonders Linda M. Levitt und Molly Morgan Levitt und Betsy Whidden, Avery Whidden und Holly Whidden — unsere besten Hilfen.

Register

Bibliographie

Kalide, W.: Einführung in die technische Strömungslehre, 2. Aufl. München; Hauser 1968
Kenny, Dick: Yachtsegel, Delius Klasing Verlag 1988
Marchaj, C. A.: Aerodynamik und Hydrodynamik des Segelns, 2. Aufl. Delius Klasing Verlag 1992
Sheahan, Matthew: Das Rigg, Delius Klasing Verlag 1992